T0294704

LA CIUDAD BIEN TEMPERADA

LA CIUDAD BIEN TEMPERADA

Lo que la ciencia, las antiguas civilizaciones y la naturaleza humana nos enseñan acerca del futuro de la vida en las ciudades

Jonathan F. P. Rose

Traducción de Moisés Puente

Antoni Bosch editor, S.A.U.
Manacor, 3, 08023, Barcelona
Tel. (+34) 93 206 07 30
info@antonibosch.com
www.antonibosch.com

Título original de la obra: *The Well-Tempered City,* publicado por HarperCollins Publishers, Nueva York, en 2016.

ISBN: 978-84-948860-6-5
Depósito legal: B. 26804-2018

Diseño de la cubierta: Compañía
Maquetación: JesMart
Corrección de pruebas: Ester Vallbona y Olga Mairal
Impresión: Prodigitalk

Impreso en España
Printed in Spain

Para Peter Calthorpe, quien me inspira a mirar afuera para ver la forma de las ciudades, y para Diana Calthorpe Rose, quien me inspira a mirar adentro, hacia la sensatez y la compasión.

Índice

Prólogo

Cuando yo tenía 16 años, el influyente arquitecto y asesor del gobernador Nelson Rockefeller, Philip Johnson, le preguntó a mi padre, Frederick P. Rose, un generoso constructor de edificios de viviendas, qué ideas tenía para la urbanización de la isla Welfare de Nueva York. Conocida hoy como la isla Roosevelt, esta estrecha franja de tierra en el East River, entre Manhattan y Queens, fue durante mucho tiempo dominio de los marginados de la ciudad, pues primero había albergado una penitenciaría, y después un manicomio, un centro de cuarentena de la viruela y dos hospitales públicos para enfermedades crónicas. Mi padre me llevó a la isla en 1968, y mientras estábamos allí, entre las carcasas de los edificios abandonados situados en un paisaje cubierto de maleza y lleno de basura, me preguntó: «¿Qué harías tú con todo esto?».

Desde entonces estoy intentando responder a aquella pregunta.

En los años sesenta, las ciudades estadounidenses empezaron a discurrir hacia décadas de decadencia física, social y medioambiental. Después del asesinato de Martin Luther King en 1968, los barrios afroamericanos de todo el país ardieron impulsados por un siglo de segregación y abandono. El río Cuyahoga de Cleveland, cargado de lodos y contaminado por petróleo, ardió en llamas, una imagen que desde la portada de la revista *Time* resonó como un símbolo de la polución que asfixiaba a las ciudades del país. El aumento de la delincuencia, las drogas duras, el deterioro de las escuelas y la decadencia de los sistemas de transporte empujaron a las familias estadounidenses de clase media a los suburbios, aumentando la brecha que separaba a ricos y pobres. Los ingresos fiscales municipales disminuyeron, los intereses aumentaron y muchos centros urbanos empezaron a tambalearse al límite de la insolvencia.

Yo crecí en los suburbios, pero fui atraído por la cercana ciudad de Nueva York, una ciudad viva y cargada de aquello que el arquitecto Robert Venturi llamó «complejidad y contradicción [...], de vitalidad desordenada»,[1] palpitante, con la vida de calle, el *jazz*, el *blues* y el *rock and roll*.

Pasé el verano anterior a aquella visita a la isla Roosevelt en Nuevo México trabajando en la excavación de un pueblo milenario de los anasazi. Estaba construido con adobes de barro, y sus edificios estaban alineados con el sol en los equinoccios de primavera y otoño. Las ruinas yacían en un altiplano lleno de plantas, insectos, pequeños mamíferos y pájaros. A medida que nos adaptábamos a los ritmos de la naturaleza, todo encajaba en una totalidad viva y dinámica, y pude sentir el flujo de sus misteriosos modelos, aunque eran demasiado complejos como para entenderlos; básicamente, también eran demasiado complejos para los propios anasazi. El clima cambió y una sequía de siglos devastó sus ciudades. Jane Jacobs, una de las grandes pensadoras del siglo XX, dijo: «Las intrincadas mezclas de diferentes usos en las ciudades no son una forma de caos; al contrario, representan una forma de orden compleja y altamente desarrollada».[2] Después de aquel verano, me propuse encontrar ese orden. Sentía que sus semillas estaban diseminadas en muchos lugares, en la biología y en la evolución, en la física y en la mecánica cuántica, en la religión y en la filosofía, en la psicología y en la ecología, en las historias de las ciudades hace tiempo desaparecidas y en las ciudades que están apareciendo hoy. Mi objetivo era integrar las lecciones de estas diferentes fuentes con el fin de entender cómo poder hacer que las ciudades sean íntegras. Y mi inspiración fue un maestro de la integridad: Johann Sebastian Bach.

---

[1] Venturi, Robert, *Complexity and Contradiction in Architecture*, Museum of Modern Art, Nueva York, 1966, pág. 16 (versión castellana: *Complejidad y contradicción en arquitectura*, Editorial Gustavo Gili, Barcelona, 1978).

[2] Jacobs, Jane, *The Death and Life of Great American Cities*, Vintage Books, Nueva York, 1961, pág. 222 (versión castellana: *Muerte y vida de las grandes ciudades*, Capitán Swing, Madrid, 2011).

La música de Bach entrelaza profundidad y deleite en un tapiz que se despliega incesantemente, infundido de sabiduría y compasión. Al escuchar su música, siento la grandeza de la naturaleza que siempre se dirige hacia la armonía. Sin embargo, su música también es urbana; fue compuesta en las ciudades de Weimar, Köthen y Leipzig.

Bach escribió las dos partes, o libros, de *El clave bien temperado* en 1722 y 1742. La obra proporciona un gran mapa del contrapunto, un manual de instrucciones para compositores e intérpretes que demuestra tanto la perfección del conjunto como el papel del individuo dentro de él. En cada uno de los dos libros repasa los 24 tonos mayores y menores en una serie de preludios y fugas, y los entrelaza en una sublime ecología de sonido.

El clave bien temperado fue escrito para demostrar que un nuevo sistema de notas afinadas, temperadas, debería sustituir al sistema que había perdurado durante dos milenios. Antes de finales del siglo XVII, toda escala musical de notas utilizada en la música europea estaba afinada de una manera ligeramente distinta siguiendo las teorías de Pitágoras. El gran matemático griego propuso que las relaciones de las distancias entre los planetas eran las mismas que existían entre las notas musicales en una teoría llamada «la armonía de las esferas». Afinar cada clave musical a estas proporciones planetarias creaba unas bellas escalas dentro de una misma clave musical, pero generaba notas que estaban ligeramente desafinadas respecto a las notas de cualquier otra clave. Si se tocaban a la vez dos claves diferentes, el resultado era insoportable de escuchar. El sistema de afinado de Pitágoras, que acabó llamándose «entonación justa», permaneció inalterado durante dos milenios, limitando así las composiciones a una sola clave.

La solución –ajustar las notas «intermedias» de los tonos perfectos de Pitágoras– la propuso por primera vez el príncipe chino Zhu Zaiyu en su libro *Fusión de música y calendario,* publicado en 1580. Matteo Ricci, un jesuita conocido por sus viajes a China, tomó nota del concepto en su diario y lo trajo a Europa, donde se gestó la idea. En 1687, el organista y teórico musical alemán Andreas Werckmeister publicó un tratado sobre matemática musical en el que describía un sistema que acabó conociéndose como «el temperamento Werckmeister». Mediante el temperado, cada nota de la escala era afinada de manera tal que sonaba agradable cuando se tocaba simultáneamente más de una tonalidad. El sistema de Werckmeister reflejaba otra idea griega, la «proporción áurea», que buscaba el centro deseable entre dos extremos. La fundadora de la teoría de la proporción áurea no fue otra que Téano, ¡la mujer de Pitágoras!

En 1691, Werckmeister propuso un sistema de afinado que llamó *musikalische Temperatur* [temperatura musical], o buen temperamento, pensado para resolver el problema de la circularidad musical. Si en el sistema de entonación justa uno empezaba un recorrido cíclico a través de las tonalidades, cada una de ellas ligeramente desentonada respecto a la anterior, cuando el recorrido se cerraba y volvía al principio, el círculo no acababa de cerrarse sobre sí mismo. El sistema bien temperado de Werckmeister, que en el siglo XX se conoció como «temperamento igual», fue pensado de modo que las distancias entre las notas tuvieran la proporción adecuada, y que el final del círculo concordara con el inicio.

El compositor contemporáneo Philip Glass decía: «Sin un sistema bien temperado, sería imposible pasar de la tonalidad de La a la inconexa y plana tonalidad de Mi sin desafinar. De otro modo, uno solo podría tocar música en una única tonalidad. El buen temperamento abrió todas las tonalidades al compositor».

Bach creía que Dios había creado una arquitectura sagrada del universo y que su misión como compositor era expresar su forma magnífica a través de la música. El sistema de afinación bien temperado liberó a Bach y permitió que su música fluyera de tonalidad en tonalidad por caminos que nadie antes había explorado. *El clave bien temperado* fue escrito para alinear nuestras más altas aspiraciones humanas con la armonía sublime de la naturaleza, y constituye un modelo para la tarea que tenemos hoy de diseñar y reorganizar nuestras ciudades.

Las primeras ciudades del mundo fueron fundadas en lugares sagrados, construidas alrededor de templos, y a menudo diseñadas mediante un plan que, como la música de Bach, estaba organizado para reflejar la arquitectura del universo. Estaban repletas de arte y de santuarios, y eran animadas con ceremonias que daban significado a las vidas de sus habitantes.

La misión de estos primeros diseñadores de comunidades era la de alinear a la gente con los principios que daban luz a la vida, la moralidad, el orden y la sabiduría. A medida que crecían los asentamientos, sus sacerdotes, los miembros que gozaban de mayor confianza en la comunidad, se hicieron responsables de la supervisión de los almacenes de grano y de otros bienes. Desarrollaron sistemas de gobernanza que ayudaron a cumplir con las tres responsabilidades principales: proporcionar protección y prosperidad a sus habitantes, supervisar la distribución justa de los recursos, y mantener un equilibrio entre los sistemas humanos y naturales con el fin de promover el bienestar.

Las ciudades actuales son maravillas de la técnica que reflejan los enormes pasos que ha dado la civilización en materia de ciencia. La creación humana ha dado lugar a un poder y una prosperidad inimaginables, aunque esa prosperidad no está distribuida equitativamente; la mayor parte de nuestras ciudades han perdido aquel elevado propósito original.

El objetivo de este libro es volver a entretejer esos hilos –nuestro potencial técnico y social, y el poder generador de la naturaleza– para lograr un propósito elevado para nuestras ciudades. En una época de volatilidad, complejidad y ambigüedad crecientes, la ciudad bien temperada posee sistemas que pueden ayudar a que esta evolucione hacia un temperamento más equilibrado, uno que aúne prosperidad y bienestar con eficiencia e igualdad de manera que se renueve continuamente el capital social y natural de la ciudad. El propósito de este libro es mostrar cómo lograr este equilibrio.

Introducción

La respuesta es urbana

Cuando yo nací, en 1952, la población mundial era de 2.600 millones de habitantes.[1] Desde entonces, esta cifra casi se ha triplicado. En 1952, solo el 30 % de la población mundial vivía en ciudades, cuando ahora lo hace más de la mitad,[2] y para finales del siglo XXI esta cifra alcanzará el 85 %. La calidad y el carácter de nuestras ciudades determinarán el temperamento de nuestra civilización.

En 1952, las condiciones de muchas ciudades europeas no se parecían demasiado a las del mundo desarrollado actual. En una de las ciudades más al sur de Europa, Palermo, la capital de Sicilia, la corrupción postergó su reconstrucción tras una guerra devastadora; sin viviendas asequibles, las familias acamparon en cuevas cercanas mientras la mafia construía una jungla suburbana de hormigón, pavimentando parques y campos, sobornando y amenazando a los funcionarios locales, con tan poca consideración hacia las normas urbanísticas que el resultado acabó siendo conocido como el Sacco di Palermo.

Al norte, en Alemania, ocho de los doce millones de personas desplazadas por la guerra siguieron siendo refugiados, carecían de una

---

[1] www.geoba.se/population.php?pc=world&page=1&type=028&st=rank&asde=&year=1952.

[2] www.un.org/development/desa/en/news/population/world-urbanization-prospects.html.

casa en condiciones y de trabajo. Más hacia el oeste, Londres estaba cubierta por el «gran *smog*», una neblina mortal de humo sulfuroso de carbón que acabó con la vida de 12.000 personas en el peor episodio de polución del aire de la historia de Londres. Y hacia el este, en Praga, el juicio espectáculo de Rudolf Slánský, acompañado por la tortura y ejecución por parte de Stalin y su expulsión del gobierno, endureció la Guerra Fría entre la Unión Soviética y los países occidentales.

La visión predominante de entonces era que el crecimiento económico era la solución clave para los problemas del mundo. Estimulado por el Plan Marshall de Estados Unidos, el período de posguerra en Europa dio lugar al mayor crecimiento económico de su historia: se superó el hambre, se proporcionó trabajo y vivienda a innumerables refugiados, se fundaron los servicios sociales y se mejoró la calidad de vida general de decenas de millones de personas. Estados Unidos también experimentó un crecimiento extraordinario: los salarios se triplicaron respecto a los mínimos de la época de la depresión, la clase media estadounidense creció y la población de muchas ciudades alcanzó nuevos máximos. No obstante, poner exclusivamente el foco en el crecimiento económico no fue suficiente para generar un verdadero bienestar.

La década de 1950 no fue una buena época para la naturaleza. El crecimiento de las ciudades de todo el mundo fue alimentado por un consumo voraz de los recursos naturales: se excavaron montañas para la minería, se talaron bosques, se explotó la pesca de los océanos, se represaron los ríos y se succionó el agua bajo la tierra, y todo ello a un ritmo muy acelerado. Y muy poco se pensó en los desechos. Las aguas subterráneas salinizadas, los ríos contaminados y la aniquilación del mantillo de los suelos redujeron la capacidad de autorregeneración de la naturaleza, haciendo cada vez más difícil la tarea de proporcionar alimentos y suministros a las ciudades. Aunque muchas de las ciudades del mundo crecieron durante la década de 1950, el planeamiento de dicho crecimiento a menudo tuvo muy poca visión de futuro, ignorando las lecciones aprendidas durante miles de años de construcción de ciudades.

Si uno observa casi cualquier ciudad del mundo, encontrará que la parte planeada y construida durante la década de 1950 probablemente sea la menos atractiva. Las plazas históricas se convirtieron en aparcamientos, se cubrieron los ríos para convertirlos en autopistas, y los edificios de oficinas de un «estilo internacional» vulgar sustituyeron a preciosos edificios construidos de manera artesanal; en los suburbios de las ciudades se construyeron enormes urbanizaciones residenciales, eficientes y carentes de alma, desconectadas de los lugares de trabajo, del comercio, de la cultura y de la comunidad.

No cabe duda de que, a mediados del siglo XX, muchos barrios decimonónicos necesitaban rehabilitarse. A pesar de que el anillo Wilhelmina de Berlín era la mayor agrupación de casas de alquiler del mundo, las estrechas y atestadas viviendas contaban con calefacciones de carbón y solo el 15 % de ellas tenía un aseo y una bañera o una ducha. En St. Louis, Misuri, 85.000 familias vivían hacinadas en edificios de vivienda decimonónicos atestados de ratas, muchos de ellos con baños comunitarios. El Lower East Side de Nueva York fue el barrio con mayor densidad de población del mundo, y culpable de importantes problemas de salud y seguridad. Todos esos barrios necesitaban regenerarse.

Después de la I Guerra Mundial, la postura predominante en materia de proyectos de renovación urbana maduró a partir de las ideas del arquitecto suizo francés Charles-Édouard Jeanneret-Gris, conocido como Le Corbusier. En 1928, Le Corbusier y un grupo de colegas afines crearon los Congresos Internacionales de Arquitectura Moderna (los CIAM) para dar forma y propagar su visión de las ciudades. En 1933 declararon que el proyecto ideal de ciudad era la «ciudad funcional», en la que las cuestiones sociales se solucionaban mediante el diseño urbanístico y de los edificios de manera que los usos de la ciudad estuvieran segregados de modo estricto de acuerdo con la función. Al igual que Johann Sebastian Bach, Le Corbusier intentaba expresar la arquitectura del universo en su obra. Le Corbusier sostenía: «Las matemáticas son la majestuosa estructura concebida por el hombre para garantizarle la comprensión del universo. Soportan el absoluto y el infinito, lo entendible y lo siempre escurridizo».[3] Inspirado por la proporción áurea de Pitágoras, Le Corbusier proponía esta como la base ideal para determinar las distancias adecuadas entre los edificios y la relación entre su altura y su profundidad. El resultado producía torres aisladas uniformemente espaciadas colocadas en parques austeros sin ornamentación.

[3] Le Corbusier, *Le Modulor I*, L'Architecture d'Ajourd'Hui, París, 1950 (versión castellana: *El modulor 1*, Apóstrofe, Barcelona, 2007).

Bijlmermeer, Ámsterdam, Países Bajos. Archivos Municipales de Ámsterdam.

La ciudad funcional fue adoptada en todo el mundo. Los barrios históricos, caóticos y vitales, repletos de calles densas con una mezcla de tiendas y viviendas, fueron condenados, derruidos y sustituidos por las «torres en el parque» de Le Corbusier, edificios de viviendas en altura, asépticos y ordenados con pequeñas cocinas y baños, separados unos de otros por espacios verdes, pero carentes de otro uso. Se limitaron las tiendas y los talleres; aquellos barrios solo eran lugares para vivir. Este concepto fue demostrado en Bijlmermeer, a las afueras de Ámsterdam, en un complejo construido a finales de la década de 1960 que contaba con 31 edificios de viviendas de planta octogonal y diez pisos de altura que albergaban a 60.000 personas sin ninguna tienda cercana, separados de la ciudad por un extenso parque.

La Unión Soviética encontró particularmente atractivo el concepto de ciudad funcional y contrató a muchos de los arquitectos de los CIAM durante la Gran Depresión. Sus ideas se aplicaron a gran escala después de la II Guerra Mundial como una manera económica para reconstruir las ciudades destruidas por la guerra y para acelerar la expansión soviética en Europa del Este. En junio de 1951, el jefe del partido moscovita, Nikita Jruschov, convocó una conferencia sobre construcción en la que propuso que las viviendas populares se construyeran con paneles baratos prefabricados de hormigón. Al año siguiente, el XIX Congreso del Partido legisló la prefabricación en los proyectos de viviendas en serie, al tiempo que conservaba la opción de que las dachas de lujo y los edificios gubernamentales pudieran construirse de manera artesanal.

A pesar de la buena recepción que tuvieron estas ideas por parte de la Unión Soviética, la II Guerra Mundial hizo que muchos de los miembros de los CIAM huyeran a Estados Unidos, donde acabaron siendo directores de las más importantes escuelas de arquitectura del país. Los principios que ellos enseñaron sirvieron de guía para los programas de renovación urbana del país. En la década de 1950, los nuevos proyectos de vivienda, como el Pruitt-Igoe en St. Louis, obra de Minoru Yamasaki, ganaron premios de arquitectura por sus formas austeras. En 1954, Dick Lee, el alcalde recién electo de New Haven, en Connecticut, adoptó el modelo lecorbusierano de renovación urbana y prometió hacer de New Haven una ciudad modelo. Los esfuerzos de esta ciudad por sustituir los viejos barrios por una arquitectura salvajemente moderna recibieron la atención del país y fueron galardonados con numerosos premios de arquitectura. Sin embargo, a finales de la década de 1960, estos nuevos barrios habían fracasado en gran medida porque concentraban la pobreza, aislaban a los residentes de los servicios y limitaban las oportunidades de los pequeños negocios.

Además de la construcción de viviendas, el desarrollo económico –la creación de negocios y puestos de trabajo, y la mejora de los niveles de vida– constituye un elemento clave en la renovación urbana. A menudo, el modelo urbano económico predominante de mediados del siglo XX se centraba en el desarrollo de unos pocos proyectos de gran envergadura para revitalizar el centro de una ciudad. Con frecuencia, estos enormes centros comerciales o de convenciones altamente subvencionados fracasaron debido a que los urbanistas no se percataron de que la vitalidad económica opera a diferentes escalas en un sistema complejo y con estructuras diversas. El pequeño negocio –la tienda de instrumentos musicales, el almacén de tejidos o la verdulería de la esquina– es tan necesario como las nuevas viviendas y los grandes centros de usos múltiples. New Haven condenó al derribo a manzanas de viejos edificios históricos y construyó un centro comercial en el centro de la ciudad que funcionó con dificultades. A medida que la zona perdía su vitalidad, sus edificios de oficinas solo estaban parcialmente ocupados y los alquileres cayeron en picado. Al final de esta etapa, en 1969, Dick Lee reconoció: «Si New Haven es una ciudad modelo, que Dios ampare a las ciudades estadounidenses».[4]

En 1970 llegué a New Haven para estudiar en la Yale University. Eran unos tiempos agitados. New Haven, una de las ciudades más importantes de Estados Unidos que se había industrializado a finales del siglo XVIII, estaba perdiendo puestos de trabajo para la clase media a medida que las fábricas se trasladaban hacia el sur, donde no había sindicatos, o fuera del país. La Guerra de Vietnam estaba dividiendo a Estados Unidos. Una recesión persistente, el incremento de los tipos de interés y una creciente delincuencia en las ciudades aceleraban el declive de las ciudades estadounidenses, y en New Haven en particular, el juicio por el asesinato del miembro de los Panteras Negras, Bobby Seale, exacerbaba las tensiones raciales.

El objetivo de mis estudios universitarios era entender e integrar diversas grandes ideas: la naturaleza y el funcionamiento de la mente humana, el funcionamiento de los sistemas sociales y cómo el maravilloso milagro de la vida evoluciona hacia una complejidad siempre en aumento frente a la entropía y la decadencia. Mis hipótesis se centraban en la idea de que los mismos principios que hacían aumentar el bienestar de los sistemas humano y natural también podían servir de guía al desarrollo de ciudades más felices y sanas.

Quien quizás fuera el ecologista más importante del siglo XX, el eminente biólogo G. Evelyn Hutchinson, era profesor en Yale, y gentilmente accedió a quedar conmigo para debatir estas primeras ideas, que, con el tiempo, han ido creciendo hasta conformar este libro. En 1931, con 28 años, Hutchinson partió hacia el Himalaya, hacia las tierras altas tibetanas de Ladakh, donde estudió la ecología de sus lagos y su cultura budista. Hutchinson fue el primero en proponer la idea de nicho ecológico, una zona en la que las es-

[4] www.yale.edu/nhohp/modelcity/before.html.

pecies y su entorno coevolucionan dando lugar a sistemas cada vez más complejos.

Cuando Charles Darwin añadió la frase «la supervivencia del más apto» a su quinta edición de *El origen de las especies* a sugerencia del economista Herbert Spencer, por «más apto» no se refería al «más fuerte», sino a aquellas especies que mejor se adaptaban. La magnífica tendencia de la naturaleza a evolucionar hacia una aptitud cada vez mayor de sus partes constituye la base de la capacidad de la naturaleza de adaptarse a las circunstancias cambiantes. El concepto de nicho ecológico de Hutchinson proporcionó una vía muy útil para pensar sobre los barrios tal como se insertaban en los sistemas de la ciudad, de su región, del país y del planeta. Progresarían aquellos que se adaptaran mejor.

Hutchinson también fue profético respecto al cambio climático. En 1947 predijo que el dióxido de carbono liberado por la actividad humana alteraría el clima del planeta. Si el sistema más grande del planeta estaba amenazado, entonces todos los ecosistemas alojados en la Tierra también estarían en peligro. Hacia la década de 1950, Hutchinson relacionó la pérdida de biodiversidad con el cambio climático. Él también fue el primer científico que exploró la intersección de la cibernética (los sistemas de control de la retroalimentación de la información) con la ecología, y describió cómo el flujo de energía y la información fluyen a través de los sistemas ecológicos. Junto con la obra posterior de Abel Wolman, quien propuso que las ciudades tenían metabolismo, como lo tenían los sistemas naturales, Hutchinson me proporcionó los elementos que, en última instancia, me permitirían entender las ciudades como sistemas adaptativos complejos.

En enero de 1974 inicié mi propio viaje al Himalaya, que empezó en Estambul y me permitió cruzar Asia trabajando como mecánico de autobuses. En el duro invierno me planté ante las puertas de la ciudad afgana de Herāt, donde sentí el extraordinario peso de la historia. Herāt, una ciudad que en gran parte había crecido dentro del Imperio persa, cayó en manos de Alejandro Magno cuando sus ejércitos arrasaron Oriente, la destruyeron y la reconstruyeron como una ciudad griega. Más tarde, Herāt fue conquistada por los seléucidas a medida que se expandían desde la India hacia el oeste, y aún más tarde por los invasores islámicos que procedían del este, y así durante toda su historia. Fue allí donde pude sentir cómo el paso de las civilizaciones también contribuye al ADN de nuestras ciudades. Además vi claramente que para entender las ciudades tenía que conocer sus historias.

Por otra parte, me propuse entender las regiones donde se alojaban las ciudades. En otoño me matriculé en el curso de Planificación Regional en la University of Pennsylvania, que por entonces dirigía Ian McHarg, quien había publicado el innovador libro *Proyectar con la naturaleza*.[5] McHarg proponía cartografiar las características naturales, sociales e históricas de una región en estratos para más tarde estudiar todas esas capas conjuntamente y ver cómo se influían mutuamente. Sin embargo, lo que yo anhelaba no era que me instruyeran; buscaba un marco integrador, que acabó denominándose «ciencia de la complejidad».

Una de las razones por las que el mundo es tan volátil e incierto es porque el mundo de los seres humanos y los sistemas naturales es profundamente complejo, y los sistemas complejos suelen amplificar la volatilidad. Para entender la complejidad, antes deberíamos entender a su prima: la complicación.

Los sistemas complicados están compuestos de muchas piezas, pero el funcionamiento de estas piezas es predecible: funcionan de manera lineal. Y aunque los *inputs* y *outputs* de un sistema complicado pueden variar, el sistema en sí es esencialmente estático. Por ejemplo, si pensamos en el sistema de abastecimiento de agua de Nueva York, el agua se recoge en embalses al norte del Estado y, por gravedad, se canaliza a través de grandes acueductos hasta llegar a la ciudad. Una vez que el agua llega a la ciudad, discurre a través de miles de conductos y válvulas hasta acabar en los grifos de millones de viviendas. Este sistema posee numerosos elementos, pero todos ellos funcionan de una manera lineal desde el abastecimiento hasta el consumo. En esencia, el sistema de distribución de agua de Nueva York no ha cambiado mucho en los últimos 150 años. Mientras que el recorrido del agua desde el embalse hasta un fregadero puede variar dependiendo del estado de las válvulas que se encuentra a lo largo del camino, la estructura del sistema en sí es bastante estática.

---

[5] McHarg, Ian, *Design with Nature*, Natural History Press, Nueva York, 1969 (versión castellana: *Proyectar con la naturaleza*, Editorial Gustavo Gili, Barcelona, 2000).

Los sistemas lineales tienden a tener una volatilidad muy baja y son muy predecibles.

Por otro lado, los sistemas complejos poseen un montón de elementos y sistemas secundarios todos ellos interdependientes, de modo que cada parte influye en el resto. En los sistemas complejos es muy difícil prever el resultado final a partir del punto de partida. Las interacciones de los sistemas complejos pueden multiplicar o disipar los *inputs*. La economía global es un sistema complejo, y, por ello, cuando el gobierno griego amenazó con incumplir el pago de la mitad de su deuda de 300.000 millones de dólares, las bolsas de todo el mundo cayeron en un billón de dólares, casi siete veces más que el riesgo real de la deuda. La naturaleza es el sistema más complejo del planeta, y quizás las ciudades sean el sistema artificial más complejo.

Problemas enrevesados

En 1973, y frente a una serie de temas, los profesores de planeamiento W. J. Rittel y Melvin Webber, de la University of California en Berkeley, publicaron el artículo «Dilemmas in a General Theory of Planning» [Dilemas en una teoría general del planeamiento].[6] Los autores constataban que el racionalismo científico de la década de 1950, que proponía que la ciencia y la ingeniería podían resolver los problemas urbanos, no había funcionado, y que los habitantes de las ciudades se resistían a todo lo que recomendaban los urbanistas. La gente hacía sentadas para parar la renovación urbana que se suponía que despejaría la ciudad, y para detener la construcción de las autopistas urbanas que se suponía que harían el transporte más fluido. A los habitantes de la ciudad no les gustaban los nuevos planes urbanísticos, ni tampoco las viviendas públicas. Incluso el proyecto de viviendas fracasado Pruitt-Igoe, de Minoru Yamasaki, fue demolido en una serie de explosiones controladas televisadas en 1972. Todo aquello que intentaban hacer los urbanistas fracasaba. ¿Qué es lo que fallaba?

[6] Rittel, W. J. y Webber, Melvin, «Dilemmas in a General Theory of Planning», *Policy Sciences*, núm. 4, 1973, págs. 155-169. En; www.uctc.net/mwebber/Rittel+Webber+Dilemmas+General_Theory_of_Planning.pdf.

El análisis de Rittel y Webber fue una primera contribución al campo emergente de la complejidad, aunque ellos no lo describieran de tal manera. Ellos consideraban los problemas que podían resolver la ciencia y la ingeniería como problemas *domesticados*, problemas con objetivos claramente definidos y soluciones pragmáticas; en este libro los llamaremos problemas «complicados». Rittel y Webber observaron que los grandes temas a los que se enfrentaban las ciudades no tenían unas soluciones claras, pues cada intervención mejoraba las condiciones de algunos habitantes, pero empeoraba las de otros. Tampoco existía un marco claro para decidir qué resultados eran más equitativos o justos. Los autores del artículo concluyeron que resultaba casi imposible equilibrar la eficiencia y la equidad, diciendo que «la clase de problemas con los que trata el urbanista, los problemas sociales, son inherentemente diferentes de aquellos con los que tratan los científicos y quizá algunos tipos de ingenieros. Los problemas de planeamiento son inherentemente enrevesados».[7]

Los problemas enrevesados son imprecisos y para su solución dependen de «criterios políticos muy escurridizos». En realidad, nunca pueden resolverse. Todo problema enrevesado es un síntoma de otro problema, y toda intervención cambia el problema y su contexto.

La poca popularidad del planeamiento urbano y regional en la década de 1970 lo impactó negativamente. En lugar de proponer visiones transformadoras, la mayoría de los urbanistas se convirtieron en meros gestores de las normativas urbanísticas que fragmentaban las ciudades en lugar de integrarlas en un conjunto cohesionado. También los urbanistas tardaron en reconocer que estaban sujetos a fuerzas muy poderosas fuera de su control.

El apagón más grande del mundo

Nueva Delhi, la capital de la India, se encuentra entre las ciudades más grandes y más pobladas del planeta. No solo está conectada con otras ciudades del subcontinente indio, como Bombay y Calcuta, sino también con Dubái, Londres, Nueva York y Singapur. La ciudad alberga magníficos centros médicos, diferentes negocios a escala glo-

[7] Ibíd.

bal, un sector de telecomunicaciones dinámico y un boyante turismo; todos ellos han hecho aumentar la prosperidad de la ciudad y han creado una clase media bien educada y en rápido crecimiento.

El lunes 31 de julio de 2012, la red eléctrica del norte de la India sufrió un incidente: disminuyó su potencia y finalmente se desconectó. Nueva Delhi quedó paralizada. El tráfico se atascó; los trenes, el metro y los ascensores se detuvieron; los aeropuertos dejaron de funcionar; el agua no podía bombearse, y las fábricas pararon. Unos 670 millones de personas se quedaron sin energía eléctrica, aproximadamente un 10 % de la población mundial. La causa inmediata había sido que la demanda de electricidad había superado la capacidad de generación. Nueva Delhi tiene un clima cálido y húmedo, y a medida que se hacía más próspera, cada vez más habitantes esperaban vivir y trabajar en espacios con aire acondicionado, lo que generaba enormes picos de consumo durante los meses de verano. No obstante, las causas subyacentes son más complejas.

El clima del planeta está cambiando, generando condiciones extremas, incluidas las temperaturas récord que llevaron a Nueva Delhi al uso excesivo de aire acondicionado, que es un gran consumidor de energía. El cambio climático también ha provocado el acortamiento y el retraso de la lluvia de los monzones, reduciendo así el caudal de agua en las centrales hidroeléctricas y consecuentemente su generación. La población cada vez más numerosa y próspera de la India también está aumentando la demanda de alimentos y la energía necesaria para producirlos. En la década de 1970, los agricultores indios dejaron de utilizar semillas adaptadas a las condiciones locales para pasarse a los híbridos modernos de la «revolución verde», que requerían mucha más agua para su crecimiento. A medida que aumentaba la demanda de agua, el nivel freático descendía y era necesaria más energía para bombear el agua de pozos cada vez más profundos.

La sobresaturada infraestructura eléctrica de la India carece de un programa de gestión moderno y de los controles que equilibren la generación con la demanda, y, para empeorar las cosas, el 27 % del suministro eléctrico de la India se pierde durante su transporte, o se roba. En lugar de reducir sus necesidades energéticas con sistemas inteligentes y eficaces y la aplicación de medidas de ahorro, el país ha apostado por aumentar su capacidad de generación, convirtiéndose en el mayor constructor del mundo de centrales térmicas alimentadas con carbón. Esto no es más que un pacto con el diablo, pues la combustión de carbón lo que hace, en realidad, es acelerar el cambio climático, que ya está amenazando en gran medida los sistemas del país. La polución tiñe de un color amarillo pálido la atmósfera de muchas ciudades indias. En una visita reciente a Nueva Delhi no fui capaz de ver el sol detrás de la densa capa de aire gris amarillento que sepultaba la ciudad.

La India carece también de un gobierno responsable capaz de gestionar su crecimiento. El desequilibrio entre la generación y la demanda de aquel fatídico lunes en Nueva Delhi ya se había predicho. El sistema tenía la sofisticación suficiente como para monitorizar el flujo eléctrico y predecir una peligrosa falta de generación, pero le faltaba la cultura de gestión para interpretar la información de un modo eficaz. Se dieron instrucciones a los gobiernos regionales para reducir el consumo de electricidad en sus territorios en beneficio del sistema global, pero fueron ignoradas. En su lugar, muchos de estos gobiernos dieron instrucciones para extraer aún más energía de la red.

Esta respuesta refleja un tema general de gran importancia al que se enfrentan todos los ayuntamientos: la tentación de sacar el máximo beneficio de una región, una provincia o de empresas individuales a costa de la optimización del sistema general. Desde un punto de vista evolutivo, un individuo puede mejorar a corto plazo si maximiza sus propias ganancias, pero, a la larga, saldrá más beneficiado si contribuye al éxito de un sistema mayor. Desde la fundación de las primeras ciudades, se han utilizado la buena gestión y la cultura para equilibrar el «yo» y el «nosotros». Una buena gestión proporciona la protección, la estructura, las normas, las funciones y las responsabilidades necesarias para distribuir los recursos y mantener la cohesión entre una población numerosa y a menudo diversa. La cultura proporciona a la sociedad un sistema operativo que se nutre de la memoria colectiva de sus estrategias más eficientes y se guía por una moralidad que protege a todo el conjunto. Las ciudades florecientes deben poseer tanto una gobernanza sólida y adaptable como una cultura de la responsabilidad colectiva, y además compasión.

Megatendencias globales

Los problemas de Nueva Delhi se vieron agravados por el cambio climático, una de las numerosas megatendencias globales con la que deben lidiar todas las ciudades. Otras de estas tendencias son la globalización, el aumento de la ciberconectividad, la urbanización, el crecimiento de la población, la desigualdad económica, el aumento del consumo, el agotamiento de los recursos naturales, la pérdida de biodiversidad, el aumento de los emigrantes desplazados y el auge del terrorismo. Estas y otras muchas megatendencias son todas ellas incógnitas conocidas. Sabemos que están llegando, pero no podemos predecir con precisión su impacto.

El cambio climático golpeará con especial fuerza a las ciudades. A finales del siglo XXI, porciones significativas de ciudades situadas a poca altitud sobre el nivel del mar, como Tokio, Nueva Orleans y Dhaka, probablemente queden sepultadas bajo las aguas a no ser que se invierta una gran cantidad de recursos en la construcción y el mantenimiento de diques. Ciudades costeras como Nueva York, Boston, Tampa o Shenzhen se enfrentan a grandes gastos en infraestructuras para protegerse de la subida del nivel de los océanos. Las ciudades del interior situadas cerca de ríos o en cuencas elevadas también sufrirán cada vez más inundaciones, y aquellas ubicadas en la fértil confluencia entre un río y el mar pueden padecer por ambas causas. Y las ciudades menos vulnerables desde el punto de vista geográfico se verán desbordadas por los refugiados desplazados por el clima y los conflictos.

Las megatendencias, como el cambio climático, amenazan la seguridad de todas las naciones del planeta. Un informe de 2014 del Departamento de Defensa de Estados Unidos concluía de la siguiente manera: «El aumento de las temperaturas globales, el cambio de los modelos de precipitación, la subida del nivel de los mares y los fenómenos climatológicos más extremos intensificarán los retos de la inestabilidad global, las hambrunas, la pobreza y los conflictos. Probablemente provoquen escasez de agua y alimentos, pandemias, disputas sobre los refugiados y los recursos y la destrucción a causa de desastres naturales en regiones de todo el mundo. En nuestra estrategia de defensa nos referimos al cambio climático como un 'multiplicador de amenazas', pues tiene el potencial de agravar muchos de los retos a los que nos enfrentamos hoy en día, desde las enfermedades infecciosas al terrorismo».[8]

La devastadora guerra civil siria comenzó con el cambio climático. En 2006, empezó una sequía que duró cinco años, la peor en cien años, que se vio agravada por un sistema corrupto de distribución del agua. Las cosechas se echaron a perder y más de millón y medio de agricultores y pastores desesperados se trasladaron a las ciudades sirias. Ignorados e incapaces de sobrevivir, se vieron doblemente frustrados por un régimen opresivo. Sus protestas desencadenaron una guerra civil. En el consiguiente caos, ISIS y Al-Qaeda ocuparon territorios y acabaron fracturando la nación.[9] Hacia 2015, cientos de miles de sirios habían muerto y once millones pasaron a ser refugiados que inundaron países cercanos como Turquía, Líbano, Jordania e Irak, así como Europa. En verano de 2015, la agencia para los refugiados de la ONU proclamó la guerra civil siria como la mayor crisis de refugiados en una generación. Alemania, con un crecimiento de la población negativo, tenía un déficit de cinco millones de trabajadores, y respondió con oportunismo pero también con valentía moral abriendo sus puertas y recibiendo a millones de refugiados, aunque su asentamiento e integración será una tarea muy compleja.

En el siglo xxi, muchas de las ciudades de mayor crecimiento del mundo se verán atrapadas en un círculo vicioso: sin recursos naturales y energéticos locales suficientes para ser autosuficientes, cada vez dependerán más de las cadenas de abastecimiento internacionales para surtirse de alimentos y de agua. Sus poblaciones concentradas también serán más vulnerables al contagio epidémico de enfermedades, y con la prosperidad global cada vez más dependiente de un sistema complejo de economías conectadas, sus propias economías serán más vulnerables a problemas que se inicien en otras ciudades y se transmitan en cascada a través del sistema. La próxima vez que ocurra, el tipo de crisis financiera global, como la que se experimentó en 2009, puede resultar imparable. También es probable que los

---

[8] www.acq.osd.mil/ie/download/CCARprint_wForeword_c.pdf. Climate Change Adaptation Roadmap.

[9] www.nytimes.com/2015/03/03/science/earth/study-links-syria-conflict-to-drought-caused-by-climate-change.html?_r=0.8; www.upworthy.com/trying-to-follow-what-is-going-on-in-syria-and-why-this-comic-will-get-you-there-in-5-minutes?g=3&c=ufb2.

ciberataques doblegen los sistemas técnicos y sociales de los que dependen nuestras ciudades, y todo ello afectará a los habitantes de las ciudades de manera desigual.

La quizás más inquietante de todas las incógnitas conocidas que amenazan las ciudades sea el terrorismo, pues su objetivo es debilitar el mayor de los logros de la humanidad: la civilización en sí. El terrorismo actual abarca desde los fanáticos religiosos hasta los capos de las bandas de traficantes de drogas. Está siendo alimentado por el racismo, el odio, el fundamentalismo y la codicia. A veces se ha financiado desde las dependencias del mundo desarrollado del petróleo, los diamantes, la heroína y la cocaína, y se ha visto estimulado por las violaciones, el pillaje, la fama y las promesas de una vida exaltada, y quizás eterna. Este terrorismo fundamentalista es la antítesis de la moralidad inculcada a la civilización por los pensadores de la Era Axial hace 2.500 años. El antídoto contra el terrorismo requiere posturas disciplinadas desde varios frentes, pero es fundamental que respondamos afirmando los elementos clave de la civilización –cultura, conectividad, cohesión, comunidad y compasión– inspirados por una visión global. Las potentes redes sociales nacidas en las sociedades libres y abiertas son esenciales para la resistencia de las ciudades sometidas a todo tipo de estrés, pero particularmente a la amenaza del terrorismo. Combatir el terrorismo requiere vigilancia, seguridad y capacidad de intervención, pero su mayor enemigo es una sociedad cohesionada, comprometida con la ayuda mutua y que ofrece oportunidades para todos. La conectividad, la cultura, la cohesión, la comunidad y la compasión son los factores protectores de las ciudades civilizadas.

La confianza es también un elemento crítico de la capacidad de una ciudad para responder a dicho envite. La confianza se construye lentamente; la ansiedad y el miedo se propagan mucho más rápido. Desafortunadamente, la confianza se ha visto debilitada por la desigualdad y la injusticia económicas crecientes, así como por conflictos tribales y religiosos que carcomen África, el Oriente Próximo y la India, todo ello junto a una creciente resistencia a la inmigración en Europa y Estados Unidos.

Todos estos desafíos amenazan el futuro de nuestras ciudades, y habrá muchos más peligros que no podemos anticipar. Nuestra tarea es planificar para un futuro incierto.

Los militares estadounidenses describen esta condición como VUCA (un acrónimo de las palabras inglesas volatilidad, incertidumbre, complejidad y ambigüedad). La combinación de megatendencias y VUCA nos obliga a pensar de otro modo. A medida que la población mundial se traslade cada vez más hacia las ciudades en las próximas décadas, debemos imaginarnos cómo construir y gestionar nuestros sistemas urbanos de una manera más integrada, resiliente y adaptable, al tiempo que aprendemos a mitigar las megatendencias. Las mejores soluciones son aquellas que cumplen tanto con la adaptación como con la atenuación; acciones con los mayores beneficios colectivos serán las que den servicio de la mejor manera a todo el sistema. Por ejemplo, estrategias sencillas, como la de dotar de aislamiento térmico a todos los edificios de una ciudad, reducirán significativamente su uso de energía, y con ello su impacto en el clima; también harán bajar sus costes operativos ahorrando recursos, incrementando el confort de sus ocupantes y ayudando a que los edificios funcionen mejor. Esto, a su vez, creará numerosos puestos de trabajo locales y reducirá la dependencia de la ciudad de los suministros de energía globales.

Puntos de apoyo del cambio

Si preguntamos cómo será la civilización del hombre en el siglo XXI, la respuesta debe ser urbana. Las ciudades son nodos de civilización, puntos de apoyo que igualan el paisaje de oportunidades y fundamentan la armonía entre los seres humanos y la naturaleza en una era VUCA.

La pensadora de sistemas Donella Meadows escribió en su clásico ensayo sobre el tema: «Los puntos de apoyo [...] son entes dentro de un sistema complejo (una empresa, una economía, un cuerpo vivo, una ciudad, un ecosistema) donde un pequeño cambio en uno de ellos puede producir grandes cambios en el conjunto».[10] Un ejemplo de lo efectivo que puede ser un pequeño punto de apoyo si se emplea en el momento adecuado tuvo lugar en 1995, cuando el Departamento de Parques Naturales de Estados Unidos reintrodujo 33 parejas de lobos en el gran ecosistema del parque de Yellowstone. La presa principal

[10] www.donellameadows.org/wp-content/userfiles/Leverage_Points.pdf.

de los lobos grises es el ciervo, cuya población había crecido rápidamente sin que los lobos la mantuvieran a raya. Al pastar vorazmente, los ciervos habían desnudado el paisaje de Yellowstone.

Después de seis años de haber introducido los lobos, los valles y las colinas de Yellowstone se cubrieron con un bosque renovado que estabilizaba el suelo que se había erosionado y desaparecido en los lechos de los ríos. Los pájaros cantores volvieron. Las poblaciones de osos, águilas y cuervos crecieron, alimentándose de la carroña de los ciervos que habían matado los lobos. Los lobos también redujeron el número de coyotes, lo que provocó la recuperación de las poblaciones de zorros, halcones, comadrejas y tejones. Creció el número de castores, y a medida que estos construían nuevas presas, se recuperaron las zonas de aguas estancadas, por lo que aumentó la población de nutrias, ratas almizcleras, peces y ranas. Las presas de los castores ralentizaron los ríos y los arroyos, fomentando el crecimiento de la vegetación estabilizadora de ribera y mejorando la calidad de las aguas.[11]

La reintroducción de los lobos en el ecosistema de Yellowstone restauró un elemento clave en una ecología muy complementaria. Su regreso fue un punto de apoyo que impulsó la vuelta de incontables elementos que proporcionaron un equilibrio sano, restaurando así la salud del sistema.

Una de las claves para mejorar la salud de las ciudades consiste en entender cómo funcionan sus sistemas para, más tarde, centrarse en los puntos de apoyo. En 1988, cuando el cártel de Pablo Escobar luchaba en una guerra sin cuartel con el cártel del Valle, la revista *Time* calificó Medellín de «la ciudad más peligrosa del mundo». En 2013, el Urban Land Institute afirmó que Medellín era la ciudad más innovadora del mundo.

¿Qué es lo que cambió una ciudad? Los puntos de apoyo clave fueron la resolución del gobierno de proteger a sus ciudadanos del crimen, aumentando las fuerzas de seguridad de la ciudad. Como resultado, entre 1991 y 2010, el índice de homicidios de Medellín descendió un 80 %. Al mismo tiempo, la ciudad invirtió en nuevos parques, bibliotecas públicas, escuelas en los barrios. Barrios que anteriormente estaban aislados se conectaron con el centro de la ciudad mediante un sistema innovador de transporte, el metroca-

[11] Monbiot, George, en *Nature's Way*, núm. 1, 2015, págs. 30-31.

ble, y se instalaron escaleras mecánicas en las colinas empinadas de la ciudad donde vivía la población más pobre. El metrocable se integró con un metro subterráneo moderno que conectaba los centros residenciales y comerciales más prósperos, haciendo que estos fueran más accesibles a las clases más pobres, lo que permitió que creciera la ocupación, la educación y las compras. El transporte público seguro proporcionó una alternativa a los coches, reduciendo la polución y los atascos.

Se construyó un cinturón verde protector que rodeaba la ciudad y marcaba un límite a la expansión de las barracas, al tiempo que proporcionaba tierras para el cultivo de alimentos. El cinturón verde transformó el Camino de la Muerte, donde los cárteles solían colgar de los árboles los cadáveres de sus enemigos, en el Camino de la Vida, un espacio peatonal con espectaculares vistas sobre el valle.[12]

Al centrar sus esfuerzos en unos pocos puntos de apoyo claves, en solo veinte años Medellín pasó de ser una ciudad en el límite de la supervivencia a ser una ciudad próspera. El aumento de la policía nacional restauró el equilibrio de Medellín, del mismo modo que la introducción de lobos en el parque de Yellowstone permitió que surgiera un ecosistema más rico y sano.

New Urbanism: hacia un paradigma urbanístico más integrado

A finales de la década de 1980, diferentes urbanistas y arquitectos que habían crecido en la idealista década de 1960 y que conocían las ciudades y pueblos más antiguos y cohesionados de Europa, comenzaron a trabajar en un paradigma urbanístico más integrado en Estados Unidos. En 1993 crearon una nueva organización, el Congress for the New Urbanism (CNU), inspirado en la ciudad funcional de los CIAM, pero en lugar de segregar a los habitantes, su misión fue volverlos a agrupar con tanta diversidad y conectividad como fuera posible.

En la actualidad, los principios del CNU han desplazado en gran medida los ideales de los CIAM. En 1996, mi cuñado Peter Calthorpe, uno de los fundadores del CNU, fue contratado por el ministro

[12] Bakker, Stephanie y Brandwink, Yvonne, «Medellín's 'Metropolitan Greenbelt' Adds Public Space While Healing Old Wounds», *Citiscope*, 15 de abril de 2016.

de Vivienda y Urbanismo de Estados Unidos, Henry Cisneros, para crear un nuevo modelo de planeamiento de la vivienda de promoción pública. Bajo el programa HOPE 6, el gobierno federal de Estados Unidos comenzó a recabar fondos para las ciudades que acabaran con sus proyectos fracasados de «torres en el parque» y los sustituyeran por comunidades que involucraran diferentes niveles sociales y con mejores servicios. Calthorpe redactó las directrices de planificación del programa, que incluía reducir el tamaño de las manzanas, volver a conectar las calles y tejer un entramado con las diferentes comunidades. Los principios del *New Urbanism* acabaron por diseminarse rápidamente porque apelaban a la naturaleza humana y porque eran muy adaptables a las variaciones del lugar, la cultura y el entorno.

La renovación urbana también comenzó a evolucionar hacia la integración, la diversidad y la cohesión fuera de Estados Unidos. En los Países Bajos, las torres de viviendas de hormigón de Bijlmermeer habían crecido hasta alojar a 100.000 personas, principalmente emigrantes procedentes de Ghana y Surinam. Rechazado por la clase media, en la década de 1970 el barrio de Bijlmermeer era conocido como el más peligroso de Europa. Lo que en un principio se pretendía que fuera una ciudad ideal se había convertido en un barrio de mala muerte. Fue entonces, en 1992, cuando el vuelo 1862 de El Al se estrelló contra uno de los edificios de Bijlmermeer causando la muerte de decenas de personas. La respuesta del país al desastre incentivó una nueva manera de pensar sobre cómo reconstruir las ciudades.

Las «torres en el parque» se demolieron y fueron sustituidas por edificios de mediana altura y una mayor densidad que contaban con jardines privados. Se dio espacio para tiendas y pequeños negocios, se facilitaron servicios a los habitantes y se proporcionó a los emigrantes emprendedores la oportunidad de subir de escalafón social hacia la clase media. La policía proporcionó mayor seguridad. La red de metro se amplió hasta llegar a Bijlmermeer, conectando a sus habitantes con las oportunidades que ofrecía la ciudad. Los ciclistas, los peatones y los automovilistas que habían sido cuidadosamente separados en sistemas circulatorios diferenciados se reencontraron, dando lugar a unas calles más vividas; al mismo tiempo, el Ayuntamiento invirtió en la mejora de los servicios sociales y las escuelas. Todos estos elementos juntos convirtieron a Bijlmermeer en una comunidad de oportunidades. En la actualidad, los emigrantes de segunda generación que viven en Bijlmermeer tienen los mismos ingresos y la misma educación universitaria que los holandeses nativos.

La ciudad bien temperada

Ansioso por empezar a aplicar las ideas en las que tanto había pensado, en 1976 abandoné la escuela de urbanismo para convertirme en un promotor inmobiliario con el objetivo de hacer confluir los temas medioambientales y sociales. Mi papel ha sido imaginar soluciones que contengan una visión comunitaria del futuro tanto en el entorno como en las construcciones. Utilizando una compleja financiación pública y privada, mis colegas y yo coordinamos el trabajo de decenas de consultores, arquitectos, ingenieros y contratistas para crear proyectos que proporcionaran las soluciones requeridas para construir ciudades más felices, más sanas y más equitativas. También he trabajado de consultor en temas de planeamiento en comunidades que van desde el sur del Bronx hasta São Paulo, desde Nantucket hasta Nueva Orleans.

Este trabajo con las ciudades ha sido extremadamente gratificante. Colaboro con colegas muy inteligentes, eficaces y motivados para hacer del mundo un lugar mejor, y vemos cómo la vida de la gente mejora gracias a nuestro trabajo y cómo abusamos menos de la naturaleza. Nuestra estrategia ha sido imaginar y desarrollar proyectos que ofrezcan unas pocas soluciones a los temas a los que se enfrentan las ciudades, y después trabajar para difundir aquello que hemos aprendido. Ha quedado claro que hay un público ansioso de soluciones que sean viables desde un punto de vista financiero y que ayuden a resolver los desafíos sociales y medioambientales. Hemos descubierto que crear modelos de éxito y promover ampliamente sus lecciones ha sido un punto de apoyo clave. Nuestros proyectos se convirtieron en modelos de la vivienda ecológica asequible, la urbanización orientada al transporte público y a la movilidad, los edificios verdes y los movimientos que promueven un crecimiento inteligente.

Todo este trabajo resulta también muy difícil. Los problemas son enrevesados, las megatendencias presionan en dirección contraria a nuestras mejores intenciones y no trabajamos a la escala necesaria para hacer frente a los retos de nuestro tiempo. A menudo me pongo a leer y a escribir por las noches reflexionando sobre las cuestiones que afectan a las ciudades y lo poco sincronizadas que están respecto a la naturaleza y a nosotros mismos, y pienso sobre los cambios que podrían volver a alinearlas; es entonces cuando me pongo a escuchar a Bach. Su música está empapada de sabiduría y compasión, de anhelo y resolución, pero, lo que es más importante, está embebida de un sentido de integridad. Se me ocurrió que el concepto de temperamento –concepto que ayudó a Bach a crear armonía entre las escalas– podría ser una guía útil para componer ciudades que armonizaran a los humanos entre sí y con la naturaleza. Al fin y al cabo, la armonía forma parte del ADN de las ciudades; desde los comienzos, desde hace más de cinco milenios, forma parte de su propósito.

Llamo a esta aspiración «arquitectura bien temperada», que integra cinco cualidades del temperamento con el fin de aumentar la adaptabilidad urbana de un modo que compagine la prosperidad y el bienestar con la eficiencia y la igualdad, con vistas siempre hacia la plenitud.

Las cinco cualidades de una ciudad bien temperada

La primera cualidad del temperamento urbano es *coherencia*; esta cualidad puede comprobarse en cómo funciona el temperamento que Bach utilizó para escribir *El clave bien temperado*. Del mismo modo que el sistema de afinación igual permitió integrar las 24 diferentes escalas musicales entre sí por primera vez, las ciudades necesitan un marco que unifique sus numerosos y dispares programas, departamentos y aspiraciones. Por ejemplo, sabemos que el futuro de los niños está influido por la estabilidad de sus familias y hogares, la calidad de sus escuelas, su acceso a la sanidad, la calidad de los alimentos, la ausencia de toxinas ambientales y su conexión con la naturaleza, aunque cada uno de estos factores pueda caer bajo la jurisdicción de un departamento municipal diferente. La mayoría de las ciudades carecen de una plataforma integrada que preste apoyo al crecimiento de cada niño. La integración es la base del primer beneficio del temperamento. Cuando una comunidad tiene una visión, un plan para llevarlo a cabo y es capaz de integrar de un modo coherente sus elementos dispares, entonces empieza a estar bien temperada. La coherencia es esencial para la prosperidad de las ciudades.

La segunda cualidad de una ciudad bien temperada es *circularidad*, que se hace posible mediante la cohesión. Una vez que las notas están bien temperadas, estas pueden conectarse. Uno de los motivos musicales favoritos de Bach era el círculo de quintas, un dispositivo que permitía que una composición musical pasara de escala en escala a través de su quinta nota, aquella que encajaba de la manera más natural con la primera nota de la siguiente escala, para acabar finalmente donde había empezado.

Las ciudades tienen metabolismos: la energía, la información y los materiales fluyen a través de ellas. Una de las mejores respuestas a las megatendencias que nos amenazan, como la de los recursos naturales limitados, es desarrollar un metabolismo urbano circular. Nuestros sistemas urbanos actuales son lineales; deben convertirse en circulares, siguiendo así el comportamiento de la naturaleza.

Cuando la población mundial alcance los 10.000 millones de habitantes a mediados del siglo XXI, ya no habrá suficiente agua para todos, ni alimentos ni recursos naturales, a no ser que cambiemos el sistema lineal de utilizar recursos –hacer cosas para luego desecharlas– hacia sistemas circulares basados en el reciclaje. Tal como ha descubierto el Estado de California, siempre sujeto a sequías, se pueden purificar las aguas residuales para hacerlas potables, utilizar los residuos orgánicos para abonar cultivos, reciclar las botellas de refrescos para convertirlas en chalecos de la marca Patagonia, creando así puestos de trabajo y recursos al mismo tiempo.

La tercera cualidad del temperamento, *resiliencia*, es la habilidad de sobreponerse cuando se está en situación de estrés, algo clave para la capacidad de las ciudades de adaptarse a la volatilidad del siglo XXI. Podemos aumentar la resiliencia urbana con edificios que consuman menos energía para ser confortables y conectándolos con parques, jardines y paisajes naturales que devuelvan la naturaleza a las ciudades. Puesto que nuestros centros urbanos tendrán que enfrentarse a un calor y a un frío extremos, a inundaciones y a sequías, la ciudad bien temperada puede utilizar la infraestructura natural para moderar su temperatura y proporcionar a sus habitantes un refugio contra la volatilidad.

La cuarta cualidad de una ciudad bien temperada es *comunidad*; las redes sociales hacen que la gente esté bien temperada. Los seres humanos son animales sociales: la felicidad no es solo un estado

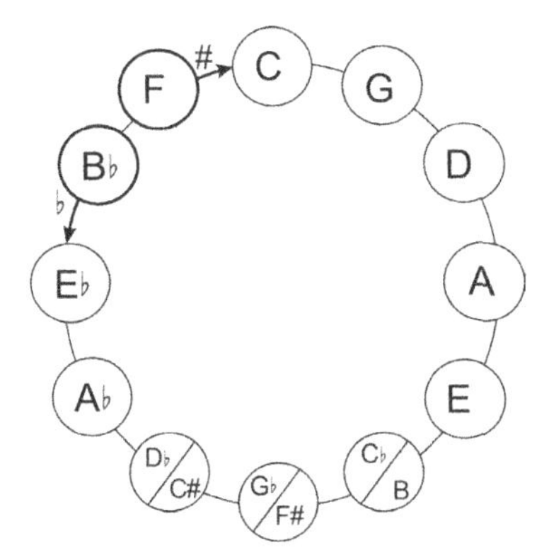

El círculo de quintas. Jonathan Rose Companies.

individual, sino también colectivo. Este temperamento comunitario surge de la prosperidad, la seguridad, la salud, la educación, la conectividad social, la eficacia colectiva y la distribución equitativa y generalizada de estos beneficios; todos ellos dan lugar a un estado de bienestar. Cuando demasiados habitantes de un barrio sufren un daño cognitivo derivado del estrés de la pobreza, el racismo, los traumas, las toxinas, la inestabilidad en los hogares y escuelas de mala calidad, sus barrios están menos capacitados para lidiar con los temas de la era VUCA. De ahí se deduce que la salud o enfermedad de un barrio afecta a sus vecinos de un modo contagioso. Nuestro bienestar es colectivo.

Estas primeras cuatro cualidades del temperamento ponen de manifiesto cuán entrelazado está el mundo. De igual modo que las notas salidas de un piano no son más que sonidos cuando se tocan separadamente, pero que adquieren vida cuando se integran en una composición, los átomos y las moléculas son inertes en sí, pero conforman la vida cuando se relacionan de una manera cohesionada. Las ciudades también surgen a partir de la interdependencia de sus partes.

La naturaleza consigue relacionarse de manera espontánea; los seres humanos deben escoger cómo se relacionarán entre sí. La quinta cualidad de la ciudad bien temperada, *compasión*, resulta esencial para que una ciudad tenga un equilibrio saludable entre el bienestar colectivo y el individual. El escritor Paul Hawken sostiene que cuando una comunidad ecológica se ve perturbada por una avalancha o un incendio forestal, siempre se cura. Las sociedades humanas no siempre restauran sus comunidades tras una situación de estrés. Una condición clave para la restauración es la compasión que proporciona el tejido conectivo entre el yo y el nosotros, y que nos lleva a que nos preocupemos por algo que es más grande que nosotros mismos. Preocuparnos por los demás es la puerta de acceso a la plenitud, tanto para nosotros mismos como para la sociedad a la que pertenecemos.

Donella Meadows observó: «La parte menos obvia de un sistema, su función o propósito, es a menudo el determinante más crucial del comportamiento de un sistema».[13] Para que una ciudad alcance verdaderamente su potencial, todos aquellos que vivan en ella deben compartir un propósito altruista común: la mejora del conjunto en el que viven.

A nivel físico, la ciudad bien temperada aumenta su resiliencia al integrar la tecnología urbana con la naturaleza. A nivel operativo, aumenta su resiliencia al desarrollar sistemas de adaptación rápida que evolucionen conjuntamente en un equilibrio dinámico con las megatendencias, conservando el bienestar tanto de los seres humanos como de los sistemas naturales. Y a nivel espiritual, el temperamento integra nuestra búsqueda de un propósito con la aspiración de plenitud.

La ciudad bien temperada en acción

La ciudad bien temperada no es solo un sueño. Muchos de los aspectos del temperamento que trataremos en este libro ya operan en el mundo actual. Lo mejor que se hace actualmente en urbanismo, diseño, ingeniería, economía, ciencias sociales y gobernanza de las ciudades nos está acercando a un bienestar urbano cada vez mayor. Aunque estas acciones solo tengan un efecto modesto si las consideramos aisladamente, su poder aparece cuando están integradas. Todas ellas proporcionan un camino para atravesar la falta de recursos, el crecimiento de la población, el cambio climático, la desigualdad, las

[13] Meadows, Donella H. y Wright, Diana, *Thinking in Systems: A Primer*, Chelsea Green Publishing, White River Junction, 2008.

migraciones y otras megatendencias que nos amenazan. Las ciudades bien temperadas serán un refugio contra la volatilidad. Si Estados Unidos, la mayor potencia económica del mundo, invirtiera en infraestructuras, en sistemas operativos integrados, en restauración de sistemas naturales y en una oferta de oportunidades para temperar todas sus regiones metropolitanas, sería un importante centro de gravedad estabilizador dentro de un mundo volátil.

Imaginemos una ciudad con las viviendas sociales de Singapur, la educación pública de Finlandia, la retícula inteligente de Austin, la cultura de la bicicleta de Copenhague, la producción de alimentos urbanos de Hanói, el sistema de alimentos regionales toscanos de Florencia, el acceso a la naturaleza de Seattle, las artes y la cultura de Nueva York, el metro de Hong Kong, el sistema de autobuses rápidos de Curitiba, el programa de bicicletas compartidas de París, las tarifas contra la congestión de tráfico de Londres, el sistema de reciclaje de San Francisco, el programa de retención de aguas de lluvia de Filadelfia, el proyecto de restauración del río Cheonggyecheon de Seúl, el sistema de reciclaje de aguas residuales de Windhoek, la actuación de Róterdam para combatir un nivel del mar creciente, los resultados sanitarios de Tokio, la felicidad de Sídney, la equidad de Estocolmo, la paz de Reikiavik, la forma armónica de la Ciudad Prohibida de Pekín, la vitalidad comercial de Casablanca, la industrialización cooperativa de Bolonia, la innovación de Medellín, las universidades de Cambridge, los hospitales de Cleveland y la habitabilidad de Vancouver. Cada uno de estos aspectos de una ciudad bien temperada existe hoy en día, y mejora continuamente. Cada uno de ellos ha evolucionado en un tiempo y en un lugar determinados, y es adaptable y combinable. Pongámoslos todos ellos juntos como si fueran sistemas interconectados, y entonces sus regiones metropolitanas evolucionarán hacia ciudades más felices, prósperas y regeneradoras.

El trabajo de toda la vida de Bach fue una búsqueda para entender la armonía del universo, para articular las reglas que permiten que esa armonía se exprese para después hacerla manifiesta. La música de Bach nos sigue emocionando después de siglos de haber sido escrita. La ciudad bien temperada aspira a la grandeza de Bach, infundida con sistemas que curvan el arco de su desarrollo hacia la igualdad, la resiliencia, la adaptabilidad, el bienestar y la armonía, siempre en constante despliegue, entre la civilización y la naturaleza. Estos objetivos nunca se lograrán plenamente, pero nuestras ciudades serán más ricas y más felices si aspiramos a ellos y si insuflamos este aliento a todos nuestros planes y a todos los pasos que damos para realizarlos.

En las páginas que siguen exploraremos el desarrollo de las ciudades desde los inicios de la civilización hasta el presente, con el fin de entender las condiciones que dieron lugar a las ciudades y las condiciones que crean las comunidades más felices. Espero que disfruten del viaje.

Parte primera
Coherencia

La transición del temperamento justo al temperamento igual creó un marco que acabó con el aislamiento de las diferentes tonalidades musicales. Por primera vez las tonalidades podían formar parte de un conjunto mayor que la suma de sus individualidades. Sin embargo, aunque *El clave bien temperado* de Johann Sebastian Bach expresa la sensación de fluidez y apertura, sus notas se tocan en el mismo orden, una después de la otra.

Aunque está inspirada por Bach, la ciudad bien temperada debe ser mucho más dinámica, y debe evolucionar siempre para poder seguir el ritmo dentro de un mundo que cambia muy rápidamente. Para hacerlo, la ciudad ha de comportarse más como los organismos naturales que constantemente van detectando las condiciones de su entorno y ajustándose a ellas. De la misma manera que los seres humanos evolucionan mediante innovaciones continuas que aumentan su aptitud evolutiva, así deben hacerlo las ciudades. Tanto en la evolución de los seres humanos como en la de las ciudades, los avances en el aspecto físico, como el pulgar oponible y la retícula de calles, fueron esenciales. Sin embargo, la evolución de sus sistemas operativos fue aún más importante. El sistema operativo de los humanos es la mente.

Dan Siegel, profesor de psiquiatría clínica en la Facultad de Medicina de la University of California en Los Ángeles (UCLA), describe la mente como un «proceso emergente autoorganizativo materializado y relacional que regula los flujos de energía e información». Existen muchos paralelismos entre esta manera de entender la mente y la naturaleza de las ciudades. Sin duda, una ciudad existe en un lugar físico, pero es mucho más que sus calles y sus edificios. El doctor Siegel utiliza el acrónimo FACES[1] para describir una mente sana: flexible, adaptable a los cambios de contexto, coherente (se mantiene integrada en el tiempo a pesar de su fluidez), animada y estable. Estas son también las cualidades necesarias para que las ciudades se desarrollen en una era VUCA.

Las mentes sanas integran continuamente sus diferentes partes, y los temas de salud mental siempre empiezan con una integración dañada en el cerebro. La teoría del caos sostiene que cuando un sistema autoorganizado no es capaz de conectar diferentes partes, se ve abocado al caos o a la rigidez. Esto mismo le sucede a la mente, y Siegel observa que casi todas las discapacidades mentales pueden clasificarse como caos o rigidez, o ambos a la vez. También las ciudades son más sanas cuando conectan sus partes diferenciadas.

Las ciudades también pueden ser excesivamente rígidas o caóticas, o pueden encontrar el camino apropiado de en medio. La rigidez a menudo es el resultado de un excesivo control centralizado, como sucedió en las ciudades soviéticas de mediados del siglo XX y, más recientemente, en ciudades gobernadas por el fundamentalismo islámico. En dichos casos, no hay espacio para la expresión individual; se reprime la diversidad, que es fuente de capacidad generativa. Las infraestructuras urbanas rígidas son incapaces de adaptarse sin problemas a los cambios.

La antítesis de la rigidez es el tipo de caos que encontramos cuando las ciudades pierden su capacidad de gobierno, fuera de control y sin un objetivo ni una dirección claras.

Para que la naturaleza fluya entre la rigidez y el caos hay que fomentar el crecimiento de la diferenciación, o diversidad, al mismo tiempo que se facilita la interconexión. Estas cualidades dan lugar a que la ciudad se autoorganice y, de esta manera, al igual que ocurre en la naturaleza, tienda a la simetría, al equilibrio y a la coherencia. De la misma manera que estas características realzan nuestro sentimiento personal de bienestar, también fomentan el bienestar de las ciudades.

---

[1] Literalmente: CARAS. Las letras iniciales de las palabras que conforman FACES son imposibles de conservar en la traducción al castellano [N. del T.].

Esta parte del libro explorará cómo las ciudades surgen a lo largo del tiempo y las nueve características que dieron lugar a las primeras ciudades. Todo esto será estudiado bajo la óptica de la coherencia, explorando cómo fueron planeadas y hacia dónde parece que está caminando el planeamiento urbanístico en el futuro más próximo. Estudiaremos el crecimiento de los suburbios, subrayando cómo las ciudades y los suburbios pueden florecer solo si están integrados en un sistema regional coherente.

Como veremos, en el pasado se pueden encontrar muchas de las claves del futuro.

1
La marea metropolitana

En la historia de la humanidad ha habido tres grandes oleadas. Nos encontramos ahora en medio de la tercera. En la primera, los cazadores recolectores –que dependían de la caza y la pesca para encontrar alimento– aumentaron significativamente la ingesta de calorías al trabajar de manera cooperativa y compartir sus alimentos con la familia o la tribu. Este aumento de calorías avivó la evolución de las capacidades cognitivas de nuestras mentes. La segunda oleada fue agrícola, una época en la que mejoramos nuestras redes sociales, que se aplicaron a aumentar las calorías que alimentaron el desarrollo de la civilización. En la tercera oleada avanzamos drásticamente en nuestra capacidad organizativa y técnica, haciendo posible la aparición de nuestra principal tecnología, la ciudad, que hoy se disemina por todo el planeta en forma de potente marea metropolitana.

Durante la primera ola, los seres humanos se consideraban a sí mismos parte de la naturaleza; en la segunda, se veían íntimamente incorporados en ella, aunque también influidos por la cultura humana; nuestra tercera ola ignora cada vez más la naturaleza. La especie humana florecerá si es capaz de imaginar cómo integrar esta era técnica en la que vivimos con los flujos naturales de la evolución; si no es capaz, nos enfrentamos a grandes sufrimientos.

Los últimos 2.000 millones de años de vida en el planeta han estado marcados por cinco grandes extinciones, producidas en unos períodos relativamente cortos, en los que desapareció un número significativo de especies, seguidas de un nuevo estallido de vida. Los fósiles indican que son necesarios entre diez y quince millones de años para recuperarse de una gran extinción, y que después la vida siempre toma un nuevo curso. Durante la última extinción, que se produjo hace unos 65 millones de años, desapareció el 95% de las especies del planeta. Los dinosaurios, que habían sido la forma predominante de vida, desaparecieron para nunca volver.

En la naturaleza no existen estados fijos; las poblaciones y los entornos están en constante flujo, y a veces estas mismas fluctuaciones se vuelven tan significativas que producen un impacto en la propia vida del planeta. Es impresionante la capacidad adaptativa de la vida a las condiciones cambiantes y de regenerarse después de los choques más abruptos.

Comprender esta capacidad es una clave importante para saber cómo conseguir que nuestras ciudades sean más resilientes en los tiempos volátiles que corren. El flujo de la evolución es impresionante y misterioso. La evolución selecciona inexorablemente por aptitud sin moralidad, pero los seres humanos, cuya evolución ha dado lugar a una forma completamente nueva de pensar, poseen intencionalidad que, en el mejor de los casos, se ve temperada por la moralidad.

Cognición

Hace aproximadamente unos 170.000 años, nuestros ancestros directos, tan solo unos 5.000 *Homo sapiens*, aparecieron en el sur de África como resultado de una larga genealogía de homínidos evolucionados. Gran parte de cómo pensamos hoy evolucionó como mecanismo evolutivo frente a aquel entorno. Con el tiempo crecimos en número y creamos complejas civilizaciones que se han esparcido por todo el planeta, pero nuestros cuerpos, incluidos nuestros cerebros, no han cambiado demasiado en los últimos 100.000 años. Si acicaláramos a un hombre o a una mujer del Holoceno y los vistiéramos con ropas contemporáneas, podríamos confundirlos fácilmente con nuestros vecinos.

De modo que si hemos tenido el mismo cerebro que hace 100.000 años, ¿por qué nos ha llevado tanto tiempo pasar de las cavernas a las ciudades? En este capítulo trazaremos dicho recorrido. Desde un punto de vista evolutivo, este período resulta notablemente breve, y todo es resultado de nuestra cognición, de la manera como pensamos.

La cognición humana incluye percepción, discernimiento, aprehensión, entendimiento, intuición, razonamiento, aprendizaje y reflexión; una fascinante capacidad. La complejidad de todo lo que digieren nuestras mentes y el nivel al que lo analizamos pueden convertir el pensamiento en un proceso prolongado, demasiado lento como para responder a los constantes retos de la vida. Para contrarrestarlo, hemos desarrollado una serie de atajos, llamados «sesgos cognitivos», que se han ido perfeccionando con la evolución para ayudarnos a sobrevivir. Por ejemplo, si un león surge de repente de unos matorrales, nos quedamos quietos (y esperamos que no nos vea), plantamos cara y peleamos, o corremos como si nos llevara el diablo; no tenemos tiempo para pensar. Estas respuestas «prefijadas» a quedarnos quietos, a luchar o a huir han demostrado ser las adaptaciones apropiadas a las condiciones a las que hemos evolucionado y que nos llevan al éxito evolutivo. Aunque se generaron en un tiempo y en un paisaje muy diferentes, estas tendencias prehistóricas continúan afectando a cómo pensamos y actuamos hoy en día. Sin embargo, la mayoría de nosotros vive hoy en un entorno muy diferente. Cuando esta tendencia prehistórica se ve repetidamente detonada por correos electrónicos agresivos o por vivir en barrios con un alto índice de criminalidad, la respuesta de «lucha o sal corriendo» puede tener un impacto negativo en nuestro bienestar.

En otro sesgo cognitivo, nuestras mentes evolucionaron de manera que damos preferencia al presente sobre el futuro, una tendencia conocida hoy como «descuento hiperbólico». Cuando éramos cazadores recolectores, esta tendencia nos ayudaba a centrarnos en las necesidades inmediatas. Desgraciadamente, en el mundo complejo en el que vivimos, el planeamiento a largo plazo a menudo es más importante que solucionar dónde conseguir nuestra siguiente comida. Este sesgo cognitivo es clave, pues a nuestras sociedades contemporáneas a menudo les resulta muy difícil centrarse en resolver los grandes temas que nos amenazan, como el cambio climático, cuyos efectos aparecen lentamente a lo largo del tiempo.

Otro sesgo cognitivo que nos ayudó a tener éxito como cazadores fue nuestra curiosa fijación en cazar grandes animales adultos, en su mejor época reproductiva, mientras que la mayoría de otras especies normalmente cazan los más jóvenes o más viejos. Esta tendencia hizo de nosotros unos «superdepredadores», reduciendo así la capacidad reproductiva de las especies de las que nos alimentábamos hasta 14 veces más deprisa que la norma en el caso de otras especies depredadoras. A medida que crecía nuestra población, nuestras presas empezaron a encontrarse en peligro de extinción. En unos momentos como estos en los que la población humana se acerca a los 10.000 millones de habitantes, se demuestra que esta tendencia reduce nuestra aptitud ecológica a largo plazo.

Nuestras mentes tienden también a un favoritismo excluyente, un sentimiento acogedor hacia nuestra familia y nuestros amigos que va unido a una aversión hacia quienes están fuera de nuestro grupo. En los primeros tiempos de la evolución humana, esta fue una adaptación positiva; sobrevivimos gracias al mutualismo en la tribu. Dado que las tribus competían entre sí por los recursos, crecimos observando al resto de tribus con precaución. El trabajo de la neurocientífica social Tania Singer muestra cómo estas dos tendencias están profundamente interconectadas: cuanto más fuertes son nuestros sentimientos de grupo hacia nuestra familia, nuestro barrio o nuestro equipo de fútbol, más fuerte es nuestra antipatía por aquellos que consideramos «otros». Este sesgo cognitivo está en la base del racismo y el nacionalismo, unas plagas de nuestro mundo actual.

Sin embargo, no todo el pensamiento humano se centra en los temas prácticos de la vida cotidiana. La magnificencia de la cognición humana reside en su alcance. Aunque realmente no sepamos qué era lo que pensaban los predecesores del *Homo sapiens*, existen indicios de que se preguntaban sobre los misterios de la vida y la muerte que se retrotraen a hace 350.000 años, a la cueva de Atapuerca, en España, donde los arqueólogos han descubierto lo que parecen ser los primeros signos de un entierro ritual. La posición de los muertos indica que sus cuerpos fueron cuidadosamente dispuestos y estaban acompañados de armas de sílex y herramientas decoradas con ocre.

¿Por qué los rituales más antiguos que podemos encontrar son los que tienen que ver con la muerte? La muerte nos inspira a reflexionar acerca de dónde venimos y hacia dónde vamos, y nos lleva a pensar en las grandes preguntas acerca del origen del universo, el origen de la vida y su propósito. Al vivir en la naturaleza expuestos a los ciclos de las estaciones, a la luna y a las estrellas, la conciencia del ser humano desarrolló un deseo por conocer el sentido del mundo que nos rodeaba. A partir de ahí desarrollamos la capacidad del pensamiento simbólico que dio lugar al lenguaje, al mito y a la búsqueda de significado, y todo esto se alineaba con la propensión de nuestras mentes a favor de la simetría, el equilibrio, la coherencia y la armonía.

El arqueólogo John Hoffecker, del Instituto de Investigación Ártica y Alpina de la Colorado University, cree que la mente surgió del cerebro colectivo de los seres humanos que vivían en grupos sociales. «Nosotros somos inteligentes –escribe Hoffecker– precisamente porque somos 'nosotros'. Es obvio que los seres humanos desarrollamos un abanico mucho más amplio de herramientas de comunicación para explicar nuestros pensamientos, y el lenguaje es el más importante de todos ellos. Los cerebros humanos de individuos que formaban parte de grupos sociales pasaron a integrarse en una especie de Internet neurológico que dio lugar a la mente.»[1] Dan Siegel describe este proceso como relacional, como la integración de nosotros y los otros no como «yo» o «nosotros», sino como «yosotros».

Cada uno de los aspectos de la construcción de las ciudades depende de nuestra capacidad de cognición. Se trata de un proceso que nos exige pensar y trabajar conjuntamente para poder acceder a nuestro «Internet neurológico», que ha proporcionado una espectacular ventaja evolutiva a los seres humanos.

Cooperación

Muchas especies tienen comportamientos de reciprocidad. Por ejemplo, dos caballos en el campo pueden tener colocadas sus cabezas uno junto a la cola del otro de modo que se espantan las moscas mutuamente. La reciprocidad es también un elemento clave del comportamiento humano, y los seres humanos cooperan de modos que ninguna otra especie hace. Consideremos las habilidades cognitivas necesarias para trabajar en una tarea como transportar un tronco. Para hacerlo posible, una única persona no solo tiene que ponderar las ventajas de transportarlo entre todos, sino que también tiene que

[1] www.artsandsciences.colorado.edu/magazine/2011/04/evolving-super-brain-tied-to-bipedalism-tool-making.

ser capaz de comunicarlo a los demás y convencerlos de unir fuerzas. Esta reciprocidad es el cimiento de la moralidad.

Los primeros humanos vivían en tribus multigeneracionales donde compartían un rasgo que los biólogos llaman «eusocialidad». En especies no eusociales, la prole nace, abandona el nido y se va a encontrar una pareja para anidar por sí misma. Puede que se reúnan para protegerse o para emigrar, pero su sino genético es individual. Los grupos eusociales están formados por varias generaciones, se dividen el trabajo y aportan una cantidad significativa de su trabajo en beneficio del grupo. El éxito genético de las especies eusociales proviene de sus comportamientos cooperativos y del altruismo. En lugar de depender de la fuerza individual, la viabilidad genética de una especie eusocial como el *Homo sapiens* depende del éxito del grupo. Como observó el eminente biólogo Edward O. Wilson, el comportamiento colectivo humano nos ha permitido conquistar el planeta.

La capacidad cognitiva humana nos proporciona intencionalidad, empatía con los amigos y la capacidad de discernir quién es el enemigo. Podemos intuir quién nos dice la verdad y quién nos está mintiendo. Somos capaces de tomar decisiones a corto y a largo plazo, darle sentido a la profundidad del pasado y desarrollar escenarios para el futuro. Todo esto requiere inteligencia pura y una gran memoria operativa. También requiere inteligencia social, capacidad para equilibrar egoísmo y altruismo, en especial cuando los dos impulsos entran en conflicto. Esta inteligencia social nos separó de nuestros primos en la evolución, los neandertales, e hizo que diéramos un gran salto adelante. Como sostiene Wilson: «Las estrategias de este juego estaban escritas como una mezcla complicada de altruismo cuidadosamente calibrado, cooperación, rivalidad, dominio, reciprocidad, traición y engaño»,[2] y estas fueron habilidades clave a la hora de construir ciudades.

Los primeros *Homo sapiens*, que eran solo unos 5.000 individuos agrupados en pequeñas bandas, evolucionaron de una forma notablemente rápida. Parte de este cambio era genético, pues se produjeron diversas mutaciones exitosas que contribuyeron al acervo genético; otra fue epigenética, como parte del proceso mediante el cual la ex-

[2] Wilson, Edward O., *The Social Conquest of the Earth*, Liveright, Nueva York, 2012, pág. 17 (versión castellana: *La conquista social de la Tierra*, Debate, Barcelona, 2012).

periencia influye en cómo se expresan los genes, o cómo se activan o desactivan, y dieron lugar a rasgos que se acababan transmitiendo; y otra fue cultural: cambios en el sistema operativo humano. A medida que la población creció mesuradamente, todos estos factores convergieron en una serie de comportamientos que son parte de nosotros.

Los *Homo sapiens* cazaban con mayor éxito en grupos que se protegían entre sí y ayudaban al crecimiento de los más jóvenes. Un niño consume tres millones de calorías desde su nacimiento hasta su madurez, y resulta difícil para una madre conseguir tal cantidad de comida por sí sola mientras al mismo tiempo tiene que cuidar de sí misma. Sin embargo, al actuar colectivamente era posible alimentar a toda una tribu, incluso a sus miembros más jóvenes o débiles. De hecho, los seres humanos son los únicos mamíferos comprometidos en la crianza compartida de la prole.

Al vivir tan cerca los unos de los otros, hemos evolucionado hacia preferir a los individuos más amables y agradables y que contribuyen a la comunidad. De hecho, hoy en día, si somos rechazados socialmente, el dolor y la vergüenza que sentimos activan el giro cingulado anterior, la misma parte del cerebro que se activa con el dolor físico.[3] Estamos programados mentalmente para llevarnos bien. También lo estamos para rechazar a los aprovechados, como ese miembro de la tribu que no quiere cazar pero que está ansioso por probar la comida que traen los demás. Hace 100.000 años, el rechazo de la tribu equivalía a una sentencia de muerte. Esta tendencia evolutiva prehistórica contra los aprovechados todavía nos guía hoy en día; es la razón por la que palabras como «defraudador» o «tramposo» siguen sonando tan fuertes.

Estos rasgos humanos y otros miles similares evolucionaron en un tiempo muy breve, quizá debido a que éramos pocos. Ian Tattersall, un paleontólogo del American Museum of Natural History, observó que los pequeños grupos evolucionan mucho más rápidamente que los grandes. «Las poblaciones grandes y densas tienen demasiada inercia genética como para empujar de una manera consistente en una dirección. Por otro lado, las poblaciones pequeñas y aisladas

[3] Eisenberger, Naomi, «Why Rejection Hurts: What Social Neuroscience Has Revealed about the Brain's Response to Social Rejection». En: www.sanlab.psych.ucla.edu/papers_files/39-Decety-39.pdf.

se van diferenciando de manera rutinaria.»[4] ¡Y nosotros éramos un grupo peligrosamente pequeño! Hace unos 73.000 años, cuando un volcán entró en erupción en la actual Sumatra oscureciendo el cielo con su ceniza volcánica, se desencadenó un maleficio de mil años que redujo la población de *Homo sapiens* a solo unos pocos miles de individuos. Todos nosotros tenemos un número muy reducido de ancestros comunes, y esta es la razón por la que sus adaptaciones genéticas –incluyendo sus sesgos integrados– persisten en nuestro ADN, incluso ahora que somos más de 7.000 millones de habitantes poblando el planeta.

Las nueve ces

Cognición y cooperación son las primeras de las nueve características fundamentales del *Homo sapiens* necesarias para que surgieran las primeras ciudades, a las que se añaden cultura, calorías, conectividad, comercio, control, complejidad y concentración. Estos elementos también son esenciales para el bienestar continuado de las ciudades. En este capítulo exploraremos los pasos dados en la Antigüedad hasta llegar al urbanismo. Cada una de estas nueve ces contribuye al primer aspecto de la ciudad bien temperada: la coherencia.

Cultura

La cultura es nuestro sistema operativo colectivo que evoluciona, se adapta y se regenera continuamente, del mismo modo que lo hace la naturaleza. La cultura puede adaptarse más rápidamente que la genética o la neurología, y nos ayuda a ajustarnos a las circunstancias cambiantes. La cultura también sirve como nuestra memoria colectiva, un modo de dejar en herencia comportamientos adaptativos como la organización social, el saber y los sistemas de comunicación, y una visión del mundo[5] de una generación a la siguiente,

---

[4] Tattersall, Ian, «If I Had a Hammer», *Scientific American*, 311, núm. 3, 2014.

[5] Uno de los elementos clave de la cultura es su visión del mundo. Las visiones del mundo enmarcan la forma en que pensamos. De hecho, la historia de la expulsión del Jardín del Edén es una historia de un cambio en la visión del mundo.

de modo que no tenemos por qué redescubrirlos continuamente. La capacidad adaptativa de la cultura es una característica esencial de la resiliencia humana. La cultura incluye nuestra ética, nuestros valores sostenidos comúnmente que funcionan como el centro de gravedad de nuestra vida en común. Si estas reglas éticas no permean en una cultura, su comunidad no permanecerá unida. La coherencia cultural forma la base de la confianza, y sin ella una civilización no puede prosperar.

El registro arqueológico indica que hace unos 50.000 años, en el Paleolítico superior, se produjo un tremendo pico de la actividad humana. Al mismo tiempo, el *Homo sapiens* mostraba una serie de comportamientos totalmente nuevos que los antropólogos han etiquetado como «modernidad del comportamiento». De repente podemos ver pruebas en los registros arqueológicos de un espectacular aumento en el pensamiento complejo y en la creatividad cultural que parece estar relacionado con el origen del lenguaje. Anteriormente, puede que la gente utilizara palabras simples, los «protolenguajes», pero no tenía acceso a la gramática compleja y a un vocabulario amplio. Quizá el cambio se produjo a partir del desarrollo de los verbos, que permitieron describir no solo objetos, sino acciones, y no solo en el tiempo presente, sino también en el pasado y en el futuro. Las expresiones de la modernidad del comportamiento incluyen las herramientas finamente confeccionadas y decoradas, la música y el arte, adornarse el cuerpo, pescar, cocinar, intercambios a larga distancia y rituales funerarios cada vez más complejos.

Poco después de la aparición del lenguaje, el *Homo sapiens* comenzó a diseminarse por todo el planeta en lo que ha venido a llamarse el «estallido africano», viajando por las costas hacia el este, a Asia y Australia, y al norte, hacia Europa. Parece ser que, en todo este proceso, las herramientas, el lenguaje y el pensamiento abstracto estaban profundamente relacionados. Resulta interesante comprobar que si a uno le sacaran una imagen del cerebro por resonancia magnética mientras golpea unos sílex para confeccionar unas herramientas, se activan las zonas básicas del lenguaje dentro del cerebro.[6] Para crear una herramienta, primero debemos imaginar

[6] Normil, Dennis, «Experiments Probe Language's Origins and Development», *Science*, 336, núm. 6080, 27 de abril de 2012, págs. 408-411; DOI: 10.1126/science.336.6080.408.

Pinturas de uros, caballos y ciervos de las cuevas de Lascaux, Francia, 15300 a. C., más de 10.000 años antes de que se construyera la primera ciudad. Profesor Saxx, vía Wikimedia Commons.

cómo hacerla y cómo utilizarla, las mismas habilidades que necesitamos para el lenguaje. Esta relación entre el lenguaje y las tecnologías todavía persiste hoy. Cuando se da acceso a los niños analfabetos de los barrios marginales a un ordenador, consiguen aprender por ellos mismos inglés, matemáticas y otras materias básicas para prosperar en el mundo moderno. Equipado con el lenguaje y con la capacidad de imaginar y articular estrategias, el *Homo sapiens* pudo planear batidas de caza colectivas para conducir a grandes presas a despeñarse en barrancos, o llevar en manada a sus presas hacia un grupo de cazadores que esperaban escondidos. El consiguiente éxito en la caza proporcionó proteínas, pieles para abrigarse y huesos para hacer herramientas, y todo esto dio al *Homo sapiens* una tremenda ventaja evolutiva. También de esa misma época son las primeras pruebas que han encontrado los arqueólogos de la existencia del arte y de la música. La aparición contemporánea de la religión indica que, junto a su nueva capacidad para el pensamiento simbólico y la creatividad, los seres humanos comenzaron a lidiar con las grandes cuestiones de su existencia.

Hace alrededor de 40.000 años apareció el primer arte rupestre, y 10.000 años más tarde se practicaba en gran parte del mundo, desde Indonesia hasta África.

Los hallazgos más antiguos son discos coloreados que simbolizan la integridad. Los discos fueron seguidos de obras extraordinarias que representaban grandes animales, frecuentemente en movimiento, con complejas sombras, a menudo pintados en piedras talladas para crear un efecto tridimensional. Algunas representaciones tenían la finalidad de reflejar la vida de una manera precisa; otras eran míticas, con la cabeza de una bestia superpuesta sobre el cuerpo de otra. Empezaron a aparecer también las pequeñas esculturas talladas de mujeres voluptuosas, conocidas como «venus»; de grandes pechos y caderas, eran una celebración de la fecundidad, la capacidad generadora de vida. Al contrario que las cuevas en las que vivía y trabajaba gente, se cree que las cuevas muy decoradas con pinturas eran santuarios apartados de la vida cotidiana. La ciencia cognitiva nos dice hoy que las experiencias sobrecogedoras están profundamente asociadas a una mayor compasión, y la práctica de rituales con la afiliación social. Estas cuevas son los primeros ejemplos de seres humanos que relacionan la espiritualidad con un lugar concreto. Miles de años más tarde, estos lugares sagrados se convirtieron en el germen de las ciudades.

La venus de Willendorf, Austria, hacia 28000-25000 a. C. Matthias Kabel, vía Wikimedia Commons.

Por la misma época en que se estaba creando este arte primitivo, los cazadores recolectores nómadas empezaron a construir refugios temporales y a extender el alcance de sus territorios. Con materiales de los alrededores, los refugios del sur húmedo estaban construidos con palos entretejidos con hojas de palmera, los de las llanuras con barro seco, los de las montañas con piedras sueltas, y en el lejano norte los iglús estaban excavados en el hielo y la nieve.

Hace 20.000 años, el clima de la Tierra empezó a calentarse. Durante este período, la población humana aumentó en el Creciente Fértil, en el actual Oriente Medio, desde el Nilo, dispersándose al norte por la costa mediterránea y después al este hacia los ríos Tigris y Éufrates.

Esta región actualmente incluye partes de Egipto, Chipre, Israel, Jordania, Siria, el norte de Turquía, Líbano, Kuwait, Irak y el norte de Irán. Al mismo tiempo, el nivel de los mares era más de 100 m inferior de lo que son hoy en día. (¡La costa de Florida estaba a unos 25 km al este de Miami!). Alrededor del 12500 a. C., la Tierra comenzó a calentarse durante un acontecimiento, llamado «pulso de deshielo 1A», y el nivel del mar subió unos cuatro metros y medio.[7]

Alrededor del 10800 a. C., el clima de repente se tornó más frío y seco, y comenzó un período de mil años llamado «Dryas Reciente». En la adaptación a este cambio, las plantas desarrollaron lo que los ecólogos llaman características tipo «r». Para sobrevivir unas temporadas de crecimiento más cortas evolucionaron volviéndose más fértiles, reduciendo el tamaño de su cuerpo y llegando a la edad madura más rápidamente. Para soportar un invierno duro, almacenaron muchas calorías en sus semillas.

El clima cambiante acabó con muchas de las especies grandes que habían estado cazando los humanos. Como respuesta, el pueblo natufiense, que vivía en el tercio oeste del Creciente Fértil, comenzó a seleccionar semillas hipercalóricas para comer y cultivar, lo que requería frecuentes visitas a los cultivos, cosa que, a su vez, los obligó a vivir cerca de ellos. De este modo, el cambio producido en el clima dio lugar a los primeros asentamientos humanos, aunque sus habitantes todavía obtenían muchos de sus alimentos mediante la caza y la recolección. Durante los siguientes mil años, la práctica de la agricultura transformó toda la región a medida que los colonizadores

[7] www.newyorker.com/magazine/2015/12/21/the-siege-of-miami.

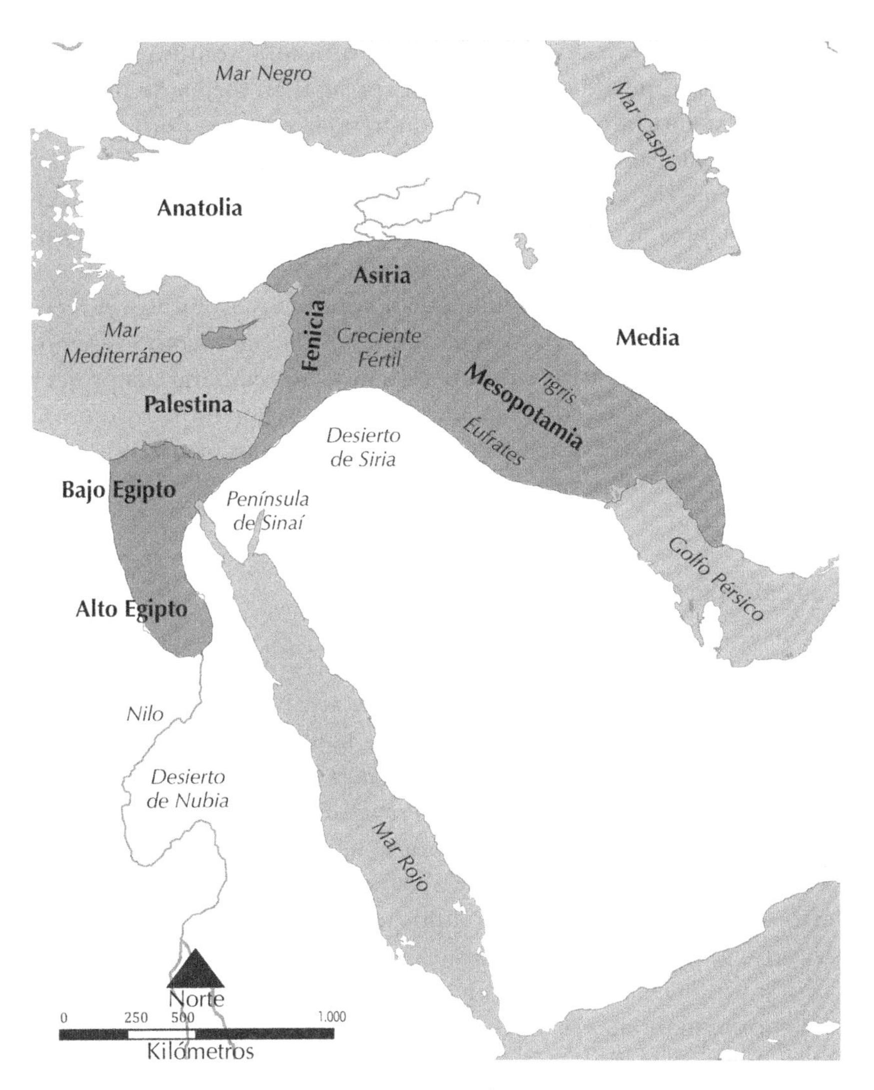

El Creciente Fértil. Nafsa.

domesticaban sus primeras plantas y, más tarde, animales. Parece que el aprendizaje de domesticar plantas solo llevó 300 años como resultado de dos procesos que operaban a la vez: cambio climático e ingenio humano.

La evolución a menudo se produce como respuesta al estrés. Al fin y al cabo, ¿por qué cambiar cuando las cosas van bien? Las condiciones medioambientales que reducen el éxito reproductivo de parte de un ecosistema crean un estado llamado «presión evolutiva». Irónicamente, el éxito puede crear su propia presión en forma de una ecología con menor diversidad y, por tanto, más robusta, pero también más frágil. El sistema es más fuerte, pero menos resiliente. Este tipo de fuerza que carece de diversidad no se adapta bien a unas condiciones cambiantes; hace que el sistema sea más susceptible de colapsar. A lo largo de la historia de la humanidad, los cambios climáticos y el crecimiento de la población han creado presiones evolutivas. A veces estas presiones han hecho desaparecer civilizaciones, como veremos más adelante con el caso del Imperio maya. Sin embargo, la presión evolutiva también puede fomentar respuestas ingeniosas, como la agricultura. Con su expansión, los cultivos humanos nutrieron el crecimiento de civilizaciones.

Las calorías impulsan la comunidad

A medida que los habitantes del Creciente Fértil empezaron a cultivar granos, seleccionaron aquellos con las semillas más grandes y las cáscaras más finas, pues resultaban más fáciles de cocinar. Hacia el 7700 a. C., esta cosecha selectiva de granos llevó a unas plantas que contenían significativamente más calorías. De los 40 granos autóctonos de los que disponían estos primeros agricultores, ocho acabaron siendo lo que llamamos los «cultivos fundadores» de la civilización: farro, escanda (o trigo escaña cultivado), cebada, guisantes, lentejas, yero, garbanzo y lino,[8] todos ellos ricos en proteínas y fáciles de cocinar y almacenar. Aunque en un principio se regaban cuando los ríos o los manantiales se desbordaban por sus orillas, los agricultores expandieron el alcance de las aguas construyendo para ello modestas acequias. Los sistemas de riego sofisticados e interconectados no aparecerían hasta varios milenios más tarde.

Los seres humanos también comenzaron a cultivar higueras, manzanos y olivos en las zonas en las que se asentaban, talando para ello árboles no frutales que compitieran con ellos. Un par de siglos más tarde, los pueblos emigrantes de las montañas que vivían al este del Creciente Fértil, quienes ya habían domesticado perros para la caza y

[8] En: https://es.wikipedia.org/wiki/Cultivos_fundadores.

la protección, se las apañaron para domesticar cabras y ovejas. Y fue entonces en la parte central del Creciente Fértil, cerca de donde hoy se encuentra la ciudad de Damasco, cuando se domesticaron cerdos y ganado vacuno. Estas nuevas actividades aumentaron enormemente el número de calorías disponibles para los primeros agricultores. Las calorías miden los recursos energéticos de una civilización, y gracias a un excedente de calorías estas primeras comunidades fueron capaces de invertir en infraestructura y en complejidad organizativa.

Las aldeas donde se cultivaban granos crecieron hasta seis veces más que aquellas que carecían de cultivos. Las casas eran más grandes y estas aldeas a menudo contaban con obras públicas importantes, prueba del inicio de un planeamiento centralizado y una organización social. Sin embargo, mientras que las calorías impulsaban el crecimiento de las comunidades y el ritmo al que se desarrollaban, a los agricultores neolíticos no les iba tan bien. Estudios que comparan a los cazadores recolectores con los primeros agricultores demuestran que estos últimos eran unos 15 cm más bajos y mucho más susceptibles de tener carencia de vitaminas, deformidades en la columna vertebral y enfermedades infecciosas por el hecho de vivir unos tan cerca de otros. Resulta interesante comprobar cómo la atracción de vivir en comunidad superaba los temores de una peor salud individual.

Primero llegó el templo, después la ciudad

Según cuenta una antigua leyenda sumeria, el centro de la superficie de la Tierra estaba indicado por una montaña sagrada, Ekur, donde se unían el cielo y la tierra. Fue allí donde los dioses llevaron a los humanos el conocimiento de la agricultura, la ganadería y el arte de tejer. La leyenda era notablemente precisa: los análisis de ADN del antecesor genético del primer trigo domesticado se sitúan en un asentamiento a solo unos 30 km de allí.

Hace unos 12.000 años, un grupo de pobladores neolíticos empezó a visitar este lugar sagrado en las montañas de lo que hoy es el sureste de la región turca de Anatolia para llevar a cabo ceremonias rituales. Alrededor del 9000 a. C., comenzó a construir un recinto templario extraordinario, Göbekli Tepe, una de las construcciones humanas más antiguas conocidas, y edificada con una enorme ambición. En sus estratos más antiguos, los arqueólogos han identificado más de 200 columnas talladas dispuestas en círculo, como Stonehenge, que pesan de entre diez y veinte toneladas de media cada una, y algunas más del doble.

Estas columnas fueron extraídas de canteras cercanas y transportadas hasta el lugar, una distancia de al menos unos 400 m; una tarea que presumiblemente requería de unas 500 personas por columna. Cómo fueron capaces de llevarlas hasta allí sigue siendo un misterio. Göbekli Tepe también tiene varias estancias sin ventanas con pavimentos de terrazo pulido, y entre las columnas había bancos de piedra para sentarse. Las tallas de las columnas son magníficas y misteriosas, e incluyen leones, toros, jabalíes, zorros, serpientes, arañas, pájaros, imágenes humanas abstractas y símbolos fálicos. El lugar no muestra signos de asentamiento, pero hay evidencias claras de campamentos de antiguos visitantes, y restos de uros, el bóvido neolítico que se sacrificaba en los banquetes rituales. Según los antropólogos, estas ceremonias se llevaban a cabo bajo los efectos del alcohol, y quizá también de drogas alucinógenas.[9]

Hace 12.000 años, al mismo tiempo que Göbekli Tepe atraía a visitantes espirituales, cerca de la ribera oeste del río Jordán aparecía Ein Sultan, un lugar de acampada popular para los cazadores recolectores natufienses, y también un lugar sagrado donde se congregaban los devotos en honor a la diosa de la Luna, aunque nada se construyó allí hasta el 9600 a. C. Los arqueólogos describen este asentamiento como una ciudad «neolítica A prealfarera» que nació en una época en la que los granos y las frutas todavía se almacenaban en calabazas desecadas; aún no se habían inventado las cacerolas. Este lugar, que se cree que es el asentamiento más antiguo del planeta, se llamaba Jericó. Al igual que las comunidades que lo siguieron, Jericó se alzaba en un lugar donde se ubicaban las deidades; se cree que su nombre proviene de Yareah, la deidad local de la Luna.

En el centro de casi todo asentamiento antiguo posterior, los arqueólogos han encontrado un templo dedicado a fenómenos de la naturaleza. Klaus Schmidt observó que «primero llegó el templo, des-

[9] www.newyorker.com/magazine/2011/12/19/the-sanctuary.

pués la ciudad».[10] Estas moradas sagradas estaban ocupadas por sacerdotes cuyos seguidores respetaban, pues entendían el orden de la naturaleza y conectaban las teorías de la creación con la fecundidad de la tierra. El poder de su liderazgo emanaba de su capacidad de entender y mantener el equilibrio entre los seres humanos y la naturaleza. Con el tiempo, estos templos se expandieron, al igual que lo hicieron los asentamientos que crecían a su alrededor para servir a sus actividades espirituales.

Al excavar los estratos de la historia de Jericó, los arqueólogos han encontrado que el más antiguo y profundo estaba compuesto por pequeñas viviendas circulares construidas de barro y paja, donde los muertos de las familias eran enterrados bajo sus suelos, prueba de alguna forma de rito ancestral. Las cabezas se separaban de los cuerpos y los cráneos se cubrían con yeso pintado de color ocre y se disponían en las estancias superiores, haciendo de estos los retratos más antiguos de difuntos.

Hacia el 9400 a. C., Jericó había crecido hasta contar con unas 70 casas y más de mil habitantes. La aldea estaba rodeada por una muralla de piedra que se hizo famosa por el encuentro bíblico de Josué casi 8.000 años después, convirtiéndola en la primera comunidad amurallada del mundo. Lo más probable es que las murallas de Jericó se utilizaran para prevenir que las crecidas anuales del río Jordán inundaran la ciudad. No hay pruebas de que hubiera guerras por aquel entonces, ni durante los siguientes milenios. Con más de 3,5 m de altura y 1,8 m de grosor en su base, la muralla encerraba la ciudad, así como una torre con 22 escalones de piedra excavada en ella que se utilizaba para rituales dedicados a la Luna.

Los arqueólogos calculan que para construir la gran muralla de Jericó se necesitaron más de cien hombres trabajando durante cien años. Este nivel de actividad solo fue posible por el excedente de calorías generadas por la agricultura, pero también requería un nuevo grado de gobernanza y una densidad de población suficiente para recabar voluntarios (y dirigirlos). Hacia el 8000 a. C., los habitantes de Jericó habían organizado un sencillo sistema de riego para llevar el agua de los manantiales hasta los campos cercanos.

---

[10] Schmidt, Klaus, «'Zuerst kam der Tempel, dann die Stadt', Vorläufiger Bericht zu den Grabungen am Göbekli Tepe und am Gürcütepe 1995-1999», *Istanbuler Mitteilungen*, núm. 50, Estambul, 2000, págs. 5-41.

Los primeros asentamientos en China también se localizaban alrededor de manantiales o en la confluencia de ríos. Eran comunidades con un plan estrictamente definido que reflejaba lo que los chinos creían que era la arquitectura del universo. Este plan, el sistema de nueve cuadrados, se utilizaría a múltiples escalas para diseñar granjas, pequeños pueblos, después ciudades y finalmente la capital misma, con el objetivo de armonizar las fuerzas de la humanidad y de la naturaleza.

El deseo de alinear a los humanos y la naturaleza, que constituye la base de casi todas las primeras religiones, tiene también una vertiente pragmática. A medida que exploremos el colapso de las ciudades y de los imperios, veremos que esto ocurre a menudo por un desequilibrio entre su sociedad y el sistema ecológico que la sustenta. Son sociedades que crecieron más allá de la capacidad de su suministro de agua o agotaron sus suelos y ya no pudieron alimentarse por sí mismas. Desde los inicios, el equilibrio entre las civilizaciones y la naturaleza ha sido crucial para conseguir tanto nuestras necesidades espirituales como las prácticas.

El papel atemperador de la religión

Estos primeros asentamientos también requerían un nuevo grado de comportamiento cooperativo a gran escala. Aunque fueron construidos por cazadores recolectores, había algo diferente en su cultura que los llevó a trabajar conjuntamente a una escala nunca antes lograda en la historia de la humanidad. El psicólogo de la University of British Columbia Ara Norenzayan estima que esta transformación se produjo con el surgimiento de un nuevo sistema de creencias que él llamó «grandes dioses». Anteriormente, los humanos creían en dioses que habían creado el universo o en espíritus locales que tenían poco interés en el comportamiento de la gente. En las sociedades de pequeña escala, los comportamientos cooperativos estaban vigilados por el grupo, y la comunidad expulsaba a los aprovechados. Sin embargo, la vigilancia de los grupos más grandes era más difícil, así como hacer que sus miembros cooperaran. Norenzayan opina que la creencia en deidades moralizantes, o «grandes dioses», proporcionaba la cohesión cooperativa necesaria para construir lugares como

Göbekli Tepe. Un dios o unos dioses atentos y castigadores resultaron ser buenos vigilantes del comportamiento, en particular si el dios tenía la autoridad sobre la vida de la gente. Los «grandes dioses» atemperaron el comportamiento humano.

Edward Slingerland, un historiador de la University of British Columbia en Vancouver, observó que los grandes dioses omniscientes son «peligrosamente eficientes» en la imposición de normas sociales. «No solo pueden verte allí donde quiera que estés, sino que también pueden ver en el interior de tu mente.»[11]

Las sociedades de «grandes dioses» necesitan tener tiempo y recursos suficientes para poder gastarlos en templos y liturgias. El psicólogo francés Nicolas Baumard, estudioso de la evolución de las religiones, ha observado que era más probable que las religiones moralizantes se dieran una vez que una comunidad podía proporcionar a sus gentes más de un total de 20.000 kilocalorías en recursos energéticos al día.

Estas dos prácticas culturales, la creencia en «grandes dioses» y los avances en la agricultura, evolucionaron en paralelo y se hicieron patentes en la fundación de las primeras ciudades de la historia.

La agricultura pronto se diseminó por las zonas ribereñas sujetas a crecidas estacionales. La práctica se fue desplazando hacia el este, hacia el Indo (el Pakistán actual), el Ganges (la India), el Brahmaputra (Bangladés), el Irawaddy (Birmania) y finalmente a los ríos Amarillo y Yangtsé, en China. Hacia el 8000 a. C., los chinos habían comenzado a cultivar arroz, mijo y judías adzuki, y crearon asentamientos para su cultivo. La agricultura también se expandió hacia el oeste, desplazándose hacia Anatolia, Chipre y Grecia hacia el 6500 a. C. De ahí se extendió hacia el sur, hacia Egipto, y después a África, continuando hacia el este por Italia, Francia y Alemania hacia el 5400 a. C. y por España, Gran Bretaña y Noruega hacia el 2500 a. C.

Luc-Normand Tellier, profesor emérito de economía espacial en la Université de Quebec en Montreal, denominó a esta vía «el Gran

[11] «The Birth of the Moralizing Gods Science», en: www.sciencemag.org/content/349/6251/918.full?sid=5cc48fb0-a88f-4b50-aebb-00f4641c67dd; news.uchicago.edu/article/2010/04/06/archaeological-project-seeks-clues-about-dawn-urban-civilization-middle-east.

Corredor».[12] Toda una serie de innovaciones ocurrieron en este corredor, y había muchas más probabilidades de que las comunidades que se encontraban en su recorrido comerciaran, crecieran en complejidad y, finalmente, se convirtieran en ciudades. La energía del grano del Creciente Fértil era transformadora. A medida que la práctica de la agricultura circulaba a lo largo del Gran Corredor, transformaba tribus de pastores en comunidades asentadas que sembraban las semillas de futuras ciudades.

Conectividad, comercio y complejidad

A pesar de que Jericó y otras poblaciones de esa era prosperaron, no crecieron lo suficiente como para convertirse en ciudades, lo que hace que nos preguntemos: si la agricultura fue el eje impulsor de la urbanización, tal como popularmente se ha creído, ¿por qué hubo una interrupción de 4.000 años entre la aparición de la agricultura y el nacimiento de las primeras ciudades? La respuesta es porque las últimas ces anteriormente mencionadas –conectividad, comercio, control, complejidad y concentración– no habían aparecido aún a una escala suficiente como para constituir el eje impulsor de la civilización. Y, una vez más, se produjo un cambio en el clima que ahogó el crecimiento de las ciudades. El hielo y los sedimentos indican que hacia el 6200 a. C. se produjo un período de 300 años de gran enfriamiento.[13] Ciudades mesopotámicas como Jericó entraron en decadencia, y sus habitantes se dispersaron o murieron.

Cuando el clima volvió a calentarse de nuevo, El Obeid, una nueva y notable civilización, se dispersó a lo largo del Gran Corredor. El período de El Obeid (5500-4000 a. C.) dio lugar a cientos de poblaciones y a al menos veinte protociudades conocidas, grandes asentamientos que compartían tanto características rurales como urbanas en una zona alargada que atravesaba el sur de Turquía hasta la punta sur de Irak. Cuando los arqueólogos excavaron los estratos de los asentamientos mesopotámicos, encontraron los de la

[12] Tellier, Luc-Normand, *Urban World History: An Economic and Geographical Perspective*, Presses de l'Université du Québec, Quebec, 2009, recurso en línea.

[13] Este hecho es conocido entre los climatólogos como el acontecimiento climático 8.2K, pues tuvo lugar hace 8.200 años.

civilización de El Obeid debajo de cada ciudad principal. Tal como lo describe el director del Instituto Oriental de la University of Chicago, el doctor Gil Stein: «Esta es la primera sociedad compleja del mundo. Si uno quiere entender las raíces de la revolución urbana, debe estudiar El Obeid».[14]

Los pueblos de El Obeid tenían unos tres mil habitantes. Fue ahí donde se construyeron las primeras casas rectangulares con varias estancias que podían agruparse, dando lugar así a la densidad urbana. En el primer período de El Obeid, los poblados eran en su mayor parte igualitarios, pero hacia el final de su dominio empezaron a aparecer signos de una estratificación social con unas pocas casas de gran tamaño que han persistido a lo largo de los siglos, hechos que parecen indicar que la riqueza de las familias se heredaba de generación en generación.

Las poblaciones de El Obeid formaban una red poco definida de comunidades que iban desde el mar Mediterráneo hasta el golfo Pérsico, dando lugar a unas conexiones que facilitaron el flujo de ideas y el comercio formando lo que los arqueólogos llaman una «esfera de interacción».[15] El comercio creó arterias de conectividad a través de las cuales fluyeron diversas culturas y se difundieron las innovaciones.

Las primeras redes de comercio empezaron en zonas rodeadas de desierto: en Mesopotamia, entre los ríos Tigris y Éufrates, en el norte de Irán; y en el Levante mediterráneo, al oeste del río Jordán. Con el tiempo, estas redes atravesaron los desiertos que las rodeaban y avanzaron hacia el sur, hacia el valle del Nilo; hacia el norte, entraron en Turquía; y hacia el este, hacia Afganistán. El poder de la civilización de El Obeid no residía en el avance de una ciudad en particular, sino en el efecto de red que conectaba a muchas de ellas.

Una fuerza que impulsó el comercio y la conectividad fue la explosión creativa en el diseño y la manufactura de productos aptos para el comercio. Durante el período de El Obeid, la alfarería se hizo omnipresente, al igual que la extracción de piedras preciosas y la fundición de metales, como el cobre, procedentes de las zonas montaño-

[14] «Uncovering Civilization's Roots», *Science*, núm. 335, 17 de febrero de 2012, pág. 791; en: www.andrewlawler.com/website/wp-content/uploads/Science-2012-Lawler-Uncovering_Civilizations_Roots-790-31.pdf.

[15] Ibíd.

sas. El incienso, las especias y los perfumes se producían en Oriente. En el momento en que regiones dispares de Oriente Medio tuvieron algo significativo que ofrecerse las unas a las otras, sus protociudades comenzaron a diferenciarse. El Obeid empezó a producir a gran escala, no solo para su uso propio, sino especialmente para el comercio; hilaron lana en paños y utilizaron el torno de alfarería para aumentar la producción. Empezó a comerciarse ampliamente con vasijas de diferentes estilos y con distintas decoraciones, tal como observa Joan Oates, arqueóloga de la University of Cambridge: «Se trata de la primera vez que se ve cómo se disemina una cultura material más allá de una zona determinada».[16]

La conectividad entre diferentes comunidades, y el comercio y la cultura que florecieron gracias a ello, enriqueció el efecto de red. No solo aumentó la diversidad de todo el sistema, sino que permitió que cada comunidad incrementará también su propia diversidad. A medida que las comunidades se iban uniendo a esta red durante el período de El Obeid, el valor generador de todo el sistema creció exponencialmente, un fenómeno descrito en la ley de Metcalfe (que fue desarrollada para describir el crecimiento de las redes de comunicación modernas): el valor de una red es proporcional al cuadrado del número de usuarios conectados del sistema. Las comunidades se diferenciaron con religiones, tradiciones culturales, dialectos y lenguas locales, y los bienes comerciales se especializaron contribuyendo así a la complejidad de la red, otra de las ces clave en el camino hacia el urbanismo.

Calorías, cooperación y control

A medida que las comunidades mesopotámicas comenzaron a crecer en tamaño y en número, necesitaron más alimentos. Alrededor del 4000 a. C. empezaron a cavar acequias de riego para extender el caudal de agua de los ríos y los manantiales. Estas acequias funcionaban bien, pero pronto se encenagaron y tuvieron que ser dragadas constantemente para que el agua pudiera discurrir por ellas. Las paredes de las acequias requerían también continuas reparaciones, y se necesitaba el cieno, disperso por los campos, para restaurar el suelo

[16] Ibíd.

al que abastecían las acequias. A medida que los sistemas de riego crecieron, se hizo necesario un sistema de distribución equitativa del agua que se abriera paso por entre los campos, y esta labor necesitaba un mantenimiento. Estas actividades requerían una acción colectiva.

Surgieron dos sistemas cooperativos. El primero fue el acuerdo de que cada uno de los agricultores realizara el mantenimiento de las acequias que cruzaban sus tierras de cultivo, y contribuyera al mantenimiento colectivo del sistema de ramales que traía el agua a las acequias. El segundo era la elección del más sabio y justo de entre los agricultores para que supervisara estas actividades, a quien se le otorgaba la autoridad para gestionar el sistema, y resulta interesante constatar cómo este utilizaba su poder no para aumentar su propia riqueza, sino para prestigiar su estatus como líder. Elegir a un jefe de las acequias es el proceso democrático más antiguo y de más larga duración que se conoce en todo el mundo, un puesto que todavía continúa existiendo en muchas partes del mundo.

La agricultura de El Obeid comenzó a fomentar la aparición de nuevas tecnologías. Además de las mejoras en los sistemas de riego, los agricultores desarrollaron hoces de sílex para cosechar mejor sus cultivos. La necesidad de conservar los excedentes dio lugar a graneros comunitarios, además de a métodos de gestión y contabilidad. A partir de estos últimos se desarrollaron los primeros sistemas de escritura y los números, sistemas esenciales para la administración y el control, la séptima de las nueve condiciones que posibilitarían la creación de las primeras ciudades. La gestión de los graneros y la administración de la protociudad fueron asumidas por el templo, la organización más sofisticada y de mayor confianza entre la comunidad. Junto con el desarrollo de habilidades educativas y administrativas, excavaciones de asentamientos posteriores a El Obeid indican que las jerarquías sociales empezaron a consolidarse.

Meh

La protociudad más importante de la civilización de El Obeid, Eridu, no fue ni la más grande ni la de mayor éxito comercial, sino la de mayor poder espiritual. Se consideraba que su gran templo poseía todo el conocimiento, el *meh*, el regalo de los dioses a los humanos, la clave para organizar la sociedad. La antropóloga Gwendolyn Leick lo describe como «todas aquellas instituciones, formas de comportamiento social, emociones y parafernalia de cargos que en su conjunto se consideraban indispensables para el funcionamiento adecuado del mundo».[17]

El *meh* era tanto una energía activadora como el origen de las reglas que guiaban el fundamento espiritual, social y moral de la cultura de El Obeid. El *meh* proporcionaba el marco integrador y la razón de ser para que la gente viviera en comunidades con mayor densidad. Como fuerza sagrada vital y como sistema de valores, el *meh* se manifestaba en los sistemas morales, administrativos y operativos de Eridu. El *meh* fue un sistema de temperamento que desencadenó el verdadero urbanismo.

La diosa más importante de Eridu fue Inanna, de la que se dice que había robado el *meh* sagrado de su padre, el dios Enki, quien vivía en Eridu, y se lo llevó al sur, a Uruk. Sin el *meh*, Eridu cayó rápidamente en decadencia, pues había perdido su esencia. Su poder sagrado y su prestigio se trasladaron a Uruk. Con el *meh* de Eridu, Uruk dio el último paso de las nueve ces, la concentración, una combinación entre población y masa, densidad, diversidad y conectividad suficientes. Su población concentrada creó una esfera de relaciones que la convirtió en la primera ciudad conocida del planeta.

Hacia el 3800 a. C., muchas ciudades de El Obeid comenzaron a crecer rápidamente en tamaño y complejidad, llegando a alcanzar la cifra de una docena de ciudades independientes, que definían claramente un territorio identificado por canales y mojones de piedra. Cada ciudad disponía también de su propio dios o diosa local, sus templos, y sus sacerdotes gobernadores o reyes que regían la ciudad. Estas ciudades tenían de media una población de unos 10.000 habitantes.[18] De todas ellas, Ur era la más comercial. Pero fue Uruk, no Ur, la que lideró la región, pues poseía el *meh* sagrado, de modo que su cultura fue la que dominó Mesopotamia.

---

[17] Leick, Gwendolyn, *Mesopotamia: The Invention of the City*, Penguin, Nueva York, 2001, pág. 3 (versión castellana: *Mesopotamia: la invención de la ciudad*, Paidós, Barcelona, 2002).

[18] Stiebing, William, *Ancient Near Eastern History and Culture*, Routledge, Nueva York, 2008.

En su momento más álgido, en el 3200 a. C., Uruk fue la ciudad más grande del mundo, con una población estimada de entre 50.000 y 80.000 habitantes que vivían en una zona amurallada de 6 km^2, la mitad de la superficie de la antigua Roma. La ciudad estaba gobernada por una serie de reyes que los sumerios creían que descendían de un linaje de reyes dioses míticos. El papel del rey humano era equilibrar el cielo y la tierra, conservar la prosperidad y la armonía de la gente de la región, y cultivar las condiciones para que el *meh* prosperara.

Los reyes de Uruk construyeron templos y palacios monumentales para ensalzar el poder y la fertilidad de sus dominios: los primeros zigurats del mundo. Los edificios estaban decorados con maravillas artísticas. Los altares estaban forrados de oro y adornados con lapislázuli. Las obras de arte del templo reflejaban la interacción entre los seres humanos y la naturaleza, con imágenes de seres medio humanos medio animales, como el búfalo con cabeza humana o los hombres con cabeza de león. En el centro de la ciudad había dos templos: uno dedicado a Inanna, la diosa fundadora de la ciudad, y otro a An, el dios masculino que permanecía en el cielo. En las cercanías se encontraban los grandes graneros. Gran parte de la abundancia agrícola de la región se almacenaba en ellos, se contabilizaba y después se redistribuía. De igual modo que el papel del jefe de las acequias era distribuir el agua de una manera justa, el papel del rey y de su administración era distribuir el grano y los bienes de una manera justa. Para administrar su complejo dominio, Uruk desarrolló sistemas contables y de registro más sofisticados, y la primera escritura del mundo.

Mientras que Uruk estaba gobernado por un rey y una élite gestora, la forma urbana de la ciudad indica una gran igualdad. Sus casas y talleres se agrupaban por oficios, casi todas tenían el mismo tamaño y no hay indicios de riqueza privada en ellas.

Hacia la mitad del período de Uruk, se estima que el 89 % de la población de Mesopotamia vivía en las ciudades, un grado de urbanización que puede que no vuelva a alcanzarse hasta finales del siglo xxi.

Uruk importaba piedras preciosas, metales y maderas duras de zonas lejanas, y exportaba un cuenco de arcilla cruda biselado hecho con molde, el primer artículo producido en serie que se conoce. Los cuencos de Uruk se encuentran en casi todos los lugares arqueológicos de Mesopotamia, lo que indica el poderoso papel comercial de la ciudad. Parece ser que el cuenco se utilizaba para pagar a los trabajadores en medidas de grano, y era lo suficientemente barato como para desecharlo después de utilizarlo. Se han encontrado cientos de miles de ellos.

A medida que Uruk crecía y dominaba la región, muchos de sus trabajadores de la construcción y la agricultura, y algunos trabajadores domésticos, se convirtieron en esclavos. Algunos tenían deudas, mientras que otros eran capturados en las montañas del norte. Los arqueólogos creen que eran esclavos solo durante un tiempo, no de por vida, y al parecer tenían bastante movilidad social.

Las nueve ces, las piezas fundamentales de las ciudades, se ejemplificaron en Uruk. El pensamiento simbólico, la capacidad cognitiva que dio lugar al lenguaje, y el arte y la religión hace 50.000 años dieron otro salto significativo en Uruk con el desarrollo de la escritura. La complejidad de la ciudad solo puede alcanzarse ampliando las conductas cooperativas más allá de sus inicios evolutivos, la familia y la tribu, para incluir la colaboración con gente a la que quizás nunca se haya conocido, pero que comparte un objetivo común como habitantes de la misma ciudad: obediencia a los dioses, arte, cultura, ceremonia y reglas de comportamiento. La ciudad estaba estrechamente ligada al sistema de gobernanza centralizado que fusionó dos poderes que ahora consideramos distintos, la Iglesia y el Estado, pero que en Uruk parecen haber sido concebidos como uno solo. La sofisticación de Uruk creció a partir de su complejidad y se construyó a partir de la diversidad de talentos y gremios. La ciudad creció hasta llegar a ser más grande que cualquier otro asentamiento previo. Para facilitar su funcionamiento, o por propensión natural, los artesanos se instalaron en una zona de la ciudad, los carniceros en otra, los administradores en otra, etc. A medida que Uruk se diversificaba en sectores concentrados, también aumentaron los vínculos entre ellos de la misma forma que una mente sana integra funciones diversificadas. Uruk también estaba conectada externamente con una red de comercio e intercambio cultural mucho mayor, y todo ello estaba nutrido por el excedente de calorías de una forma de agricultura cooperativa, conectada y controlada.

La invención de la ciudad fue un momento clave en la evolución de la civilización. Permitió que la gente se especializara de un modo nunca visto hasta entonces, acelerando el desarrollo de la música, el arte y la literatura. No obstante, también tuvo su lado oscuro: los líderes de las ciudades descubrieron que sus recién encontradas capacidades organizativas y su capacidad de mando sobre sus ciudadanos podían aplicarse a la guerra. En los 5.000 años posteriores a la fundación de Uruk, las ciudades hicieron crecer sus ejércitos con el objetivo de conquistar otras ciudades.

Surgen ciudades por todo el mundo

El recorrido de la humanidad, desde un pequeño grupo de *Homo sapiens* que vivían en la sabana del sur de África hasta la primera ciudad, Uruk, siguió su curso.

Además de las primeras ciudades de Sumeria, hay otros seis lugares en el mundo donde surgieron ciudades antiguas: en el valle del Nilo, en Egipto; en el valle del Indo, en la India; a lo largo del río Amarillo, en China; en el valle de México; en las junglas de Guatemala y Honduras, y en las zonas costeras y en las tierras altas de Perú. Muchas de ellas fueron planeadas para alinearse con el Sol, la Luna y las estrellas, o con alguna forma de geometría sagrada, y en todos estos casos, su desarrollo estaba en la vía de las nueve ces.

El urbanismo mesopotámico se difundió rápidamente hacia el sur, hacia Egipto, y al este, hacia el valle del Indo. La civilización Harappa se desarrolló a lo largo de las riberas del río Indo y sus afluentes, en lo que hoy es el este de Afganistán, Pakistán y el noroeste de la India. Su crecimiento fue motivado por el comercio. Los pobladores de Harappa construyeron el sistema de muelles más impresionante de todas las primeras civilizaciones, conectando las civilizaciones occidentales de Egipto, Creta y Mesopotamia con las orientales a lo largo del río Ganges. La ciudad de Harappa, junto a otras que le seguirían pronto, tenía los sistemas sanitarios más avanzados del mundo de aquel entonces, donde cada casa poseía su propio pozo negro, estancias separadas para el baño y drenajes forrados de baldosas cerámicas para evacuar las aguas sucias hacia las calles. De hecho, todavía hoy hay cientos de millones de habitantes en la India (y de otras partes del planeta) que no disponen de las ventajas de sistemas sanitarios de tanta calidad.

En el valle del Indo, el «Gran Corredor» se cruzaba con lo que más tarde sería una rama de la Ruta de la Seda, la vía comercial que atravesaba la cordillera de Pamir y se adentraba en China.

La evolución de la ciudad china de la armonía

Como las primeras ciudades mesopotámicas, las antiguas ciudades chinas surgieron alrededor de un lugar espiritual, el *bo*, un ombligo sagrado conectado con los poderes generadores del universo, a partir del cual se creía que surgía la vida. Las ciudades chinas estaban diseñadas para sacar el mayor partido a la energía divina, o *qi*, a través del *bo*, conectando a los humanos con el cielo y la tierra.

Los primeros poblados chinos surgieron hacia el 3000 a. C., y crecieron a partir de la cultura neolítica Yangshao, que se dispersó por la parte baja del valle del río Amarillo, cerca de la costa este de China. La cultura Yangshao estaba impregnada de las antiguas tradiciones de la cosmología, la geomancia, la astrología y la numerología, y todas ellas intentaban describir el orden subyacente del universo y alinearlo con las actividades humanas. Banpo, el primer gran poblado chino conocido en la zona, junto al oeste de la actual Xi'an, era simplemente una típica aldea tropical con sus chozas de barro de planta circular y tejados de paja con voladizos. Sin embargo, hacia el 4000 a. C., Banpo empezó a diferenciarse al construir un gran edificio central, similar al de las comunidades mesopotámicas de Uruk que se organizaban alrededor de un templo central. El edificio central de Banpo estaba rodeado de 200 casas cuyas puertas se alineaban con el sol durante el solsticio de invierno, hecho que no solo proporcionaba beneficios cosmológicos, sino que también contribuía a suministrar más calor.

Los chinos creían que la fertilidad de la tierra dependía de la armonía con sus ancestros y sus huesos enterrados. El *feng shui*, las reglas geománticas del orden, fue descrito por primera vez en *El libro de los entierros*, que describía cómo alinear las casas, las ciudades y las tumbas para mantener la armonía. El cielo se representaba como un círculo que daba vueltas alrededor de una tierra cuadrada subdividida en nueve cuadrados.

Esta forma de los nueve cuadrados se convirtió en la geometría fundamental de todo el planeamiento chino. Por ejemplo, todas

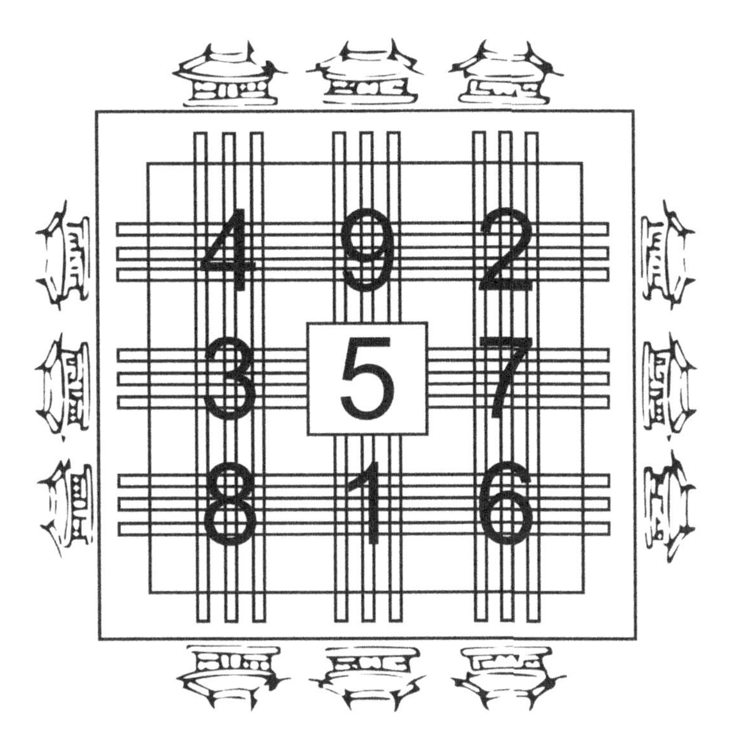

El sistema de los nueve cuadrados, o sistema mágico, chino: en la antigua ciudad china, el palacio siempre estaba en el centro, en el cuadrado cinco, fortificado para formar una ciudad interior. Los templos de los antepasados se colocaron en el cuadrado siete, los templos de tierra y granos en el tres, y una sala para audiencias públicas en el uno. El mercado estaba en el cuadrado nueve. Cada lado de la ciudad tenía tres puertas. Este modelo se duplicó en todas las escalas, desde la organización de una casa hasta todo el país. Extraído de Schinz, Alfred, *The Magic Square: Cities in Ancient China*, Axel Menges, Stuttgart, 1996.

las granjas estaban divididas en nueve cuadrados. Se otorgaba a ocho agricultores el derecho a cultivar por sí mismos cada uno de los cuadrados, y debían responsabilizarse colectivamente del noveno, que era propiedad del emperador. La cosecha de este noveno cuadrado central se llevaba a un gran granero que ocupaba la plaza central de un nodo regional que se dirigía hacia el centro de la ciudad imperial de mayor tamaño. La forma de los nueve cuadrados ordenaba el flujo de calorías y el orden político y espiritual hacia y desde el centro.

Unos 8.000 años después de la fundación de la red de ciudades independientes de Uruk, el Gran Emperador Amarillo Huangdi desarrolló el primer Estado centralizado del mundo. Huangdi también descubrió el magnetismo, construyó un observatorio para seguir los recorridos de las estrellas, perfeccionó el calendario y distribuyó la tierra de una manera más equitativa. Templó sus dominios mediante medidas estandarizadas, patrocinó la invención de la escritura china y propagó el código de leyes por todo el imperio.

El palacio de Erlitou, el más antiguo de China, se construyó hacia el 1900 a. C. en la confluencia de los ríos Lou y Yi, en un lugar sagrado conocido como el Xia. Se consideraba que los triángulos de tierra situados en la confluencia de los ríos estaban particularmente cargados de energía espiritual, eran tierras fértiles para la agricultura y para la procreación humana. El Xia marcaba el centro de la tierra de nueve cuadrados donde el divino *qi* fluía desde el emperador de jade en los cielos hasta la tierra; el emperador divino residía en el centro de la ciudad, e irradiaba *qi* por toda ella y más allá de sus puertas en su reino de los nueve cuadrados.

La dinastía Shang cayó en el 1046 a. C. y fue reemplazada por la dinastía Zhou, un cambio radical que fue considerado que sentaba mal al orden armonioso del universo. Para restaurarlo, el duque de Zhou trasladó a la aristocracia, los eruditos y los artesanos desde su lugar de residencia en la ciudad de Yin de vuelta a Xia, donde proyectó una nueva ciudad sagrada, Chengzhou, la primera ciudad china completamente planificada (que data de 1036 a. C.). Los principios de construcción de esa ciudad fueron codificados más tarde en el libro *Los ritos de Zhou*, que se convirtió en el fundamento de todo el planeamiento de las ciudades chinas posteriores hasta que los europeos invadieron el Reino del Medio.[19] La reconstrucción de Pekín como

[19] Los principios rectores de Chengzhou: el plan urbano de Chengzhou es un mapa del Campo Sagrado, el cuadrado dividido en nueve cuadrados. Las cuatro esquinas de los números pares están impregnadas de la energía del yin; las cinco esquinas axiales de los enteros impares están impregnadas de la energía del yang. Este equilibrio entre el yin y el yang generaba el flujo armonioso del *qi*.

Cada lado de Chengzhou tenía nueve lis (unos 3 km) de longitud. Los bordes de la ciudad estaban definidos por muros de 20 m de anchura y 15 m de altura, por los que penetraban tres puertas en cada uno de los lados, y equidistantes entre sí y con las esquinas. El interior de la ciudad estaba dividido en cuadrados con calles que seguían la dirección de los puntos cardinales y que iban de calle a calle. Esto dio lugar a tres calles principales en dirección norte-sur y este-oeste. Paralelas a estas avenidas importantes, había otras seis secundarias, todas ellas con unas dimensiones nueve veces más anchas que un carruaje.

capital imperial, completada en el 1421 de nuestra era, seguía las mismas reglas urbanísticas que conformaron Zhou cerca de 2.500 años antes. Las ciudades chinas del siglo XXI siguen un rígido sistema de cuadrícula. Desafortunadamente, el objetivo ha sido permitir edificios en altura dentro de los parques, con lo que carecen de la elegante integración de los antiguos sistemas chinos. Las ciudades chinas contemporáneas, planificadas para facilitar la incesante expansión de torres de vivienda y oficinas en altura, comparten más cosas con la ciudad funcional de Le Corbusier que con *Los ritos de Zhou.*

El Mirador

El desarrollo de las ciudades continuó desplegándose por todo el mundo. La cultura maya surgió hacia el 2000 a. C. y se extendía desde la península de Yucatán, en el este, hasta las tierras altas de Sierra Madre, atravesando lo que actualmente es el sur de Guatemala y El Salvador, hacia las tierras bajas de la llanura del Pacífico. Los mayas se hicieron cada vez más sofisticados, y su población aumentó de los seis a los quince millones de habitantes, que vivían en ciudades Estado de toda América Central; hacia el 900 a. C., el Imperio maya desapareció por completo. Los únicos restos del imperio que quedan actualmente son las ruinas de unas ciudades increíbles cubiertas por las junglas que han ido creciendo con el tiempo.

El eje impulsor clave del éxito de los mayas fue el cultivo del maíz, cuyo alto contenido calórico permitió el rápido crecimiento de la población y sus complejas estructuras urbanas y sociales. Los agricultores

---

Cada uno de los nueve cuadrados principales de la ciudad tenía una función. El palacio se situaba en el cuadrado central, el cinco, y el templo ancestral en el cuadrado a su derecha, en el siete. Los altares Sheji para el dios de la tierra y el dios del grano ocupaban el cuadrado tres. El mercado, que se consideraba menos importante, estaba ubicado en el cuadrado al norte. La sala de audiencias públicas estaba en el cuadrado uno.

El cuadrado del palacio estaba rodeado de un segundo juego de murallas y puertas que formaban la ciudad interior, como la Ciudad Prohibida de Pekín.

Las capitales regionales y sus poblaciones subsidiarias principales y secundarias también tenían dimensiones similares a las prescritas. Puesto que se creía que la forma de las ciudades era esencial para el flujo del *qi* desde el cielo hasta el emperador de la sociedad, su forma siguió siendo constante hasta la era moderna, aunque su arquitectura y sus jardines evolucionaron con el tiempo.

mayas suplementaban el maíz con frijoles, calabazas y cacao que cultivaban en campos aterrazados fertilizados con el cieno de las ciénagas cercanas. Los mayas construyeron sus ciudades en la conjunción de rutas comerciales que permitieron a su rey y a sus familias favoritas controlar y aprovecharse del comercio de la región. A medida que los mayas se volvieron más ricos, su sistema social cambió desde una red de clanes agrícolas locales a una disposición más compleja, que incluía un sistema jerárquico de clases y una religión que integraba observaciones astronómicas precisas con complejas mitologías y ceremonias. Los mayas inventaron un sistema de escritura jeroglífica y fueron el primer pueblo del mundo en desarrollar el concepto del cero. Unos sofisticados matemáticos también desarrollaron un calendario extremadamente preciso, junto a complejos cálculos astronómicos de los principales comportamientos del universo. Aplicaron su conocimiento de las proporciones cósmicas para crear las plantas de sus impresionantes ciudades organizadas alrededor de grandes avenidas alineadas con los rayos del sol en el equinoccio. Estas avenidas también conectaban unas pirámides monumentales de piedra cuyas proporciones matemáticas reflejaban las de los planetas.

A medida que las ciudades mayas fueron creciendo, expandiéndose hacia los valles y las colinas circundantes, se talaron árboles y se aterrazaron pendientes para campos de cultivo. Para mejorar las cosechas, sus agricultores desarrollaron grandes sistemas de embalses, canales, acequias y presas que sostuvieron la civilización durante un tiempo notable.

El Mirador, una de las primeras ciudades Estado de los mayas, ocupaba unos 16 km^2, un área algo mayor que la actual Miami, en Florida. Fue construida según un plan exacto alineado con el recorrido del sol; todos sus edificios estaban revestidos de piedra recubierta con un enlucido de arcilla y después decorados con espectaculares pinturas de símbolos sagrados y máscaras. En su auge como capital, cuando contaba con 200.000 habitantes, formaba parte de una cadena de ciudades conectadas política y económicamente en una región de un millón de habitantes.[20]

Entonces, de repente, después de 1.800 años de un éxito extraordinario, la civilización maya se desplomó.

[20] www.smithsonianmag.com/history-archaeology/El-Mirador-the-Lost-City-of-the-Maya.html#ixzz2ZfcGXkot.

La caída de los mayas

Hubo cinco factores clave que contribuyeron al colapso de los mayas: la sequía, la agitación social debida a la desigualdad, unos socios comerciales debilitados, las epidemias y la degradación medioambiental. El antropólogo Jared Diamond escribe en su libro *Colapso: por qué unas sociedades perduran y otras desaparecen*[21] que cada uno de estos factores en sí es una megatendencia de la que deberíamos preocuparnos actualmente, y cada uno de ellos contribuye al empeoramiento que conlleva el cambio climático.

La rápida expansión de las ciudades mayas en el siglo justo antes del colapso tuvo un fuerte impacto negativo sobre los campesinos. Mientras excavaba cementerios, el arqueólogo David Webster observó que los cadáveres de la clase gobernante maya se hicieron progresivamente más altos y pesados, mientras que los de los campesinos se iban atrofiando cada vez más.[22] Esta diferencia cada vez mayor entre los gobernantes y los oprimidos socavó el contrato social de la civilización y desgastó la confianza mutua. A medida que el Imperio maya empezó a entrar en decadencia debido a las presiones medioambientales y económicas, se desarmó el tejido social y en muchas ciudades los campesinos y los trabajadores se alzaron en revueltas.

El crecimiento económico había sido impulsado por el comercio con ciudades hermanas. A principios del siglo VII, un importante socio comercial del norte, la ciudad azteca de Teotihuacán, por entonces la ciudad más grande de la red comercial de los mayas, colapsó, probablemente debido a revueltas internas. La pérdida de un importante socio comercial produjo varias décadas de recesión severa en El Mirador; finalmente, la economía maya se recuperó, pero la caída de Teotihuacán fue un presagio de lo que le esperaría en el futuro. Las ciudades mayas estaban tan profundamente interconectadas que ya no podían operar de manera independiente.

---

[21] Diamond, Jared, *Collapse: How Societies Choose to Fail or Survive*, Alen Lane, Londres, 2005 (versión castellana: *Colapso: por qué unas sociedades perduran y otras desaparecen*, Debate, Barcelona, 2012).

[22] Webster, David, *The Fall of the Ancient Maya: Solving the Mystery of the Maya Collapse*, Thames & Hudson, Nueva York, 2002, pág. 317 (versión castellana: *La caída del imperio maya: perspectivas en torno a una enigmática desaparición*, Destino, Barcelona, 2003).

Creemos que los mayas vivían en la selva, pero en realidad la mayor parte de su territorio se situaba en un desierto estacional con pocas precipitaciones. Las muestras arqueológicas de los anillos de los árboles indican que a principios del siglo IX el clima comenzó a cambiar, provocando una fuerte sequía. Los embalses mayas tenían una capacidad para suministrar agua durante un año y medio, que era adecuado siempre y cuando la lluvia cayera cada año; una vez que el clima cambió, los embalses ya no fueron lo suficientemente grandes como para amortiguar las sequías. Una sequía prolongada golpeó primero las ciudades más secas del sur, pero más tarde se extendió hacia el norte y acabó afectando a toda la civilización maya. Y al ir decayendo cada uno de los nodos de la economía interconectada, todo el sistema fue debilitándose aún más.

La creciente población de los mayas también sobrepasó sus tecnologías agrícolas. Sus agotados suelos producían alimentos menos nutritivos, anticipando la propagación de las enfermedades. Los recursos preciados necesarios para el bien común se utilizaban para enriquecer a los más acaudalados. La selva se taló para alimentar con su madera el fuego utilizado para fabricar el mortero de cal que cubría los edificios con capas de extravagantes decoraciones. Los suelos arcillosos expuestos erosionaron las colinas deforestadas llenando de sedimentos las reservas de agua pantanosas de las ciudades, reduciendo así su capacidad cuando más se necesitaban.

Los mayas fueron unos brillantes y sofisticados constructores de ciudades. Hicieron avanzar significativamente las matemáticas y las ciencias, pero fracasaron a la hora de adaptar sus sistemas de gobierno y sus prácticas culturales a las circunstancias cambiantes. El cambio climático, la sequía, el consumo excesivo, la dependencia en el comercio, una ecología degradada, las enfermedades epidémicas y la incapacidad de que su sistema alimentario se adaptara a las crecientes necesidades, todas estas causas desempeñaron su papel en el colapso de la civilización maya, y cada uno de estos agentes todavía está presente en el mundo actual. Como los mayas, tenemos las herramientas intelectuales para entender las megatendencias que dieron lugar al crecimiento de las ciudades y que condujeron a su colapso. Y como los mayas, estamos fracasando a la hora de actuar. Las preguntas que deberían responder los dirigentes de nuestras ciudades son estas: ¿cuánto tiempo es necesario para transformar la información en comprensión, y después en cambio?, ¿es nuestra cultura contemporánea más capaz de cambiar de rumbo que los mayas, que fueron de cabeza hacia su muerte?

Evolución convergente

Esta cuestión nos invita a ir un poco más allá. ¿Era inevitable la evolución de la cultura humana hacia las ciudades por la vía de las nueve ces? El escritor y filósofo de la tecnología Kevin Kelly observa que, en la evolución natural, estructuras como el ojo se desarrollan en un amplio abanico de especies, desde los insectos a los peces y los mamíferos. Como Kelly sostiene: «Puesto que la misma estructura aparece una y otra vez supuestamente de la nada –como un torbellino que surge de forma instantánea en las moléculas del agua en el desagüe de una bañera–, estas estructuras tienen que considerarse inevitables [...]. Esta atracción hacia formas recurrentes se llama evolución convergente».[23]

La aparición de las ciudades en los siete lugares de nacimiento de la cultura urbana sigue un patrón similar, desplegándose a lo largo de la vía de las nueve ces. Todas las ciudades se fundaron en lugares con una carga espiritual que se percibía como una puerta hacia el poder del universo o de un dios particular. Las comunidades asentadas comenzaron como sociedades cooperativas dirigidas por líderes responsables en el mantenimiento de la armonía entre los poderes divinos, los fértiles campos y el comportamiento de sus pueblos. Fueron impulsadas por tecnologías agrícolas y crecieron gracias al comercio, que promovía las conexiones entre las protociudades. A medida que estas redes se volvieron más complejas, sus nodos urbanos se hicieron más densos, más concentrados, pero también más diversos. Esta combinación de conectividad, concentración y diversidad dio lugar a una mayor complejidad que requería culturas más sofisticadas y sistemas de control para que siguieran creciendo coherentemente entre la rigidez y el caos.

Nos encontraremos con las nueve ces una y otra vez a medida que exploremos las ciudades conjuntamente. Estas son las condiciones de

[23] Kelly, Kevin, *What Technology Wants*, Viking, Nueva York, 2011.

la evolución convergente de las ciudades, y estos son los elementos que la coherencia debe atemperar.

Priorizar el bienestar bien temperado

Este capítulo está inspirado en nuestro mito contemporáneo de la creación, el relato de la evolución. Se trata de una visión del mundo basada en la ciencia y, como los mitos fundadores de las antiguas ciudades, contiene misterio y sorpresas, en su intento de explicar el extraordinario aspecto creador de la naturaleza. Y tenemos otro mito: nuestra creencia en el poder selectivo de los mercados, de la autodeterminación económica que ha hecho de las ciudades un bullicio de oportunidades. Sin embargo, estos hilos no han sido entretejidos de una manera hábil. El modelo económico de las ciudades del mundo no está alineado con el mundo natural en el que se inserta, y la vida moderna está llena de estrés y ansiedad. No hemos conseguido la armonía que buscaban los antiguos. Las ciudades contemporáneas solo ahora están empezándose a preguntar en qué consiste el verdadero bienestar y cómo podemos conseguirlo.

Las ciudades modernas operan bajo una teoría económica que cuenta con menos de 300 años de antigüedad, y nuestra teoría de la evolución con menos de 150, de modo que no somos capaces de entender por completo sus consecuencias. No hemos desarrollado un *meh* global que vigorice nuestras ciudades, que las impregne de una visión del mundo que alinee nuestros avances económicos, tecnológicos y sociales con el bienestar de los seres humanos y de la naturaleza. Los pueblos antiguos reconocían que era su responsabilidad lograr dicha armonía. Nosotros no, al menos no todavía.

El primer paso para conseguir la armonía es la coherencia, y esta solo puede lograrse mediante la integración de todos los sistemas del *meh* de nuestras ciudades. Como el temperamento que integraba las 24 tonalidades del teclado que se acababa de desarrollar en un único sistema musical basado en las escalas, nuestras ciudades necesitan sistemas integradores que proporcionen a todas sus normas y regulaciones, sistemas sociales e incentivos económicos un conjunto común de objetivos y un mismo lenguaje operativo.

Una de las maneras más significativas en que las ciudades integran sus diversas partes es a través del planeamiento. Este es el aspecto de la coherencia al que nos referimos a continuación. Y, una vez más, nos fijamos en la historia, en la que encontramos los fragmentos del ADN que se combinarán y evolucionarán y que nos conducirán a la ciudad moderna.

2
El planeamiento del crecimiento

El urbanismo de Uruk y de su red mesopotámica se difundió a lo largo del «Gran Corredor», al oeste, hasta Italia; al este, atravesando la zona de los Harappa del Indo hasta llegar a China; y al sur, hacia Egipto, a lo largo del Nilo. La ciudad egipcia de Menfis se fundó sobre el 3100 a. C. en un lugar donde el Nilo fluye hacia su enorme delta fértil, 400 km al sur de la futura ciudad de Alejandría. A medida que las ciudades mesopotámicas decaían, hacia el 2250 a. C., Menfis se convirtió en la ciudad más grande del mundo. Se cree que Menfis fue la primera ciudad con barrios altamente diferenciados: hacia el oeste, las extraordinarias pirámides construidas como necrópolis de los gobernantes de la ciudad; en el centro, los templos, los altares, los patios ceremoniales, los palacios y las barracas para los sirvientes de la corte real. Los barrios estaban rodeados de *temenos*, unas áreas sagradas cercadas con muros que estaban reservadas a los reyes y sacerdotes y que servían como vías de conexión con los edificios ceremoniales, al tiempo que proporcionaban lugares para la contemplación y la reflexión. Estos *temenos* incluían huertos sagrados, los primeros jardines urbanos conocidos.

Menfis también fue una ciudad comercial. Su distrito portuario junto al Nilo estaba conectado con la ciudad mediante carreteras y canales. También tenía barrios diferenciados de talleres donde se elaboraban los productos artesanales con que se comerciaba y servían para decorar los edificios reales. Estos barrios estaban rodeados de zonas residenciales y mercados que se extendían en áreas diseminadas e indiferenciadas para los trabajadores y los esclavos.

Como las calles de las primeras ciudades, las de Menfis estaban trazadas para seguir la topografía natural. No fue hasta el 2600 a. C. cuando la planta de las calles emergió en forma de cuadrículas en las ciudades Harappa, en el valle del Indo, desde donde se difundieron rápidamente.

Los primeros códigos

Como ya hemos visto, a menudo las primeras ciudades tenían una forma física claramente delineada; de hecho, su configuración a menudo estaba más estrictamente regulada que en las ciudades actuales. Con los lugares de culto en el centro, estas ciudades estaban planeadas para reflejar el orden subyacente de la naturaleza y para permitir imponer también el orden humano. Las ciudades continuaron creciendo en tamaño y complejidad. Con la aparición de las grandes ciudades capitales de Menfis, en Egipto, y de Babilonia, en Asiria, ni las proporciones sagradas ni las herramientas mundanas de planeamiento, como la cuadrícula de calles y los barrios diferenciados, fueron suficientes para adaptar de un modo coherente su crecimiento. Se necesitaba algo más.

Después de que el gran rey amorita Hammurabi conquistara la antigua ciudad de Babilonia en el siglo VII a. C., reconstruyó la ciudad con un trazado de calles en cuadrícula. A partir de esta poderosa ciudad, Hammurabi expandió su alcance a lo largo del río Éufrates para unir toda Mesopotamia sur bajo su mando. Por entonces Babilonia era la ciudad más grande del mundo, y dentro de sus murallas vivían gentes de muchas tribus y regiones según sus propios hábitos y costumbres. Para integrarlas en un único pueblo babilónico, Hammurabi creó un código unificado para la convivencia de todas sus gentes.

El código de Hammurabi comienza relatando la vocación divina del rey y su responsabilidad de llevar la justicia a sus ciudades:

> Cuando Marduk me mandó a gobernar el pueblo, a enseñarle al país el buen camino, yo hice de la verdad y la equidad [...]: me ocupé del bienestar del pueblo [...].
>
> Los grandes dioses me llamaron: yo soy el único pastor salvador, de recto cayado, mi buena sombra protectora se extiende por mi capital,

> llevé en mi regazo a la gente de Súmer y Acad, han prosperado por la virtud mía, los he conducido en paz, los he resguardado con mi perspicacia. Para que el fuerte no oprima al débil, para garantizar los derechos del huérfano y la viuda, en Babilonia, la capital cuya cabeza exaltaron Anum y el divino Enlil, en el Esagil, el templo cuyos cimientos son tan sólidos como los cielos y la tierra, para decretar el derecho del país, para dictar las sentencias del país, para garantizar los derechos del oprimido, he inscrito mis eximias palabras en mi estela, y las he alzado ante mi estatua [...] que no falsee la legislación que le he dado al país, ni las sentencias que he dictado al país; que no aniquile mis signos-designios. Si ese hombre tiene inteligencia y es capaz de poner orden en su país: que atienda a las palabras que he grabado en mi estela, y que esta estela le enseñe el camino, la conducta, la legislación que he dado al país, las sentencias que he dictado para el país, y que dirija bien a sus «cabezas negras», que les dé una ley y que decida sobre ellos: que erradique de su país al malvado y al inicuo y procure el bienestar de su gente.[1]

Nuestras ciudades actuales harían bien en tener la misión de que «el fuerte no oprima al débil [...] y que erradique de su país al malvado y al inicuo y procure el bienestar de su gente».

En el 1754 a. C., fecha en la que fue escrito el código, el Estado de Babilonia estaba conformado por gentes procedentes de muchas tribus y regiones. Cada tribu había desarrollado unas costumbres que tenían sentido dentro de sus nichos ecológicos y sociales, dando lugar a un amplio abanico de ellas. Charles Horne, un experto en leyes de principios del siglo XX,[2] sostuvo que el código de Hammurabi no fue el primero, sino que marcó una importante transición, el cambio desde una amplia variedad de códigos orales y locales a un código escrito universal. Al crear un código escrito y colocarlo en las columnas de piedra en el centro de la ciudad, Hammurabi creó un marco atemperador para las distintas culturas, una manera de unir como babilonios a muchos pueblos diferentes bajo una identidad unificadora y un mismo sistema de comportamiento. Desde entonces, las ciudades poderosas han prosperado integrando diferentes culturas en una única cultura coherente. Este ha sido el éxito de una ciudad

[1] *Código de Hammurabi*, Trotta, Barcelona, 1999.

[2] www.fordham.edu/halsall/ancient/hamcode.asp; www.uh.edu/engines/epi2542.htm.

como Nueva York, que ha servido de crisol de oleadas de emigrantes y donde los recién llegados, ya fueran de Paris (Texas) o de París (Francia), se sentían rápidamente neoyorquinos.

Hacia 1500 a. C., con el desarrollo de naves capaces de emprender largos viajes y transportar pesadas cargas, los centros de gravedad del urbanismo se trasladaron a las costas. Apareció un nuevo corredor a lo largo de océano Índico que conectaba el Suroeste de Asia, Sri Lanka, el valle del Indo y Oriente Medio. Creció la importancia de las ciudades con puerto y las interiores cayeron en decadencia. Los fenicios, los primeros grandes navegantes del Mediterráneo, dominaron el comercio a lo largo de las costas hasta que fueron conquistados por los griegos, quienes no eran expertos navegantes ni comerciantes pero sí buenos constructores de ciudades.

El ágora: integración de democracia y comercio

El filósofo griego Aristóteles describió a Hipodamo (498-408 a. C.) como el primer urbanista, ignorando así milenios de urbanismo anteriores. Aunque la cuadrícula urbana se había utilizado en planeamiento durante milenios antes que él, Hipodamo describió y codificó su uso con tal precisión que las cuadrículas modernas como las de Manhattan todavía se llaman «plantas hipodámicas». Hipodamo estaba profundamente interesado en la cultura, la función y la economía de las ciudades, y sacó la conclusión de que la ciudad ideal debería tener 10.000 habitantes divididos en tres clases: soldados, artesanos y campesinos. Presagiando la moderna calificación urbanística, Hipodamo proponía que la superficie de una ciudad debería dividirse en tres partes diferenciadas –la pública, la privada y la sagrada– y después organizarse en barrios bien definidos.

En el 479 a. C., después de que los griegos vencieran a los persas en la batalla de Maratón, tomaron la ciudad de Mileto, en la costa mediterránea de lo que hoy es Turquía, y le encargaron a Hipodamo que la reconstruyera como una ciudad griega. Su objetivo era conseguir un diseño que fuera a la vez democrático, digno y elegante. ¡Qué aspiración tan maravillosa! Cuando las ciudades manifiestan sus objetivos más ambiciosos es cuando parecen más realizables. Por ejemplo, Singapur aspira a ser «un hogar habitable y adorable»; Medellín se llama a sí misma «una ciudad de vida basada en la igualdad, la inclusión, la educación, la cultura y la convivencia de sus ciudadanos»; la ciudad noruega de Trondheim desea la «calidad e igualdad, y la ciudad canadiense de Saskatoon aspira solo a ser la «capital mundial de la potasa».

Hipodamo diseñó la ciudad de Mileto con una cuadrícula de calles amplias y un gran espacio abierto –el ágora, o el mercado– en el centro, un espacio para ser utilizado tanto para las actividades cívicas como comerciales. La palabra griega *ágora* tiene dos raíces: *agorázô*, que significa «compro»; y *agoreúô*, que significa «hablo en público». El ágora de Hipodamo integraba ambos significados. Cuatro veces al mes se celebraban las asambleas democráticas en el ágora para zanjar los asuntos de Estado. Los tribunales daban hacia el ágora, al igual que los teatros y los templos, y cada centímetro cuadrado de soportales que no estaba dedicado a las funciones públicas se llenaba de puestos de mercado. En la antigua Grecia, la democracia y el comercio estaban profundamente entrelazados. El ágora fue el origen del capitalismo democrático.

Hipodamo creía que la innovación y el comercio impulsaban la prosperidad, de modo que desarrolló una normativa urbana que otorgó las primeras patentes del mundo a invenciones e ideas nuevas. Sin embargo, Hipodamo también reconocía el importante papel que desempeñaba una ciudad vital en la creación de una cultura de la innovación, de modo que sus normas repartían las ganancias de esas patentes entre el inventor y la ciudad.[3] En la actualidad, ciudades como San Francisco son caldos de cultivo de la innovación, pero su prosperidad también contribuye a una enorme e inquietante disparidad de ingresos entre quienes se dedican a la tecnología y el resto. Un modesto impuesto hipodámico sobre las patentes ayudaría a paliar la falta de viviendas asequibles como resultado de la innovación.

La fundación de Alejandría

La antigua Grecia no fue ni un imperio ni una nación, sino una asociación laxa de ciudades Estado ambiciosas que compartían sistemas

[3] www-personal.umich.edu/~nisbett/images/cultureThought.pdf.

religiosos y filosóficos, un lenguaje común, y que comerciaban y competían entre sí. Lo que entendemos como Grecia nació de estas interacciones; en Grecia no hubo un gobierno central. Todo esto empezó a cambiar en el 338 a. C., cuando Filipo II de Macedonia formó la Liga Corintia, una federación de ciudades y estados griegos para luchar contra los persas. Cuando Filipo II fue asesinado en el 336 a. C., lo sucedió su hijo de veinte años Alejandro, quien avanzó hacia el este, hacia Persia y más allá, con un ejército victorioso.

Por el camino, Alejandro Magno construyó una serie de ciudades para consolidar sus victorias y glorificar su nombre. Muchas de ellas recibieron el nombre de Alejandría, pero la ciudad portuaria egipcia, fundada en el 332 a. C. para conectar la riqueza agrícola de Egipto con las ciudades griegas de Macedonia, fue su mayor logro. Para construirla, Alejandro contrató como urbanista a su amigo (que según algunos era también su amante) Dinócrates de Rodas. Dinócrates se percató de la necesidad de desarrollar una ciudad de agricultores y ubicó Alejandría en las llanuras fértiles de la costa de Egipto. Trazó la ciudad en una cuadrícula a lo largo de un gran puerto protegido e involucró a ingenieros para el diseño de los sistemas de abastecimiento de agua y de alcantarillado.

Durante más de mil años, Alejandría no solo fue la capital de Egipto y un importante centro de comercio, sino que además fue conocida en todo el mundo por su extraordinaria biblioteca. Alejandro Magno, quien en su juventud había tenido a Aristóteles como tutor, se dispuso a hacer de Alejandría la capital mundial del conocimiento. La misión de la biblioteca era conseguir todos los libros existentes en el mundo, copiarlos y traducirlos al griego, reunir a los mejores eruditos de la época para resumir y analizar su contenido, y enseñar lo que habían aprendido.

El departamento de adquisiciones de la biblioteca de Alejandría viajaba constantemente para comprar libros, pero también confiscaba todos aquellos que traían los barcos o los viajeros que entraban en la ciudad. Después de hacer una copia por la noche en sus enormes *scriptoriums*, la biblioteca se quedaba el original y devolvía la copia del volumen a su propietario. Para poder hacer todas estas copias, Alejandría se convirtió en una ciudad líder en la fabricación de papiro, un ejemplo clásico de cómo un centro de conocimiento también desarrolla tecnologías para el almacenaje y la difusión del conocimiento.

El sistema tuvo mucho éxito y produjo extraordinarios estudiosos como Arquímides, Aristófanes, Eratóstenes, Herófilo, Estrabón, Zenódoto y Euclides, quien en el 300 a. C. desarrolló lo que se acabó conociendo como la «geometría euclidiana». Los sistemas de medición de Euclides, con sus métodos de cálculo de ángulos y superficies, constituyeron la base de gran parte del urbanismo futuro. Hacia el 200 a. C., Alejandría era la ciudad más grande del mundo, una vibrante ciudad comercial que conectaba Grecia con mercados tan al este como la India. Alejandría fue un ejemplo extraordinario de una ciudad que integraba poder, comercio y conocimiento.

Los diez libros de arquitectura

La confederación griega fue siempre inestable, con cambios constantes en las alianzas entre ciudades. Cuando los romanos, un pueblo más unido, empezaron a hacerse fuertes, iniciaron la conquista de las tierras vecinas para alimentar a sus ejércitos y ciudades en crecimiento. Mientras tanto, los griegos habían entregado sus asuntos militares a mercenarios. ¿Por qué luchar si podías pasarte los días en el ágora y las noches en el teatro? En un principio, los romanos proporcionaron ejércitos a las diferentes facciones del ejército griego, pero en el 197 a. C. Roma empezó a quedarse con los territorios que sus legiones iban ganando, y hacia el 146 a. C., con la caída de Corintio y Cartago, Grecia se convirtió en parte del territorio romano.

A medida que el Imperio romano se expandía, necesitaba un marco urbanístico que integrara la amplia variedad de ciudades que conquistaba para el imperio. En el siglo I a. C., Vitruvio, quien había empezado su carrera diseñando maquinaria bélica para el ejército, escribió *De architectura*, diez libros de arquitectura que establecieron el marco para la construcción de ciudades romanas durante los siglos venideros. El planeamiento romano constaba de una infraestructura centralizada para el abastecimiento de agua, para evacuar las aguas grises y de tormentas, una cuadrícula de calles que conectaba con las carreteras que comunicaban las distintas ciudades, manzanas fácilmente divisibles, barrios cívicos y comerciales en el centro de la ciudad, zonas separadas diferenciadas por su uso, y a menudo por la clase social, códigos de construcción para proteger la seguridad de los habitantes, muelles, almacenes y otros edificios para la economía y el comercio; anfiteatros para el entretenimiento, y templos para proporcionar a la ciudad religión y cultura. El sistema romano integraba todos los elementos en un conjunto altamente funcional, y facilitaba la asimilación al imperio de las ciudades, desde las islas británicas a Babilonia.

Vitruvio es recordado por su descripción de los atributos más importantes de un edificio: *firmitas* (solidez estructural), *utilitas* (utilidad) y *venustas* (belleza). Vitruvio creía que solo entendiendo la naturaleza, un constructor de ciudades podía entender la belleza. Todavía hoy se enseñan los atributos de Vitruvio a los arquitectos.

Sistemas de pensamiento orientales y occidentales

Desde los primeros tiempos de la civilización, aparecieron dos maneras distintas de entender el mundo y el papel que desempeñan los seres humanos en él: el occidental y el oriental. Estos dos sistemas dieron lugar a maneras muy diferentes de planear las ciudades y que, incluso hoy, tienen una profunda influencia en cómo pensamos las ciudades. La visión del mundo occidental nació en Mesopotamia, se fraguó en Babilonia, avanzó con los filósofos griegos, y se sistematizó, se construyó y se diseminó ampliamente con los romanos.

La visión del mundo oriental surgió en el valle del Indo y fue perfeccionada por los chinos a lo largo del río Yangtsé antes de difundirse más al este, a Japón y Corea, y al sur, a Indochina y el Pacífico.

Los griegos creían que el mundo estaba construido por unas unidades fundamentales llamadas «átomos» que seguían reglas combinatorias que gobernaban la creación de la materia. Esta visión del mundo dio lugar a la física, la astronomía, la lógica, la filosofía racional y la geometría que formó la base del planeamiento de las ciudades occidentales. Su consecuencia política fue la democracia, en la que las unidades básicas, los individuos libres, podían escoger actuar solos o en grupo. La moralidad cívica surgió a partir del acuerdo colectivo llevado a cabo por individuos, y no de un orden superior (a menudo sus dioses no eran muy buenos modelos de moralidad.)

Por otro lado, los chinos creían más en la colectividad que en la libertad individual; los individuos estaban unidos entre sí mediante obligaciones sociales ancestrales, y el mundo se desplegaba a través de una armonía lograda por el equilibrio de las energías de los cinco elementos clave: madera, fuego, tierra, metal y agua. Este sistema no detuvo a los chinos a la hora de desarrollar tecnologías avanzadas, como los estribos y la pólvora, que transformaron el arte de la guerra; esclusas, que posibilitaron los canales, la construcción de barcos y los sistemas de navegación que abrieron las vías marítimas a los navegantes chinos; el trazado de mapas, la inmunización, los sistemas para cavar pozos profundos, etc., pero sí abrió el camino a la creencia china en el destino colectivo y a desconfiar del individualismo.

La idea griega de que los objetos y las acciones operaban independientemente dio lugar al concepto de que los seres humanos y la naturaleza están relacionados entre sí, pero separadamente, y que, dirigidos por dioses antropomórficos, la naturaleza tiene cualidades similares a las humanas, como la constancia y la inestabilidad. La idea china de que los objetos y las acciones están profundamente integrados en su contexto ecológico dio lugar a considerar a los seres humanos como parte de la naturaleza, y creer que el mayor objetivo de la civilización era conseguir la armonía entre ambos.

Las consecuencias de los modelos mentales orientales y occidentales en la construcción de ciudades

La visión occidental de un mundo de objetos independientes que seguían reglas abstractas dio lugar a un sistema de planeamiento de las ciudades muy reglamentado con una clara separación entre los distintos usos. De ahí la cuadrícula de calles que proporcionaba un marco para el desarrollo independiente de los edificios. Al crear parcelas fácilmente vendibles, las ciudades occidentales se convirtieron en rentables empresas de bienes raíces. Considerar que el mundo constaba de componentes individuales ensamblados por módulos dio lugar a la Revolución Industrial. No obstante, la otra cara de la visión occidental era su incapacidad de considerar el conjunto, etiquetando cualquier cosa que estuviera fuera de su ámbito como algo externo a ella.

El planeamiento occidental ha tenido siempre problemas para equilibrar los derechos y la libertad individuales con la responsabilidad colectiva, pues considera que estas dos fuerzas son opuestas. La visión del mundo integradora de los orientales llevó al desarrollo de planes urbanos semejantes a mapas de las fuerzas del universo. El resultado fue un orden muy satisfactorio con poco espacio para la variación por temor a alterar la armonía que intentaban preservar. El planeamiento urbano chino ubicaba el palacio, la sede del poder, en el centro de la ciudad, donde el emperador, centro moral de su reino, poseía una autoridad absoluta.

Hammurabi y el duque de Zhou tenían el mismo objetivo: crear un marco que integrara muchos pueblos locales en un conjunto, en una nación. Ambos afirmaban gobernar con la bendición de los cielos y ambos asumieron la responsabilidad del bienestar y la armonía de sus pueblos. Sin embargo, Hammurabi consiguió la integración con una serie de reglas que consideraban a sus sujetos como actores individuales dentro de un entorno más amplio. Zhou quería conseguir esta integración en un modelo colectivo hecho de comunidades ordenadas unas dentro de otras.

Cada una de estas visiones del mundo tiene sus fortalezas y sus debilidades. Para acometer los temas a los que se enfrentan nuestras ciudades en el siglo XXI necesitamos ambas visiones: ver el mundo como lo hace la física cuántica y entender que la luz es al mismo tiempo una partícula individual y una onda colectiva. Para florecer y adaptarse, las ciudades necesitan realzar tanto nuestra naturaleza individual como la colectiva. Este es el valor del primer temperamento que deja que cada nota suene individualmente, pero que proporciona el marco para integrarlas dentro del magnífico tapiz armonioso de la música.

La Era Axial

Las visiones del mundo tanto de Oriente como de Occidente cambiaron de una forma dramática durante el período que va entre el 800 y el 200 a. C., una época que el filósofo alemán Karl Jaspers llamó «Era Axial». Durante esta época, aparecieron el confucionismo y el taoísmo en China; el hinduismo, el jainismo y el budismo en la India; el judaísmo y el zoroastrismo en Oriente Medio; y Pitágoras, Heráclito, Parménides y Anaxágoras desarrollaron el racionalismo filosófico en

Grecia. Fue la época en la que se escribieron las obras fundacionales de muchas de las religiones del mundo: los textos canónicos judíos que se convirtieron en la Biblia hebrea, las *Analectas* de Confucio, el *Tao Te Ching*, el *Bhagavad Gita* y los *sutras* de Buda.

Los pensadores de la Era Axial procedían de un amplio abanico de culturas y geografías, pero compartían una búsqueda común por el significado. A medida que exploraban la naturaleza del conocimiento y la compasión de la mente humana, se preguntaban cómo se relacionaba el individuo con el todo, qué era un comportamiento ético y cómo permeaba la ética en la sociedad.

Estas cuestiones surgieron en respuesta a un aumento de la violencia y el materialismo resultado de dos tecnologías que habían avanzado por Eurasia. La primera fue el arquero que conducía un carro, que dio lugar a los grandes ejércitos de gran movilidad de hacia el 1700 a. C. Quinientos años después, la Edad de Hierro produjo armas aún más poderosas y destructivas. Los emperadores, ávidos de tierras y de poder, empezaron una guerra continua de mil años. Al mismo tiempo, la invención y uso extendido de monedas que representaban valor aumentó de una manera espectacular el comercio y aceleró el rápido crecimiento de la riqueza, el materialismo y la desigualdad.

La consecuencia de estas dos tecnologías fue un aumento de la violencia y del sufrimiento. En respuesta, los sabios de la época intentaron encontrar un nuevo equilibrio. Al volverse hacia la introspección, hicieron avanzar métodos de contemplación profunda. A partir de la mirada interior desarrollaron nuevos sistemas de pensamiento que fomentaban la disciplina, la compasión por el prójimo y la búsqueda por comprender el todo.

Las religiones y las filosofías que surgieron en la Era Axial estaban mucho mejor adaptadas al urbanismo cada vez más sofisticado de sus épocas. Ellas dieron lugar a códigos morales que permitían el funcionamiento de una sociedad mucho más compleja, fomentando sistemas de confianza mutua, esenciales para que los pueblos vivieran unidos y comerciaran entre sí. Ellas hicieron que aumentara la compasión, un elemento clave de una sociedad más igualitaria, y desarrollaron la idea de transcendencia, la capacidad de un individuo de experimentar la naturaleza profunda del universo. La transcendencia eliminó la necesidad de un emperador designado por los cielos para servir de traductor de la naturaleza y de árbitro de la sabiduría y la justicia. Estas nuevas visiones del mundo se difundieron a lo largo de las grandes rutas comerciales, percolando en el entorno de las ciudades.

El ascenso de la ciudad islámica

Los cambios significativos en las visiones del mundo, como los de la Era Axial, a menudo surgen del caos. Mil años después, cuando el Imperio romano entró en decadencia, claramente se instauró el caos. El gran imperio unificado, unido por un poder político, unas infraestructuras y un metabolismo voraz, empezó a deshacerse en añicos. Demasiado a menudo, la respuesta al caos es el extremo opuesto, el fascismo y la decadencia. En el 570 de nuestra era, el emperador Justiniano apresuró el fin de su imperio con la instauración de los códigos justinianos, que impusieron un orden rígido y autocrático en cada uno de los aspectos de la ciudad romana, desde su forma física hasta su versión de la Cristiandad, mientras, supuestamente, su mujer participaba en actos sexuales públicos con animales. El papa Gregorio el Grande escribió: «Ruinas sobre ruinas [...] ¿Dónde está el senado? ¿Dónde está la gente? Toda la pompa de dignatarios seglares ha sido destruida [...], y a nosotros, los pocos que quedamos, se nos amenaza cada día con azotes e innumerables juicios».[4]

La incapacidad de Roma de adaptarse a estas circunstancias cambiantes la llevó a su rápido ocaso, marcando con ello el comienzo de los años oscuros en Europa. No obstante, otra civilización surgió de las cenizas de Roma. En el 570 de nuestra era, cuando Roma oscilaba entre la rigidez y el caos, nació el profeta Mahoma en la ciudad de la Meca. En 1622, Mahoma viajó con un pequeño grupo de seguidores de la Meca a Medina para divulgar las revelaciones que conformarían los cimientos de la fe islámica. Hacia el momento de su muerte, Mahoma había unificado toda la península de Arabia bajo el islam. Hacia el 636 los fieles del islam habían conquistado el Imperio bizantino oriental, y al año siguiente se había extendido por los actuales

[4] Davis, R. H. C., *A History of Medieval Europe: From Constantine to Saint Louis*, Pearson Education, Nueva York, 2006, 3.ª ed.

Irán e Irak. Hacia el 640, dominaba en Roma, Siria y Palestina, y en el 642 había cubierto Egipto, Armenia y el Turquestán Oriental. Hacia el 718, el islam reinaba sobre gran parte de la península Ibérica y del norte de África hasta el norte de la India.

Sin duda, la difusión del islam fue favorecida por la caída de Roma, pero incluso así, se produjo de una forma extraordinariamente rápida. El islam ofrecía a las ciudades que tomaba una visión coherente e integradora que iba acompañada de una libertad económica y religiosa que fomentaba la diversidad y contribuía a la prosperidad. Antes de la llegada del islam, se imponían elevados impuestos a judíos y cristianos para financiar las guerras entre bizantinos y persas. Una vez que el califato islámico conquistaba una ciudad, bajaba los impuestos y fomentaba el libre comercio al gravar la riqueza, pero no los ingresos. La constitución de Medina de Mahoma permitía a judíos y cristianos tener sus propios barrios gobernados por sus propias leyes, tribunales y jueces, y, en consecuencia, ayudaron a la difusión de la regla islámica. El islam sustituyó la rigidez y el caos por un sistema flexible, adaptativo, coherente, revitalizado y estable. Florecieron ciudades como Córdoba, alentadas por una mezcla de pensamiento cristiano, judío e islámico, propensas a la tolerancia, al aprecio hacia los demás y a la colaboración. El islam se ha considerado a sí mismo una religión urbana. En lugar de seguir la forma estricta de las ciudades chinas, las ciudades islámicas seguían un patrón organizativo claramente islámico, pero lo suficientemente flexible como para adaptarse a las condiciones locales. La mezquita principal siempre ocupaba el centro de la ciudad, y adyacente a esta estaba la madrasa, una escuela que enseñaba tanto materias religiosas como científicas. La zona de la mezquita también albergaba servicios sociales, hospitales, baños públicos y hoteles, y junto a ellos se encontraba el zoco, el mercado. Los puestos que vendían artículos como incienso, velas, perfumes y libros se situaban más cerca de la mezquita, y después venían los de ropa, de alimentos y de especias. Las actividades más profanas, como los curtidos, los mataderos y la alfarería, se ubicaban más lejos de la mezquita, normalmente fuera de las murallas de la ciudad.

Las ciudades islámicas estaban diseñadas para adaptarse a la naturaleza. Sus calles eran estrechas para evitar la exposición al sol y a los vientos, y eran curvas para seguir la topografía natural de la ciudad. En el sistema moral islámico, el individuo aspiraba a una apariencia discreta, pero a un resplandor espiritual interior. Como reflejo de esto, las casas islámicas tienen muros lisos y ciegos con solo unas pocas ventanas estrechas hacia la calle. Los muros de las calles debían ser más altos que el nivel de los ojos de alguien montado en camello para proteger la intimidad de las mujeres, quienes, bajo la ley y costumbres de la ley islámica, pasaban la mayor parte del tiempo dentro de las casas.[5] Una pequeña puerta de la calle se abría hacia un elegante patio interior que servía de centro de la vida de la familia. Dependiendo de la riqueza del propietario, el interior de la casa solía estar ornamentado.

En el siglo x, en la cúspide de la edad de oro del islam, Al-Farabi, un importante pensador religioso y científico, desarrolló la primera teoría científica de la vacuna, y contribuyó significativamente a la ingeniería de los sistemas de distribución de agua en las ciudades. Al-Farabi también escribió un texto clave para el islam: *La ciudad ideal.*[6] La mejor ciudad era la ciudad virtuosa, un lugar donde la gente perseguía el conocimiento, la virtud y la felicidad con humildad; después venía la ciudad ignorante, cuyos residentes buscaban la riqueza, el honor, la libertad y el placer sin aspirar a un estado más elevado de bienestar y de verdadera felicidad; por último venía la ciudad malvada, cuyas gentes se engañaban a sí mismas, y, aun sabiendo que la sabiduría era la más elevada de las llamadas, justificaban la búsqueda del poder y del placer con razonamientos arrogantes y egoístas. Aunque la filosofía de Al-Farabi procedía en gran parte de Platón y Aristóteles, se diferenciaban en un punto clave. Los griegos creían en las formas puras, en una verdad inalterable y absoluta, como la forma ideal de una ciudad. Sin embargo, Al-Farabi, y en esto se alinea con las ciencias sociales modernas, creía que nuestros comportamientos cívicos afloraban de manera colectiva, y que la ciudad ideal surgía a partir de líderes con nobles intenciones y de una sociedad orientada hacia la sabiduría y la compasión.

---

[5] www.muslimheritage.com/uploads/Islamic%20City.pdf.

[6] Al-Farabi, *La ciudad ideal*, Tecnos, Madrid, 1985.

El conocimiento en la ciudad islámica

Durante este período de rápido crecimiento, los pensadores islámicos llevaron a cabo grandes avances en matemáticas, ciencia, medicina y literatura. Su principal tecnología de la información era la fabricación de papel, que probablemente obtuvieran al capturar a un fabricante chino de papel en la batalla de Samarcanda en el 751, a quien torturaron para arrancarle sus secretos. Hacia el 795, esta tecnología había llegado a Bagdad, ciudad que se convertiría en la capital de la fabricación de papel del mundo y la ciudad más grande de Occidente, y segunda del mundo después de la ciudad china de Chang'an.

La difusión del conocimiento –y la tecnología que daba acceso a él– resulta fundamental para la prosperidad de las ciudades. El pergamino, el medio principal para transmitir la palabra escrita en Europa, era caro y difícil de fabricar, de trabajar y de almacenar y, por tanto, solo se utilizaba en los documentos más preciados. Como resultado, el conocimiento escrito contemporáneo en Europa estaba muy limitado a temas religiosos y solo estaba disponible en bibliotecas de monasterios remotos. En las ciudades islámicas, el papel era lo suficientemente barato como para utilizarlo para hacer listas de la compra. Su predominio disparó el crecimiento de la ingeniería, la contabilidad, el trazado de mapas, la poesía, la literatura y las matemáticas. La información basada en el papel se movía fácilmente por las rutas comerciales y se amasaba en las ciudades, especialmente en sus universidades.

En el 859, Fátima al-Fihri, la hija de un comerciante rico, fundó la universidad más antigua del mundo que ha operado sin interrupción desde su nacimiento, la Universidad de Al-Karaouine, en Fez. Aunque en su plan de estudios la religión ocupaba un puesto central, también incluía matemáticas, ciencias naturales y medicina. Las universidades se diseminaron rápidamente por otras ciudades islámicas conformando una red de conocimiento que fue mundialmente conocida. Los hijos de los nobles europeos y asiáticos eran enviados a estudiar a estas universidades, ampliando así la esfera de influencia del islam.

La edad de oro de las ciudades islámicas ejemplificó de muchas maneras las cualidades clave de las nueve ces. Estaban ubicadas en nodos de las redes de comercio, y desarrollaron instituciones para el avance y la puesta en práctica del conocimiento científico y médico. Recibían a un amplio abanico de gentes y culturas, que añadían complejidad y diversidad a la ciudad, así como sus propias redes comerciales. Desarrollaron amplios sistemas de gobierno para regular el comportamiento de sus habitantes sin afectar excesivamente a la libertad, la creatividad o el espíritu emprendedor. La cultura islámica proporcionaba coherencia al aplicar un planeamiento flexible que equilibraba oportunidad y placer con la humildad, la espiritualidad y el altruismo. Estas son también las cualidades clave de las ciudades prósperas de hoy.

El urbanismo de las ciudades islámicas modernas del siglo XXI es casi completamente opuesto al de las ciudades islámicas tradicionales. Por ejemplo, los edificios más importantes de Dubái son altos, ostentosos y comerciales. Sus calles están diseñadas para los coches más que para proporcionar sombra refrescante a los peatones. Se desparraman en suburbios con comunidades valladas, y aunque las ciudades islámicas modernas utilizan la estrategia de unos impuestos bajos para atraer inversiones y están construyendo universidades, carecen de una cultura que aspire a la humildad, sabiduría y compasión que Al-Farabi definía como característica esencial de la ciudad virtuosa.

Mientras estas ciudades islámicas estaban entrelazadas en una red coherente a través de la cual florecían libremente la cultura y el comercio, la Europa cristiana se hallaba muy fragmentada y sus ciudades y su capital intelectual estaban aisladas. Sin embargo, en 1157, el príncipe Enrique el León se dispuso a cambiar todo esto.

La Liga Hanseática

El príncipe Enrique el León nació en 1142 en Schleswig-Holstein, un ducado del Sacro Imperio Romano situado en lo que actualmente es la frontera norte de Alemania. Hijo de Enrique el Negro y nieto de Enrique el Orgulloso, Enrique el León fue un príncipe ambicioso que utilizó el poder militar y económico, y las alianzas políticas, para construir su reino. Al percatarse de la importancia de las ciudades prósperas, se dispuso a fundarlas o a conquistarlas, conectándolas entre sí. En 1157 fundó Múnich y en 1159, Lübeck, seguidas de Stade, Luneburgo y Braunschweig, que se convirtió en su capital. Sin embargo, fue Lübeck, a orillas del mar Báltico, la ciudad que Enrique el León escogió para crear una zona de desarrollo económico que transformara la economía de la región.

Lübeck era una ciudad pequeña expuesta a los ataques frecuentes de los saqueadores eslavos, como el pirata Niklot el Obrodita. El ejército del príncipe Enrique luchó a muerte con Niklot, tomó el control de la ciudad, estableció allí la sede de la diócesis para imponer orden y creó su centro para dejar espacio para un gran mercado. Con el fin de atraer a los mercaderes, el príncipe Enrique creó el primer polo de desarrollo de Europa que garantizaba un grado inusual de libertad económica y política a las villas y ciudades reguladas por un conjunto de reglas claras que eran aplicadas con justicia. Como resultado de ello, todo mercader que se instalara en Lübeck podía comerciar en todos los dominios del príncipe sin pagar impuestos de aduanas para la importación o exportación de bienes.

Lübeck estableció su propia casa de la moneda y proporcionó una divisa estable y de confianza que se aceptaba en todo el territorio del príncipe. Veinte hombres de negocios fueron elegidos para dirigir el consejo de la ciudad en períodos de dos años, aunque a menudo eran reelegidos por más tiempo. Si un padre era elegido, ni sus hijos ni sus hermanos podían ejercer el cargo al mismo tiempo, con el fin de garantizar que ninguna familia tuviera una influencia excesiva. El consejo elegía después a cuatro *Bürgermeisters*, un equipo ejecutivo que escogía a uno de los cuatro, normalmente el de mayor edad, para ser el alcalde. Este sistema de gobierno estaba protegido por el fuero de la ciudad.

Para promover esta nueva zona comercial, el príncipe Enrique envió emisarios por todo el Báltico, cuyos instrumentos promocionales eran copias de su nueva constitución y la oferta de tierras a bajo precio. Atraídos por la libertad y por estas oportunidades, mercaderes de Rusia, Dinamarca, Noruega y Suecia acabaron instalándose en Lübeck. Al comerciar con sus países de origen, establecieron una red de rutas comerciales protegidas por el Báltico que finalmente se extendieron desde Londres hasta la ciudad rusa de Nóvgorod.

El fuero de Lübeck, que acabó llamándose la «Ley de Lübeck», fue fundamental para el éxito de las ciudades que la adoptaron. Para acelerar el crecimiento de los socios comerciales, Lübeck exportó su ley por todo el Báltico, y con el tiempo cien ciudades adoptaron esta ley. En 1358, estas ciudades formaron la Liga Hanseática, una poderosa alianza comercial multinacional que hizo de Lübeck la ciudad más próspera del Báltico.[7] En 1375, el emperador Carlos IV la designó como una de las cinco «glorias del imperio» junto a Venecia, Roma, Pisa y Florencia. La Ley de Lübeck fue la base del ascenso de Ámsterdam, cuya cultura democrática y mercantil los holandeses llevaron consigo a Nueva Ámsterdam (la actual Nueva York) cuando fue incorporada en 1653. Muchos de los principios estadounidenses de gobierno democrático que buscan el equilibrio entre la libertad individual y la responsabilidad colectiva pueden retrotraerse a la época de Lübeck.

El éxito de Lübeck muestra cuáles son las herramientas que permiten crear ciudades prósperas, herramientas que se aplican hasta la actualidad. Incluso en la era digital, los hombres de negocios quieren reunirse y chismorrear, comerciar, competir y colaborar. Una ciudad necesita una estrategia de desarrollo económico con los incentivos adecuados, un sistema de gobierno responsable que regule de forma prudente, una moneda fiable, unos impuestos justos cuyos ingresos se inviertan después en infraestructuras comunitarias y en conexiones a una red de competidores-cooperadores. La Liga Hanseática se convirtió en una esfera integradora, el mismo tipo de sistema que activó la red Ubaic. El príncipe Enrique el León ofreció a un mundo volátil de ciudades competidoras un mensaje particularmente sobresaliente. Expandió su reino con copias diseminadas libre y ampliamente de sus leyes para organizar otras ciudades. Se impusieron las mejores ideas de planificación y gobierno de la ciudad, proporcionando así el sistema atemperador que dio lugar a una red poderosa.

---

[7] De Paul Romer en la revista *Atlantic*, escrito por Sebastian Mallaby, 8 de julio de 2010. En: m.theatlantic.com/magazine/archive/2010/07/the-politically-incorrect-guide-to-ending-poverty/8134.

Ámsterdam: protección, libertad y crecimiento

La ciudad de Ámsterdam, situada en la costa holandesa del mar del Norte, se beneficiaba del comercio de la Liga Hanseática, y sus mercaderes crecieron en prosperidad y poder. La Europa del siglo XVI no era un lugar estable. Las guerras continuas y las alianzas cambiantes se cernían sobre la mayor parte de sus naciones emergentes. El principal opositor de los Países Bajos era España, con quien batallaba por tierra y mar. Mientras que el catolicismo español viraba hacia un fundamentalismo represor que se imponía mediante la tortura y los interrogatorios, los Países Bajos respondían con tolerancia. Ámsterdam, su ciudad comercial clave, abrió sus brazos a los mercaderes europeos en busca de oportunidades y acogía oleadas de judíos ricos procedentes de España y Portugal, mercaderes de Amberes y hugonotes de Francia.

En 1602, los Países Bajos concedieron a un grupo de hombres de negocios de Ámsterdam el monopolio para comerciar con Oriente, formando la Compañía Holandesa de las Indias Orientales, una de las primeras empresas cotizada en bolsa. Los padres de la ciudad se enfrentaron a un doble reto: necesitaban un plan para proteger la ciudad de las amenazas militares de los invasores católicos, y también para adaptarse al enorme crecimiento de su población y a la prosperidad económica fruto del emergente comercio global. En 1610, se encargó al constructor municipal Hendrick Jacobsz Staets que elaborara un plan, y comenzó trazando un semicírculo alrededor de la ciudad y de su costa que establecía sus límites exteriores. Por razones económicas, Staets eligió el semicírculo, lo que generó uno de los planes urbanos más bellos del mundo: un círculo encierra la mayor cantidad de superficie con el menor perímetro. Su borde recto daba al mar, y el semicírculo estaba protegido por una muralla. Fuera de esta, un semicírculo mayor consistía en espacio sin ocupar para dejar al descubierto a los atacantes que se aproximaran a la ciudad. Dentro de la muralla protectora, Staets propuso tres grandes canales semicirculares por los que los bienes procedentes del mar podían distribuirse a los almacenes y los talleres de toda la ciudad. Desde el centro de la ciudad hacia los bordes salía una serie de calles principales y otras menores. El trazado en forma de abanico proporcionaba un elegante plan para el desarrollo de la ciudad.

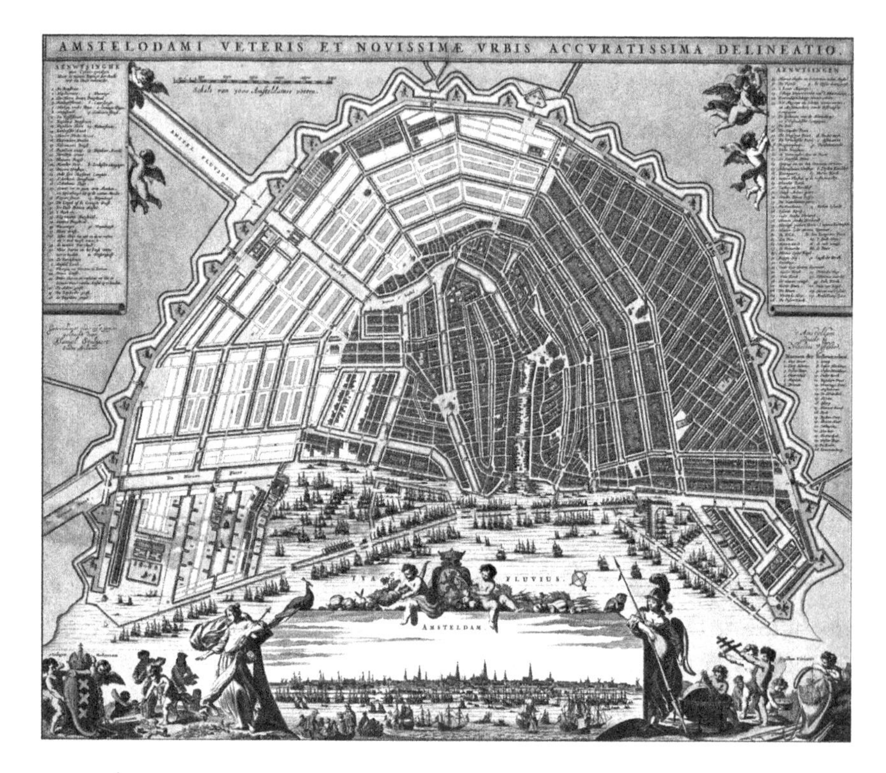

Ámsterdam, 1662. Daniel Stalpaert, publicado por Nicolaus Visscher, biblioteca de la Universidad Ámsterdam, vía Wikimedia Commons.

El plan de Ámsterdam se fue construyendo a lo largo de medio siglo, pero sus numerosísimos emigrantes no fueron tan pacientes. De una forma muy similar a como es ocupado el espacio que rodea a las ciudades actuales de los países en vías de desarrollo, los emigrantes de Ámsterdam construyeron barriadas en el espacio libre fuera de las murallas sabiendo que en caso de ataque podían trasladarse al interior de estas, pero que hasta este momento dispondrían de un lugar en el que poder vivir y comerciar libremente. Con el crecimiento de la ciudad intramuros, fueron apareciendo barrios separados por clases sociales: para los príncipes, los nobles y las clases trabajadoras. Con el tiempo, los suburbios de los emigrantes fueron incorporados a la ciudad y obtuvieron acceso a la infraestructura pública.

Al tiempo que proporcionaba protección y eficiencia, el plan de Staets también era elegante, cómodo y confortable. El Ayuntamiento ordenó que, a medida que se construyeran los canales, se plantaran en sus orillas olmos y limeros para proporcionar «un aire agradable, ornato y afabilidad». El Ámsterdam actual es una de las ciudades más agradables del mundo.

Viena demuele sus murallas

Las ciudades europeas crecieron rápidamente en los siglos XVIII y XIX impulsadas por la industrialización y la globalización. A medida que se ponía en evidencia que la conectividad era más importante que la defensa, las ciudades empezaron a demoler las murallas que las contenían. Una de las primeras ciudades en hacerlo fue Viena, la capital del imperio de los Habsburgo. En 1857, el emperador Francisco José I demolió las fortificaciones alrededor de la ciudad e incorporó las plazas de armas que las flanqueaban. En el nuevo espacio disponible construyó la Ringstrasse, un bulevar amplio y arbolado que rodeaba el casco histórico de Viena, agravando la ciudad con nuevos barrios suburbanos arbolados y amplias y aireadas calles. En paralelo, Francisco José I invirtió en el desarrollo de una moderna infraestructura cívica y cultural. La Ringstrasse y los bulevares que lo cruzaban estaban pautados con nuevos museos, una nueva ópera, el Ayuntamiento, los juzgados, parques y una universidad, alrededor de los cuales los promotores construían viviendas para la creciente clase comerciante y para los profesores, los músicos y la clase intelectual que tenían que ver con las instituciones culturales y la universidad.

El hecho de demoler las murallas no solo reflejaba un plan urbano más abierto, sino que también indicaba una actitud más tolerante y liberal. Al igual que Ámsterdam, la ciudad de Viena recibió un flujo de gentes de toda Europa. En los barrios más urbanos de la Ringstrasse había grandes viviendas, que atrajeron en particular a los judíos educados y secularizados, a quienes desde 1084 solo se les permitía vivir en guetos apartados por toda Europa. La tradicional educación judía talmúdica alentaba el análisis exploratorio, el cuestionamiento y la búsqueda de significados más profundos; la nueva universidad de Viena favorecía una exploración intelectual similar, fomentando el trabajo de judíos como Sigmund Freud y Gustav Mahler.

La Ringstrasse se convirtió pronto en la Córdoba de su tiempo, un hervidero de ideas nuevas. La llegada de poblaciones diversas, el crecimiento de sus instituciones cívicas y culturales, sus vínculos con otras ciudades importantes de Europa y su creciente clase media dieron lugar a un enorme fermento creativo. En el tránsito del siglo XIX al XX, esta mezcla multicultural era considerada el fermento más creativo del planeta.

El planeamiento europeo llega a América

Los pueblos nativos de Norteamérica tenían sus propias culturas cívicas. Los anasazi del suroeste construyeron extraordinarias ciudades alineadas con los solsticios solares. Los iroqueses vivían en casas comunales de hasta 100 m de longitud. En el siglo XIV, la ciudad en colina de Cahokia, cerca del actual St. Louis, era el mayor centro urbano de Norteamérica y contaba con una población de 40.000 habitantes. Ninguna otra ciudad norteamericana alcanzó este tamaño hasta que Filadelfia se expandió en la década de 1780.

A medida que los españoles, los franceses, los holandeses y los ingleses invadían el continente, trajeron consigo sus propios sistemas de planeamiento urbano. Ciudades españolas, como St. Agustine, el asentamiento estadounidense de origen europeo más antiguo y poblado de continuo, se organizaban según las Leyes de Indias, un código que daba instrucciones a los conquistadores sobre cómo construir nuevas comunidades y que incluía la cuadrícula de calles. En las plazas de la ciudad se construían los edificios cívicos importantes, mientras que los usos nocivos y peligrosos se agrupaban en los bordes. Las Leyes de Indias también ordenaban que todos los edificios de una ciudad tuvieran una apariencia similar con el fin de dar a la ciudad una identidad uniforme y agradable.[8]

Después del nacimiento de Estados Unidos, la ordenanza federal de 1785 establecía planes para un estudio basados en la cuadrícula de las tierras al oeste de las trece colonias originales de modo que pudieran subdividirse fácilmente en parcelas rectangulares. Toda ciudad o villa al oeste de los Apalaches estaba formada según un sistema cuadriculado de calles, creando un vocabulario urbano uniforme en las ciudades estadounidenses, al contrario de las ciudades europeas más

[8] legacy.fordham.edu/halsall/mod/1542newlawsindies.asp.

orgánicas, cuyas calles se curvaban siguiendo la topografía natural del terreno. El profesor de ciencias políticas de la Temple University Daniel J. Elazar llamó a esto «la mayor acción de planeamiento nacional en la historia de Estados Unidos».[9]

Estados Unidos se fundó a partir de una economía rural. Su riqueza procedía de su agricultura, sus pieles y sus recursos naturales. En 1820, solo el 7 % de su población vivía en las ciudades; no obstante, la industrialización cambió el aspecto de Estados Unidos. Hacia 1870, un cuarto de su población era urbana, y a inicios del siglo xx, el porcentaje había ascendido al 40 %. El rápido crecimiento de las ciudades estadounidenses requería planes, y aparecieron cinco tendencias.

La primera fue el movimiento de reforma sanitaria que se centró en las infraestructuras de abastecimiento de agua, alcantarillado y recogida de basuras. Procedente de Londres, este movimiento fue una respuesta a las epidemias de cólera y de otras enfermedades que habían asolado toda la ciudad. La segunda también tuvo su origen en Londres: el movimiento a favor de los parques urbanos prosperó en Estados Unidos bajo el liderazgo de los hermanos Olmsted, quienes no solo proyectaron parques, sino también sistemas de parques urbanos interconectados. La tercera tendencia fue la de la ciudad jardín, también procedente de Inglaterra, que proponía ciudades que mantuvieran un equilibrio entre las casas construidas alrededor de pequeños parques, la industria y la agricultura, rodeado todo ello por cinturones verdes.

La cuarta faceta fue el movimiento de reforma de la vivienda que surgió en Nueva York, una respuesta a los bloques de viviendas de alquiler superpoblados, insalubres e inseguros, ocupados por inmigrantes. La quinta y última tendencia fue el movimiento City Beautiful, que promovió ciudades planificadas según las proporciones clásicas, cuidadosamente compuestas a base de edificios cívicos que daban a grandes avenidas, y repletas de parques y jardines formales. Su propósito era inspirar la virtud cívica, difundir la armonía entre todas las clases sociales, atraer a los ricos, animar a los pobres y promover la clase media. Las ciudades estadounidenses en rápido crecimiento adoptaron con entusiasmo estas cinco tendencias, creando algunos de los mejores ejemplos de urbanismo del país.

---

[9] Elazar, Daniel J., *The American Partnership: Intergovernmental Co-operation in the Nineteenth-Century United States*, University of Chicago Press, Chicago, 1962.

El plan de Chicago de Daniel Burnham de 1909 fue el primer gran plan de City Beautiful del país. Burnham recibió el encargo de un grupo de empresarios que habían viajado mucho y admiraban los planes de las ciudades europeas. Aunque el plan de Burnham era solo consultivo, conformó de una manera significativa una visión colectiva de cómo debería desarrollarse la ciudad. Proponía agrupar los edificios públicos para crear centros cívicos conectados por una serie de amplias avenidas, y, como en el plan de Pierre Charles L'Enfant para Washington, con calles en diagonal que unían la ciudad con una serie de parques y avenidas que conectaban la ciudad con los barrios periféricos. Sin embargo, su punto fuerte fue la recuperación del frente de Chicago sobre el lago Michigan. «El frente del lago pertenece a la gente por derecho propio», escribió Burnham. «Ni un solo centímetro de sus orillas debería apropiarse para la exclusión de la gente.»[10]

El éxito del plan de Burnham ilustró la importancia de que una ciudad gozara de un proyecto colectivo, una visión que mejorara su ámbito cívico, que proporcionara a todos sus habitantes lo mejor que la ciudad tenía que ofrecer y que diera libertad a sus emprendedores. También demostró el valor de la existencia de un grupo potente de ciudadanos concienciados, dispuestos a superar las limitaciones de la burocracia y de la política para dar vida a esa visión.

A medida que el automóvil creció en popularidad a principios del siglo XX, las ciudades estadounidenses comenzaron a extenderse a partir de sus centros. Los urbanistas empezaron a pensar más a nivel regional, liderados por una propuesta de Clarence Stein, Benton MacKaye, Lewis Mumford y otros para la región metropolitana de Nueva York. Como el plan de Chicago de Burnham, el plan regional de Nueva York solo fue consultivo, al igual que los planes regionales de otras ciudades que lo siguieron. Sin embargo, se hizo evidente que, para tener impacto, un plan tenía que estar respaldado por la administración. El primer sistema completo legalmente aplicable para regular el uso del suelo en las ciudades estadounidenses fue la normativa de «zonificación», la calificación urbanística de las distintas zonas de la ciudad, aunque esta normativa, que era tan antigua

---

[10] VV. AA., *The Plan of Chicago*, Princeton Architectural Press, Nueva York, 1993 (reimpresión).

como la gran ciudad capital de Egipto, Menfis, era tan solo una herramienta: insuficiente sin la visión de un plan integral, solo podría regular el uso del suelo, no inspirarlo. A medida que se concedían poderes propios de zonificación a más de 22.000 ciudades, villas y condados de Estados Unidos, integrarlos en regiones cohesionadas resultó ser una tarea muy difícil.

A mediados del siglo XIX, la ciudad de Nueva York se convirtió en un imán para los inmigrantes, primero de Irlanda e Italia y luego de todo el mundo. Para alojarlos a bajo coste, los promotores construyeron bloques de viviendas baratas, insalubres e inseguras con letrinas en dependencias independientes. Presionado por el movimiento de reforma de la vivienda, el Estado de Nueva York aprobó la Primera Ley de la Vivienda en 1867, que exigía la evacuación de humos en cada vivienda y una ventana para cada habitación.

La Segunda Ley de la Vivienda de 1879 exigía que las ventanas tuvieran aire fresco y luz, a lo que los promotores respondieron dando salida a las habitaciones interiores a estrechos patios conocidos como «pozos de aire», para proporcionar la luz y el aire requeridos. Sin embargo, los inquilinos arrojaban basura por ellos, y se convirtieron en criaderos de ratas y plagas, por lo que en 1901 la ley final de la vivienda, conocida como «la Ley Nueva», requería que los patios dispusieran de evacuación de aguas y fueran accesibles para la limpieza, y que los residentes tuvieran redes de fontanería interior. Hoy en día, el Lower East Side de Nueva York todavía cuenta con cientos de bloques de viviendas de la Ley Nueva, ahora ocupados por *hipsters* cuyos bisabuelos habían vivido en ellos hace un siglo, en viviendas en las que una docena de personas podía estar ocupando una sola habitación.

A principios del siglo XX, las rápidas mejoras en los sistemas constructivos –incluidas la estructura de acero, los ascensores eléctricos y las bombas de agua eléctricas– permitieron que los promotores rompieran los límites de ingeniería previos en la construcción en altura. Sin embargo, a medida que los edificios de Nueva York se construían más altos, sus calles iban oscureciéndose. Fue en 1916 cuando la ciudad aprobó una norma urbanística que establecía controles de altura y retranqueos en los edificios para permitir que llegara más luz a las calles; la ciudad también restringió la expansión de la industria en barrios residenciales y comerciales.

De esta manera surgieron barrios exclusivamente residenciales, cuyo carácter fue delineado por las restricciones de altura; por ejemplo, una normativa establecía un límite máximo de altura de seis plantas para edificios no resistentes al fuego. Con la nueva normativa urbanística, en grandes partes del Bronx, Brooklyn y Queens se construyeron amplias franjas de edificios de viviendas asequibles de seis plantas para la clase trabajadora.

La normativa de zonificación de Nueva York se convirtió rápidamente en un modelo para otras ciudades con problemas similares. Tales normativas regulaban los aspectos físicos de promoción del suelo: cómo un edificio se ajustaba a su solar, requisitos para el aparcamiento de coches y separaciones de uso. Aunque las normativas de zonificación fueron redactadas para el ámbito privado, al prescribir la distancia a la que los edificios debían retranquearse de la calle, también conformaban el ámbito público. Sin embargo, a diferencia de los grandes bulevares planeados por el movimiento City Beautiful, en la mayoría de los casos el espacio público de Estados Unidos se convirtió en aquello que sobraba después del desarrollo privado. Hasta los inicios del siglo XXI, la mayoría de las ciudades de Estados Unidos no volverían a diseñar activamente sus calles como espacios públicos.

La zonificación divide Estados Unidos

Las primeras normas urbanísticas de Nueva York allanaron el camino para que otras ciudades organizaran el rápido crecimiento de Estados Unidos. Sin embargo, la zonificación realmente despegó en 1922, cuando Herbert Hoover, el por entonces jefe del Departamento de Comercio del país, dirigió un comité para redactar el Acta Estándar de Habilitación de Zonificación (SZEA), creando un marco para que los gobiernos locales redactaran sus propias normas urbanísticas. Hoover estaba muy interesado en el urbanismo. «Pocas pruebas se necesitan para verificar las enormes pérdidas en felicidad y en dinero resultado de una falta de planes urbanos que tengan en cuenta las condiciones de la vida moderna», escribía Hoover. «La falta de espacios abiertos adecuados, zonas de juego y parques, la congestión de calles, la miseria de la vida en los edificios de viviendas y sus repercusiones en cada nueva generación son una tara incalculable contra nuestro modo de vida estadounidense. Nuestras ciudades no contribuyen como debieran al latido de la vida americana y a su carácter nacional. Los problemas morales y sociales solo pueden resolverse con una nueva concepción urbanística de la ciudad.»[11]

Bajo el liderazgo de Hoover, el Departamento de Comercio promovió activamente la idea de un sistema estandarizado de zonificación, y las villas y las ciudades de todo Estados Unidos respondieron a ello. En 1926, 43 de los 48 Estados habían adoptado el SZEA de alguna u otra forma. Desafortunadamente, la separación de usos se convirtió en la principal estructura organizativa de las comunidades, en lugar de buscar una visión más amplia con un propósito comunitario y un plan para el ámbito de lo público.

A medida que los urbanistas adoptaban las normativas de zonificación, se convirtieron cada vez más en administradores en lugar de en proyectistas. Ya no tenían tiempo para ideales tales como prevenir «pérdidas en felicidad». Debían planificar carreteras para la llegada de los nuevos coches, debían decidir sobre las calificaciones urbanísticas para que floreciera el crecimiento de las casas unifamiliares en Estados Unidos y, más tarde, con la llegada de la depresión y el estallido de la guerra, casi todos los nuevos planes se detuvieron. Después de la II Guerra Mundial, el país experimentó un extraordinario *boom* inmobiliario y, como veremos, el atractivo del coche y el poder político del sector bancario y de la construcción tuvieron una gran influencia en ese crecimiento hacia los suburbios.

A finales de la década de 1960, cuando las ciudades estadounidenses estaban cada vez más contaminadas y los suburbios se llenaban de tráfico, los ciudadanos buscaron en el naciente movimiento ecologista una solución, aunque esto, desgraciadamente, no llevó a diseñar comunidades que mejoraran el bienestar humano y los sistemas naturales.

[11] www.planning.org/growingsmart/pdf/LULZDFeb96.pdf; ceq.doe.gov/laws_and_executive_orders/the_nepa_statute.html.

¿Abogados medioambientales al rescate?

En 1969, el Congreso de Estados Unidos aprobó la primera legislación medioambiental importante, la Ley de Política Medioambiental Nacional (NEPA), ley que promulgó el presidente Richard Nixon. Los objetivos de la ley fueron nobles, tal como se reflejan en sus primeras líneas.

> Reconociendo el profundo impacto de la actividad humana en las interrelaciones de todos los componentes del entorno natural, en particular el profundo impacto del crecimiento demográfico, la urbanización de alta densidad, la expansión industrial, la explotación de recursos y los nuevos avances tecnológicos en expansión, y reconociendo la importancia crítica de restaurar y mantener la calidad del medio ambiente para el bienestar general y el desarrollo del ser humano, el Congreso declara que es decisión del Gobierno Federal [...] crear y mantener las condiciones bajo las cuales el ser humano y la naturaleza pueden coexistir en armonía productiva y cumplir con los requisitos sociales, económicos y de otro tipo de las generaciones presentes y futuras de los estadounidenses.[12]

¡Qué objetivos tan extraordinarios! Sin embargo, casi 40 años después de la aprobación de esta ley, las «condiciones bajo las cuales el ser humano y la naturaleza pueden coexistir en armonía productiva y cumplir con los requisitos sociales, económicos y de otro tipo de las generaciones presentes y futuras de los estadounidenses» parecen no estar más cerca, sino más lejos.

En los años siguientes, la NEPA y las consiguientes normas estatales y municipales han dado lugar a muchas victorias legales en demandas individuales. La NEPA ha sido una herramienta crítica para llevar a cabo una revisión medioambiental de las acciones de los gobiernos. La siguieron la Ley de Aire Limpio (1970) y la Ley de Agua Limpia (1972). Desde su aprobación, el aire y el agua de Estados Unidos se han vuelto considerablemente más limpios, aunque se ven constantemente amenazados por el uso comercial de agentes tóxicos que ni siquiera se hubieran imaginado cuando se aprobaron estas leyes. Sin embargo, la salud medioambiental general de Estados Uni-

[12] lawdigitalcommons.bc.edu/cgi/viewcontent.cgi?article=1963&context=ealr.

dos es mucho peor, y las amenazas sistémicas del cambio climático, las extinciones masivas y la expansión urbana son significativamente mayores. Si el objetivo de la NEPA era facilitar que se defendiera el medio ambiente en los juzgados, ha sido un gran éxito. Pero visto desde la óptica de la creación de las condiciones sistémicas en las que el ser humano y la naturaleza pudieran coexistir en armonía productiva, no ha estado a la altura de la encomienda. Desde la aprobación de la NEPA, la salud humana y medioambiental se han deteriorado. La incidencia de enfermedades fruto del estilo de vida, como la obesidad, el cáncer y las enfermedades cardíacas, ha aumentado; la congestión del tráfico se ha incrementado; la biodiversidad y la salud del suelo han disminuido, y la emisión de gases de efecto invernadero ha aumentado considerablemente.

La NEPA, que fue redactada por abogados medioambientalistas, consideró como un problema legal el «impacto profundo de la actividad humana en las interrelaciones de todos los componentes del entorno natural» y, por tanto, propuso una solución legal. Las declaraciones de impacto medioambiental (EIS) debían haberse redactado para analizar los proyectos significativos propuestos, proporcionando una base para que los defensores del medio ambiente pusieran demandas para detener dichos proyectos. Sin embargo, el proceso de las EIS no requiere una visión o un plan. No considera que las ciudades o las regiones sean sistemas completos. En cambio, al igual que la calificación urbanística, se diseñó para dividir los sistemas en sus componentes, pero no para reintegrarlos. Este legado del pensamiento griego, que divide los sistemas completos en sus elementos individuales, facilita el análisis, pero carece de la visión integradora de la armonía de los chinos. No hay nada en el proceso de las EIS que aumente la flexibilidad, la adaptabilidad o la coherencia de una comunidad. Simplemente analiza el impacto medioambiental caso por caso y llega a una conclusión a favor o en contra de la decisión concreta que está en juego.

Al mismo tiempo que se estaba considerando la NEPA, el senador Henry Jackson y el congresista Morris Udall propusieron la Ley de Planificación del Uso del Suelo para «garantizar que las tierras de la nación se utilicen de maneras que creen y mantengan las condiciones bajo las cuales el ser humano y la naturaleza pueden coexistir en armonía productiva y bajo las cuales se puedan cumplir los requisitos medioambientales, sociales, económicos y de otro tipo de las generaciones presentes y futuras de los estadounidenses».[13] Por desgracia, el escándalo Watergate socavó el poder político de la administración Nixon para aprobar el proyecto de ley, y fue derrotado por una campaña dirigida por la John Birch Society, de orientación conservadora, que equiparó la planificación con el comunismo.

Sin embargo, volviendo a Menfis, en Egipto, hemos visto que la diferenciación de vecindarios es un factor importante para organizar las ciudades en crecimiento. La zonificación en sí misma no es el problema. Tampoco lo son las retículas de calles, que se remontan a Hipodamo. El problema al que se enfrentan nuestras ciudades contemporáneas arranca con la falta de una visión coherente, junto con la falta de un marco práctico para hacerla realidad. A lo largo de la historia, las ciudades más grandes del mundo surgieron en civilizaciones con culturas urbanas que integraron la diversidad mediante un tejido conectivo, y estuvieron guiadas por un propósito entroncado en una visión potente.

Las ciudades de Uruk fueron integradas por *meh*, y las de Babilonia mediante un código «para que los fuertes no dañen a los débiles [...] y para promover el bienestar de la humanidad». Hipodamo diseñó sus ciudades para que fueran democráticas, dignas y elegantes. Alejandría fue fundada con la misión de dar apoyo a los eruditos para que conocieran todas las cosas conocidas y educar a la próxima generación de eruditos para que descubrieran aún más. Vitruvio propuso que todos los aspectos complejos de la creación de ciudades se unificaran a través de la tríada de *firmitas*, *utilitas* y *venustas*. Al-Farabi consideraba que la ciudad ideal era un lugar donde los seres humanos podían elevar su conocimiento, su virtud y su felicidad. El príncipe Enrique el León entendió que la fuerza de las ciudades residía en sus redes, unidas por la confianza y los sistemas compartidos. El emperador Francisco José I creó una plataforma ajardinada para una clase media distinta.

A pesar de que las visiones coherentes para nuestras ciudades se han vuelto cada vez menos comunes, el siglo XXI pone mayor énfasis en los sistemas humanos y naturales. Las herramientas de plani-

[13] McClaughry, John, «The Land Use Planning Act- An Idea We Can Do Without», *Boston College Environmental Affairs Law Review*, núm. 3, vol. 4, artículo 2, Boston, 1974.

ficación urbana del siglo xx no fueron diseñadas para enfrentarse al cambio climático, al crecimiento de la población, al agotamiento de los recursos y a otras megatendencias. La era VUCA exige que nuestras ciudades sean más flexibles y adaptables a unas condiciones rápidamente cambiantes. Pero las normas de zonificación y de impacto medioambiental fueron solo dos de los factores que impulsaron el desarrollo urbano en el siglo xx y lo alejaron de las ciudades a favor de los suburbios.

3

La dispersión urbana y sus críticos

Transporte y crecimiento suburbano

Siempre que hemos tenido ciudades hemos tenido suburbios. El término procede del latín *suburbium*, que significa «debajo de la ciudad». En su fundamental libro sobre los suburbios, *Crabgrass Frontier: The Suburbanization of the United States*,[1] Kenneth T. Jackson cita una efusiva carta escrita en 539 a. C. en una tabla de arcilla al rey de Persia sobre la vida en los suburbios de Ur. «Nuestra propiedad parece la más bella del mundo. Está tan cerca de Babilonia que disfrutamos de todas las ventajas de la ciudad y, sin embargo, cuando volvemos a casa, estamos lejos de todo el ruido y el polvo.»[2]

A medida que avanzaba el siglo XIX, Estados Unidos creció y se urbanizó rápidamente. El crecimiento de su población se vio reforzado por una alta tasa de natalidad y una política abierta en materia de inmigración. Su crecimiento industrial se fundaba en la innovación, alimentado por las calorías, primero, del carbón que impulsaba las máquinas de vapor, y más tarde del petróleo. La llegada de la electricidad a las ciudades trajo luz y confort a millones de hogares. Las ciudades de Estados Unidos se conectaron de forma eficiente mediante la rápida expansión de las líneas férreas, el telégrafo y el teléfono. El fonógrafo, las imágenes del cine y la máquina

[1] Jackson, Kenneth T., *Crabgrass Frontier: The Suburbanization of the United States*, Oxford University Press, Nueva York, 1987.

[2] Ibíd.

de escribir facilitaron la integración de la cultura estadounidense, mientras que los catálogos de compras por correo ayudaron a convertir el país en un gran mercado de consumo. Desde el punto de vista comercial, Estados Unidos se convirtió en la zona integrada más grande del mundo.

A finales del siglo XIX, las redes ferroviarias en rápido crecimiento proporcionaban transporte interurbano, pero el sistema clave de transporte dentro de la ciudad seguía siendo el caballo. Cada día, los cien mil caballos de Nueva York producían unas 1.300 toneladas de estiércol,[3] lo que representaba un grave problema de calidad de vida urbana. Los carros tirados por caballos se movían solo al doble de velocidad que una persona a pie, por lo que no permitieron que la trama urbana se expandiera mucho, limitando la mayoría de los suburbios, tanto estadounidenses como europeos, a modestas ciudades satélites. Aunque se desarrollaron algunas líneas experimentales de tranvías eléctricos en Europa para conectar ciudades con sus suburbios, no tenían ni la capacidad ni la fiabilidad para suponer un impacto significativo.

Sin embargo, en 1888, el desarrollo urbano se transformó significativamente gracias al inventor estadounidense Frank J. Sprague. Sus mejoras en el motor eléctrico y su invención del trolebús, con trole sostenido mediante muelles, dieron lugar al primer sistema de tranvía eléctrico a escala urbana. Después de dos años de éxito en las colinas de Richmond, en Virginia, 110 ciudades de varios continentes habían contratado el sistema de Sprague. El tranvía eléctrico de Sprague cambió la forma urbana de las ciudades en crecimiento de Estados Unidos. Las líneas de tranvía proporcionaron el marco apropiado para unas urbanizaciones residenciales largas y lineales, en contraste con los pueblos más densos, transitables a pie, que surgían alrededor de las estaciones de tren de cercanías. El típico suburbio que contaba con tranvía tenía casas unifamiliares situadas en pequeñas parcelas, a menudo de 12-15 m de anchura, que daban a calles dotadas de servicios. Allí donde había una parada de tranvía, podía encontrarse un pequeño grupo de tiendas con viviendas en las plantas superiores para sus propietarios y empleados. Se trataba de comunidades completamente peatonales y servidas por sistemas de transporte público, con poca ne-

[3] «The Great Horse-Manure Crisis of 1894», *Freeman*, Ideas on Liberty.

cesidad de transporte privado. Con unas viviendas asequibles y con las oportunidades para montar pequeñas empresas, fueron ideales para la creciente clase media.

Los promotores inmobiliarios pronto comenzaron a ver la oportunidad de construir proyectos más grandiosos a lo largo de las líneas del tranvía y en las paradas de trenes suburbanos. En 1893, la Roland Park Corporation compró terrenos adyacentes a la Johns Hopkins University, en Baltimore. Liderada por Edward H. Boulton, la compañía desarrolló tres de las ciudades jardín más bonitas de Baltimore: Roland Park, Guilford y Homeland. La empresa contrató al urbanista y paisajista Frederick Law Olmsted Jr. El resultado fue uno de los mejores ejemplos de arquitectura y paisajismo de la época, que incluía elegantes calles arboladas y la planeación del primer centro comercial. Pero Roland Park también promovió una de las prácticas más vergonzosas del país: unas escrituras que prohibían la venta de casas a familias negras o judías, con restricciones que incluso prohibían huéspedes afroamericanos.

Boulton promovió sus ideas de un modo agresivo a través de la National Conference on City Planning y la Annual Conference of the Development of High Class Residential Property. Roland Park se convirtió en el modelo del suburbio jardín estadounidense. Sus prácticas urbanísticas sirvieron de prototipo a los promotores de Shaker Heights (a las afueras de Cleveland), Garden City (Long Island), el distrito Country Club (Kansas City), Palos Verdes (California) y otros barrios. Eran elegantes, verdes y selectos. Mientras que los tranvías de Frank Sprague estimularon el crecimiento de unos suburbios estadounidenses coherentes, la oportunidad de vivir en ellos no fue compartida equitativamente.

Mientras tanto, Sprague había seguido mejorando los sistemas mecánicos que hicieron posible la red de metro de Nueva York, el El de Chicago y el metro de Londres. Su destreza técnica desató un crecimiento rápido en los límites de dichas ciudades al eliminar la necesidad de motores a carbón, lo que permitió el desarrollo de estaciones cerradas en el centro de las ciudades, como la terminal Grand Central de Nueva York. Después de que Sprague transformara la tecnología de transporte horizontal, se puso a trabajar en vertical y, junto a Charles Platt, inventó los componentes clave del ascensor eléctrico, preparando el escenario para el desarrollo del rascacielos.

Gracias a los inventos de Sprague, en pocas décadas la forma de la ciudad de 5.000 años se transformó en una más alta y más ancha. La mayoría de las familias ya no necesitaban vivir cerca de donde trabajaba su cabeza de familia y podían vivir en barrios más limpios y verdes, a escasos metros de una parada de metro o tren, lejos de las densas agrupaciones de edificios altos del centro de la ciudad.

En 1907, solo 19 años después de que se inventara el tranvía eléctrico, las ciudades de Estados Unidos contaban con 55.000 km de líneas de tranvía.[4] Aunque cada línea era propiedad de una empresa privada, juntas proporcionaban un sistema amplio e interconectado. En la novela *Ragtime*,[5] obra de E. L. Doctorow, ambientada en el cambio del siglo XIX al XX, sus personajes viajaban de Nueva York a Boston en líneas de tranvía que paraban en todos los pueblos. Sin embargo, el automóvil asequible y fabricado en serie de Henry Ford pronto ofrecería la libertad de transporte individual a una escala inimaginable. En 1924, el automóvil ya había captado la imaginación de los estadounidenses, y el uso del tranvía comenzó a declinar.

El auge de los automóviles y la construcción de carreteras pavimentadas para alentar su uso aceleraron aún más el crecimiento suburbano. En 1929, cuando se produjo la crisis de la Bolsa, uno de cada seis estadounidenses vivía en los suburbios.[6] Durante la Gran Depresión y la posterior guerra, el desarrollo en Estados Unidos se desaceleró significativamente, pero después de la II Guerra Mundial apareció un nuevo modelo que cambió significativamente el equilibrio entre lo urbano y lo suburbano.

Las bases de la política de la vivienda en Estados Unidos

La primera política nacional de vivienda asequible de Estados Unidos fue parte de la Homestead Act de 1862, que concedía 160 acres [unas 65 hectáreas] de tierra a cualquier persona (incluidos esclavos liberados y mujeres) que no se hubiera alzado nunca en armas contra

---

[4] www.livingplaces.com/Streetcar_Suburbs.html.

[5] Doctorow, E. L., *Ragtime*, Random House, Nueva York, 1975 (versión castellana: *Ragtime*, Grijalbo, Barcelona, 1982).

[6] Kushner, David, *Levittown: Two Families, One Tycoon, and the Fight for Civil Rights in America's Legendary Suburb*, Walker, Nueva York, 2009, pág. 7.

el gobierno de Estados Unidos, que tuviera al menos 21 años y que acordara vivir en la tierra y trabajarla durante cinco años. Esta oportunidad tan estadounidense fue negada a los soldados que lucharon contra Estados Unidos en la Guerra Civil; resulta irónico que tanto los blancos sureños que lucharon en la guerra como los negros que fueron liberados por ella se enfrentaran a la misma discriminación en materia de propiedad de una vivienda. Entre 1862 y 1934, mediante una serie de actos legislativos, el gobierno otorgó 1,6 millones de terrenos, más del 10 % de las tierras del país. Sin embargo, en la década de 1930, los estadounidenses ya no buscaban vivir en pequeñas granjas: se estaban mudando a las ciudades.

Durante la I Guerra Mundial, gran parte del parque de vivienda de Europa fue destruido. Como respuesta, muchos países crearon extensos programas de desarrollo de viviendas, dirigidos no solo a los pobres y las clases trabajadoras, sino también a la clase media. Estos proyectos atrajeron a arquitectos brillantes, jóvenes e idealistas formados en las escuelas más innovadoras del continente, como la Bauhaus, que experimentaron con nuevas maneras de construir edificios de viviendas, nuevos tipos de cooperativas y comunidades que pretendían integrar la vida, el trabajo y las artes.

Sin embargo, en Estados Unidos, la política de la vivienda se vio atrapada en un debate más amplio entre el capitalismo y el socialismo. Dónde ubicar y cómo construir viviendas se convirtió en objeto de discusión política partidista. La versión europea de edificios urbanos con pisos de alquiler para una variedad de tipos de renta fue tildada de socialista, mientras que la propiedad de casas unifamiliares suburbanas fue etiquetada como capitalista. En 1938, el científico social W. W. Jennings escribió: «La propiedad de las casas es la mejor garantía contra el comunismo y el socialismo, y los diversos 'ismos' de la vida. No digo que sea una garantía infalible, pero sí que los propietarios de las casas unifamiliares generalmente están más interesados en la protección de nuestra historia nacional que los que solo son inquilinos».[7]

En 1934, optando por la vía capitalista, el gobierno de Estados Unidos decidió considerar el estancamiento del mercado inmobiliario du-

[7] Jennings, W. W., «The Value of Home Owning as Exemplified in American History», *Social Science*, enero de 1938, pág. 3, citado en Dean, John P., *Home Ownership: Is It Sound?*, Harper & Brothers, Nueva York, 1945, pág. 4.

rante la Gran Depresión como un problema financiero, y aprobó la National Housing Act, cuyo objetivo consistía en hacer más asequibles las hipotecas y, por tanto, las casas unifamiliares. La ley creó el Departamento Federal de Vivienda (FHA), que utilizó fondos federales para otorgar préstamos a bajo coste. También creó la Corporación Federal de Seguros de Depósitos (FDIC), que aportó estabilidad financiera a las cajas de ahorros y bancos locales del país, aumentando su capacidad de otorgar hipotecas a los compradores de viviendas. En 1938 se amplió la ley con el fin de crear la Asociación Federal de Hipotecas, comúnmente conocida como Fannie Mae. Fannie Mae compraba hipotecas aseguradas por el FHA a los bancos locales, devolviendo el dinero que estos habían prestado para que pudieran volver a prestarlo. Irónicamente, Fannie Mae, que fue pensada para aliviar las ejecuciones hipotecarias y las quiebras de los pequeños bancos, terminaría ayudando a crear los mismos problemas a través de la compra de hipotecas *subprime* siete décadas más tarde.

El sesgo racial de la financiación del Sistema Federal de Viviendas

En 1935, un año después de que el gobierno de Estados Unidos empezara a financiar la vivienda, el Consejo Federal de Préstamos Bancarios para Viviendas le pidió a la Corporación de Préstamos a Propietarios de Viviendas que creara «mapas de riesgo residenciales» de 239 ciudades. En lugar de evaluar caso por caso a los prestatarios por sus ingresos, los prestamistas primero tenían en cuenta la ubicación de las casas. Las áreas más nuevas o más ricas –los típicos barrios suburbanos o barrios ricos– fueron marcados en azul y etiquetadas como tipo A; estas fueron las principales áreas a las que se destinaban las hipotecas. Los barrios de tipo B se marcaron en verde y se designaron como barrios deseables. Los vecindarios de tipo C, típicamente urbanos, se marcaron en amarillo como barrios en declive. Los barrios de tipo D, marcados con un círculo rojo, se designaron como de alto riesgo crediticio.

Los barrios negros siempre se marcaron en rojo, al igual que muchos barrios judíos, italianos y otros barrios obreros. Esto significaba que un médico afroamericano o un abogado judío no podía obtener un préstamo para comprar o renovar su casa si vivía en el barrio que no convenía, independientemente de sus ingresos. El manual de suscripción de la Administración Federal de la Vivienda de 1938 extendió esta práctica alentando a las comunidades a promulgar ordenanzas de zonificación racialmente restrictivas para proteger el valor de sus viviendas y defenderlas con convenios restrictivos que excluían a los negros, los judíos y otros cuyo acceso a la propiedad reduciría el valor de las propiedades de los demás. El manual establecía: «Las restricciones recomendadas deben incluir disposiciones para lo siguiente: la prohibición de la ocupación de las propiedades, excepto por la raza para la que están destinadas [...]. Las escuelas deben ser apropiadas a las necesidades de la nueva comunidad y no deben aceptar en grandes cantidades a grupos raciales inarmónicos».[8]

Un año después de su creación, el sistema de financiación de la vivienda de Estados Unidos estaba imbuido de un profundo sesgo racial y de ubicación que ayudaría a disgregar el país. Y esto no sucedió espontáneamente.

Cuando se creó el programa federal de asistencia hipotecaria, los sectores de la construcción y del automóvil del país se percataron rápidamente de que cuanto más favoreciera la política federal a las casas unifamiliares suburbanas y menos ayudara a los edificios plurifamiliares urbanos, mayores serían sus ganancias.

La Asociación Nacional de Constructores de Viviendas, la Asociación Nacional de Agentes Inmobiliarios, la Asociación Nacional de Agentes Hipotecarios y la industria automovilística se involucraron activamente en la política federal de la vivienda para promover sus intereses. Al considerar a los inquilinos en las ciudades y a los propietarios de pisos como clientes perdidos, hicieron todo lo que pudieron para influir en quienes configuraron el sistema de financiación de la vivienda para inclinar la balanza en contra de los habitantes de la ciudad.

El desmantelamiento del sistema de tranvías

La industria automovilística también consideró a los pasajeros del transporte público como clientes perdidos. Para desalentar a los

[8] Federal Housing Administration, *Underwriting Manual: Underwriting and Valuation Procedure under Title II of the National Housing Act with Revisions to February, 1938*, Washington, parte II, sección 9, clasificación de las ubicaciones.

usuarios de los tranvías, General Motors, Firestone Tire, Standard Oil de California, Phillips Petroleum y Mack Trucks formaron empresas de transporte ficticias en 1938 y comenzaron a comprar líneas de tranvía urbanas para cerrarlas y convertirlas en líneas de autobús. Los Ángeles, San Diego, St. Louis, Oakland y docenas de ciudades más vieron cómo se destruían sus redes de tranvías. El plan funcionó y las ciudades se conectaron cada vez más con sus suburbios mediante automóviles y autobuses.

La respuesta federal a la escasez de vivienda

Al volver a casa una vez finalizada la II Guerra Mundial, los militares estadounidenses se enfrentaron a una escasez de viviendas que se estaba gestando desde la Gran Depresión. Seis millones de veteranos no pudieron encontrar un lugar para vivir y se vieron obligados a convivir con familiares y amigos. Su frustración era palpable, y en un esfuerzo por evitar una repetición de la marcha de protesta de veteranos de 1932 en Washington, el Congreso aprobó el GI Bill de 1944, que proporcionaba unos generosos beneficios a los veteranos que volvían del frente en materia de salud, vivienda, desempleo y educación. Las ventajas en materia de vivienda permitían el pago sin entrada y préstamos a bajo interés para compradores de casas unifamiliares en vecindarios marcados en verde y azul. Sin embargo, el Congreso, controlado por los republicanos, se negó a permitir que tales ventajas se extendieran al alquiler de pisos en edificios urbanos. Puesto que las finanzas marcan el camino, la mayoría de los veteranos y sus familias se mudaron a los suburbios, el único lugar donde podían aprovechar las ventajas para comprar una casa.

Al reconocer que las ciudades del país necesitaban fondos para su crecimiento y renovación, el senador Robert Taft, un republicano de Ohio y un apasionado defensor de la inversión en las ciudades y en los edificios de viviendas, formó un grupo de senadores para avanzar en un proyecto nacional de vivienda. Los grupos de presión creados por los promotores de viviendas, los agentes inmobiliarios y los bancos respondieron financiando a un joven y ambicioso senador republicano de Wisconsin llamado Joseph McCarthy, a quien alentaron a que se opusiera frontalmente al proyecto de ley de Taft.

Contrataron a McCarthy para que hablara públicamente por todo el país en contra de los edificios de viviendas con un guion que había elaborado una empresa de relaciones públicas, alegando que vivir en un apartamento fomentaba el socialismo. Al percatarse de que estos lemas anticomunistas obtenían una respuesta muy entusiasta, el senador aumentó la virulencia de su retórica. Utilizando una técnica que luego aplicó para la caza de supuestos comunistas, McCarthy fundó y dirigió un Comité en el Senado para el estudio de la vivienda, y cruzó todo el país celebrando 33 conferencias muy publicitadas entre 1947 y 1948. En el verano de 1947, mientras visitaba el proyecto de viviendas provisionales para veteranos de Rego Park, en Queens, Nueva York, McCarthy afirmó que «creaba deliberadamente un barrio pobre con dinero público [...], un caldo de cultivo para los comunistas».[9]

Enfrentado a una gran demanda nacional de vivienda y bloqueado por la Cámara de Representantes controlada por los republicanos, un furioso presidente Harry Truman aprobó la Ley Pública 846 en 1948, ley que promovía casas unifamiliares a expensas de los apartamentos en edificios de viviendas, resignado al hecho de que era el único proyecto de ley de la vivienda que aprobaría el Congreso. En su conferencia de prensa, el presidente Truman dijo: «En este caso, como en muchos otros, el Congreso ha fallado miserablemente en satisfacer las necesidades urgentes del pueblo estadounidense [...]. Falla por completo en ayudar a satisfacer nuestra mayor necesidad de vivienda de alquiler a bajo costo [...]. La incapacidad de aprobar una legislación de vivienda digna es una triste decepción para los millones de personas que tan desesperadamente necesitan un hogar, y para los numerosos miembros del Congreso que intentaron acabar con el dominio absoluto del pequeño grupo de personas que bloquearon una ley de vivienda decente».[10]

Cuando finalmente el Congreso aprobó una ley de vivienda pública en 1949, los republicanos prohibieron la creación de comunidades de ingresos mixtos, exigiendo que la vivienda de promoción pública se pudiera alquilar solo a los pobres. Ganaron y, como resultado, las únicas opciones subvencionadas a nivel federal para familias de cla-

[9] Kushner, David, *op. cit.*, pág. 30.

[10] Truman, Harry S., rueda de prensa presidencial, 1 de julio de 1948. En: www.presidency.ucsb.edu/ws/index.php?pid=12951.

se media fueron las hipotecas para casas suburbanas unifamiliares. El efecto sobre la vivienda de promoción pública fue devastador: en lugar de convertirse en vecindarios saludables, diversos y de ingresos mixtos, se convirtieron en guetos de pobreza concentrada.

La versión del Congreso de la renovación urbana de 1949 se centró principalmente en la eliminación de barrios marginales, proporcionando fondos para que las ciudades condenaran amplias franjas de barrios. En algunos casos se construyeron en su lugar nuevos proyectos como el brutalmente funcional Pruitt-Igoe, pero con mayor frecuencia se demolieron vecindarios enteros que nunca se reconstruyeron o se reconstruyeron tan mal que vieron mermado el valor de las propiedades y expulsaron a las familias trabajadoras. No es de extrañar que la renovación urbana comenzara a llamarse burlonamente «eliminación de negros». Hoy, más de medio siglo después, muchas ciudades todavía tienen solares vacíos pendientes de la renovación urbana de los programas de limpieza de las barriadas de las décadas de 1950 y 1960. Muchos de estos barrios demolidos contenían buenos edificios históricos que solo necesitaban ser reformados.

En la actualidad, la dotación del gobierno estadounidense en concepto de subvenciones a los propietarios de casas unifamiliares es de alrededor de 120.000 millones de dólares, casi tres veces más que todos los subsidios federales para viviendas de alquiler para personas de ingresos bajos y medios, y esto no incluye los billones de dólares que ha perdido el país subvencionando la expansión suburbana indeseable e innecesaria durante la crisis de las hipotecas *subprime*.

Pero incluso estas subvenciones a los propietarios de casas se asignan injustamente. Según el Centro para Prioridades Presupuestarias y Políticas, un ejecutivo que gane 675.000 dólares al año y que tenga una hipoteca de un millón de dólares recibirá una subvención de 14.000 dólares anuales, y el conjunto de los contribuyentes pagará el 35 % de los intereses de la hipoteca. Un maestro que gana 45.000 dólares al año y tiene una hipoteca de 250.000 dólares recibe una subvención de vivienda de solo 1.500 dólares al año y un 15 % de los gastos por intereses subvencionados.[11]

[11] Fischer, Will y Huang, Chye-Ching, *Mortgage Interest Deduction Is Ripe for Reform*, Center on Budget and Policy Priorities, 25 de junio de 2013.

Entre 1947 y 1953, la población total de Estados Unidos creció un 11 %, pero la de sus suburbios creció un 43 %. El «pequeño grupo de personas» fue el que determinó la vía del desarrollo suburbano de Estados Unidos.

Las megatendencias que conformaron los suburbios estadounidenses

En Estados Unidos, un *baby boom* de posguerra y una economía de pleno empleo desencadenaron una enorme demanda de vivienda. Para los promotores, las ciudades eran lugares complicados para construir, mientras que los suburbios abrían sus brazos a la prosperidad que se esperaba que apareciera con el crecimiento. El uso de la calificación urbanística también dio a las comunidades el poder de determinar su carácter, y la mayoría de las zonas suburbanas se dedicaron a casas unifamiliares y pequeñas tiendas, a menudo prohibiendo el suelo industrial, los edificios de viviendas y otros usos densos del suelo que pensaron que reducirían el valor de las propiedades. Les faltó la suficiente previsión para entender que estaban sembrando las semillas de un desequilibrio entre empleo, vivienda y comercio que obligaría a sus residentes a sufrir un tráfico generalizado.

La aplicación de las calificaciones urbanísticas aprobadas en los suburbios facilitó el desarrollo de viviendas en hilera: unas extensiones enormes y baratas de casas producidas en serie que William Levitt, el promotor de Levittown, en Long Island, fue el primero en imaginar, y cuyo éxito fue copiado por muchos otros. Al comprar terrenos a bajo coste a los agricultores y cambiar su uso para construir casas, los promotores de viviendas se aprovecharon de las nuevas carreteras financiadas por el Estado y de los programas de préstamos de la VA y el FHA. Hasta mediados de la década de 1950, muchas de estas promociones inmobiliarias tenían restricciones raciales. Incluso William Levitt, que era judío, se negó al principio a vender a los judíos y vendió a los negros solo cuando los tribunales lo obligaron a hacerlo.

En 1956, el presidente Dwight Eisenhower firmó la Ley Federal de Autopistas, ampliando en gran medida la financiación federal de los sistemas de carreteras que conectaban las ciudades y los suburbios.

Hacia 2010, el sistema incluía unos 78.000 km de autopista y conectaba la mayoría de las ciudades de Estados Unidos. Sin embargo, los planificadores del sistema de autopistas interestatales se opusieron con todas sus fuerzas a la integración de las carreteras con los sistemas ferroviarios de carga, pasajeros, cercanías y tranvías del país, negándose incluso a colocar una servidumbre para futuras líneas ferroviarias en la mediana de la autopista, o en el arcén. Y puesto que el sistema de autopistas interestatales fue financiado casi por completo por el gobierno federal, los sistemas ferroviarios y de tranvías con financiación privada simplemente no pudieron competir.

El programa construyó autopistas que atravesaban ciudades sin ningún miramiento. Como nadie quería vivir cerca de las autopistas, fueron ubicadas donde enfrentaban la menor cantidad de objeciones, a lo largo de los frentes acuáticos, donde normalmente ya había una carretera paralela que servía a los muelles, y atravesando barrios pobres y de clase trabajadora políticamente más débiles, que quedaron separados del resto de la ciudad. Aquellos habitantes que podían permitirse mudarse de allí, abandonaron sus barrios ahora desconectados, ruidosos y contaminados para trasladarse a los suburbios, y quienes se quedaron atrás vieron cómo sus barrios entraban rápidamente en decadencia.

En la década de 1960, cuando las fábricas se trasladaron a lugares más baratos en el sur del país, donde los sindicatos eran menos fuertes, y luego al extranjero, se acabaron los buenos empleos urbanos que habían atraído a negros e inmigrantes a las ciudades, dejando atrás solares industriales vacíos y a menudo contaminados. Tampoco estos barrios eran seguros. La guerra en Vietnam había enviado a jóvenes estadounidenses al extranjero, los había traumatizado, los había vuelto adictos a las drogas duras, les había enseñado a manejar armas y los había devuelto a casa sin trabajo ni muchas esperanzas de futuro. No es de extrañar que la violencia urbana explotara, empujando aún más a las familias a mudarse a los suburbios más seguros.

El declive de las ciudades estadounidenses

La década de 1970 fue un momento terrible para las ciudades estadounidenses. Aunque casi todas las ciudades sufrieron, una de las que más lo hizo fue Nueva York. Cuando el alcalde Abe Beame solicitó al gobierno federal un préstamo para combatir la crisis fiscal de Nueva York, el presidente Gerald Ford tomó un vuelo a la ciudad y pronunció un discurso en el que dijo: «La gente de este país no saldrá en estampida. No entrará en pánico porque unos pocos funcionarios y banqueros desesperados intenten deshacerse de la deuda hipotecaria de Nueva York».[12] Al día siguiente, el *New York Daily News* publicó el titular «Gerald Ford a la ciudad: muérete». Aunque en realidad el presidente Ford nunca dijo esto, su mensaje llegó fuerte y claro. El gobierno federal no tenía interés en ayudar a las ciudades del país.

Durante los siguientes 25 años, la mayoría de las ciudades estadounidenses perdieron una parte significativa de su población, y los profesionales del medio ambiente y del urbanismo hicieron poco para detener la marea. Los urbanistas estaban educados en controlar el crecimiento, no en responder a su declive, y los medioambientalistas eran contrarios al crecimiento, y fallaron a la hora de reconocer la vitalidad como una cualidad natural de los sistemas saludables. Detroit era una ciudad muy diferente cuando su población superó el millón de habitantes en 1921 de cuando bajó del millón en 1990. Sin embargo, no tenía las herramientas ni la visión para ayudarla a manejar esa contracción de manera efectiva.

En su discurso a la nación de 1970, Richard Nixon dijo: «Los centros urbanos violentos y deteriorados de nuestros grandes complejos metropolitanos son el área de fracaso más notoria en la vida estadounidense actual. Propongo que antes de que estos problemas se vuelvan insolubles, el país desarrolle una política de crecimiento [...]. Si tomamos nuestro crecimiento como un desafío, podemos hacer que la década de 1970 sea una época histórica si, conscientemente, convertimos nuestro país en lo que queremos que sea».[13] Sin embargo, el país no optó por la ley que Nixon estaba proponiendo, ni tenía una visión de lo que quería que fueran sus ciudades. Las herramientas clave de planeamiento urbano creadas en Estados Unidos entre 1916 y 1990 eran inadecuadas para afrontar los desafíos de la segunda mitad del siglo XX. Por ejemplo, la idea de la calificación urbanística surgió a principios del siglo XX para resolver un problema del siglo XIX:

---

[12] Roberts, Sam, «Infamous "Drop Dead" Was Never Said by Ford», *The New York Times*, Nueva York, 28 de diciembre de 2006; www.nytimes.com/2006/12/28/nyregion/28veto.html?_r=0.

[13] Nixon, Richard, discurso a la nación, 22 de enero de 1970.

los efectos medioambientales negativos de la industrialización urbana. La separación de los usos nocivos de los no nocivos era antigua, pero durante los 5.000 años anteriores a la construcción de ciudades, la gente todavía podía vivir cerca de los lugares donde compraba y trabajaba. Al separar vida y trabajo, y alentar la separación por ingresos a través del tamaño del solar y otras características, la zonificación monocultural pasó a contribuir significativamente a los problemas del siglo xx: dispersión suburbana, atascos, pocas comunidades que combinaran vida, trabajo y ocio; uso ineficaz del terreno y extraordinaria degradación medioambiental.

En la década de 1970, las líneas de autobuses diseñadas para llegar a las escuelas de las ciudades empujaron a más familias blancas a los suburbios, y cuando la clase media se mudó de las ciudades, los recursos fiscales de estas se redujeron. La recesión y la estanflación de la década de 1970 afectaron duramente a las ciudades y muchas de ellas rozaron la bancarrota. Las grandes empresas comenzaron a trasladar sus sedes de los imponentes edificios de oficinas en el centro a parques de oficinas suburbanas más cercanas al campo de golf de sus ejecutivos, y con ello arrastraron los puestos de trabajo; todos estos factores continuaron siendo impulsados por la preferencia de los recursos del Estado por las casas unifamiliares, los coches y los camiones.

La década de 1970 también fue testigo de un cambio cultural significativo en Estados Unidos, impulsado por el ingreso de las mujeres a la fuerza de trabajo. Los niños del *baby boom* entraron al mercado de la vivienda casi tan ansiosamente como lo habían hecho sus padres después de la II Guerra Mundial. Sin embargo, había una diferencia, pues ahora financiaban sus casas con dos sueldos. Las parejas podían comprar casas más grandes y llenarlas con bienes de consumo. Entre 1960 y 2010, el hogar estadounidense medio duplicó su tamaño; en 2010, el típico hogar estadounidense tenía más televisores que personas. Este aumento en el consumo fue acompañado por un incremento dramático en el número de centros comerciales suburbanos. En 1960, Estados Unidos contaba con 0,4 m^2 de superficie de venta por persona, pero en 2010 ese número había crecido a 4,3 m^2,[14] casi seis veces más que los 0,6 m^2 por persona de Australia y 20 veces más que los 0,2 m^2 de Fran-

[14] www.uli.org/research/centers-initiatives/center-for-capital-markets/emerging-trends-in-real-estate/americas.

cia.[15] La calificación urbanística de los centros comerciales obligaba a espacios comerciales mucho más grandes que los que proporcionaba la antigua aldea alrededor de la estación de tren o los suburbios de los tranvías. Estos nuevos y enormes lugares, con sus inacabables aparcamientos, pusieron en marcha una ola de aumento y estandarización del sector minorista. Entre 1960 y 2009, el consumo personal creció del 62 al 77 % de la economía estadounidense, controlando más de las tres cuartas partes de los recursos financieros, la atención y la innovación en Estados Unidos.

El incremento de la pobreza suburbana

En 1940, solo el 13,4 % de los estadounidenses vivía en los suburbios. En 1970, ese porcentaje había aumentado hasta el 37,1 %, y en 2012, aunque la tasa de crecimiento suburbano se había ralentizado significativamente, casi la mitad de los estadounidenses vivía en los suburbios. Aun así, había una diferencia entre los suburbios de 1947 y los de 2012. El Brookings Institution informó de que en 2008 más de la mitad de la pobreza de Estados Unidos se localizaba en los suburbios, no en las ciudades. La pobreza suburbana había crecido a un ritmo cinco veces mayor que la de las ciudades, mientras que Nueva York, Providence y Washington realmente vieron disminuir su tasa de pobreza durante el mismo período. En la actualidad, los programas gubernamentales para los pobres, como los cupones de alimentos, el subsidio por desempleo y la ayuda por hijos a cargo, reservan más dinero a los suburbios que a las ciudades.[16]

Al tiempo que Estados Unidos se estaba suburbanizando, también se segregaba económicamente. Un estudio de 2010 de los investigadores del Stanford University Sean Reardon y Kendra Bischoff decía que en 1970 solo el 15 % de los estadounidenses vivía en un barrio que estaba en el extremo de la riqueza o de la pobreza, pero que en 2007 esa cifra se había duplicado hasta alcanzar el 31,7 %.[17]

---

[15] news.forexlive.com/!/the-massive-us-bubble-that-no-one-talks-about-20121205; blog.commercialsource.com/retail-closings-new-numbers-are-on-the-way.

[16] www.brookings.edu/research/papers/2010/01/20-poverty-kneebone.

[17] cepa.stanford.edu/sites/default/files/RussellSageIncomeSegregationreport.pdf.

Las comunidades suburbanas pobres no disponen de la infraestructura educativa, de servicios sociales, policial y sanitaria que tienen las ciudades para atender a su población pobre y, con una base fiscal decreciente, se están quedando cada vez más atrás. Esto significa que no solo están sufriendo los habitantes pobres de los suburbios, sino también los propios suburbios.

La pobreza suburbana y la segregación de ingresos por zonas son fenómenos globales. En Francia, los inmigrantes argelinos y de otras antiguas colonias francesas, a menudo de primera y segunda generación, viven en *bidonvilles*, o barrios marginales, y *banlieues*. Técnicamente, *banlieue* significa «suburbio», pero en Francia se ha convertido en un eufemismo para designar los grandes bloques de viviendas sociales baratas que rodean las ciudades. Oficialmente llamadas «zonas urbanas sensibles»,[18] existen 731 barrios de este tipo en Francia; las *banlieues* tienen más del doble de la tasa de paro de las ciudades, cuatro veces el índice de pobreza y el doble de familias monoparentales.[19] El desempleo juvenil en la *banlieue* supera el 40 %. Al igual que los guetos de Estados Unidos, estas zonas a menudo están separadas del núcleo urbano por carreteras que las rodean, pero que no se conectan con ellas.

Una de esas ciudades suburbanas es Clichy-sous-Bois, parte de Seine-Saint-Denis, un enclave de 260 km^2 a las afueras de París. Después de la II Guerra Mundial, Clichy fue planificado para convertirse en una nueva ciudad de clase media alta, pero como la línea de tren propuesta nunca llegó a construirse, los residentes de origen francés se fueron y allí se mudaron inmigrantes musulmanes. Hoy la comunidad ofrece pocos puestos de trabajo y los servicios son realmente escasos. «No tenemos ni un cine, una piscina, una oficina de desempleo, un café o lugares de reunión», dice Youssef Sbai, director de un centro infantil en el complejo de viviendas de las torres de Bois du Temple, donde se crio. «No obstante, después de los disturbios [de 2005] construyeron una comisaría nueva y bien grande.»[20]

---

[18] www.csmonitor.com/World/Europe/2012/0501/In-France-s-suburban-ghettos-a-struggle-to-be-heard-amid-election-noise-video; en.wikipedia.org/wiki/Social_situation_in_the_French_suburbs.

[19] www.csmonitor.com/World/Europe/2012/0501/In-France-s-suburban-ghettos-a-struggle-to-be-heard-amid-election-noise-video.

[20] Ibíd.

Los inmigrantes pobres y de clase trabajadora de Italia viven en las *periferie*, los suburbios de ciudades como Roma. Los pobres de Viena viven en los barrios suburbanos de Favoriten, Simmering y Meidling, descritos en una guía de alquileres como «suburbios de clase obrera poco atractivos dominados por bloques de viviendas construidos desde la década de 1920 hasta los enormes bloques de las décadas de 1980 y 1990».[21] No obstante, al menos los suburbios pobres de Europa cuentan con sistemas de abastecimiento de agua y de alcantarillado, recogida de basuras, electricidad y algo de transporte público. Y aunque podemos estar en desacuerdo con el urbanismo de tipo lecorbusierano, al menos esos barrios fueron planeados. En América Latina, África y Asia, los barrios marginales de rápido crecimiento a las afueras de las ciudades carecen de los servicios e infraestructura más básicos, como agua potable, alcantarillado, red eléctrica fiable y recogida de basuras.

Cuando se ofreció a los inmigrantes unas oportunidades para prosperar, como poseer terrenos o el acceso a una vivienda decente asequible, la posibilidad de crear pequeñas empresas, educación actualizada y sistemas políticos y económicos inclusivos, ciudades como Ámsterdam, Nueva York y Barcelona prosperaron. Aquellas ciudades del siglo XXI que hacen planes que proporcionan oportunidades a todos sus residentes, incluidos los inmigrantes, están teniendo mejores resultados que las que los aíslan o que no cubren sus necesidades básicas. Estas últimas están sembrando semillas de descontento que inevitablemente producirán una oscura cosecha de turbulencias sociales.

Los suburbios y el medio ambiente

La suburbanización de las áreas urbanas del mundo ha exacerbado no solo los problemas sociales, sino también los medioambientales, como la pérdida de suelos productivos, la reducción de la biodiversidad y el uso ineficiente de los recursos naturales. Muchas de las ciudades del mundo están situadas cerca de ríos y estuarios, zonas con los suelos agrícolas más ricos. A medida que las ciudades se exten-

[21] www.athomenetwork.com/Property_in_Vienna/Expat_life_in_Vienna/Districts_of_Vienna.html.

dían hacia las tierras agrícolas circundantes, el valor económico del desarrollo urbano superaba con creces el valor agrícola de la tierra. Desde 1967, en Estados Unidos, más de diez millones de hectáreas se perdieron debido a la expansión urbana,[22] más de 0,8 hectáreas de tierras de cultivo por minuto. Y no se trata solo de un fenómeno estadounidense. Un estudio realizado por el Instituto de Ciencias Geográficas e Investigación de Recursos Naturales de China identifica casi cuatro millones de hectáreas de tierras agrícolas de China que se han convertido en suelo urbano, desplazando a cincuenta millones de agricultores.[23]

El modelo suburbano, tal como se concibió inicialmente, era una maravillosa extensión de la ciudad, pero tal como se practica en la actualidad es altamente ineficaz. En un mundo con recursos cada vez más limitados, cuya población anhela una distribución más equitativa de la prosperidad, esta forma ya no funciona bien. Las áreas urbanas utilizan los recursos de manera más eficaz que los suburbios al ser más densas. Una manzana típica de una ciudad contiene entre 30 y 100 veces más casas que una manzana suburbana. Puesto que da servicio a muchas personas, una ciudad utiliza todas las calles, junto con las redes de abastecimiento de agua, el alcantarillado, las redes de electricidad, de gas, de teléfono y cable en el subsuelo de manera mucho más eficaz y, por tanto, a una pequeña fracción del coste en los suburbios. Cada habitante de San Francisco consume 173 litros de agua diarios, mientras que los residentes del suburbio cercano de Hillsborough consumen 1.098 litros al día, más de seis veces más.[24] Esto se debe en parte a que más de la mitad del uso residencial de agua en Estados Unidos se utiliza para regar el césped, algo mucho más común en los suburbios. Y el uso del automóvil, que consume combustible y produce gases de efecto invernadero, es dos veces más alto en el caso de los residentes de los suburbios, que carecen de sistemas de transporte público, que para los habitantes de las ciudades.

---

[22] www.nytimes.com/2002/10/04/us/2-farm-acres-lost-per-minute-study-says.html.
[23] www.motherjones.com/files/li_xiubin.pdf.
[24] io9.com/in-california-rich-people-use-the-most-water-1655202898.

La marea suburbana está retrocediendo

A medida que las ciudades estadounidenses comenzaron a vaciarse durante la década de 1970, grupos de pioneros resistieron en la ciudad, dando estabilidad a sus vecindarios. Con el cambio del transporte ferroviario al transporte por carretera, muchas industrias se trasladaron a los suburbios, con accesos más fáciles a las autopistas, vaciando así barrios industriales enteros de las ciudades. Los artistas se mudaron a los edificios fabriles antiguos, grandes y baratos, y los convirtieron en espacios para vivir y trabajar; a ellos se sumaron pronto las galerías de arte, los bares y los restaurantes de moda. Los habitantes de los barrios pobres y de la clase trabajadora se compraron casas baratas, u ocuparon edificios abandonados para reconstruirlos con sus propias manos. Se organizaron en comunidades que comenzaron a planificar sus barrios, abogar por su futuro y construir viviendas asequibles. Ocuparon solares abandonados llenos de basura para convertirlos en jardines comunitarios.

En la década de 1990, la marea suburbana comenzó a retroceder. Aburridos de los suburbios, los hijos del *baby boom* comenzaron a regresar a las ciudades, en particular a los barrios emergentes. Las ciudades ahora eran mucho más seguras y ofrecían algunos de los empleos más interesantes. Basado en la confluencia de tecnología, *marketing* y finanzas, el *boom* de las empresas .com de finales de la década de 1990 tuvo lugar en las ciudades. Desde entonces, el crecimiento del empleo en Estados Unidos ha sido mucho mayor en las ciudades más habitables, que pueden recorrerse a pie, que funcionan las veinticuatro horas y que están conectadas a nivel global. Al salir de la recesión de 2008, el crecimiento del PIB en ciudades modernas como Portland (Oregón) triplicó el del resto del país.[25] En el pasado, la gente siempre se trasladaba adonde quiera que estuvieran los puestos de trabajo, y hacia 2010 la nueva geografía del trabajo estaba clara: las empresas trasladaban sus oficinas a los lugares donde los jóvenes más inteligentes, emprendedores y mejor educados querían vivir, trabajar y divertirse, ciudades con universidades, arte, música, cultura y parques, y conectados con transporte público.

---

[25] people.oregonstate.edu/~muirp/landlim.htm; www.citylab.com/work/2012/10/uneven-geography-economic-growth/3067.

Al mismo tiempo, el romance de Estados Unidos con el automóvil comenzó a desvanecerse. El tráfico se convirtió en uno de los temas más en boga, en especial la imprevisibilidad de los atascos. En palabras del profesor de la Harvard University Daniel Gilbert: «Conducir es un tipo diferente de infierno cotidiano». Estudios indican que la actividad diaria más desagradable es el desplazarse.[26] Los economistas suizos Bruno Frey y Alois Stutzer describen un sesgo cognitivo que denominaron la «paradoja del viajero». Su investigación indica que cuando la gente escoge un lugar para vivir, sobrestima sistemáticamente el valor de una casa más grande, y suele elegir viajar una distancia mayor al trabajo para obtener esa habitación extra, o un patio más grande, y, en cambio, subestima el sufrimiento del viaje diario de ida y vuelta de casa al trabajo: «El resultado principal del estudio indica, sin embargo, que las personas que realizan largos viajes diarios de ida y vuelta de casa al trabajo se encuentran sistemáticamente peor y dan cuenta de un bienestar subjetivo significativamente más bajo. Para los economistas, este resultado es paradójico».[27]

Las ventajas del transporte en automóvil desde el punto de vista de la calidad de vida, que proporcionaron una gran sensación de libertad en el siglo xx, están disminuyendo rápidamente en el siglo xxi debido a que el uso del suelo de un único modo suele ir acompañado de una falta de diversidad de opciones de transporte adecuadas. En 2014, la congestión aumentó el tiempo de viaje de los conductores en Estados Unidos en 6.900 millones de horas, alcanzando los 48 minutos en viajes que podrían haberse realizado sin tráfico en 20 minutos, y con un coste de 160.000 millones de dólares adicionales en combustible desperdiciado.[28] Normalmente los coches se utilizan solo el 5 % del día, y el resto del tiempo están aparcados. Este es un grado de uso que no parece muy eficiente tratándose de la segunda inversión más cara que realiza la mayoría de la gente después de la casa,[29] y, en

---

[26] scienceblogs.com/cortex/2010/03/30/commuting.

[27] ideas.repec.org/p/zur/iewwpx/151.html.

[28] worldstreets.wordpress.com/2011/06/23/newman-and-kenworth-on-peak-car-use.

[29] 2015 Urban Mobility Scorecard, d2dtl5nnlpfr0r.cloudfront.net/tti.tamu.edu/documents/mobility-scorecard-2015.pdf; www.brookings.edu/blogs/future-development/posts/2016/02/10-digital-cars-productivity-fengler?utm_campaign=Brookings+Brief&utm_source=hs_email&utm_medium=email&utm_content=26280457&_hsenc=p2ANqtz--94peln9ll-DLQyM4sYN0HX0-ncQ26aIuiwUsrPVoGavPBBZtNF-oRx-qW3vf8RFziZIr3LMpa8e9-KQMBAqjbWMdBw&_hsmi=26280457.

consecuencia, el uso del automóvil está disminuyendo. Entre 2004 y 2013, los kilómetros totales recorridos por un coche en Estados Unidos disminuyeron año tras año.

Sorprendentemente, la disminución del uso del automóvil en las ciudades estadounidenses no fue mayor en los centros urbanos más densamente poblados, sino en las ciudades más dispersas, como Atlanta, donde la conducción per cápita disminuyó un 10,1 %, y en Houston un 15,2 %.[30] Los estadounidenses de clase trabajadora y de ingresos medios que viven en los suburbios gastan alrededor del 30 % de sus ingresos en la compra de coches, seguros, gasolina y reparaciones, y este costo cada vez resulta más difícil de asumir. La disminución en el uso del automóvil ha sido particularmente evidente entre los jóvenes. En 1990, el 75 % de los estadounidenses de 17 años tenía carné de conducir, mientras que en 2010 la proporción había caído a menos del 50 %.

A medida que los empleos interesantes, la vida social estimulante y las diversiones aumentaron en la ciudad, la vida urbana se convirtió en la primera opción para lograr la felicidad y la racionalidad económica. Los esfuerzos de revitalización que podríamos llamar «artesanales» de la década de 1990 permitieron crear lugares donde más personas querían vivir y trabajar. Hacia 2012, la encuesta de inversión inmobiliaria del Urban Land Institute «Tendencias inmobiliarias emergentes» señaló: «Vivir en una vivienda más pequeña, más cerca del trabajo y preferiblemente cerca del transporte público tiene un atractivo cada vez mayor a medida que más gente intenta administrar sus gastos más sabiamente. El interés se reduce también por lo que respecta a las oficinas, en especial en las situadas en bloques de oficinas suburbanos: más empresas se concentran en distritos urbanos donde buscan gente joven con talento que quiera vivir en entornos abiertos las 24 horas».[31]

Las ciudades europeas han tenido aún más éxito en la domesticación del coche. Su uso aumentó en Europa después de la II Guerra Mundial, pero sus ciudades más antiguas simplemente no estaban diseñadas para tener zonas de aparcamiento. En 1960, todas las plazas públicas de Copenhague habían sido ocupadas como aparcamientos.

[30] www.ssti.us/2014/02/vmt-drops-ninth-year-dots-taking-notice.
[31] uli.org/wp-content/uploads/ULI-Documents/ET_US2012.pdf.

Hoy en día, con la llegada de una extensa red de carriles bici, en Copenhague hay más gente que viaja en bicicleta que en coche, y sus plazas se han convertido en zonas peatonales.[32]

La Alejandría moderna

No obstante, el uso del automóvil está aumentando en las ciudades del mundo en vías de desarrollo. La moderna Alejandría, la segunda ciudad más grande de Egipto, es el mayor puerto marítimo del Mediterráneo, un centro clave que conecta Europa, África y Oriente Medio. Alejandría, que se extiende a lo largo de 30 km de costa mediterránea, tiene una población en rápido crecimiento de más de cuatro millones de habitantes. El 80 % de las importaciones y exportaciones de Egipto pasan por Alejandría, por lo que su salud es vital para el país. Alejandría es una ciudad lineal rodeada por una larga cadena montañosa, con la costa a un lado y marismas y tierras recuperadas al mar al otro.

A mediados del siglo xx, el automóvil se convirtió en el principal medio de transporte de Alejandría. Hoy en día, el centro de la ciudad, planificado mucho antes de la llegada del automóvil, tiene demasiado tráfico y muy pocas plazas de aparcamiento. A medida que la ciudad se extendía más allá de ese centro histórico, fue ocupando sus marismas. En 2006, Alejandría fue incluso más allá, pavimentando más de 25 km de playa y reemplazándola con una carretera costera de ocho carriles que separa la playa de la ciudad. «Si nos centramos en lo que Alejandría tenía que hacer para seguir funcionando, la carretera de la costa fue percibida como un progreso», dijo Anthony Bigio, especialista urbano del Banco Mundial. «Sin embargo, las decisiones que se han tomado hasta ahora han empeorado su vulnerabilidad» al cambio climático.

La nueva carretera corta la conexión de la ciudad con el mar, pero no el mar con la ciudad. La carretera ha destruido la zona de transición biológicamente rica entre el nivel más alto y más bajo del mar que solían proporcionar las antiguas marismas, por lo que el lecho marino cercano a la carretera se está erosionando. Sin la

---

[32] www.treehugger.com/cars/in-copenhagen-bicycles-overtake-cars.html.

resistencia a las olas que proporcionaban las plantas marinas y el coral, la parte baja de Alejandría es más vulnerable que nunca a los fuertes oleajes producidos por tormentas. Además, después de haber realizado una gran inversión en construir la carretera, Alejandría ahora carece de los recursos financieros para invertir en barreras contra el oleaje.

La autopista también ocupa un espacio que, de otro modo, podría dedicarse a aplicar las últimas ideas sobre cómo resistir al mar: la restauración de los humedales naturales para absorber el impacto de las tormentas y las crecidas del nivel del mar. Y lo que es peor, la principal vía de evacuación de la ciudad se encuentra ahora en el lugar más vulnerable, junto al lado mismo del mar que la amenaza. Desafortunadamente, Alejandría aplicó la ingeniería del siglo XX para resolver su problema, en lugar de adoptar un enfoque integrado del siglo XXI que podría abordar múltiples problemas simultáneamente.

Mientras Alejandría estaba construyendo una nueva carretera a lo largo de su costa, muchas ciudades de Estados Unidos estaban demoliendo la suya. En San Francisco, el terremoto de Loma Prieta de 1989 causó daños significativos en las estructuras de la autopista que atraviesa Embarcadero. Esta autopista había separado la ciudad de la bahía, por lo que, ante el coste sustancial de la reconstrucción de la autopista elevada, la ciudad decidió reemplazarla con un bulevar de estilo europeo, lo que estimuló la revitalización de la costa. En el mismo año, Nueva York demolió la antigua autopista elevada de West Side y la reconstruyó como una avenida con un exuberante parque público a lo largo del río Hudson. Una antigua línea ferroviaria elevada en desuso que corría paralela al río se transformó en la High Line, un nuevo parque lineal que se ha convertido en una de las atracciones turísticas más populares de la ciudad. Y en Corea del Sur, como exploraremos más adelante en el capítulo séptimo, Seúl eliminó la carretera que cubría su río Cheonggyecheon y restauró sus orillas creando un nuevo y fantástico parque. A partir de 2010, si uno quería ir caminando al trabajo o dar un paseo por un entorno natural, era más fácil hacerlo en una ciudad que en sus suburbios.

El retorno del transporte público

Junto con la eliminación de las autopistas, las ciudades estadounidenses han estado utilizando fondos federales, estatales y locales para reconstruir sus sistemas de transporte público, volviendo a instalar tranvías y añadiendo sistemas basados en trenes ligeros y bicicletas compartidas. Simultáneamente, consiguen que las ciudades sean más habitables e igualitarias, y disminuyen su impacto medioambiental. Este enfoque también mejora la vida de los conductores que quedan, al eliminar coches de la carretera. Una línea de trenes ligeros tiene ocho veces la capacidad de transporte de un carril de autopista en hora punta, cálculo que ha llevado a los urbanistas a alentar la inversión en trenes ligeros en todo Estados Unidos, aunque la construcción tiende a agruparse en ciudades del oeste en las que domina el uso del automóvil, como Los Ángeles, Portland, San Diego, Dallas, Denver, Salt Lake City, Phoenix y San José. En todos los casos, el número de pasajeros ha excedido las expectativas. Estas ciudades y sus suburbios también están aumentando la densidad urbana alrededor de sus estaciones, creando nuevas ciudades que rememoran el éxito de las comunidades centenarias que crecieron alrededor de las estaciones de tren.

Se están planificando nuevos sistemas de trenes ligeros como parte de redes regionales más extensas que conectan con aeropuertos y estaciones de tren del centro de las ciudades. Las redes más extendidas unen toda la región de Denver, y su antigua Union Station se está revitalizando como un nudo de transporte que conecta la red ferroviaria nacional de Amtrak, la red regional de trenes ligeros, el servicio de lanzaderas eléctricas a los centros comerciales, las líneas de autobuses y el aeropuerto. El resultado es que las comunidades suburbanas se están densificando y diversifican su oferta, atrayendo a las familias jóvenes de la ciudad. Los múltiples sistemas de transporte de la región de Denver ofrecen a sus residentes opciones que convierten la ciudad en un lugar atractivo para vivir. Uno puede tomar el tren para ir a trabajar a la ciudad durante la semana, caminar hasta un restaurante por la noche y conducir para ir al campo los fines de semana, todo ello algo imposible hasta hace bien poco.

No obstante, estos sistemas requieren décadas de apoyo político continuado. El alcalde de Denver, Federico Peña, ideó la red de transporte regional en la década de 1980, que acabó construyendo el alcalde Wellington Webb en la década de 1990, y fue ampliada a una red regional mayor en la década de 2000 por parte del alcalde John Hickenlooper, una coalición de 52 alcaldes regionales y los gobernantes de los condados, y que el alcalde Michael Hancock acabó conectando con el aeropuerto en 2016.

El extraordinario crecimiento de Estados Unidos ha sido posible gracias a las sucesivas tecnologías de transporte, primero el barco de vapor, seguido del ferrocarril, el tranvía, el automóvil, el camión y el avión. Existen dos nuevas tecnologías que podrían ayudar a que nuestras regiones fueran aún más coherentes, estuvieran mejor conectadas y acabaran siendo más prósperas. El vehículo autónomo (los coches sin conductor) proporcionará la libertad del sistema actual sin sus cargas. En lugar de tener un coche, cualquiera podrá reservar uno que lo recogerá, lo llevará por carriles de alta velocidad (con los coches mucho más llenos) y lo dejará en su destino sin tener que preocuparse de encontrar un lugar para aparcar. Y el tren de alta velocidad permitiría conectar ciudades y regiones de tamaño mediano con otras más grandes. Por ejemplo, si Syracuse, Buffalo y Rochester tuvieran conexiones de alta velocidad con Montreal, Toronto, Nueva York y Filadelfia, y se integraran todas en una misma red que les permitiera ir de unas a otras en un par de horas, sus activos intelectuales podrían aprovecharse mucho mejor para promover un mayor desarrollo económico local.

Las hipotecas *subprime* estimulan la dispersión

A pesar de la falta de crecimiento de los puestos de trabajo en los suburbios y del aumento de la congestión del tráfico, durante la década de 2000 los suburbios estadounidenses continuaron creciendo. Sin embargo, este crecimiento no fue impulsado por la demanda natural, sino que lo fue por un excedente de capital. Fannie Mae y Freddie Mac, las dos empresas semipúblicas que ofrecían hipotecas baratas, mantuvieron un flujo de dinero incesante hacia el mercado de la vivienda al vender sus hipotecas a los bancos de Wall Street, que las empaquetaron y las vendieron a inversores de todo el mundo. Las hipotecas concedidas a prestatarios de alto riesgo con un mal historial de crédito, o sin un trabajo estable, se clasificaron como *subprime*. En 2000, alrededor del 8 % de las hipotecas en Estados Unidos se emitieron a prestatarios *subprime*. En 2002, en respuesta a una caída en la construcción de viviendas después del 11-S, la administración Bush presionó para conseguir una dotación de préstamos más baratos que estimulara la construcción de viviendas. Como consecuencia, de 2004 a 2006, el 20 % de todas las hipotecas se concedieron a prestatarios *subprime*.[33]

El sistema financiero respondió con un voraz apetito a los paquetes de hipotecas *subprime*. Para alimentar la demanda, los promotores inmobiliarios incrementaron la construcción de viviendas fáciles de construir, principalmente en los suburbios, donde los terrenos eran baratos, se aceptaba la zonificación y, gracias a la mano de obra inmigrante, los costes de construcción eran bajos. A menudo estas viviendas no estaban situadas cerca de los puestos de trabajo o de las universidades donde querían vivir las familias jóvenes con cierto nivel educativo, o donde las personas mayores querían jubilarse, por lo que los constructores de casas simplemente se las vendían a cualquiera que firmara una hipoteca, y los prestamistas, que se sacaban sus comisiones, prestaban a quienquiera que la solicitara. En Estados Unidos se construyeron millones de casas suburbanas para un mercado falso que enmascaraba la disminución real de su demanda. Familias que a menudo dedicaban entre el 25 y el 30 % de sus ingresos a la compra del coche, el combustible y el seguro, descubrieron que la ubicación de sus casas baratas conllevaba un alto gasto en transporte. En 2007, cuando el precio de la gasolina superó el dólar por litro, muchos propietarios *subprime* tuvieron que elegir entre gastar para desplazarse al trabajo y el pago de sus hipotecas. Cuando comenzaron a incumplirse sus pagos, el sistema de financiación hipotecaria, que había invertido demasiado en deuda *subprime*, se encontró con unas enormes dificultades, lo que finalmente llevó a Fannie Mae y Freddie Mac a la quiebra financiera, desencadenando una crisis financiera mundial. Cuando los bancos ejecutaron las hipotecas, se quedaron con unas casas que nadie quería o que nadie podía comprar.

Una vez más, la política de vivienda y desarrollo de Estados Unidos estuvo determinada por los objetivos financieros de unos pocos en lugar de estar regida por unos criterios coherentes e integradores. La Oficina de Responsabilidad Gubernamental estimó que la crisis le

[33] www.jchs.harvard.edu/sites/jchs.harvard.edu/files/son2008.pdf.

costó a la economía estadounidense 22 billones de dólares. ¿Es esta una forma de dirigir un país?

Las ciudades y los suburbios constituyen un sistema regional

En la década de 1980, cuando la mayoría de las ciudades importantes de Estados Unidos estaba en declive y los empleos se trasladaban a los suburbios, David Rusk, exalcalde de Albuquerque, estudió cincuenta ciudades del país cuyos datos demostraron que la salud de la ciudad principal condicionaba profundamente la salud de su región. En un momento en que los habitantes de los suburbios intentaban no depender de su ciudad principal, mostró que sus destinos estaban profundamente entrelazados. Uno no podría resolver los problemas de las ciudades o de los suburbios independientemente; funcionaban como regiones metropolitanas.

Al estudiar ciudades y regiones poco prósperas de Estados Unidos, los científicos sociales Manuel Pastor y Chris Benner observaron que las regiones metropolitanas con la mayor disparidad de rentas entre la ciudad y sus suburbios en 1980 tenían el nivel más bajo de crecimiento laboral en la década siguiente. Los centros urbanos débiles son menos capaces de impulsar el crecimiento regional. Las ciudades y sus suburbios forman un sistema profundamente interdependiente; sus ecologías, sus economías y sus sistemas sociales forman parte de un todo que evoluciona conjuntamente. Y así como las regiones necesitan un centro o varios centros fuertes y conectados, también requieren suburbios.[34]

A principios de la década de 1990, en Estados Unidos surgió un nuevo movimiento, New Urbanism, liderado por jóvenes urbanistas deseosos de crear lugares donde vivir bien. Se inspiraban en las ciudades peatonales y que pueden recorrerse en bicicleta de Europa y en las grandes comunidades estadounidenses surgidas alrededor de las estaciones de tren de principios del siglo XX. Los integrantes del New Urbanism se habían percatado de los problemas de los suburbios en expansión pero, en lugar de evitarlos, se implicaron con los suburbios

[34] Benner, Chris y Pastor, Manuel, *Just Growth: Inclusion and Prosperity in America's Metropolitan Regions*, Routledge, Nueva York, 2012.

y trabajaron para redefinir su función y redirigir su crecimiento para convertirlos en centros urbanos de uso mixto, de ingresos mixtos y más accesibles. De esta manera consiguieron adaptarlos mejor a los problemas regionales y hacerlos más atractivos.

Los integrantes del New Urbanism también hicieron una observación interesante. Las ciudades, con sus sistemas de retículas hipodámicas, se organizaban de manera que resultaban muy adaptables. La mayoría de los suburbios de posguerra tenían calles curvas mal comunicadas que acababan en callejones sin salida, separados de las escuelas, los puestos de trabajo y las zonas comerciales hasta el punto de que incluso una familia que vivía al lado de un centro comercial necesitaba coger el coche e ir por una ruta larga y tortuosa hasta llegar a él. La mayoría de los suburbios simplemente no eran adaptables.

La región bien temperada

La transformación de El Obeid tuvo lugar no porque esta civilización fuera la primera que contara con tantas ciudades, sino porque fue la primera en estar conectada en una red. Y el poder de la Liga Hanseática procedía también del efecto de red. Estas y muchas otras redes comparten la característica de tener múltiples centros.

Las primeras ciudades en una región suelen ser únicas: consisten en un casco urbano rodeado de suburbios. A medida que los sistemas naturales crecen, tienden a formar grupos con múltiples centros. La mayoría de las ciudades que están creciendo rápidamente en el mundo tienen hoy múltiples centros y varios «cascos urbanos». El problema de aplicar una calificación urbanística rígida a los suburbios, tal como ha ocurrido en gran parte del siglo xx, es que no fomenta la formación de centros urbanos de uso mixto, de ingresos mixtos y peatonales: el resultado es una dispersión urbana descontrolada, aburrida y destructiva para el medio ambiente.

La solución se encuentra en las nueve ces. Los elementos que estuvieron en el origen de las ciudades son también claves para su recuperación, particularmente tres: concentración o densificación, conexión a través de múltiples medios de transporte públicos y privados; y complejidad o diversidad conseguida al mezclar usos y niveles de ingresos.

La aplicación de estos tres atributos (concentración, complejidad y conexión) en las comunidades existentes es lo que las puede guiar hacia la coherencia, de la misma manera que son tres las reglas que guían las bandadas de pájaros.

Pensemos en una bandada de pájaros que vuela en una perfecta formación en V, cientos, o quizás miles, de aves, todas ellas ocupando su posición durante kilómetros y kilómetros, incluso cuando los vientos varían, aparecen depredadores y las corrientes ascendientes de aire van cambiando a medida que vuelan sobre el campo, el bosque o el mar. Resulta que a las aves no se les asignan asientos, como a los músicos en una orquesta, ni cada detalle de su vuelo es dirigido por un director de orquesta.

En 1987, a Craig Reynolds, uno de los primeros especialistas en animación por ordenador, se le pidió que simulara de forma realista escenas de multitudes para la película *Batman vuelve.*

Como no tenía tiempo de ilustrar a cada una de las personas de una multitud, se le ocurrió la idea de que el ordenador las simulara. Después de experimentar con diferentes posibilidades, descubrió tres reglas simples que producían movimientos de masas realistas.

Las reglas de Reynolds eran separación, alineación y cohesión. Aplicado a las aves en vuelo, la separación significa mantener el espacio suficiente para volar cerca de los vecinos, pero evitando chocar contra ellos. Si un pájaro va a cruzarse con otro, este último se alejará un poco; a esto también se le llama «repulsión de corto alcance». Alineación significa dirigirse hacia el rumbo promedio de los vecinos. Y la cohesión, también llamada «atracción de largo alcance», significa dirigirse hacia la posición promedio de los grupos vecinos. Estudios posteriores han indicado que la cohesión tiene lugar de manera parecida a como las tendencias fluyen a través de las redes sociales. A medida que cada individuo se alinea con su grupo, y cada grupo se alinea con los grupos vecinos, la bandada general mantiene una cohesión increíble, ajustándose continuamente para alcanzar un objetivo a largo plazo.

Volar en bandada tiene otras ventajas: la inteligencia colectiva, la eficiencia energética que implica volar unos junto a otros y la protección frente a los depredadores. Las reglas de Reynolds han sido confirmadas por numerosos estudios científicos, no solo de aves en vuelo, sino también de cardúmenes de peces y enjambres de insectos, y del comportamiento humano en grupo.

La concentración, la complejidad y la conexión son las reglas propias de los centros urbanos prósperos. En cada comunidad pueden manifestarse de manera diferente, pero la aplicación de estos principios generales aumenta la coherencia de las comunidades suburbanas y las regiones de las que forman parte. Y esa es la clave de su buen temperamento.

4
La ciudad en equilibrio dinámico

Cuando el duque de Zhou se propuso construir Chengzhou en el 1036 a. C., cada aspecto filosófico, científico y religioso de la cultura china guio su cometido: generar armonía entre la humanidad y la naturaleza. No contempló consultar a sus súbditos.

Y cuando Alejandro Magno y Dinócrates se propusieron construir Alejandría, ellos también tuvieron una visión singular para esta empresa. Aunque supieron rápidamente que necesitaban diseñar una ciudad que funcionara tanto para los agricultores como para los bibliotecarios, solo ellos eran responsables.

No obstante, el duque de Zhou y Alejandro Magno construyeron sus ciudades en épocas más sencillas. El siglo XXI es más complejo y volátil; sus ciudades son mucho más grandes y reciben influencias de un abanico mucho más amplio de fuerzas y tendencias. Hoy en día, la construcción de las grandes ciudades requiere liderazgo, pero también una participación mucho más amplia.

Las herramientas limitadas del urbanismo utilizadas habitualmente en el siglo XX en Estados Unidos produjeron un crecimiento rápido y unos resultados a menudo mediocres. Sin embargo, a finales de siglo comenzaron a generarse nuevos instrumentos que permitían a las comunidades establecer una visión coherente y administrar los sistemas necesarios para conseguirla.

Crecimiento inteligente

En el invierno de 1996, Harriet Tregoning, una joven empleada de la Agencia de Protección Ambiental de Estados Unidos (EPA) de la nueva administración Clinton, convocó a un grupo de pensadores y activistas urbanos para discutir sobre las políticas que podrían guiar a la administración mientras abordaba los problemas medioambientales y sociales de la dispersión urbana. Yo formé parte de aquel grupo. Llamamos a esta política «crecimiento inteligente». Las regiones metropolitanas ya no tenían que elegir entre un crecimiento desenfrenado o no crecer; había una tercera vía: podían aplicar la inteligencia a su crecimiento.

En la década de 1990, los suburbios de Salt Lake City se expandieron rápidamente impulsados por una mano de obra asequible y bien formada, una fuerte ética laboral, el atractivo entorno natural (que incluía cuatro estaciones de esquí) y el capital intelectual de la University of Utah, con sus programas de investigación particularmente especializados en genética y ciencias de la salud. Sin embargo, el centro de la ciudad estaba en decadencia, y el crecimiento de sus suburbios estaba devorando los parajes naturales que atraían a la gente a la zona; también el tráfico estaba volviendo locos a sus habitantes. En 1997, se formó la sociedad público-privada Envision Utah para luchar contra el crecimiento que comenzaba a asfixiar Salt Lake City y sus alrededores. Su objetivo era mantener Utah «bella, próspera y amable para las generaciones futuras».[1] Al igual que sucedió con el plan Burnham de Chicago, esta sociedad no tenía la autoridad legal para planificar el área; no obstante, al promover una visión de consenso para la zona de rápida expansión junto a los montes Wasatch, Envision Utah consiguió una gran autoridad moral.

Envision Utah reunió a funcionarios, promotores, conservacionistas, líderes empresariales y habitantes de todas las edades –urbanos, suburbanos y rurales– para desarrollar una visión coherente de las cualidades que querían preservar en sus comunidades, con el fin de averiguar qué tipo de comunidades querían conformar. Durante dos años, Envision Utah llevó a cabo estudios sobre preferencias y valores,

[1] envisionutah.org/eu_about_eumission.html.

organizó más de 200 talleres y escuchó a más de 20.000 habitantes. Trabajando con el planificador regional Peter Calthorpe, Envision Utah generó varios escenarios futuros. Por un lado, desarrollaron un escenario de dispersión urbana en el caso de que continuara el sistema de crecimiento vigente. Como alternativa, exploraron la posibilidad de concentrar el crecimiento futuro en centros más densos conectados por transporte público, y consideraron una tercera opción que estaba a medio camino entre las dos primeras. Se generó un modelo para cada escenario que mostraba cómo se vería físicamente la región según cada uno de los planes, todo ello junto con sus consecuencias económicas y medioambientales. Se cuantificaron los pros y los contras de cada plan, midiendo los minutos de conducción extra, las hectáreas de espacio abierto perdido o preservado, etc.

Durante el proceso, los habitantes expresaron el amor que tenían por las montañas y la naturaleza, y su preocupación por que estas quedaran afectadas por el tráfico y la expansión urbana. Después de presentarles varias alternativas acompañadas de proyectos realistas, llegaron a comprender las ventajas económicas y medioambientales del crecimiento inteligente y del transporte público. Denominaron su plan con términos como «la estrategia del 3 %», que concentraría el 33 % de todo el desarrollo futuro en el 3 % de la tierra, conectado por un sistema de transporte público de primera categoría.[2]

Envision Utah nunca presentó un estudio de impacto medioambiental. No tenía competencias en calificación urbanística, ni capacidad fiscal, ni autoridad para regular el crecimiento: esas responsabilidades seguían estando en manos de más de cien comunidades de los montes Wasatch. Sin embargo, la fuerza de la propuesta del grupo resultó ser extraordinariamente convincente. En 15 años, los modelos de desarrollo en la región cambiaron drásticamente. Se construyó un sistema de tren ligero con nuevas urbanizaciones de mayor densidad agrupadas a su alrededor. Entre 1995 y 2005, el número de viviendas en el centro de la ciudad aumentó en un 80 %, y sigue creciendo rápidamente. Al mismo tiempo, se ha preservado una mayor parte del medio ambiente natural, la economía ha crecido y la región ha prosperado, tal como se previó en el primer esce-

[2] Ibíd.

nario. Salt Lake City y sus alrededores son uno de los diez mejores lugares para vivir en Estados Unidos.[3] En 2014, el Milken Institute calificó el área metropolitana de Provo-Orem como la tercera mejor área del país desde el punto de vista de su economía, y es una de las comunidades con mayor igualdad de rentas de Estados Unidos. El profesor de derecho de la Cornell University Gerald Torres sugiere que los políticos se dejan llevar por la dirección del viento; si la cambias, cambiarán como una veleta.[4] Envision Utah cambió la dirección del viento.

Participación en la comunidad

La fundación de Estados Unidos en el último cuarto del siglo XVIII fue un experimento extraordinario que desafió el modelo de gobernanza centralizada y autocrática de la época. La democracia estadounidense se propuso que el poder recayera en los ciudadanos, que se unirían para formar un gobierno encaminado al bien común, para, como dice la Declaración de Independencia, «tener un efecto sobre su seguridad y felicidad».

La democracia funciona mejor cuando un abanico amplio de ciudadanos se involucra y asume la responsabilidad de su éxito. En el siglo XIX, Estados Unidos comenzó a promover la educación pública universal con la creencia de que esta haría ciudadanos mejores y, por tanto, proporcionaría una gobernanza más inteligente. Abrirse a la acogida de inmigrantes de muchas naciones y enseñarles a leer y escribir en un idioma común también proporcionó un sistema temperado coherente a la democracia. A medida que avanzaba el siglo XX y la planificación se hacía más técnica, el número de habitantes que realmente entendieron las opciones disponibles y participaron en los procesos de planificación se redujo, quedando algunos grupos fuertes e influyentes, como vecinos NIMBY [Not In My Back Yard; literalmente, 'no en mi patio trasero'], y aquellos que pretendían obtener beneficios económicos. Si nunca has asistido a una reunión de la junta de tu barrio en la que se discuten temas urbanísticos, prueba a hacerlo.

[3] Ibíd.

[4] Charla en el Garrison Institute, 11 de junio de 2013.

A la junta seguramente le guste escuchar opiniones imparciales que aboguen por mejoras de la comunidad.

El plan de Envision Utah se propuso una nueva forma de participación ciudadana con un alcance mucho más amplio que iba acompañado de un trabajo serio para visualizar las opciones a las que se enfrentaba la comunidad. Calthorpe visitó docenas de comunidades equipado con un mapa de la región y cajas llenas de piezas que representaban los diferentes tipos de urbanización en la región: grandes parcelas, parcelas más pequeñas, casas adosadas, edificios de viviendas, centros comerciales, pequeños comercios en la calle principal, etc. Cada pieza representaba una milla cuadrada [unos 2,6 km^2]. Una pieza de una milla cuadrada con una casa por acre [un acre: 0,4 hectáreas] acomodaría alrededor de 500 hogares, mientras que una combinación de casas y edificios de viviendas podría acomodar 15.000 hogares. Se propuso a los habitantes que dieran forma al crecimiento proyectado de la región en cualquiera de los modelos de uso de la tierra que desearan. El único requisito: tenían que poner todo el crecimiento proyectado en el mapa.

Al principio, los residentes distribuyeron todas las casas, los hoteles, las oficinas y los comercios por todo el paisaje utilizando los modelos urbanísticos de menor densidad con los que estaban más familiarizados. Sin embargo, esto hacía que las urbanizaciones desparramadas de casas ocuparan las montañas adonde iban de excursión y se creara aún más tráfico, algo de lo que muchos residentes habían intentado escaparse al trasladarse allí desde otras partes del país. A medida que experimentaban moviendo y colocando las piezas de madera que representaban diferentes tipos de urbanización, comenzaron a crear centros urbanos de usos mixtos más densos, no muy diferentes de las ciudades occidentales antiguas. También crearon modelos para las comunidades nuevas, vibrantes, densas y transitables a pie que prosperan alrededor de las universidades y atraen a trabajadores jóvenes con formación.

Envision Utah recogió las propuestas surgidas a partir de estas sesiones públicas de planificación y las publicó en la edición dominical del periódico *Salt Lake Tribune* para informar a aquellos que no habían asistido a los talleres comunitarios. Los modelos visuales y los rénders hicieron que las propuestas preferidas fueran fácilmente entendibles. Mediante indicadores clave se cuantificaron los resultados económicos, medioambientales y de calidad de vida para cada escenario. El proceso acabó creando un público informado y empoderado que fue a las reuniones no solo para entender las diferentes posibilidades de calificación urbanística, sino también para apreciar las ventajas de la vivienda asequible de mayor densidad y el transporte público. Al imaginar escenarios regionales alternativos, los habitantes pudieron comprender el futuro probable al que se enfrentaban y tomaron decisiones informadas para dar forma a ese futuro. Al final, resulta que no necesitaban un emperador para encontrar el mejor equilibrio entre crecimiento y naturaleza: la sabiduría de la multitud funcionaba bien.

Indicadores de bienestar de la comunidad

Los planes urbanísticos definen normalmente un conjunto de indicadores clave de bienestar de la comunidad y del medio ambiente. Mediante el seguimiento de las condiciones pasadas y actuales, y mediante la proyección de tendencias, los urbanistas suelen utilizar estos datos para ilustrar diferentes resultados. El plan de Envision Utah no solo se basó en un consenso derivado de una amplia participación de la comunidad, sino que también recabó mucha información sobre el terreno. Como dijo Peter Calthorpe: «Envision Utah definió una amplia gama de medidas: consumo de tierra, calidad del aire, desarrollo económico, costes de infraestructura, uso de la energía, consumo de agua, costes de vivienda y sanidad, por nombrar algunos. Este análisis multidimensional permitió que diferentes grupos de intereses se involucraran. Medioambientalistas, conservacionistas, grupos religiosos, promotores y empleados municipales, todos tenían datos que hablaban de sus problemas».[5]

Para ayudar a que las ciudades pudieran planificarse de una forma más dinámica, Calthorpe desarrolló Urban Footprint ['Huella urbana'], una herramienta estadística que calcula los resultados de diferentes calificaciones y planes urbanísticos.[6] Contiene una biblioteca de 35 tipos de lugares diferentes (como calles principales, grandes supermercados y parcelaciones según tamaño) y 50 tipos de edificios,

---

[5] Comentarios de Peter Calthorpe al autor, diciembre de 2013.
[6] Yo soy inversor de la empresa a la que pertenece Urban Footprint.

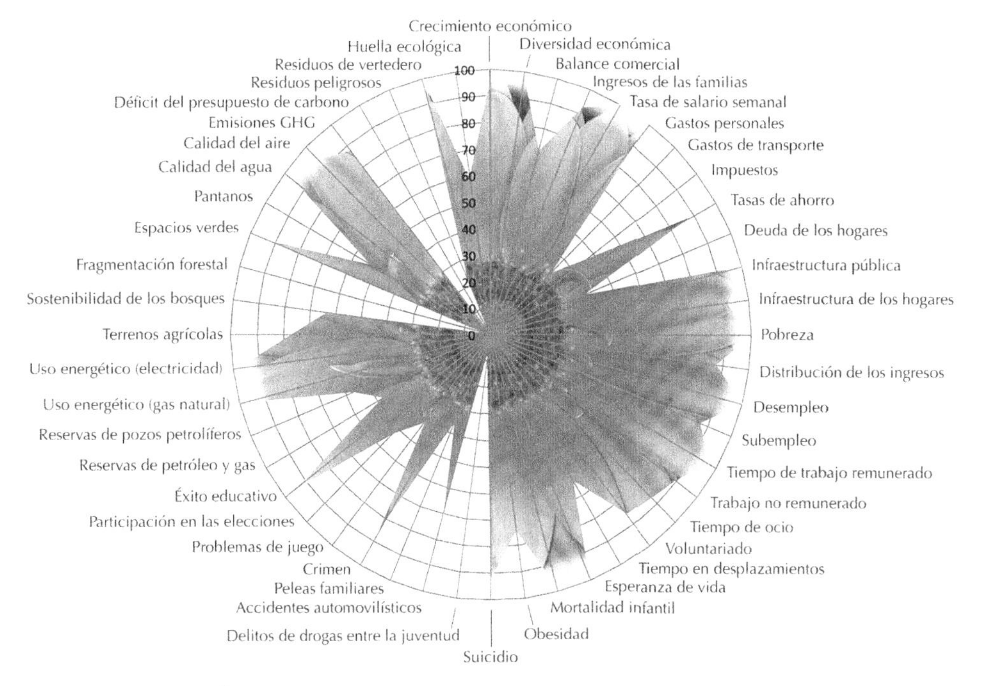

Índice de bienestar de Edmonton, 2008. Mark Anielski, Anielski Management Inc., 2009.

cada uno basado en ejemplos reales. El programa también incluye los impactos económicos, de transporte, climáticos y de otro tipo asociados con cada tipo de lugar. Las comunidades pueden jugar con diferentes planes físicos y la gama de incentivos y normativas. Pueden agregarse variables para los costes de combustible y agua, etc., y el modelo puede proyectar el resultado de los escenarios deseados. Urban Footprint ayuda a los residentes a comprender con mayor precisión las consecuencias de las decisiones urbanísticas.

En 2001, el economista Mark Anielski y un grupo de colegas establecieron un amplio juego de indicadores para la ciudad de Edmonton, en Alberta, Canadá. El proyecto estableció 28 medidas de bienestar de la comunidad y los sistemas naturales agrupadas en cinco categorías: capital humano (personas), capital social (relaciones), capital natural (entorno natural), capital construido (infraestructura) y capital financiero (dinero). Los indicadores humanos y sociales iban desde el consumo personal hasta los índices de crimen, desde los índices de cáncer hasta el aumento del capital intelectual y del conocimiento. Los indicadores medioambientales variaban desde medidas de salud y diversidad de humedales hasta la cantidad de gases de efecto invernadero que emitía la ciudad.[7]

Ahora, por primera vez, Edmonton tenía medidas claras de su bienestar y una forma de seguir su progreso hacia sus objetivos. La combinación de las técnicas de visualización de Envision Utah y los indicadores de Edmonton proporciona una poderosa herramienta para que las comunidades no solo planifiquen su futuro, sino para que también sigan su progreso y realicen ajustes a medida que se desarrollan los planes.

PlaNYC, un plan para Nueva York

En 2007, el alcalde Michael Bloomberg gobernaba una próspera Nueva York. Tras décadas de recesión, a principios de la década de 2000, Nueva York comenzó a crecer. Las estimaciones para 2030 eran que crecería en otro millón de habitantes, pero que carecía de un plan para acoger ese aumento de la población. Bloomberg se dio cuenta de que, aunque la ciudad tenía un plan general, uno de tráfico, uno de vivienda y muchos otros planes, no contaba con un plan estratégico integrado. Entonces le pidió a su teniente de alcalde, Dan Doctoroff, que creara uno.

El proceso involucró a 25 departamentos municipales para establecer cómo podían integrarse sus distintas competencias. Gracias a su trabajo surgió una visión de una ciudad medioambientalmente sostenible. Aunque parece que Bloomberg había pedido un plan estratégico, no un plan ecológico, apoyó la decisión de sus consejeros. El marco ecológico del plan obtuvo la aprobación inmediata de las numerosas ONG dedicadas al medio ambiente de la ciudad (que probablemente se hubieran opuesto al mismo plan si se hubiera presentado como un plan de crecimiento económico).

PlaNYC presentó 127 iniciativas agrupadas en diez categorías: vivienda y barrios, parques y espacios públicos, terrenos contaminados, cursos de agua, suministro de agua, transporte, energía, calidad del aire, residuos sólidos y cambio climático. Por primera vez, una ciudad

[7] www.anielski.com/publications/gpi-alberta-reports.

articuló claramente las conexiones entre cada una de estas áreas operativas y estableció formas medibles de calibrar los cambios para hacerlas más responsables desde el punto de vista medioambiental. Por ejemplo, PlaNYC estableció el objetivo de plantar un millón de árboles. Cada árbol estaba geocodificado para que los habitantes pudieran ver dónde iban a estar en un mapa de la ciudad y llevar a cabo un seguimiento de cuántos árboles habían sido plantados ese día, mes o año, como parte de la iniciativa de parques y espacios públicos. Cada árbol adicional plantado también ayudaba a la ciudad a lograr su objetivo de absorber el agua en caso de tormentas, limpiar el aire de partículas, reducir la temperatura ambiental del aire en verano y aumentar la sensación de bienestar de los habitantes. La cantidad cada vez mayor de datos disponibles ayudó a conseguir que los objetivos del plan fueran medibles y sus agencias responsables. También ayudó a todos a ser más eficaces.

Big data

Una vez que las ciudades tienen una visión clara de en qué tipo de lugar quieren convertirse y un conjunto de indicadores para medir su progreso, el siguiente paso es calcular los resultados sobre el terreno a fin de guiar el avance hacia resultados cada vez mejores. Para ello, ahora se puede aprovechar el «Internet de las cosas», un término acuñado por Kevin Ashton, científico británico y cofundador del Auto-ID Center en el Massachusetts Institute of Technology (MIT), donde desarrolló normas de comunicaciones globales para la identificación por radiofrecuencia (RFID) y otros sensores. Estos diminutos chips electrónicos, cuando están incrustados en objetos o «cosas», pueden transmitir una gran cantidad de información, como la localización, las condiciones del entorno, por ejemplo, el clima, y el rendimiento de cualquier dispositivo al que puedan conectarse.

El Internet de las cosas toma datos de una amplia gama de dispositivos de detección remota, incluidos los que están instalados en sistemas de abastecimiento de agua y energía, teléfonos móviles, vehículos y monitores meteorológicos y de calidad del aire, y los integra en una amplia red de información. A continuación, agrega información generada por personal de hospitales, oficinas de la Seguridad

Social, oficinas de empleo y escuelas, junto con los datos personales que la gente genera con cada llamada telefónica, con cada compra con tarjeta de crédito y con las redes sociales. En conjunto, el Internet de personas y cosas está proporcionando a las ciudades grandes cantidades de información que se conocen como *big data*.

Big data, una expresión acuñada por Doug Laney, vicepresidente de investigación de Gartner Research, es un conjunto de datos demasiado grande como para que pueda contenerlo un ordenador. Su tamaño se mide en petabytes, o un cuatrillón de bytes (mil terabytes). Actualmente, la única forma de lidiar con *big data* es mediante sistemas informáticos de procesamiento paralelo masivo que pueden combinarlos, analizarlos, extraer tendencias, retroalimentarlos y emplearlos en los sistemas operativos urbanos en tiempo real, proporcionando ciclos de retroalimentación casi instantáneos sobre las estrategias de la ciudad. *Big data* bien procesados brinda a las ciudades la capacidad de comparar sus condiciones reales con los indicadores de bienestar de la comunidad en tiempo real, y ajustar sus normativas, inversiones y operaciones para respaldar conductas que aumentan el bienestar humano y del entorno natural, y desalentar a quienes no lo hacen. Los sistemas energéticos pueden hacerse más eficientes al sintonizar con la demanda real y anticipada. Las redes de agua pueden detectar fugas y modelos de uso derrochadores e intervenir para corregirlos. Las redes de transporte pueden ajustarse a la demanda cambiante de eventos deportivos, del clima y de los cambios en los modelos de uso de ir en bicicleta y compartir coche. Los sistemas de servicios sociales pueden individualizar los servicios para lograr mejores resultados. Los sistemas de atención médica pueden incentivar los determinantes sociales de la salud para reducir la dependencia de intervenciones médicas más caras.

Las palancas de la gobernanza

Las administraciones tienen siete palancas principales para guiar el desarrollo y las operaciones urbanas: una *visión* de la ciudad; un *plan general* sobre cómo implementar esa visión con indicadores específicos de sus componentes; *recopilación de datos* para que la ciudad tenga información acerca de sus circunstancias y pueda crear mecanismos de retroalimentación para ajustar los pasos que se estén dando para lograr su visión; *normativas*, tales como las que se refieren a las calificaciones urbanísticas y permisos de obras; *incentivos*, como las ayudas fiscales y garantías de préstamos; e *inversiones* en infraestructuras como el transporte, el abastecimiento de agua y los sistemas de alcantarillado. Además, la visión debe *comunicarse* a los ciudadanos. En última instancia, estas herramientas conducirán al éxito solo si colectivamente se vuelven parte del ADN social y cultural de la ciudad.

Las normativas restringen comportamientos perjudiciales para los objetivos generales de la comunidad. Por ejemplo, la normativa sobre obras impide que se construyan casas inseguras. Las normativas medioambientales evitan que sustancias tóxicas como el plomo lleguen a las casas. Los incentivos hacen lo contrario: fomentan el crecimiento de lo que desea la comunidad. En las ciudades más caras, por ejemplo, pueden concederse permisos adicionales a los promotores dispuestos a crear vivienda pública, y en las comunidades con dificultades económicas, los incentivos atraen a los negocios y generan nuevos puestos de trabajo. La inversión en infraestructura proporciona el marco en el que se desarrolla la visión.

Los sistemas de calificación urbanística y de protección medioambiental del siglo XX no pueden seguir el ritmo de los desafíos de un mundo volátil y complejo porque son estáticos y no están integrados. Las ciudades ahora tienen la capacidad de sustituirlos por un sistema más dinámico e integrado que utilice las siete palancas de la gobernanza. El crecimiento verdaderamente inteligente nos dirige hacia una visión comunitaria del bienestar llevada a cabo por los siete aspectos de la gobernanza que operan conjuntamente a tiempo real, utilizando indicadores del bienestar del sistema humano y natural para crear ciclos positivos de retroalimentación.

Sistemas operativos inteligentes

El alcalde Bloomberg entendió el poder de los datos. Al fin y al cabo, él había hecho su fortuna agregando la mayor cantidad posible de datos financieros y comunicándolos de manera que fueran útiles para sus clientes. Cuando fue elegido alcalde en 2002, la capacidad de la ciudad de proporcionar datos útiles era, en el mejor de los casos, primitiva, por lo que Bloomberg creó un departamento de análisis de datos y nombró a Mike Flowers como su primer director.

El objetivo de Flowers consistía en construir ideas útiles a la ciudad a partir de estos datos. Cuando comenzó a trabajar, uno de los primeros problemas que se le pidió que resolviera fue el de las reformas ilegales de viviendas. Los propietarios estaban convirtiendo los sótanos en viviendas, o subdividiendo los pisos existentes en apartamentos diminutos, instalando literas y alquilándolos a pobres e inmigrantes recién llegados. Era una práctica usual en estas reformas ilegales que las viviendas no tuvieran las aberturas y los sanitarios adecuados, y en ellas se producía un mayor número de incendios. Puesto que no cumplían la normativa contra incendios (no tenían instalados ni sistemas de rociadores ni rutas de evacuación), sus ocupantes tenían 15 veces más probabilidades de morir o de sufrir daños en un incendio. Las reformas ilegales también fueron semilleros del tráfico de drogas,[8] y, por desgracia, el Ayuntamiento no tenía mucha capacidad para rastrearlos. Cuando el Ayuntamiento envió inspectores para responder a las denuncias de reformas ilegales, lograron encontrarlas solo el 13 % de las ocasiones, lo que supuso una gran pérdida de horas de trabajo. Flowers afrontó el desafío de utilizar los datos del Ayuntamiento para ayudar a aumentar su tasa de éxito. Por ejemplo, las viviendas superpobladas deberían tener un consumo de agua anormalmente alto. Si se cruzaba la información de consumo de agua con la ocupación permitida, ello podría indicar un exceso de habitantes en la vivienda, y si ese cruce de información lo que ponía de manifiesto era una fuga de agua, tampoco estaba mal.

Su equipo comenzó accediendo a la base de datos de los 900.000 edificios de la ciudad, así como a datos de 19 departamentos municipales diferentes que contenían información como registros de ejecuciones hipotecarias, quejas de la existencia de ratas, visitas de ambulancias, índices de criminalidad e incendios. Sin embargo, antes de poder reunir toda esta información, Flowers tuvo que desarrollar un lenguaje común para ello. Para complicar las cosas, cada departamento había estado gestionando su información en formatos diferentes: el Departamento de Edificios asignaba a cada edificio un nú-

[8] www.slate.com/articles/technology/future_tense/2013/03/big_data_excerpt_how_mike_flowers_revolutionized_new_york_s_building_inspections.single.html.

mero único; el Departamento de Impuestos identificaba los edificios por barrio, manzana y número de solar; el Departamento de Policía utilizaba coordenadas cartesianas; y el Departamento de Bomberos empleaba un viejo sistema de proximidad a la central de llamadas, a pesar de que este ya no estaba en uso.

Flowers empezó por crear un único sistema de identificación de edificios para todos los departamentos municipales, y después su equipo salió a hacer trabajo de campo, escuchando a los inspectores de viviendas, en un esfuerzo por cuantificar las intuiciones de estos, basadas en años de experiencia. A partir de ahí, Flowers desarrolló algoritmos que identificaban situaciones que probablemente indicaran condiciones de hacinamiento, inseguridad e ilegalidad. En unos pocos meses, los inspectores descubrieron un 70 % más de reformas ilegales. El análisis de Flowers estaba salvando vidas.

A medida que las ciudades se vuelven cada vez más prácticas a la hora de definir su visión e identificar los indicadores de éxito, estamos comenzando a ver la manera como el ajuste dinámico de las siete palancas de gobernanza de las ciudades y sus sistemas operativos irá aumentando el bienestar humano y la calidad de sus sistemas naturales.

Compartir los *big data*

Al igual que la participación de los ciudadanos ha optimizado la planificación, también está mejorando el uso de *big data* para hacer que las ciudades funcionen mejor. Las administraciones no suelen ser unas organizaciones muy dinámicas, pero pueden ser excelentes facilitadores de datos. Cuando comparten los datos, las iniciativas particulares pueden hacer uso de ellos para mejorar la ciudad. En 2011, Washington publicó datos que procedían de los transpondedores GPS colocados en los techos de sus autobuses. Casi de inmediato, empresas jóvenes como NextBus crearon aplicaciones para *smartphones* que podían informar a los pasajeros de cuándo llegaría el próximo autobús de su línea y cuánto tardarían en llegar a su destino. Hoy el sistema también dirige a los pasajeros a rutas alternativas en caso de tráfico intenso o de un accidente. Con la aplicación, los clientes pueden estar sentados en sus casas o en una cafetería cercana en un día lluvioso y relajarse hasta que llegue su autobús. NextBus ha incrementado el número de usuarios de autobuses en todas las ciudades en las que se ha implantado, reduciendo el tráfico y el uso del coche, y mejorando la calidad del aire. Y los conductores de autobuses son más felices.

La información necesaria para mejorar las ciudades ni siquiera tiene que venir del Ayuntamiento. Waze es un programa que establece en tiempo real la mejor manera de circular entre dos puntos basado en los datos de millones de usuarios cuyos *smartphones* envían su velocidad en el trayecto, informan de accidentes, obras en el recorrido y otros problemas de tráfico. Puesto que los datos los proporciona una comunidad de usuarios, estos se sienten mutuamente conectados en la sociedad, lo que los alienta a contribuir con datos en beneficio del grupo. Streetbump.com es una aplicación que registra cada vez que un conductor pasa por un bache y envía la información al departamento de transporte de la ciudad para programar una reparación, mientras advierte a su comunidad sobre la existencia de baches en las calles.

La Smart City

Una Smart City utiliza tecnologías digitales, o tecnologías de la información y la comunicación, para mejorar la calidad y el rendimiento de los servicios urbanos, reducir los costes y el consumo de recursos, y conseguir una participación más efectiva y activa de sus ciudadanos.

Aunque las ideas centrales de las Smart Cities pueden haber provenido inicialmente del Reino Unido y Estados Unidos, sus aplicaciones más avanzadas se están llevando a cabo en ciudades en rápido crecimiento del mundo en vías de desarrollo. Corea del Sur está planeando construir quince «ciudades ubicuas», el nombre que le han dado al sistema informático de sus Smart Cities. Su primera ciudad ubicua, Hwaseong-Dongtan, se inauguró en 2007 y cuenta con sistemas *online* sobre el tráfico, el aparcamiento y los delitos. La nueva ciudad coreana de Songdo (un barrio de 600 hectáreas a las afueras de Seúl) está utilizando etiquetas RFID y una red inalámbrica para conectar todos sus edificios, empresas y centros médicos mediante sistemas de información municipales. La recogida de basuras se realiza mediante un sistema de vacío bajo tierra. El rendimiento medioambiental de sus edificios, todos con certificación LEED, se gestiona mediante sistemas de construcción inteligentes.[9]

Río de Janeiro desarrolló un extenso centro de operaciones en colaboración con IBM, que invirtió mucho en la ciudad en previsión de su preeminencia como sede de los Juegos Olímpicos de 2016. El centro de operaciones se utilizó por primera vez para mejorar las cámaras de seguridad, los sistemas de comunicación de la policía y el control del tráfico de la ciudad. Ahora también incluye información de teléfonos celulares, radio, correo electrónico y mensajes de texto, y al mismo tiempo almacena y analiza datos históricos. En caso de un accidente de tráfico, una inundación o un delito, el sistema no solo ayuda a coordinar los diferentes departamentos municipales, sino que también brinda sugerencias útiles basadas en diversos escenarios.

Al eliminar las ineficiencias, las Smart Cities podrían hacer uso de los recursos de manera mucho más eficiente, reduciendo su impacto medioambiental y, al mismo tiempo, aumentando la disponibilidad y la calidad de los servicios. El análisis de los datos hace que sea más fácil encontrar modelos que permitan entender la relación entre la calidad del aire y la salud, o rastrear las ventajas económicas de unas normas medioambientales más estrictas. Identificar estas diversas relaciones permite que los costes puedan cargarse con mayor precisión a quienes los provocan; por ejemplo, podrían identificarse los impactos en la salud de la contaminación del automóvil y podría cobrarse un recargo por gastos médicos según la contaminación que genera el automóvil y la cantidad de kilómetros recorridos.

El movimiento de la Smart City es global y está promovido por las empresas que ven en el fenómeno un creciente mercado de equipos y servicios. Por su parte, las ciudades están compartiendo sus experiencias entre sí. Sin embargo, junto con las oportunidades que brinda esta información, también debe tenerse precaución. Cada algoritmo utilizado para analizar los datos incorporará inevitablemente los sesgos de sus creadores, y es probable que estos no sean explícitos. A medida que los sistemas operativos urbanos se vuelven más informatizados, son más vulnerables a los fallos, como el mal funcionamiento, en 2006, del *software* que controla el sistema de metro de San Francisco, un aconte-

---

[9] www.thomaswhite.com/global-perspectives/south-korea-provides-boost-to-green-projects.

cimiento que provocó que cerrara tres veces en 72 horas. Las Smart Cities son también más vulnerables a ataques cibernéticos, a la ciberpiratería y a los errores inherentes a todo programa que hacen que nuestros ordenadores personales se cuelguen en los momentos más inoportunos. Las Smart Cities también son vulnerables a problemas sistémicos, como la caída de Internet. Imagine el caos que se produciría si fallara el sistema GPS. La solución es que cada sistema inteligente debe coexistir con un sistema alternativo manual, mecánico o analógico. Por ejemplo, los servicios de emergencia deben estar equipados con *walkie-talkies*, teléfonos móviles, brújulas y mapas, así como GPS. En una emergencia, las ciudades deben poder funcionar en modo manual.

Modelos con agentes programados

Las ciudades y sus regiones son sistemas complejos de múltiples capas en los que cada elemento afecta al conjunto. Los avances en la informática permiten ahora modelar no solo las tendencias a gran escala, como el crecimiento de la población, sino también el comportamiento de grupos de individuos, o «agentes», como compradores, viajeros, comerciantes, pequeñas empresas, etc. Cada agente es programado según un tipo de comportamiento que puede variar según las circunstancias. Con estos sistemas, los expertos pueden pronosticar de forma más realista los resultados del uso de las siete palancas de la gobernanza para lograr mejor sus objetivos.

En 2012, el economista John Geanakoplos y sus colegas crearon un modelo basado en agentes programados para poner a prueba diferentes políticas de financiación de viviendas que les permitiera encontrar una que pudiera haber evitado la crisis financiera mundial de 2008. Crearon un modelo con todos los prestatarios hipotecarios de la zona de Washington. Sus agentes informatizados representaban hogares con una amplia gama de circunstancias: unos podían pagar sus hipotecas, otros no; unos tenían hipotecas a un tipo de interés fijo, otros variable; unos refinanciaron sus casas cuando bajaron los tipos de interés, mientras que otros se despreocuparon del asunto. Geanakoplos y su equipo fueron probando con diferentes escenarios para analizar el comportamiento colectivo de sus agentes. En primer lugar, aumentaron los intereses, pero esto ralentizó el crecimiento de la economía y produjo un colapso. Cuando bajaron los intereses, mucha gente se hipotecó, desestabilizando el sistema. Sin embargo, cuando modelaron estándares de calificación hipotecaria moderadamente más estrictos, obtuvieron los mejores resultados en todos los sectores del sistema. Al modelar el comportamiento colectivo de un gran grupo de agentes, identificaron un enfoque que podría haber evitado la crisis financiera.

Mediante el uso de modelos basados en agentes programados, los urbanistas pueden evaluar la eficacia de diferentes normativas, incentivos y planes de inversión para ayudar a que su ciudad avance hacia su visión. Con este sistema se pueden programar escenarios alternativos para determinar su efecto en varios indicadores del bienestar humano y del entorno natural. Por ejemplo, una ciudad que se enfrenta a una sequía puede probar una combinación de estrategias como subir el precio del agua, invertir en plantas de reciclaje de aguas residuales, ofrecer incentivos para que los habitantes planten jardines xerofíticos (jardines que necesitan poca agua), prohibir el lavado de coches, etc., para encontrar aquellas que producirán los mejores resultados. El Imperio maya se hundió porque la gente no entendió a tiempo el efecto de su comportamiento para poder cambiarlo. Las ciudades inteligentes pueden adaptarse rápidamente al mundo de la era VUCA.

Autoorganización

Cuando los diversos agentes individuales interactúan en un sistema, empiezan a autoorganizarse en algo más grande, en una comunidad cuyo comportamiento colectivo permite que funcionen cohesivamente. Este fenómeno, en el que capacidades complejas surgen de la combinación de elementos simples, es la base de la creación de grupos sociales. Esto puede ser sencillo al principio, pero a medida que los grupos se van entrelazando adquieren un carácter completamente nuevo y se convierten en un sistema. Esto sucede cuando los individuos pasan a ser una familia; las familias, un barrio; los barrios, un pueblo; los pueblos, una ciudad, y las ciudades, una región metropolitana. En cada nivel, nuevas características emergen que no existían en el contexto individual.

La palabra *sistema* proviene del término griego *sýstēma*, que significa «unir o poner juntos». Los sistemas, como las comunidades, tienen límites que definen lo que está dentro y lo que forma parte de un entorno más amplio. Sin embargo, dado que todo es profundamente interdependiente, los límites tanto de los sistemas como de las comunidades existen en gran medida para identificarlos fácilmente. Aunque los sistemas teóricos pueden pensarse de forma aislada, los sistemas reales siempre intercambian energía, información y materia con su entorno.

Biocomplejidad

Mientras que los seres humanos acaban de empezar a desarrollar ciclos de retroalimentación de información para guiar el desarrollo de sus complejas creaciones, como las ciudades, la naturaleza lo ha estado haciendo durante mucho tiempo. Y el proceso de retroalimentación de la naturaleza es mucho más elegante, integrado y complejo que el nuestro. Esta integración de los componentes de los sistemas vivos en sistemas más grandes se denomina «biocomplejidad».

La biocomplejidad es la clave de la coherencia de la naturaleza, su capacidad para curarse después de un cataclismo, como un incendio forestal o un terremoto, y su capacidad de adaptación bajo situaciones de estrés. Se trata de un modelo que podríamos copiar para aportar estas cualidades al desarrollo de las ciudades.

El Instituto de Biocomplejidad de la Indiana University define la biocomplejidad como «el estudio de la aparición de comportamientos autoorganizados y complejos a partir de la interacción de muchos agentes simples. Dicha complejidad emergente es un sello distintivo de la vida, desde la organización de las moléculas hasta la maquinaria celular, a través de la organización de las células en tejidos y la organización de los individuos en comunidades. El otro elemento clave de la biocomplejidad es la presencia inevitable de escalas múltiples. A menudo, los agentes se organizan en estructuras más grandes y estas, a su vez, en otras mucho más grandes, etc.».[10]

La biocomplejidad es la base de la integración de los ciclos de la vida, es el proceso mediante el cual los genes moldean las formas y las

[10] www.igb.illinois.edu/research-areas/biocomplexity/research.

posiciones de las proteínas que construyen organismos cuyos metabolismos están profundamente vinculados al resto de la estructura de la vida, todo hecho de tal modo que tanto los organismos individuales como los sistemas de vida más amplios «aprenden» a saber lo que funciona y lo que no, y evolucionan en consecuencia para adaptarse.

La biocomplejidad surge del comportamiento colectivo de un sistema biológico. Esta integridad se logra en parte mediante el intercambio de material genético, que está conformado por las condiciones ambientales del sistema.

La vida en la Tierra es un magnífico sistema biocomplejo, integrado por nuestro ADN compartido. Este volumen de información genética compartida es la clave de los ciclos extraordinarios de la vida. Es la razón por la cual lo que genera una especie lo aprovecha otra, de modo que en la naturaleza no hay desperdicio. Y el proceso es regenerativo, diseñado para conservar la energía y organizar un sistema intrínsecamente entrópico.

En el delta del río Okavango, en Botsuana, una hiena devora a un ñu; lo mastica todo, incluidos los huesos, que se descomponen en el sistema digestivo de la hiena y pasan a ser excrementos blancos ricos en calcio. Las tortugas terrestres comen los excrementos de hiena como fuente de calcio para sus caparazones. Su excremento, a su vez, se lo comen los escarabajos peloteros, cuyo propio excremento es descompuesto por bacterias para convertirse en elementos esenciales para el crecimiento de las plantas. A su vez, esas plantas serán comidas por los ñus. A medida que los nutrientes pasan a través de este sistema, desde el ñu al suelo, se vuelven más simples y tienen niveles más bajos de energía e información, siguiendo la flecha de entropía del tiempo. Pero cuando son absorbidos por una planta a través de sus raíces y sus hojas, la clorofila de la planta captura la energía del sol, que reorganiza los elementos en niveles más altos de complejidad, información y energía.

Nuestras ciudades imitan los aspectos generales de los sistemas biocomplejos. Cada ciudadano, empresa, edificio y automóvil es un componente de la ciudad; colectivamente, como los elementos de la naturaleza, forman un sistema mucho más complejo que cualquier componente individual. Sin embargo, aún no incorporan las cualidades regenerativas de la naturaleza. Las mejores ciudades del futuro lo harán.

La colección completa del ADN de un organismo individual es su genoma. Un metagenoma es la información genómica de todos los organismos en una comunidad o sistema que conforma su crecimiento y funcionamiento. No se mantiene en un lugar central, sino que se distribuye por toda la comunidad. Una sola muestra del ADN medioambiental de un río, conocido como eADN, puede contar la historia de todos los peces, plantas, algas y otros microorganismos que componen su ecología integrada.

Nuestras ciudades tienen un metagenoma, la biblioteca de Alejandría de todos sus conocimientos, procesos y sistemas sociales. Esta es la razón por la que cada ciudad posee una gama diferente de sonidos, olores y sensibilidades. A medida que comencemos a recopilar y analizar *big data* podremos empezar a ver sus contornos.

Los metagenomas están compuestos de genes, que están formados por cadenas de ADN. Pensemos en el ADN como los planos de los edificios, las calles y todos los demás elementos de la ciudad. Sus genes, que están hechos de compilaciones de ADN, son similares a sus normativas de obras. El metagenoma de la ciudad es su plan general, sus calificaciones urbanísticas y todos los sistemas organizativos sociales, económicos y medioambientales de la ciudad. Tal vez esto es lo que significaba el antiguo concepto de *meh*.

En la naturaleza, los genes de un organismo contienen muchos planos, pero no todos aparecen expresados. De hecho, solo el 1,5 % de todo el ADN en un ser humano se expresa en los bloques de proteínas de nuestro cuerpo, y aún no sabemos para qué sirve el ADN restante. De la misma manera, aunque una ciudad puede tener una normativa que permita construir edificios de treinta plantas en un determinado barrio, esto no significa que todos los edificios vayan a ser tan altos. Sin embargo, todos tienen el mismo potencial de llegar a ser tan altos.

En la biocomplejidad de un sistema sano, la metagenómica de todo el sistema está siendo constantemente influenciada por la evolución de sus componentes individuales, y viceversa. Este proceso se produce a través de la epigenética, el sistema de activación de los genes. Las condiciones medioambientales, como el estrés o la abundancia, se controlan y retroalimentan en el genoma, y cambian la forma en que se expresa el ADN activando algunos componentes y desactivando otros. Estos cambios se transmiten después a las generaciones futuras. Este ciclo continuo de retroalimentación entre las necesidades adaptativas actuales del sistema y su ADN individual y colectivo permite que vaya evolucionando.

La vida se desarrolla a través de tres macromoléculas: el ADN, que contiene toda la información de un sistema; el ARN, que lo traduce; y las proteínas, los bloques físicos del sistema. El proteoma es el conjunto total de proteínas en el sistema diseñado por su ADN. Las expresiones físicas de una ciudad –sus edificios, sus calles y su infraestructura– son su proteoma. No obstante, las proteínas necesitan más que información para crecer; necesitan energía, materiales y agua, y es el metabolismo de un organismo el que los provee. El metabolismo total de un sistema es su *metabolómica* (entiéndase como la versión metabólica de la economía). En el próximo capítulo exploraremos el metabolismo de la ciudad y lo esencial que es para su capacidad de recuperación; los genes de los organismos individuales, las proteínas que construyen la vida, el metabolismo que alimenta y regenera su energía gastada, su información y su complejidad, y los circuitos de retroalimentación que supervisan los resultados del proceso del ciclo de la vida. La biocomplejidad de la vida en la Tierra se construye a partir de este conjunto común de instrucciones de funcionamiento que nos mantiene unidos. Cada organismo contribuye con sus genes al conjunto de genes de la vida en la Tierra. Este conjunto de genes en constante desarrollo ayuda a que los ecosistemas se adapten a los cambios en el medio ambiente.

La biocomplejidad proporciona el mejor modelo para que los sistemas de planificación y desarrollo de una ciudad puedan adaptarse a la volatilidad futura. Requiere que la planificación urbana y la gobernanza sean mucho más dinámicas, empezando por los sistemas de obtención de datos y de retroalimentación, para que vayan aprendiendo continuamente, y pasando por la aplicación dinámica de las herramientas de gobernanza, para poder ajustar el crecimiento y el metabolismo de la ciudad en tiempo real. Las ciudades también deben fomentar una gama más amplia de innovaciones: cuanto más rica sea la reserva de soluciones, mayor será la capacidad de adaptación de la ciudad. Y para lograr esto, la ciudad debe ser capaz de cambiar y estar dispuesta a ello.

La naturaleza no tiene que pensar en estas cosas; no ha de decidir qué curso de acción tomar. A los seres humanos no nos queda otro remedio. Nuestras ciudades son un reflejo de nuestras percepciones e intenciones, de nuestras aspiraciones, de nuestros prejuicios y de nuestros miedos. Estos dan forma a nuestra decisión de cómo serán nuestras ciudades entre el vasto metagenoma de posibilidades.

Coherencia

La primera de las cinco cualidades del temperamento es la coherencia, que crece a partir de la integración de la información, los sistemas de retroalimentación y una intención o dirección hacia la que fluye la coherencia. La mayor parte de los sistemas operativos urbanos están tan desconectados como las escalas musicales separadas de Pitágoras. Del mismo modo que el sistema musical bien temperado integró todas las escalas en un universo mucho más amplio de posibilidades de composición, captar e integrar toda la información de una ciudad en un solo sistema mejora su capacidad de adaptación. Cuando la información de cada componente de una ciudad puede contribuir al metagenoma del conjunto, la ciudad puede aprender y evolucionar de una forma más eficaz. Una lección que la biocomplejidad aporta al urbanismo es que, cuando todos los elementos del sistema comparten un metagenoma común, estos encajan fácilmente. La magnífica adaptabilidad de la naturaleza proviene de nuestra herencia evolutiva común, y esa aptitud es la clave para las ciudades eficaces y resilientes, una clave para la capacidad de adaptación y regeneración necesaria en un mundo VUCA.

Sin embargo, la integración y la coherencia no son suficientes. Nuestras ciudades deben responder a una visión que debe procurar el bienestar, lo que exige la buena salud de sus sistemas humanos y naturales. En realidad, estos dos sistemas no están aislados: los seres humanos y la naturaleza son mutuamente dependientes, aunque a menudo los humanos actuemos como si no fuera así.

La ciudad en equilibrio dinámico

Cuando la función de la conciencia se queda en meramente observar, esta no puede ser verdaderamente adaptativa. Sin embargo, cuando un sistema tiene la capacidad de ser consciente de su propia conciencia, de reconocerse a sí mismo, puede adaptarse de forma natural e inteligente a su entorno. Esta conciencia de la conciencia puede haber sido la evolución transformativa de la cognición humana que condujo a la creación de las primeras ciudades.

Los planes urbanos formales que estructuraron Uruk, Menfis y las ciudades basadas en los nueve cuadrados de China fueron conceptos magistralmente adaptados a la construcción de las primeras ciudades, pero ya no bastan para que las ciudades modernas florezcan. Aunque cada plan aspiraba a mantener el equilibrio entre los seres humanos y la naturaleza con una pureza pitagórica, su rigidez no estaba en armonía con el funcionamiento de la naturaleza. En un mundo que se movía más lentamente, esas formas de organización funcionaron durante un largo tiempo. Sin embargo, en un mundo VUCA, la planificación tradicional falla porque no se adapta con la suficiente rapidez.

En un mundo rápidamente cambiante e interconectado, cada solución diversa y adaptada a los nichos de los problemas urbanos contribuye a la metagenómica del conjunto. La sed de conocimiento y su uso permitió que Alejandría prosperara durante siglos, y que el islam aceptara las diversas religiones y culturas dio lugar a la vitalidad de sus ciudades. La Liga Hanseática fue aún más lejos: su conjunto común de reglas proporcionó el código genómico necesario para fomentar la conectividad entre sus partes diferenciadas. Su expansión fue orientada, pero no dirigida, por lo que el sistema se desarrolló de forma orgánica y flexible, sin la rigidez que proviene de un centro de control. Ámsterdam prosperó fomentando la diversidad, desalentando el fundamentalismo religioso, adoptando el espíritu emprendedor y creando bolsas de valores públicas para compartir con la ciudad y sus residentes los beneficios económicos que surgieron de estas condiciones.

A comienzos de la década de 2020, las principales ciudades del mundo probablemente estarán cubiertas por sistemas inalámbricos 5G que aumentarán enormemente su capacidad para conectar todo y a todos. La ciudad en equilibrio dinámico percibirá continuamente sus condiciones económicas, medioambientales, sociales y ecológicas, y las utilizará para ajustar sus palancas de gobernanza para optimizar el bienestar de sus habitantes, sus empresas, sus sistemas culturales, educativos y sanitarios, y su entorno. Por ejemplo, guiada por los índices de bienestar comunitario, podrá ajustar su normativa de calificaciones urbanísticas, sus inversiones en infraestructura, así como la aplicación de incentivos en tiempo real para fomentar la construcción de viviendas asequibles, o diseñar la combinación de usos apropiada para reducir el tráfico o la ampliación de zonas verdes.

El papel del liderazgo de la ciudad en un mundo VUCA tiene dos caras. La primera es crear las condiciones para que se vaya confirmando continuamente la visión de aquello que la ciudad quiere ser. Ya no debemos depender de un emperador para proporcionar la visión de una ciudad, sino que esta puede provenir de muchas fuentes: de un alcalde fuerte, de un grupo inteligente de líderes, de sus habitantes de siempre y de los inmigrantes recién llegados. La segunda cara es que los líderes de la ciudad deben alimentar la capacidad de una ciudad para adaptarse a unas circunstancias que cambian rápidamente. Con visión y capacidad de adaptación, las ciudades pueden prosperar. Los países son a menudo demasiado grandes y están demasiado polarizados como para integrar plenamente sus partes; los estados o las regiones están a veces demasiado alejados de la vida cotidiana de sus ciudadanos. Cuando los gobiernos centrales y regionales transfieren a las ciudades suficientes medios y competencias, estas tienen el tamaño ideal para adaptarse con flexibilidad a unas circunstancias rápidamente cambiantes. Pero, para hacerlo, necesitan recursos. En Dinamarca, el 60 % del gasto público del país se invierte en las ciudades. Según Bruce Katz, del Brookings Institution, esta es la razón por la que Copenhague «se ha convertido en uno de los lugares más felices, saludables y habitables del mundo».[11]

Las nueve ces que dieron origen a las ciudades –cognición, cooperación, cultura, calorías, conectividad, comercio, complejidad, concentración y control– importan tanto hoy como cuando surgieron las primeras ciudades. Gracias en parte a las tecnologías de la información, las ciudades pueden conectarse, no solo para mejorar el comercio, sino también para aprender unas de otras. Afortunadamente, esto ya lo estamos viendo. El auge de las redes mundiales de conocimiento

---

[11] www.brookings.edu/research/papers/2016/02/17-why-copenhagen-works-katz-noring?hs_u=jonathanfprose@gmail.com&utm_campaign=Brookings+Brief&utm_source=hs_email&utm_medium=email&utm_content=26459561&_hsenc=p2ANqtz-xy1AxOwMnwgvdYwg3wghqfm8ROOqgZhUNtvn7_.

urbano está expandiendo rápidamente el ADN de las soluciones a través de las ecologías urbanas.

A medida que las regiones metropolitanas descubren que el modelo de dispersión urbana del siglo XX está minando su eficiencia, están volviendo a tener centros urbanos y suburbanos más concentrados, integrados en una región multicultural. Las mejores dan importancia a la cultura, este don humano que enriquece nuestras vidas.

En últimos capítulos de este libro analizaremos la importancia de las redes sociales para la vitalidad y la capacidad de recuperación de las ciudades. No obstante, el próximo paso consistirá en examinar la segunda característica de la ciudad bien temperada, la circularidad, que depende de la circulación de la energía, el agua y la comida a medida que el metabolismo de la ciudad las procesa.

Parte segunda
Circularidad

El segundo aspecto de las ciudades bien temperadas proviene del círculo de quintas, una vía armónica de escala a escala utilizada en la composición de *El clave bien temperado.* El círculo de quintas utiliza la quinta nota por encima de la nota de inicio como conexión con la siguiente escala, continuando así hasta que regresa al origen, un recorrido posible solo con la afinación bien temperada. Se trata de un modelo de metabolismo circular, de biocomplejidad y de los fundamentos de la resiliencia. La circularidad transforma los sistemas lineales en regenerativos. Se trata de una estrategia clave para que las ciudades prosperen en este siglo XXI, un camino a través de los desafíos del cambio climático y de las limitaciones de recursos. A medida que la población mundial crece y consume cada vez más, una ciudad bien temperada debe sobresalir en el segundo temperamento, proporcionando sistemas metabólicos eficientes, resilientes e integrados que funcionan de forma circular y reflejan el propio proceso de la naturaleza a través del cual el desperdicio de un sistema se convierte en el alimento de otro.

Podemos entender mejor cómo funciona el metabolismo de una comunidad completamente autosostenible al observar un sistema muy sencillo. El pueblo de Shey se ubica en lo alto de la meseta tibetana a una altura de unos 4.600 m sobre el nivel del mar. Más conocido por la cueva donde vivió el famoso eremita tibetano Milarepa, Shey ha sobrevivido en equilibrio dinámico con su entorno espectacular, aunque duro, durante casi mil años.

Shey es en gran medida autosuficiente; cumple con casi todas las necesidades de sus residentes. La forma del pueblo es bastante compacta, con límites claros entre unos edificios muy apiñados y los campos agrícolas circundantes. Si observamos la estructura de los organismos biológicos de más éxito, constatamos una eficiencia de forma similar.

La alta meseta tibetana es una de las regiones más secas del mundo, y sus precipitaciones anuales solo son de unos 75 mm, de modo que la lluvia que cae debe ser cuidadosamente almacenada y administrada para sustentar a los habitantes del pueblo. Los tibetanos han aprendido a aprovechar pequeñas corrientes de agua y a recogerlas en canales de riego para distribuirlas en sus campos.

La población de Shey tiene el tamaño justo para mantener un equilibrio dinámico saludable entre el pueblo y la cantidad de alimentos que este puede producir. Solo hay suficiente tierra de regadío para cultivar cebada y vegetales para alimentar a toda la población del pueblo. El suelo se abona con excrementos humanos y animales que fertilizan los cultivos y eliminan los apestosos montones de desechos que, de otro modo, podrían contribuir a la propagación de enfermedades. Los edificios en Shey están construidos con piedra, como en la mayor parte de las comunidades de montaña, y sus tejados con ramas de sauce cubiertas de arcilla. Los sauces se plantan junto a las acequias de riego, dan sombra al agua y reducen la evaporación en su recorrido hacia los campos. Hace mucho tiempo, los aldeanos descubrieron cuántos sauces se necesitaban para proporcionar suficientes ramas con que sustituir todas las techumbres de sus edificios más o menos cada diez años. Cuando se cortan ramas, se injertan nuevos brotes. Los tocones de sauce viven durante aproximadamente 400 años, por lo que a intervalos largos se plantan nuevos árboles para sostener la producción continua de ramas. Al igual que los antiguos sistemas de riego, el sistema de riego y los sauces de Shey se gestionan de forma colectiva, con decisiones sobre la asignación de agua y de mano de obra realizadas por un administrador del riego de confianza, elegido por los aldeanos.

Este paisaje árido y a una gran altitud solo puede admitir a un número limitado de personas, por lo que los tibetanos practican la poliandria, un sistema en el que las mujeres se casan con todos los hermanos de una familia, como una forma natural de control de la población.

Shey, Tíbet, cerca de la cueva de Milarepa. Jonathan F. P. Rose.

Generalmente se envía a un hijo de cada familia a recibir educación al monasterio, lo que también ayuda a mantener a la población y proporciona al pueblo las últimas enseñanzas del budismo. Con sus árboles y sus ricos campos de regadío, Shey presenta un marcado contraste con la dura tierra que se extiende más allá, y pone de manifiesto cuánto han aumentado los tibetanos la biodiversidad en este valle. En los meses más cálidos, los aldeanos se dedican a plantar, cultivar y cosechar sus campos; a compartir los *dzos* (un cruce entre un yak hembra y un toro que utilizan para arar los campos), arados y otros utillajes caros, y se ayudan colectivamente unos a otros a cosechar en otoño. Una vez que llega la cosecha, pasan gran parte del invierno relajándose, meditando, conversando y asistiendo a festivales budistas.

Aunque es autosuficiente, Shey está conectada a un mundo más amplio por viajeros nómadas, peregrinos y comerciantes. Los nómadas intercambian con los aldeanos mantequilla de yak, carne y pieles por cebada. Los comerciantes intercambian sal marina por mantequilla y cebada, y los peregrinos llevan las oraciones y las enseñanzas de los maestros budistas. Incluso este pueblo remoto está conectado al flujo de bienes, ideas y cultura de una región mayor. De vez en cuando, los viajeros traen nuevas semillas para diversificar el estocaje genético de plantas y animales locales, pero, lo que es más importante, aportan nuevas ideas que enriquecen su cultura.

La comunidad agrícola de Shey proporciona un ejemplo de cómo lograr un equilibrio dinámico saludable entre los seres humanos y la naturaleza. Sin embargo, estos aldeanos tibetanos tienen un cometido mucho más sencillo que nosotros que habitamos un mundo mucho más complejo e interconectado, sacudido por macrotendencias. La mayoría de las personas modernas no desean vivir en un lugar remoto, sin electricidad ni Internet, pero hay lecciones de Shey que podemos aplicar a una escala mucho mayor: cómo utilizar con cuidado y eficiencia insumos como el agua, cómo eliminar el concepto de residuos a través del reciclaje completo, cómo adaptar el tamaño de la comunidad y sus necesidades a los recursos disponibles, y cómo invertir en la salud del sistema a largo plazo. Estas son las cualidades de los organismos con metabolismos equilibrados.

5
El metabolismo de las ciudades

En 1965, Baltimore (Maryland) era una ciudad en transición. Al igual que Alejandría, era un puerto importante, el segundo más grande en la costa atlántica de Estados Unidos, el puerto más conveniente para que los fabricantes del Medio Oeste exportaran sus productos. Baltimore también fabricaba cosas por sí misma. La acerería Bethlehem Steel's Sparrows Point era la más grande del mundo, con una extensión de más de 6,5 km, y fabricaba el acero para construir las infraestructuras de Estados Unidos, incluidas las vigas del puente Golden Gate de San Francisco y los cables del puente George Washington. El acero de la planta también se utilizó en el astillero contiguo Sparrows Point, uno de los fabricantes de barcos más activos del país, que en la década de 1970 construía los superpetroleros más grandes del mundo.[1] Fabricar acero y construir barcos exigían un esfuerzo agotador, pero proporcionaban buenos salarios, aunque los puestos laborales estaban severamente divididos por la raza, y los afroamericanos estaban excluidos de los puestos de mando. El compositor Philip Glass ganó dinero para matricularse en la Juilliard School trabajando en la acerería.

La vitalidad industrial de la ciudad enmascaró sus problemas: su población comenzó a trasladarse a los suburbios, y con ella la actividad minorista y los mejores empleos. La pobreza, el consumo de drogas, el crimen y el desempleo se dispararon. Estas condiciones

[1] en.wikipedia.org/wiki/Sparrows_Point,_Maryland.

no solo empujaron a la clase media blanca de Baltimore hacia los suburbios, sino también a los afroamericanos de clase media. El experto urbanista Marc V. Levine describió Baltimore como una ciudad del tercer mundo en el primer mundo.[2] Al igual que muchas ciudades del tercer mundo, estaba muy contaminada.

Y así, cuando la industria siderúrgica estadounidense colapsó en la década de 1970 después de la crisis del petróleo y la recesión de 1973, dejó en evidencia a una ciudad en decadencia carente de capacidad de recuperación para responder a los problemas a los que se enfrentaba.

Durante la década de 1920, a medida que la población de Baltimore crecía, la ciudad consumía agua de una manera voraz. Abel Wolman, ingeniero jefe municipal entre 1922 y 1939, desarrolló el primer sistema fiable para clorar el suministro público de agua, que se convirtió en un estándar mundial. Wolman fue un pensador a largo plazo que diseñó un sistema de suministro y tratamiento de aguas tan robusto que serviría a la ciudad hasta bien entrado el siglo XXI. No obstante, la mayor contribución de Wolman no fue lo que hizo, sino cómo lo pensó. Después de observar una amplia gama de respuestas urbanas a la sequía y la contaminación del agua durante muchos años, Wolman publicó el artículo «The Metabolism of Cities» [«El metabolismo de las ciudades»] en un número de 1965 de *Scientific American* dedicado al futuro de las ciudades. Su objetivo era lograr que los urbanistas reflexionaran sobre el agua y sobre otros sistemas urbanos a largo plazo, a lo largo de siglos. Para ello, alentó a los urbanistas y planificadores regionales a que elaboraran modelos de la entrada de agua, energía y alimentos en sus ciudades, y también de sus salidas, incluidos los residuos, que a menudo acababan contaminando los acuíferos, una amenaza para el suministro de agua de la ciudad. Para explicarlo, Wolman propuso la idea de que las ciudades tienen metabolismos.

Wolman escribió: «Los requisitos metabólicos de una ciudad pueden definirse como todos los materiales y productos necesarios para sostener a los habitantes de la ciudad en sus casas, en sus puestos de trabajo y en el ocio. Durante un tiempo, estos requisitos incluyen in-

[2] Levine, Marc V., «A Third-World City in the First World: Social Exclusion, Race Inequality, and Sustainable Development in Baltimore», en Polese, Mario y Stern, Richard (eds.), *The Social Sustainability of Cities: Diversity and the Management of Change*, Toronto University Press, Toronto, 2000.

cluso los materiales para construir y reconstruir la propia ciudad. El ciclo metabólico no se completa hasta que los desechos y los residuos de la vida cotidiana han sido eliminados con un mínimo de molestias y peligros. Puesto que el ser humano ha sido capaz de apreciar que nuestro planeta es un sistema ecológico cerrado, los métodos improvisados que una vez parecían satisfactorios para eliminar los desechos ya no parecen aceptables. El ser humano tiene la prueba, día a día, de sus ojos y su nariz para decirle que su planeta no puede asimilar ilimitadamente los desechos no tratados de su civilización».[3]

Al utilizar las herramientas informáticas de su época, Wolman solo pudo crear modelos lineales simples de las entradas de agua, alimentos y combustible a la ciudad, y las salidas de aguas residuales, desechos sólidos y contaminación del aire. Sin embargo, fueron el germen de varias ideas importantes: que, al igual que los organismos biológicos, las ciudades tienen metabolismos y que, en última instancia, nuestro planeta es un sistema cerrado que debe absorber el metabolismo de todas sus ciudades. El trabajo de Wolman inició la ecología industrial, que hoy examina no solo los flujos urbanos de una gama mucho más amplia de materiales y energía, sino también las interacciones entre esos flujos.

Dos actividades principales impulsan el metabolismo biológico. El proceso catabólico descompone los materiales, liberando energía para alimentar el organismo. El proceso anabólico utiliza esa energía, combinada con información proporcionada por el ADN del sistema, para construir proteínas complejas y adaptarlas como piezas del organismo. Durante ambos procesos, se producen residuos que deben eliminarse del organismo. Curiosamente, la ecología de la tierra ha evolucionado de tal modo que el desperdicio creado por un proceso se convierte en el alimento de otro. Así pues, los sistemas naturales complejos no contaminan; en su lugar, debido al temperamento integrador del metagenoma, los organismos se unen de un modo exquisito, y cada uno anida en un conjunto mayor que le proporciona nutrientes y absorbe sus desechos. Si nuestras ciudades van a prosperar, necesitarán evolucionar hacia este modelo de biocomplejidad. Calcular el flujo de nutrientes, energía y otros materiales que entran

[3] Wolman, Abel, «The Metabolism of Cities», *Scientific American*, 213, núm. 3, septiembre de 1965, págs. 178-190; véase también www.irows.ucr.edu/cd/courses/10/wolman.pdf.

en una ciudad es enormemente complejo. De hecho, incluso establecer la cantidad de energía y materiales necesarios para construir un solo edificio es extremadamente complicado. El erudito canadiense Thomas Homer-Dixon se propuso calcular el número de calorías necesarias para construir uno de los edificios más icónicos del mundo: el Coliseo de Roma. Su trabajo acabó proporcionando información sobre el colapso de todo un imperio.

¿Cuántas calorías se necesitan para construir un coliseo?

La construcción del anfiteatro público más grande del Imperio romano comenzó en 72 a. C., y tardó ocho años en acabarse. Para determinar el número de calorías necesarias para construir el edificio, Homer-Dixon tuvo que calcular no solo la cantidad de personas que se emplearon en su construcción, sino también el número de trabajadores necesarios para extraer y trabajar la piedra, y producir los materiales que se utilizaron, así como la energía necesaria para transportarlos. En su libro *The Upside of Down: Catastrophe, Creativity, and the Renewal of Civilization*,[4] Homer-Dixon escribió: «Erigir el Coliseo requería más de 44.000 millones de kilocalorías de energía. Más de 34.000 millones de estas se fueron a alimentar a los 1.806 bueyes que se dedicaban principalmente al transporte de materiales. Más de 10.000 millones de kilocalorías sostuvieron a los trabajadores, lo que se traduce en 2.135 trabajadores que trabajaron 220 días al año durante cinco años».[5]

Estas cifras no incluyen la mano de obra necesaria para talar la madera utilizada para construir andamios ni para cocer los ladrillos, ni para las decoraciones del edificio, que incluían más de 150 fuentes, así como innumerables estatuas, frescos y mosaicos que tomaron otros tres años para acabarse. Los cálculos de Homer-Dixon tienen en cuenta la cantidad de calorías que fueron a parar a la construcción del edificio en sí. En el momento de su construcción, el típico romano comía una mezcla de cereales, frutas, aceitunas, higos, legumbres, verduras, vino y una pequeña cantidad de carne. Los bueyes utilizados para transportar los materiales de construcción del Coliseo fue-

[4] Homer-Dixon, Thomas, *The Upside of Down: Catastrophe, Creativity, and the Renewal of Civilization*, Island Press, Washington, 2006.

[5] Ibíd.

ron alimentados con heno, mijo, trébol, paja de trigo, vainas de judías y otros vegetales. Homer-Dixon concluyó que se necesitaron 55 km^2 de terreno, una superficie del tamaño de Manhattan, para producir la energía necesaria por cada año de construcción del Coliseo. El límite metabólico de un solo edificio se extendía mucho más allá de su límite físico.

En los inicios del Imperio romano, sus ciudades estaban alimentadas por pequeñas granjas regionales independientes, pero a medida que el imperio crecía necesitaba cada vez más alimentos. Durante el siglo II a. C., en su pleno apogeo, el Imperio romano contaba con una población de 60 millones de habitantes. Su capital, Roma, tenía una población de más de un millón de personas. Para aumentar la producción de alimentos, la ciudad patrocinó latifundios, o grandes haciendas similares a plantaciones, operadas con mano de obra esclava. Generalmente los esclavos se instalaban en tierras conquistadas propiedad de senadores romanos. Los ingresos provenientes de los latifundios fueron el único ingreso aprobado para los senadores, por lo que no sorprende que el Senado eximiera a los latifundios del impuesto sobre la renta (¡muchas cosas han cambiado desde entonces, pero no el interés propio de los políticamente poderosos!).

A medida que la red de latifundios creció hasta los bordes del imperio, el sistema se hizo más vulnerable. Los terratenientes ausentes solían ser incompetentes y abusivos; sus esclavos, reacios a trabajar, y apareció una activa red de piratas que saqueaban los alimentos transportados desde los confines del Mediterráneo hasta Roma. Debido a que el sistema fue diseñado para maximizar los beneficios, los propietarios y los capataces de los latifundios hicieron pocas inversiones en la fertilidad de sus campos a largo plazo.

A medida que el suelo se agotaba, Roma tenía que conquistar más y más tierras para alimentar a su población. Con el fin de someter y mantener el control de estas tierras, y para proteger las cadenas de suministro de retorno a sus centros urbanos, Roma tuvo que armar, pagar, alojar y alimentar ejércitos cada vez más grandes. Y para apaciguar a su masa de trabajadores urbanos, los dirigentes romanos tuvieron que proporcionar «pan y circo», comida gratis y entretenimiento que enmascaraban enormes disparidades en riqueza que amenazaban al imperio desde dentro. En la cima de la ciudad como capital mundial, más de la mitad de sus habitantes recibía comida gratis.

La gestión del enorme territorio de Roma requería también sistemas de comunicaciones y de control más extensos y complejos. A medida que se erosionaba el control del imperio sobre sus fronteras, la falta de un liderazgo coherente llevó el caos y el conflicto a su centro mismo. Finalmente, concluye Homer-Dixon, cuando el imperio se quedó sin reinos ricos que saquear, los requisitos administrativos, logísticos y militares del sistema agrícola romano superaron su capacidad de proporcionar las calorías necesarias para alimentar su nivel de civilización. Cuando el sistema alimentario de Roma falló, el imperio se volvió insostenible.

Una vez que el Imperio romano comenzó a entrar en decadencia, la ciudad de Roma tardó en recuperarse mil años. A fines del siglo v, la población de Roma había disminuido a 50.000 habitantes, y su extraordinaria infraestructura –incluido su sistema de carreteras y acueductos– cayó en desuso. Sin su extenso sistema alimentario, Roma carecía de la fuente de energía para mantener la complejidad de su civilización. Hacia el año 1000, la población de Roma había disminuido a 10.000 habitantes, y sus residentes se apiñaban en chozas alrededor del río Tíber en condiciones primitivas. Roma no volvió a alcanzar una población de un millón hasta la década de 1980.

El imperio del cerdo

El alcance global de los sistemas alimentarios de un país es aún mayor hoy en día.

El cerdo siempre ha sido una parte valiosa de la dieta china, pero una parte pequeña. En 1949, antes de la revolución maoísta, solo el 3 % de la dieta china provenía de la carne. Los cerdos se criaban en pequeñas granjas familiares donde se integraron profundamente en la ecología del sistema alimentario local: comían restos de alimentos y de tubérculos, y su estiércol se reciclaba como fertilizante. Hoy, los cerdos se crían para el insaciable mercado chino en enormes granjas industriales.[6] Sus mil millones de toneladas de estiércol contaminan el preciado suministro de agua de China. Para alimentarlos, China

[6] www.economist.com/news/christmas-specials/21636507-chinas-insatiable-appetite-pork-symbol-countrys-rise-it-also.

importa más de la mitad del suministro global de soja. Para satisfacer esta demanda de soja, más de 25 millones de hectáreas de selva y campos brasileños han pasado a producir soja. En 2013, China compró la venerable compañía estadounidense Smithfield Ham, el mayor productor de carne de cerdo del mundo, por sus grandes propiedades en Misuri y Texas. En 2014, Argentina exportaba casi toda su soja a China, produciendo dos o tres ciclos de cultivo al año mediante el uso de herbicidas cancerígenos y relacionados con defectos congénitos. China está comprando tierras en África para cultivar soja. Para complementar la soja, los chinos también alimentan sus cerdos con maíz. Con las tasas de crecimiento actuales, para 2022, los cerdos de China se comerán hasta un tercio de la producción mundial de maíz.[7]

El cerdo es solo uno de los muchos productos básicos que China consume en cantidades insostenibles. El metabolismo de sus ciudades refleja el de Roma.

Para 2050, la población mundial alcanzará los 9.000-10.000 millones o más. A medida que nos hacemos más prósperos y numerosos, consumimos más calorías. Al mismo tiempo, la reserva mundial de tierra cultivable se está reduciendo debido a la urbanización, las variaciones climáticas, la erosión y el agotamiento de las reservas de agua subterránea. Solo hay una manera de alimentar a las ciudades del mundo: debemos aumentar la eficiencia de la producción de alimentos y reducir los desperdicios, conectando las entradas y salidas del sistema a un ciclo más natural. De lo contrario, como el antropólogo Jared Diamond demuestra en el caso de los romanos, los mayas y otras grandes civilizaciones, el exceso de crecimiento, una cadena alimenticia vulnerable, una mala administración del suelo y una importante desigualdad económica prepararán el camino hacia el colapso.

Retorno de energía

Medir la eficiencia es una de las herramientas más importantes para gestionar el metabolismo de las ciudades y de los imperios. Una medida de la eficiencia energética es el EROI, o retorno de energía en

[7] www.ft.com/intl/cms/s/0/8b24d40a-c064-11e1-982d-00144feabdc0.html#axzz3P5iyrFue.

una inversión, que se calcula dividiendo la cantidad de energía utilizable generada en un sistema por la cantidad de energía utilizada para crearla. Cuanto más alto es el EROI, más eficiente es el sistema. Por ejemplo, en 1859, el primer pozo petrolero moderno en el oeste de Pensilvania utilizaba un barril de petróleo para la extracción, producción y distribución de cada cien barriles producidos, es decir, tenía un EROI de cien. Hoy el EROI de mucha producción de petróleo ha disminuido a cuatro, y donde la extracción es muy difícil, como lo es en las arenas bituminosas canadienses, el EROI a menudo es negativo.

La fórmula EROI puede aplicarse al retorno de todas las aportaciones a una ciudad, no solo de energía, sino también de alimentos, agua, materiales de construcción, etc. De hecho, el propio proceso de urbanización está ligado a saltos en el EROI. El riego produjo la energía calórica necesaria para el surgimiento de las primeras ciudades del mundo en Oriente Medio. Los chinos comenzaron a quemar carbón como calefacción durante el período de los Reinos Combatientes (480-221 a. C.), cuando un gran número de ciudades menores se consolidaron en las principales ciudades Estado. La máquina de vapor de James Watt de 1789 impulsó tanto la Revolución Industrial como el espectacular crecimiento de las ciudades manufactureras que siguieron. Iluminación, ascensores, metros, tranvías y trenes eléctricos de bajo coste alimentaron el crecimiento de la urbanización global que comenzó en 1900, cuando solo el 13 % de los mil millones de personas del planeta vivían en ciudades. Y después de la II Guerra Mundial, el aire acondicionado impulsó el crecimiento de las ciudades en las zonas cálidas y húmedas del mundo.

Las civilizaciones pueden volverse más complejas con solo aumentar su EROI, y a menudo las ciudades caen en decadencia cuando esto no ocurre. Joseph Tainter, antropólogo de la Utah State University, define que el colapso ocurre cuando una sociedad se despoja involuntariamente de una porción significativa de su complejidad. En su estudio del auge y decadencia de las civilizaciones maya, anasazi y romana, Tainter observó un mismo comportamiento: las sociedades se vuelven más complejas como una forma de resolver problemas cada vez más complejos. Estos requieren un mayor grado de especialización social y económica, así como de instituciones para gestionar y coordinar la información y las acciones que generan. La gestión proporciona beneficios sociales, pero no genera energía en sí misma, por lo que debe subvencionarse mediante la energía excedente del sistema.

Cuando una civilización confronta una caída en EROI, como lo hizo Roma cuando sus tierras se agotaron, suele responder añadiendo más complejidad, porque eso es lo que los gestores tienden a hacer. Roma intentó resolver su problema conquistando nuevas tierras, lo que requirió un sistema de gobernanza y comunicación más complejo. Actualmente China está lidiando con su decreciente EROI comprando energía al resto del mundo, pero la gestión que se requiere para extender el alcance de una civilización solo aumenta su carga de EROI. La alternativa es centrarse en el ámbito local, y al igual que los sistemas naturales, entretejer de modo más eficiente los *inputs* y *outputs* de la ciudad en forma de una ecología próspera. ¿Los ejes impulsores de la eficiencia? Buen gobierno, infraestructura inteligente e innovación.

Hacia un metabolismo urbano más resiliente

Existen cinco pasos que una ciudad puede tomar para mejorar su resiliencia metabólica. El primero es reconocer la importancia del metabolismo de una ciudad para su supervivencia y rastrear sus entradas y salidas metabólicas desde el origen hasta el destino. Los sistemas naturales calibran continuamente las condiciones metabólicas para ajustarse a ellas, y las ciudades, como sistemas biocomplejos, necesitan hacer lo mismo. El mundo de los *big data* puede proporcionar una enorme cantidad de información sobre el metabolismo de una ciudad. La clave es desarrollar herramientas analíticas que extraigan datos significativos, como la evolución del EROI, e identifiquen áreas de oportunidad y vulnerabilidad metabólica para que la ciudad pueda anticiparse y adaptarse a ellas.

El segundo paso es utilizar los recursos importados de una manera más eficiente, de modo que se necesiten menos.

En tercer lugar, una ciudad necesita diversificar las fuentes de alimentos, agua, energía y materiales para no depender excesivamente de nadie. En un mundo conectado globalmente, un pequeño aumento o reducción en la demanda de un producto por parte de

Estados Unidos y China puede tener un gran impacto en su disponibilidad y precio.

El cuarto paso consiste en generar más recursos dentro de la ciudad, lo que también tiene la ventaja de crear más puestos de trabajo. Por último, y lo más importante, la ciudad bien temperada recicla y reutiliza la mayor cantidad posible de sus residuos, lo que reduce los costes de su eliminación al tiempo que proporciona recursos locales baratos. En conjunto, estas estrategias ayudan a que el metabolismo de una ciudad sea más eficiente y resiliente, y todas ellas pueden configurarse con las siete herramientas de gestión de la ciudad: una visión guía, recopilación y análisis de datos, planificación, regulación, incentivos, inversión y comunicaciones.

Rastrear el metabolismo de una ciudad

El papel de la información es ayudar a que la ciudad sea más consciente de sí misma, mientras que el papel de la planificación es establecer intencionalmente estrategias para el futuro. Ambos elementos constituyen el ADN del sistema. La regulación, los incentivos, las inversiones y las comunicaciones que guían la implementación del plan son el ARN que traduce el ADN en acción y permite construir la ciudad.

Antes de que una ciudad pueda hacer que su metabolismo sea más eficiente, necesita medirlo e identificar aquellos elementos que permitan mejorar su capacidad de recuperación. Por ejemplo, un elemento clave del PlaNYC de Nueva York fue inventariar *inputs* como el consumo de energía y agua, y *outputs* como el dióxido de carbono y los desechos sólidos. Los datos revelaron que el 80 % de los combustibles fósiles que se quemaban en Nueva York ocurría en edificios, lo que convirtió la eficiencia energética de estos en un punto clave para reducir el uso de combustibles fósiles en la ciudad. Esto también aumentó la resiliencia de la ciudad a la volatilidad del precio de los combustibles fósiles y redujo la producción de dióxido de carbono. Para alcanzar sus objetivos, el Ayuntamiento promulgó normativas que exigían que los grandes propietarios inmobiliarios midieran su uso de energía y el impacto climático, y les ofreció incentivos para cambiar sus sistemas de calefacción de gasóleo a gas natural, reduciendo así su huella de carbono.

El Ayuntamiento de Nueva York también calculó que el 80 % de los alimentos que entraban en la ciudad lo hacía a través de su mercado de alimentos Hunts Point. Si la supertormenta Sandy hubiera llegado al mercado tan solo tres horas después de haberlo hecho, con la marea alta, habría inundado los depósitos de combustible y de productos químicos cercanos, y habría lavado sus desechos tóxicos hacia el mercado inferior. Toda la región se habría quedado sin suministro de alimentos y sin una alternativa para satisfacer sus necesidades. Los principales centros de venta al por mayor de alimentos, como Hunts Point, son muy eficientes, pero también mucho más vulnerables que un sistema más repartido. John Doyle, profesor de control y sistemas dinámicos en el California Institute of Technology, describe como robustos, pero frágiles a la vez, los sistemas como el mercado central de alimentos. A medida que los sistemas se vuelven más robustos, obtienen más recursos que se retiran de inversiones alternativas. Esta creciente falta de diversidad siembra la semilla de la vulnerabilidad de un sistema. Cuando un sistema robusto corre peligro, la ciudad tiene pocas alternativas y hace que el sistema sea muy frágil.

Mientras que el Ayuntamiento de Nueva York hace un seguimiento cuidadoso de su población y de su número de viviendas para determinar sus necesidades metabólicas actuales y futuras, Lagos, la megaciudad y capital financiera de Nigeria, no sabe cuántas personas viven en ella. «Continúa tragándose ciudades más pequeñas, de modo que no podemos definir los límites», dice Ayo Adediran, director del departamento del plan regional y general de la ciudad. Samuel O. Dekolo, profesor en el departamento de planificación urbana y regional de la University of Lagos, describe la capacidad de recopilación de datos de la ciudad como «patética [...], creando un vacío de información entre el desarrollo urbano y su gestión inteligente».[8]

Detroit se encuentra en algún lugar entre Lagos y Nueva York. Según Susan Crawford, coautora de *The Responsive City*,[9] «la plaga urbana que ha estado afectando a Detroit hasta hace muy poco empeoró debido a la escasez de información sobre el problema. Nadie podía decir cuántos edificios necesitaban ser rehabilitados o

---

[8] www.researchgate.net/publication/266210000_Building_Spatial_Data_Infrastructures_for_Spatial_Planning_in_African_Cities_the_Lagos_Experience.

[9] Crawford, Susan y Goldsmith, Stephen, *The Responsive City: Engaging Communities Through Data-smart Governance*, Jossey Bass, San Francisco, 2014.

demolidos, o con qué eficiencia estaban suministrando (o no) los servicios urbanos. Hoy, gracias a los esfuerzos combinados de una pequeña empresa, un liderazgo urbano inteligente y un importante apoyo filantrópico, la magnitud del problema ha quedado clara». Los ingresos son un elemento clave del metabolismo de una ciudad, y Lagos y Detroit tenían el mismo problema. Al no saber qué propiedades se encuentran dentro de los límites de su ciudad, no pudieron cobrarles impuestos y, como resultado, perdieron ingresos. Y ambas ciudades necesitaban desesperadamente ingresos para proporcionar servicios esenciales.[10]

Cuando Detroit luchaba contra la quiebra, un joven emigrante tecnológico procedente de San Francisco, Jerry Paffendorf, y su empresa Loveland Technologies propusieron cartografiar y fotografiar cada propiedad de la ciudad y registrar todas sus características. Para lograr el cometido, Loveland Technologies inventó un sistema de datos geográficos vinculado a una aplicación de *smartphone*. Con 50 equipos de dos personas, un conductor y un inspector, la compañía catalogó el estado de los 385.000 solares de la ciudad en nueve semanas por un coste total de millón y medio de dólares. Paffendorf describe su mapa como «el genoma de la ciudad».

Por primera vez en décadas, Detroit tenía los datos para entender su base impositiva y ayudar a superar la caída de ingresos de 450 millones de dólares al año que llevó a la ciudad a la quiebra. Los datos de Paffendorf también mostraron, entre otras cosas, las dimensiones y la ubicación de los florecientes huertos comunitarios de la ciudad, que han contribuido a la diversidad de su suministro de alimentos.

En 1999, Lagos solo recaudaba 600 millones de nairas (unos 3,7 millones de dólares) mensuales en impuestos, pues simplemente no tenía suficientes datos sobre sus residentes para cobrar todos los impuestos. Después de decidir externalizar su recaudación de impuestos, en 2013, Lagos aumentó la recaudación en un 3.400 %, a más de 125 millones de dólares mensuales, sin subir el tipo impositivo. Eso proporcionó al Ayuntamiento los fondos para invertir en la red de autobuses, un nuevo sistema de tren ligero y otra infraestructura urbana que está haciendo a Lagos más resiliente, ayudando así a di-

---

[10] Ibíd.

versificar una economía que se había concentrado excesivamente en las exportaciones de petróleo.

Baltimore, la ciudad de Abel Wolman, proporciona uno de los ejemplos más integrados de una ciudad que recopila, utiliza y comparte sus datos metabólicos. Después de ser elegido alcalde en 2000, Martin O'Malley lanzó CitiStat, un sistema de datos urbanos de acceso público diseñado para que el gobierno de la ciudad pudiera rendir cuentas y fuera más eficiente. O'Malley modeló CitiStat con un programa similar al utilizado por el Departamento de Policía de Nueva York para integrar sus datos sobre la lucha contra el crimen, pero Baltimore extendió el concepto a todas las funciones municipales.

En reuniones periódicas con la alcaldía, cada departamento tuvo que analizar los casos que no había sido capaz de resolver y proponer soluciones. El primer objetivo de O'Malley fue atacar la cultura del absentismo entre los trabajadores municipales. Cada semana, CitiStat hacía público quién no se había presentado a trabajar, y por qué. En tres años, el absentismo se redujo un 50 %, y las horas extraordinarias un 40 %. Utilizando los datos de CitiStat y el mapeo GIS, el Ayuntamiento rediseñó sus rutas de recogida de basura y aumentó el reciclaje un 53 %. Ahorró millón y medio de dólares al año en cortar el césped de sus medianas.[11] En 2007, CitiStat ahorraba a Baltimore 350 millones de dólares al año, y había conseguido mejorar significativamente los servicios que prestaba a sus residentes. Varios años más tarde, CitiStat se utilizó para elaborar los presupuestos municipales en función de los objetivos del conjunto de la comunidad en lugar de según las inercias de los departamentos, uno de los principales problemas de las administraciones poco flexibles.

En 2004, CitiStat ganó el premio de Innovación Administrativa de la Harvard Kennedy School y comenzó a extenderse a docenas de ciudades. Hoy en día, CitiStat se utiliza no solo para rastrear los objetivos a los que aspiran los ciudadanos de Baltimore y vincularlos con el presupuesto de la ciudad, sino también para rastrear la eficiencia con que se utilizan los recursos de la ciudad para lograr esos objetivos. Y está ayudando a la Iniciativa de Política Alimentaria de Baltimore a aumentar el acceso a alimentos frescos, saludables y ase-

---

[11] articles.baltimoresun.com/2010-06-30/news/bs-ed-citistat-20100630_1_citistat-innovators-city-trash-and-recycling.

quibles. La información ayuda a las ciudades a ser más conscientes de todas sus actividades y a integrarlas en un todo más coherente, receptivo y eficiente.

Utilizar los recursos más eficientemente

Los estadounidenses consumen de media 3.770 calorías de alimentos al día, más que cualquier otro país del planeta. El sistema estadounidense de producción y distribución de alimentos se ha vuelto enormemente complejo, y añade ineficiencias y costes de energía en muchos de sus pasos, desde el origen hasta el consumidor. Cuando la gente come alimentos que se han cultivado lejos, se añaden unos costes significativos de transporte. Se necesitan 127 calorías de energía para mandar por avión una sola caloría de lechuga iceberg de Estados Unidos al Reino Unido, 97 para importar una caloría de espárragos de Chile y 66 para una caloría de zanahorias de Sudáfrica.[12]

El procesado de alimentos y el almacenaje refrigerado también consumen una gran cantidad de energía. El Instituto Sueco de Alimentos y Biotecnología ha analizado el ciclo de vida de la producción de alimentos desde la década de 1990. Uno de sus estudios clásicos examina la energía necesaria para fabricar un bote de kétchup sueco.[13] Los investigadores contaron toda la energía, el agua y el material necesarios para cultivar los tomates en Italia y convertirlos en pasta de tomate, agregar ingredientes como vinagre y especias de España, procesar y envasar el kétchup en Suecia, y luego almacenar, enviar y vender el producto final. Todo el esfuerzo requirió 52 pasos de transporte y proceso, que incluían productos de toda Europa. Este estudio fue seguido por una investigación similar de todos los ingredientes de un Big Mac de McDonald's: la carne, el queso, los pepinillos, la cebolla, la lechuga y el pan que acompañan al kétchup. Conclusión: los Big Mac requieren para producirlos unas siete veces más de energía de la que proporcionan.

---

[12] www.resilience.org/stories/2005-04-01/why-our-food-so-dependent-oil#.

[13] Andersson, Karin; Ohlsson, Thomas y Olsson, Pär, «Screening Life Cycle Assessment (LCA) of Tomato Ketchup: A Case Study», VALIDHTML SIK, Instituto Sueco de Alimentos y Biotecnología, Gotemburgo.

El EROI de nuestro sistema alimentario es incluso menos eficiente de lo que estas cifras podrían indicar porque gran parte de los alimentos que producimos se desperdicia. En un informe de 2011, la Organización de Naciones Unidas para la Alimentación y la Agricultura (FAO) calculó que, de los casi 4.000 millones de toneladas de alimentos cultivados o criados en todo el planeta, cerca de un tercio (unos 1,3 mil millones de toneladas) se tiraban.[14] En Estados Unidos ese porcentaje es aún más elevado: alrededor del 40 % de los alimentos que cultivamos o importamos nunca se consumen. De hecho, la comida es el mayor componente de nuestro flujo de desechos sólidos municipales. Solo el 3 % de los desperdicios de alimentos en Estados Unidos se convierte en abono.[15] Cuando se construyó el Coliseo de Roma, cada aporte calórico humano y animal producía doce calorías de alimentos. Hoy en día, el sistema de producción de alimentos industrializado estadounidense requiere de diez a veinte calorías por cada una que produce; esto significa que, en términos de EROI, es más de 120 veces menos eficiente que el antiguo sistema romano (que finalmente colapsó).

Sin embargo, hay más soluciones inteligentes en el horizonte. El sector alimentario privado en Estados Unidos ha desarrollado algunos ejemplos notables de eficiencia. La Cheesecake Factory, una cadena nacional de restaurantes, sirve comida a 80 millones de personas al año. Para sacar el máximo partido a sus alimentos, la compañía desarrolló un programa de ordenador, Net Chef, para rastrear las preferencias de sus consumidores y ajustar sus pedidos de alimentos en consecuencia. Net Chef tiene en cuenta el clima, la economía, la época del año, los precios de la gasolina e incluso las transmisiones televisivas de acontecimientos deportivos, ajustando sus pedidos para maximizar la eficiencia.[16] Como resultado, la Cheesecake Factory utiliza el 97,5 % de los alimentos que compra, desperdiciando solo el 2,5 %.

Las ciudades proporcionan alimentos para escuelas, cárceles, hospitales, centros de ocio y otras instalaciones. Si se utilizaran sistemas como el de Cheesecake Factory, podrían usarse los alimentos

[14] www.fao.org/docrep/014/mb060e/mb060e00.pdf.

[15] www.nrdc.org/food/files/wasted-food-ip.pdf.

[16] www.newyorker.com/reporting/2012/08/13/120813fa_fact_gawande?currentPage=all.

de manera mucho más eficiente, controlar la calidad para abastecer mejor de alimentos saludables y crear un mercado considerable para los agricultores locales. Y se pueden utilizar datos, así como otros instrumentos, para fomentar desde los ayuntamientos más producción local de alimentos.

Generar recursos en las ciudades: agricultura urbana

A lo largo de la historia, si una ciudad no podía suministrar alimentos suficientes para sus habitantes, no sobrevivía. Hoy ninguna ciudad del mundo genera suficiente comida para alimentarse. Las ciudades más productivas en el mundo en materia de alimentos, Hanói y La Habana, utilizan pequeños huertos entretejidos con sus paisajes urbanos tropicales, pero incluso ellos generan solo la mitad de la comida que necesitan sus habitantes. La mayoría de las ciudades apenas generan nada, pero se alimentan de una despensa mucho más grande. El 80 % de las verduras frescas de Hanói, el 50 % de su carne de cerdo, aves de corral y pescado de agua dulce, y el 40 % de sus huevos provienen de la región a caballo entre el campo y la ciudad, la zona rurbana. En Lagos, la agricultura urbana y rurbana están aumentando,[17] y sus agricultores cultivan espinacas, calabazas, lechugas, repollos y otras verduras. Incapaces de encontrar trabajo en la ciudad, cultivan alimentos tanto para su propio consumo como por el dinero que aportan. Por lo general, ocupan tierras del gobierno y venden sus productos a mujeres que luego los llevan a los mercados.

Aunque en Estados Unidos algunos alimentos provienen de la región en la que se consumen, el alimento promedio normalmente viaja unos 2.500 km desde su lugar de origen.[18] Los alimentos de Estados Unidos provienen de una amplia gama de sitios: tomates de California, champiñones de Pensilvania, naranjas de Florida o Brasil, cerezas de Chile, arroz de Tailandia, etc. El 80 % de los pescados y mariscos se importa de otros países,[19] así como el 85 % del zumo de manzana, en su mayor parte procedente de China. Los consumidores están co-

[17] www.ruaf.org/urban-agriculture-what-and-why.

[18] www.worldwatch.org/node/6064.

[19] www.cbsnews.com/news/do-you-know-where-your-food-comes-from.

nectados con los productores mediante una vasta y compleja red de producción y distribución. Cuanto mayor es la distancia entre productores y consumidores, más vulnerable es la cadena a los costes del transporte y otras alteraciones.

La ciudad de Detroit se construyó sobre terrenos aluviales ricos, ideales para la agricultura. De hecho, dado que muchas de las ciudades del mundo se encuentran a orillas de ríos o en puertos naturales, a menudo se instalan en el mejor suelo agrícola de la zona. En 1841, Detroit construyó su primer mercado de agricultores. En 1891, ese mercado, ahora uno de los tres con los que cuenta la ciudad, se trasladó a su lugar actual y pasó a llamarse Eastern Market. Cuando la depresión de 1893 golpeó duramente a sus habitantes, Detroit respondió iniciando el primer programa de huertos urbanos patrocinado por el gobierno municipal. El alcalde Hazen S. Pingree pidió a los propietarios que permitieran que los indigentes utilizaran parcelas vacías para cultivar verduras, no solo para ayudarles a salir de las listas de la beneficencia, sino también para que se sintieran útiles.

Detroit se recuperó de la crisis y, a comienzos del siglo XIX, la ciudad era un centro de fabricación próspero y diversificado. Con el éxito del modelo T de Henry Ford en 1908, la industria del automóvil dominó cada vez más la bulliciosa economía de la ciudad. Sin embargo, cuando la crisis energética, la globalización, los rígidos contratos sindicales y la inflación de la década de 1970 golpearon duramente la industria siderúrgica de Baltimore, la industria del automóvil de Detroit tampoco pudo adaptarse a estos desafíos. En lugar de fabricar automóviles de mayor calidad que consumieran menos combustible, los coches que pedían los consumidores, y adoptar prácticas laborales y cadenas de suministro más flexibles, la industria del automóvil se aferró a sus viejos sistemas y prácticas. Su inercia institucional no estaba a la altura del creciente desafío planteado por las empresas de automoción más innovadoras de Japón y Europa, que fabricaban coches de manera más eficiente y que consumían menos gasolina.

Frente a las macrotendencias que amenazaban la economía industrial de Estados Unidos, fue doblemente desafortunado que los empresarios y políticos de Detroit, dominados por la industria del automóvil, no tomaran medidas para diversificar la base económica de la ciudad más allá de esa industria, e invertir en educación, o desarrollar sistemas de transporte público. Como resultado, la ciudad comenzó un largo declive y empezó a perder tanto puestos de trabajo como habitantes.

El declive de Detroit durante el último medio siglo ha sido brutal, y actualmente parece una ciudad a la que le hayan arrancado las entrañas. Grandes zonas de la ciudad están quemadas y abandonadas, y hay solares llenos de maleza donde en su momento hubo viviendas obreras y edificios industriales de ladrillo. En su apogeo en 1950, Detroit contaba con 1.849.000 habitantes. En 2013, su población disminuyó a más de la mitad, a 688.000. En 70 años, Detroit había pasado de tener aproximadamente el mismo tamaño que Los Ángeles a menos de un quinto de su tamaño. Hasta 2013, cuando se abrió un pequeño supermercado Whole Foods, no había ni un solo gran supermercado dentro de los límites de la ciudad, ni siquiera un Walmart o un Costco, aunque hay una gran cantidad de tiendas locales independientes más pequeñas.

Los geógrafos urbanos describen la ausencia de alimentos frescos y nutritivos como un «desierto alimentario», una región en la que la comida rápida o envasada es al menos el doble de frecuente que los alimentos frescos. En los desiertos alimentarios, las pocas frutas y verduras disponibles suelen ser menos frescas y más caras. Hay desiertos alimentarios en todo Estados Unidos, en sus zonas rurales y en muchos de sus suburbios más antiguos. Si uno vive en un desierto alimentario, el único antídoto posible es coger el coche para llegar a un mercado con comida más saludable y barata. Los habitantes más pobres de ciudades como Detroit tienen muchas menos probabilidades de tener un coche que sus homólogos suburbanos.

Existe un vínculo crítico entre las verduras frescas, las frutas y frutos secos y la salud. Las personas con niveles más bajos de vitaminas B, C, D y E tienen peores resultados en las pruebas cognitivas que aquellas con niveles más altos. Se ha demostrado que los ácidos grasos omega-3 son particularmente críticos para el desarrollo cognitivo de los niños. Quienes carecen de estas vitaminas básicas y de ácidos grasos omega-3 también tienen más probabilidades de caer en la depresión. Las personas mayores que carecen de ácido fólico tienen más probabilidades de padecer Alzheimer, y aquellas con niveles más altos de grasas trans en sangre poseen una menor capacidad cognitiva e incluso se reduce el tamaño de su cerebro.[20] Las verduras frescas, las frutas y los frutos secos son fuentes ricas en vitaminas y en ácidos grasos omega-3. Los alimentos basura, la comida rápida y los fritos contienen muchas grasas trans. Por desgracia, para gran parte de Detroit y otros desiertos alimentarios urbanos, la comida basura, la comida rápida y los fritos son la norma. Los sistemas alimentarios deficientes están atrofiando la capacidad cognitiva y competitiva de Estados Unidos.

Para satisfacer las necesidades nutricionales de los residentes de la ciudad, en 1989 las organizaciones de desarrollo comunitario de Detroit empezaron a ayudar a agricultores urbanos. Aunque en origen comenzó como una campaña medioambiental centrada en la plantación de árboles, el movimiento a favor de los huertos de Detroit se convirtió en uno a favor de la habitabilidad urbana. En 1997, un monasterio capuchino fundó la que hoy es la granja orgánica más antigua de Detroit con el fin de cultivar alimentos para su comedor de beneficencia. Los monjes ahora gestionan siete huertos a dos manzanas de su sede. En 2006, los huertos urbanos proporcionaron alimentos suficientes para desarrollar una marca, Grown in Detroit [Cultivado en Detroit], presente en los mercados de agricultores de la ciudad. Hacia el verano de 2012, Detroit tenía unos 1.200 huertos comunitarios, nueve por milla cuadrada, una proporción superior a la de cualquier otra ciudad estadounidense.[21] Lo que comenzó como un movimiento ecologista ha ayudado a Detroit a verse a sí misma como una ciudad verde y regeneradora.

Actualmente Detroit dispone de grandes cantidades de espacio abierto, con más de 100 km^2 de la ciudad vacíos. Tiene una mano de obra barata y dispuesta, incluidos muchos inmigrantes de origen campesino. Sus huertos comunitarios ya proporcionan el 15 % de los alimentos de Detroit durante la temporada estival. Un estudio realizado por el Instituto de Arquitectos de Estados Unidos concluyó que si la ciudad concentrara su población y sus edificios en 130 km^2 y agregara invernaderos para cultivos de invierno, Detroit

[20] www.theatlantic.com/health/archive/2012/01/the-connection-between-good-nutrition-and-good-cognition/251227; y «The Cognition Nutrition: Food for Thought-Eat Your Way to a Better Brain», *Economist*, 17 de julio de 2008, en: www.economist.com/node/11745528.

[21] www.cityfarmer.info/2012/06/03/detroit-were-no-1-in-community-gardening.

podría alimentarse de los restantes 233 km^2 de terreno.[22] Esa no es la visión que Detroit tuvo de sí misma en sus días de gloria como potencia industrial, pero puede convertirse en un elemento importante de su futuro.

Detroit no está sola en esto. La agricultura urbana está arrasando en Estados Unidos. El movimiento para sustituir las fábricas abandonadas por plantaciones de comestibles está dando a los habitantes de las ciudades un sentimiento de orgullo. Los agricultores urbanos están utilizando el poder regenerativo de la naturaleza para revitalizar sus ciudades y desarrollar sistemas humanos y naturales. El movimiento contemporáneo de comida urbana que comenzó en los solares abandonados del norte de Filadelfia, el sur del Bronx, el este de Los Ángeles y el oeste de Oakland ahora se extiende por todos los barrios de Estados Unidos. Los alimentos «del campo a la mesa» son cultivados ahora en las azoteas de edificios industriales en Nueva York por granjas como Brooklyn Grange, y los vinagres finos se fermentan en los viejos barriles de roble de Woodberry Kitchen en el corazón de Clipper Mill de Baltimore. Will Allen transformó Milwaukee con Growing Power, una organización sin ánimo de lucro que promueve la agricultura urbana, la formación práctica y la creación de empleo. Y aunque es poco probable que el movimiento de agricultura urbana haga que las ciudades sean autosuficientes en materia de abastecimiento de alimentos, está alentando a que se piense en su metabolismo de manera distinta.

En muchas de las ciudades del mundo en vías de desarrollo, la diseminación urbana descontrolada e implacable está desafiando la capacidad de generar alimentos en la zona rurbana. En Estados Unidos, el desarrollo inmobiliario de la zona rurbana se aceleró gracias al mercado de hipotecas *subprime* de principios de la década de 2000, con sus préstamos imprudentemente fáciles de conseguir. Sin embargo, con el advenimiento de la crisis de 2007, el desarrollo rurbano llegó a un punto muerto, y no es probable que se vuelva a reavivar durante algún tiempo, hecho que ha liberado tierras para el uso agrícola. Además, a medida que los mercados de agricultores urbanos se vuelven cada vez más populares, las granjas a las afueras de las ciu-

[22] dailyreckoning.com/urban-farming-in-detroit-and-big-cities-back-to-small-towns-and-agriculture.

dades comienzan a tener un mayor sentido económico. GrowNYC, la mayor asociación de agricultores, pescadores y mercados de agricultores de Estados Unidos, cuenta con 54 mercados que proporcionan medios de subsistencia a 230 granjas familiares y preservan 12.000 hectáreas de tierra, gran parte en la cuenca de Nueva York, donde se dificulta la construcción.[23]

El crecimiento de las granjas urbanas que venden sus productos en los mercados de agricultores de Nueva York se ha visto acompañado por el de las granjas urbanas en las azoteas. Nueva York tiene más azoteas que cualquier otra ciudad de Estados Unidos. En 2012, el Concejo Municipal aprobó una serie de revisiones de la calificación de zona verde que facilitan aún más la colocación de invernaderos y jardines en las azoteas. Las granjas comerciales como Brooklyn Grange, Gotham Greens y Brightfarms ahora venden no solo en los mercados de agricultores, sino también en grandes cadenas de supermercados. Y se están diversificando: Brooklyn Grange no solo cultiva verduras, sino que también cría pollos y abejas, cuya labor polinizadora es esencial para la ecología de la ciudad.

Muchos restaurantes locales de ciudades de todo Estados Unidos cultivan verduras y hierbas en sus azoteas o en solares adyacentes. Los sistemas hidropónicos, cultivos de plantas en agua o en medios minerales sin tierra, aumentan la productividad de las azoteas más pequeñas. En la cubierta de su edificio, el restaurante Bell, Book and Candle de Greenwich Village, en Nueva York, cultiva hidropónicamente setenta tipos de hierbas, verduras y frutas, y dos tercios de los vegetales que necesita para alimentar a sus clientes. Son muchos los que están conectando centros de alimentos urbanos y rurales. Daniel, David y Blue Hill de Laureen Barber cultivan alimentos y crían cerdos, ovejas y pollos en el extraordinario Stone Barns Center, a unos 50 km de la ciudad. El proveedor Great Performances cultiva alimentos en su granja Katchkie.

La agricultura urbana tiene numerosas ventajas. Incrementa el EROI de la producción de alimentos en Estados Unidos, país en el que se utilizan 3,7 litros de gasóleo para transportar 45 kg de alimentos a los 2.500 km de media necesarios para ir de la granja al mercado.[24]

---

[23] www.grownyc.org/about.

[24] www.usatoday.com/money/industries/energy/2011-05-01-cnbc-us-squanders-energy-in-food-chain_n.htm.

Diversifica la base económica de la ciudad y proporciona puestos de trabajo para ciudadanos con pocas habilidades tecnológicas. Absorbe agua de lluvia, disminuyendo así el riesgo de inundación durante tormentas fuertes. Reduce el calor urbano al utilizar el sol que llega a las azoteas y aumenta la disponibilidad de alimentos locales frescos. Y los huertos comunitarios no solo producen alimentos, sino que también construyen comunidad.

La agricultura urbana tiene el potencial de llegar a contribuir significativamente al metabolismo saludable de las ciudades, pero este incluye no solo los *inputs*, sino también los *outputs*, y uno de los más importantes es la basura, conocida en el mundo de la gestión municipal como residuo sólido urbano.

Reciclar y reutilizar

Una lección clave de la economía ecológica es prestar atención a los desperdicios: menos desperdicio significa una mayor eficiencia. En los sistemas biocomplejos, cada *output* de una parte del sistema es un *input* de otra. Las pequeñas comunidades como Shey están integradas de manera similar, pero los seres humanos aún no hemos descubierto cómo desarrollar los mismos sistemas dinámicos y de ciclo cerrado a escala de nuestra civilización actual. En 2014, generamos aproximadamente 4.000 millones de toneladas de desechos. Las industrias manufactureras y mineras producen aproximadamente 1.600 millones de toneladas de desechos no peligrosos cada año y otros casi 500 millones de toneladas que sí son peligrosas.[25] El 70 % de los 1.900 millones de toneladas de desechos sólidos que producen las ciudades acaban en vertederos, el 19 % se recicla y el 11 % se incinera para generar energía. A nivel mundial, 3.500 millones de personas no tienen acceso a la recogida municipal de basuras, por lo que a menudo queman la basura, cuyas emisiones tóxicas de plásticos, pilas y otros elementos contaminan el aire y se filtran en el agua. Para 2025, se cree que la cantidad de desechos sólidos muni-

[25] www.veolia-environmental services.com/veolia/resources/files/1/927,753,Abstract_2009_GB-1.pdf.

cipales se duplicará.[26] Estos desechos pueden ser una carga terrible para el medio ambiente, pero si los reciclamos adecuadamente, se convertirán en una ayuda maravillosa para reducir la carencia de recursos que se avecina.

En 2012, Estados Unidos generó 251 millones de toneladas de residuos sólidos urbanos en sus ciudades, de los cuales alrededor del 34 % se reciclaron. Hasta 2010, Detroit tenía la tasa de reciclaje más baja del país: cero. Enfrentada a un aumento dramático de los costes de la energía después de la crisis de 1973, el Ayuntamiento construyó el incinerador municipal de residuos sólidos más grande del país. Más tarde, incapaz de poder pagarlo, lo vendió a un operador independiente con un contrato que requería que Detroit quemara sus desechos de 2009 allí a un coste de 150 dólares la tonelada. En consecuencia, Detroit fue la única ciudad importante en Estados Unidos sin un programa de reciclaje. El incinerador produce 1.800 toneladas de contaminación peligrosa al año, y arroja plomo, mercurio, óxido de nitrógeno y dióxido de azufre a la atmósfera, lo que afecta a la salud de las comunidades pobres así como al resto de la ciudad.[27] No fue hasta 2014 cuando activistas medioambientales presionaron para cerrar la planta y lograron convencer al Ayuntamiento para que empezara a recoger los materiales reciclables. Hoy en día, incluso Lagos recicla más que Detroit.

Muchas ciudades estadounidenses se están centrando seriamente en el reciclaje de sus residuos. San Francisco recicla el 80 % de su basura, la tasa de reciclaje más alta de cualquier ciudad del mundo, seguido de cerca por ciudades como Seattle. El magnífico rendimiento de San Francisco comenzó con una visión: reciclar el 100 % de sus residuos. En 1999, el reciclador de desechos de la ciudad, Recology, comenzó la marcha hacia el objetivo de cero residuos al exigir a los habitantes que separasen su basura en contenedores marcados como reciclables, material orgánico, etc. Las partes más fáciles de reciclar son las botellas de vidrio y de plástico y las latas; la mayoría de las ciudades y estados de Estados Unidos tienen leyes que exigen que se incorpore el precio reembolsable de los envases a los productos, lo que le da valor al mercado del reciclaje. Y también está el papel,

[26] waste-management-world.com/a/global-municipal-solid-waste-to-double-by.

[27] www.epa.gov/smm/advancing-sustainable-materials-management-facts-and-figures; detroit1701.org/Detroit%20Incinerator.html.

para el que hay un mercado global, y cuanto más cuidadosamente se separe, mayor será su valor.

La parte más difícil de reciclar es el material orgánico, como la comida. Desafortunadamente, esta es la parte más importante de la basura urbana, y la más caótica, la parte con la que la gente menos quiere lidiar, y que también contamina el resto de desechos. El papel de desecho limpio y separado puede venderse por unos cien dólares la tonelada, pero si está contaminado con desperdicios de alimentos, el Ayuntamiento tiene que pagar para que se lo lleven. Envolver el pescado en papel de periódico hace que ese papel ya no sirva para ser reciclado y que el pescado no sirva para compostaje. El doctor Allen Hershkowitz, un científico emprendedor que ha dedicado su carrera al reciclaje, sostiene: «Cada categoría de desecho tiene su recorrido de eliminación ecológica óptima. Las políticas públicas y la inversión privada deberían fomentar el mejor uso de cada categoría de residuos. Los metales están entre los materiales más fáciles y económicos de reciclar. El aluminio reciclado necesita un 96 % menos de energía que la fabricación de aluminio a partir de la bauxita. El plástico PET puede reutilizarse para fabricar botellas o ropa, y el HDPE puede reciclarse en plásticos estructurales, como traviesas de ferrocarril o contenedores de plástico más rígidos. El caucho y los tejidos pueden reciclarse en los mismos materiales, el papel usado puede triturarse y volverse a utilizar para fabricar papel».[28]

En San Francisco, todo lo que puede reciclarse va a unos contenedores azules que recogen unos camiones alimentados por biodiésel y gas natural de Recology, que más tarde se llevan a Recycle Central, un antiguo almacén de unos 17.000 m^2 de superficie que es propiedad y está operado por habitantes de la comunidad cercana de Bayview/Hunters Point. Todos los días se separan 750 toneladas de residuos reciclables y se envían a varios fabricantes para su reutilización. El material orgánico, como los restos de comida, de jardín y papel sucio, se introduce en contenedores verdes, de los que Recology recoge 600 toneladas al día y las lleva a Jepson Prairie Organics, donde se convierte en compost, en fertilizantes, y se vende a granjas locales cuya comida se vuelve a vender en las tiendas y los restaurantes de San Francisco.[29]

[28] Correo electrónico del doctor Allen Hershkowitz, 21 de agosto de 2012.

[29] Eberlein, Sven, «Where No City Has Gone Before: San Francisco Will Be World's First Zero-Waste Town by 2020», AlterNet.

Esta es una versión a lo grande, urbana, del sistema de reciclaje de desechos de la aldea tibetana Shey, que sigue el modelo del proceso natural. Los desechos restantes de San Francisco van a un vertedero, pero el Ayuntamiento los está analizando para ver cómo puede reciclarlos. Eso requerirá no solo una nueva tecnología, sino también un cambio adicional en el comportamiento de los habitantes de San Francisco.

Cambiar el comportamiento humano

Nuestros comportamientos están conformados por una combinación de sesgos cognitivos, hábitos y pautas sociales, así como por nuestra cultura, con sus incentivos y penalizaciones. Curiosamente, la información objetiva, tan crucial para la administración de las ciudades, es el componente que menos influye en el cambio de las conductas de la gente. Por ejemplo, el estado de Arizona tenía dificultades para lograr que las madres hispanas utilizaran asientos para bebés en el coche, a pesar de que estos reducen significativamente la mortalidad infantil en un accidente. Resultaba que muchas de estas madres eran devotas católicas que creían que la seguridad de sus hijos estaba en manos de Dios. El Estado pidió a la iglesia católica que celebrara ceremonias de bendición para asientos de bebés en las parroquias locales, y como resultado, su uso aumentó drásticamente.

La doctora Ruth Greenspan Bell, especialista en políticas públicas en el Woodrow Wilson International Center en Washington, señala: «Nos guste o no, hasta el 45 % de nuestras acciones diarias no son decisiones conscientes, sino hábitos. Esto necesariamente afecta a nuestras elecciones diarias, como reciclar o no los numerosos desechos que creamos a diario. Por supuesto, la socioeconomía, la educación y la política desempeñan un papel, pero la idea de que los humanos actúan con el piloto automático puesto gran parte del día es un tema por explorar».[30]

Muchos de los sesgos cognitivos que ayudaban a los seres humanos a tomar las decisiones de supervivencia adecuadas hace 50.000 años pueden utilizarse hoy para ayudar a alentar buenos comportamientos

[30] recyclingchronicles.wordpress.com/2012/07/19/conditioned-to-waste-hard-wired-to-habit-2.

urbanos. Por ejemplo, nosotros los humanos evolucionamos con un fuerte instinto gregario para actuar en consonancia con grupos mayores. Los programas de reciclaje que comunican «todo el mundo lo hace» y que se centran en los vínculos con otros vecinos que reciclan resultan especialmente efectivos. Las personas también tienen un sesgo a favor de su grupo, de modo que se sienten más estrechamente alineados con personas de orígenes similares. Cuando los hispanos ven el reciclaje como algo que solo hacen los blancos liberales de clase media, es menos probable que reciclen, pero si lo ven como algo que la gente de su propio grupo étnico hace, entonces reciclarán. Entender cómo pueden fomentarse comportamientos beneficiosos es ahora un elemento clave de cualquier programa medioambiental a gran escala.

Para alentar el reciclaje de desperdicios de alimentos, en 2014 el Concejo Municipal de Seattle aprobó una ordenanza que prohibía arrojar comida excepto en unos contenedores concretos. En 2015, el Ayuntamiento pidió a los recogedores de basura que revisaran los contenedores en busca de restos de comida orgánica. Si los residentes habían echado productos orgánicos en el contenedor que no tocaba, marcaban su contenedor con una pegatina de color rojo chillón, difícil de despegar, para que todos los vecinos pudieran verlo. Estas medidas también iban acompañadas de una multa: un dólar para las casas individuales, 50 para los edificios plurifamiliares. El Ayuntamiento está testeando si la premisa de que la vergüenza que se siente por no reciclar bien y el hecho de pagar una multa de un dólar fomenta más el cambio de conducta que una multa más cuantiosa.[31] El programa de la pegatina roja de la vergüenza también proporciona otra importante estrategia de cambio de comportamiento: recibir una respuesta inmediata. Cuando la gente recibe una respuesta en tiempo real sobre su conducta, es mucho más probable que la cambie.

Al igual que San Francisco y Seattle, muchas ciudades asiáticas y europeas modernas también se están proponiendo el objetivo de desperdicios cero, aunque siguen la estrategia de Detroit: la combustión. Queman gran parte de su basura en plantas que la utilizan como

[31] www.seattle.gov/council/bagshaw/attachments/compost%20requirement%20QA.pdf.

combustible para generar electricidad o calor. La nación isla de Singapur carece de superficie para un vertedero, por lo que recicla o composta el 57 % de sus desechos y quema el 41 %. La ceniza resultante y el pequeño porcentaje de basura que no es reciclable o compostable se depositan en una isla en el mar. Viena quema el 63 % de sus residuos, Malmö el 69 %, Copenhague el 25 % y Berlín el 40 %.[32] Sin embargo, la quema de desechos no es una estrategia viable, pues no solo genera contaminación, sino que también nos exige extraer o cultivar más materiales que si los recicláramos.

A medida que crece la población mundial y se vuelve más próspera, esta consume más y genera más desechos. Un asombroso 98 % de todo lo que fluye por el metabolismo de nuestras ciudades acaba como desperdicio en seis meses, y gran parte de lo que queda en nuestras ciudades después de este tiempo también se desperdicia. Hace un siglo reparábamos artículos, como los zapatos, que duraban años. Ahora somos mucho más propensos a tirarlos y comprarnos otro par. En 2014, se usaban 89 millones de teléfonos móviles en el Reino Unido, pero lo más sorprendente es que también había otros 80 millones que funcionaban y estaban perdidos en algún cajón, armario o bajo los asientos del coche. Hay recursos valiosos atrapados en esos teléfonos. Hay más oro en una tonelada de teléfonos móviles que en una de mineral de oro.[33]

Mientras que San Francisco y algunas ciudades asiáticas y europeas están buscando el cero en desperdicios, las ciudades en muchos países de ingresos bajos y medios todavía están trabajando para tener una infraestructura y un grado de participación ciudadana que permitan recoger toda su basura. El Programa de las Naciones Unidas para los Asentamientos Humanos estima que los países pobres recolectan del 30 al 60 % de su basura, mientras que los países de ingresos medios, del 50 al 80 %.[34] La basura no recogida ocupa el segundo lugar en cuanto a impacto negativo en la sanidad después de los desechos humanos. La basura contamina los ríos y las aguas embalsadas

[32] Themelis, Nickolas J., «Waste Management World: Global Bright Lights». En: www.waste-management-world/a/global-bright-lights.

[33] www.greatrecovery.org.uk, http://www.theguardian.com/sustainable-business/design-recovery-creating-products-waste.

[34] *Solid Waste Management in the World's Cities: Water and Sanitation inthe World's Cities*, 2010, pág. 43. En: www.waste.nl/sites/waste.nl/files/product/files/swm_in_world_cities_2010.pdf.

que se utilizan para lavar o cocinar. La basura alberga ratas, bichos y parásitos, a menudo materiales tóxicos, e incinerarla sin el equipo adecuado provoca enfermedades respiratorias. Los niños que a menudo juegan en la basura o cerca de ella son particularmente vulnerables a estos efectos nocivos.

En gran parte del mundo en vías de desarrollo, buscadores de basura deambulan por los vertederos en busca de plástico reciclable, metales, cartón y ropa para vender en los mercadillos. A menudo, los artículos industriales más peligrosos, como los componentes electrónicos que contienen mercurio, plomo y otras sustancias químicas tóxicas, se envían a países en vías de desarrollo para que los desguacen personas que trabajan en entornos no regulados, en unas condiciones de vida dura e insalubre.

Lagos ha luchado durante mucho tiempo con sus residuos urbanos. En 2014, solo el 40 % de sus desechos se recogía, pues no había la infraestructura necesaria para llegar a los barrios marginales que crecían rápidamente en sus límites urbanos en expansión. Además, el reciclaje no formaba parte de la cultura de los habitantes de esos barrios marginales. En respuesta, el Ayuntamiento ha implementado un innovador programa de reciclaje, Wecycling, que otorga franquicias de reciclaje a pequeñas empresas con una financiación ventajosa en centros de reciclaje móviles impulsados por bicicletas, un programa que combina tecnología barata, emprendimiento y estrategias de cambio de conducta. Cada conductor de bicicleta recorre un barrio designado y va de puerta en puerta recogiendo materiales reciclables. A los habitantes se les paga a peso las bolsas de basura separada, y los contenedores de reciclaje de colores chillones promueven el concepto de separar la basura. Los recicladores de Wecycling venden después sus productos a empresas de materiales reciclados. Entre los numerosos beneficios colaterales del programa se encuentra que, al haber menor cantidad de basura en las calles, se producen menos obstrucciones en los drenajes, y ello significa menos agua estancada en la que puedan reproducirse los mosquitos portadores de la malaria.[35]

En el mundo VUCA que se avecina, a medida que las cadenas de suministro globales se vuelvan menos fiables, las ciudades que produzcan más alimentos, energía y materias primas a nivel local serán

[35] phys.org/news/2014-02-lagos-bike-recycling-loyalty-scheme.html.

más resilientes. Una de las fuentes más eficientes de esos *inputs* metabólicos es el material que antes se desperdiciaba, pero que ahora puede reciclarse y reutilizarse.

Economía ecológica

Nuestro sistema económico actual ignora los costes de los residuos generados en la producción o venta de bienes y busca sacar la mayor rentabilidad posible de lo que produce mientras traslada los costes sociales y ecológicos a los demás, lo que a menudo significa a las administraciones públicas que, en última instancia, son las responsables del bien común. Un sistema económico más inteligente sigue de cerca el flujo de energía y materiales y fomenta la salud del conjunto en lugar de las ganancias de unos pocos. Basándose en esta idea, muchos países han empezado a revertir el coste medioambiental a los propios productores.

Antes de 1991, alrededor de un tercio del material de los vertederos alemanes eran envases. A medida que las ciudades alemanas se enfrentaban al aumento de los costes de los vertederos, presionaron para crear una ordenanza federal que revirtiera la responsabilidad de recoger, clasificar y reciclar los envases desde los ayuntamientos a las industrias que fabricaban y vendían bienes de consumo. El resultado fue la Ordenanza para la Prevención de los Desechos de Envases. Ahora los costes de reciclar el envase de un producto están incluidos en su precio, o recaen sobre los beneficios del fabricante. No es de extrañar que, una vez que los fabricantes son responsables del coste total del reciclaje de sus productos, se hayan sentido motivados a rediseñarlos para utilizar menos envases y materiales más fáciles de reciclar.

Basándose en el éxito de esta iniciativa, en 2000 la Unión Europea aprobó la Directiva sobre Vehículos al Final de su Vida Útil,[36] que exige a los fabricantes de automóviles que recuperen, reciclen y reutilicen el 85 % de las piezas (en peso) de un vehículo en 2006, y el 95 % en 2015. Ante la eventualidad de tener que incurrir en los costes de reciclar coches enteros, los fabricantes se han replanteado

[36] Ibíd.

cómo diseñar sus productos. Los automóviles europeos ahora están diseñados para que puedan desmontarse fácilmente y para facilitar el reciclaje o la reutilización de tantas piezas como sea posible. No es de extrañar que las empresas de automoción más rentables del mundo, Porsche, Volkswagen y Toyota, tengan sus sedes en países con requisitos muy altos de reciclaje automático. Estos requisitos constituyen unos potentes incentivos para controlar los costes de producción y diseñar de una forma más rigurosa.

Regulaciones como estas habrían ayudado a sobrevivir a la acería Sparrows Point de Baltimore, que luchó contra varios propietarios después de que Bethlehem Steel se declarara en quiebra. En 2013, su fábrica fue desmontada y vendida a Nucor, la empresa siderúrgica más grande y rentable de Estados Unidos. El modelo de negocios de Nucor es la antítesis de Bethlehem Steel. Fabrica acero a partir de material reciclado, a menudo de chatarra de coches. En lugar de utilizar grandes plantas centralizadas, Nucor construye mini y microacerías repartidas en 43 lugares de todo el país, y tiene su propio intermediario y procesador de chatarra de acero para proporcionar a sus fábricas material reciclado. Además, sus empleados están profundamente empoderados e involucrados en las decisiones y operaciones de cada planta.

Economías circulares

En 2012, Paul Polman, presidente de Unilever, una empresa global de bienes de consumo, escribió: «Es evidente que una economía que cada vez extrae más recursos sin tener en cuenta el medio ambiente en el que opera, sin tener en cuenta los límites naturales del planeta, no puede continuar indefinidamente. En un mundo en el que pronto habrá 9.000 millones de consumidores que compran productos manufacturados, este enfoque obstaculizará las empresas y socavará las economías. Necesitamos una nueva forma de hacer negocios. El concepto de economía circular promete una vía de salida».[37]

La forma más poderosa de mejorar la adaptabilidad de los sistemas es conectar sus *inputs*, sus *outputs* y su información, y crear con-

[37] «Towards the Circular Economy», Ellen MacArthur Foundation, 2012.

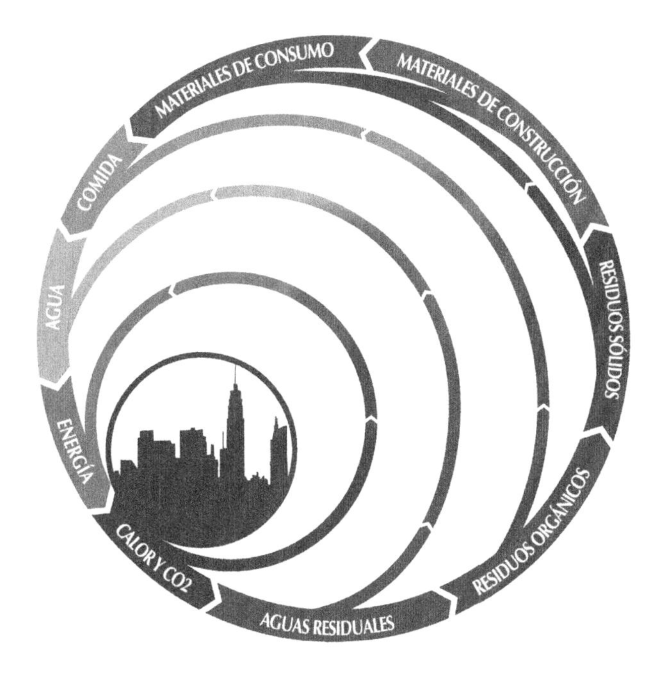

La economía circular de los sistemas urbanos. Jonathan Rose Companies.

diciones para que puedan responder a las tensiones cambiantes. Las ciudades y sus regiones metropolitanas tienen la escala adecuada para hacer el cambio a un sistema más integrado con el consiguiente aumento de la prosperidad y el bienestar. Son lo suficientemente grandes como para disfrutar de las ventajas de la diversificación, y lo suficientemente pequeñas para poder ser bien administradas e integrar la información en bucles más productivos.

La entropía, el declive termodinámico de un sistema que pasa del orden al desorden, afecta a los sistemas de dos maneras: hace que pasen de estados de organización energética superiores a inferiores y de estados de información más altos a más bajos. Y a medida que los sistemas pierden energía y organización, se vuelven menos adaptables. Por ejemplo, cuando la civilización romana entró en decadencia, perdió su capacidad de proporcionar las calorías y la información necesarias para su energía y, además, su capacidad de autogobernar su complejidad. El Imperio romano pasó a estados más simples y menos organizados. Finalmente acabó con una población que era menos del 0,5 % de su tamaño en su pleno apogeo.

Ningún sistema económico puede superar la entropía; como la gravedad, es una cualidad innegociable del universo en el que vivimos. Sin embargo, la economía circular tiene en cuenta la entropía de un modo en que no lo hacía la economía clásica, lo que permite que una ciudad con economías circulares priorice estrategias que aumentan su EROI y reducen su voraz apetito por fuentes externas de energía, alimentos y materias primas. También puede alentar una circulación de la información que ayude a aumentar su nivel de organización. Una economía circular hace que una ciudad pase de tener sistemas industriales lineales a tener sistemas cíclicos y regenerativos. A medida que ciudades como San Francisco y Seattle adoptan programas de compostaje de desechos alimenticios y fomentan el reciclaje industrial, como en las plantas Nucor diseminadas por todo Estados Unidos, sus sistemas se vuelven menos vulnerables a los cortes de suministros nacionales y globales, y las ganancias generadas se quedan en la comunidad.

Hay cuatro vías en una economía circular regional. La primera conserva los sistemas y los productos en lugar de tirarlos, lo que requiere un retorno al *ethos* de diseño y fabricación anterior a la II Guerra Mundial, cuando los productos podían repararse, y un sistema de *hardware* del siglo xxi, diseñado para poder ir mejorando con cada actualización de *software*. La segunda reduce el uso excesivo mediante comportamientos como el consumo colaborativo, que puede ampliar el acceso a los bienes de consumo al tiempo que reduce sus costes y su impacto medioambiental. Por ejemplo, los programas de coches compartidos, como Zipcar, utilizan un coche por cada siete socios, lo que ofrece una mayor comodidad al tiempo que se reduce significativamente la necesidad de fabricar coches, con su consiguiente impacto medioambiental.

En la próxima década, se espera que cada nuevo vehículo autónomo sustituya a diez coches, reduciendo en un 90 % los materiales procedentes de minas para fabricar los coches, y en un 71 %, si son vehículos eléctricos, el uso de petróleo y la emisión de gases de efecto invernadero. La tercera vía alienta la restauración y el reciclado industrial; la marca Patagonia, por ejemplo, reparará gratuitamente cualquier prenda que haya vendido. La cuarta es crear regulaciones, incentivos e infraestructuras para desarrollar mercados e industrias que reciclen materiales no utilizados o de desecho; por ejemplo, el poliéster reciclado reutiliza el 99,9 % del material.

Imaginemos ahora combinar las leyes de reciclaje de coches de Alemania con los sistemas de reciclaje de acero de Nucor. Luego pensemos en el poder que tendrían si compartieran información: Ford diseña piezas de coche más fáciles de volver a fundir y Nucor diseña acero más ligero, resistente y de fácil uso para fabricar coches, y las ciudades diseñan la infraestructura que conecta a ambos.

El reciclador más eficiente es la naturaleza. Algunos de los nuevos sistemas de reciclaje más interesantes utilizan las propias plantas de reciclado omnipresentes y de bajo mantenimiento que ofrece la naturaleza: los microbios. En la Universidad de Wageningen, en los Países Bajos, Louise Vet trabaja con Waste2Chemical para desarrollar bacterias que puedan convertir cierto tipo de residuos en materias primas para la industria química. Por ejemplo, extraen grasas de los residuos de alimentos y las convierten en polímeros que pueden utilizarse para fabricar plásticos, aditivos para pinturas y lubricantes a precios competitivos con los combustibles fósiles.[38]

Primeros pasos

Las economías circulares son más eficientes cuando pueden conectar fácilmente lo que entra con lo que sale, y hay dos elementos que ayudan a que eso suceda: la densidad y la infraestructura, características destacadas de las ciudades. China, el país del mundo que más invierte en infraestructura urbana, reconoce el valor de crear una economía circular. En 2011, el XVIII Congreso del Partido Comunista de China introdujo el concepto de crear una civilización ecológica con características chinas. *Qiushi*, una publicación del Comité Central del Partido Comunista de China, señaló que «El término *ecológico* pertenece al estado en el que existe la naturaleza, mientras que el término *civilización* se refiere a un estado de progreso humano. De este modo, la civilización ecológica describe el nivel de armonía que existe entre el progreso humano y la existencia natural en la civilización humana».[39]

El informe del congreso establece que China «debería depender más del ahorro de recursos y de una economía circular [...] para reducir sustancialmente la intensidad de consumo de energía, agua

[38] Ibíd.

[39] «Building an Ecological Civilization in China: Towards a Practice Based Learning Approach.» En: www.davidpublisher.org/Public/uploads/Contribute/5658259511d47.pdf.

y tierra, y mejorar la eficiencia y los beneficios», y concluye que el país necesita avanzar en la reducción, reutilización y reciclaje en el proceso de producción, circulación y consumo. Su objetivo es hacerlo «promoviendo la distribución circular, la combinación y la circulación entre las industrias, la producción y los sistemas vivos, nacionales y extranjeros, acelerando la construcción de una sociedad circular que promueva el desarrollo circulante en todos los ámbitos».

En la actualidad estos conceptos se están poniendo en práctica. La principal agencia china de planificación, la Comisión Nacional de Desarrollo y Reforma (NDRC), aprobó planes piloto de economía circular en 27 ciudades y provincias con el objetivo de «diez/cien/mil»: concentrarse en diez áreas principales de actividad, ejecutarlas en cien ciudades y construir miles de industrias o parques ecoindustriales.

En 2012, la Unión Europea se comprometió a avanzar hacia una economía circular: «En un mundo con presiones crecientes sobre los recursos y el medio ambiente, la Unión Europea no tiene más remedio que apostar por la transición a una economía circular eficiente en el uso de los recursos y en última instancia regenerativa».[40] En 2014, Ámsterdam lanzó un ambicioso plan para convertirse en una ciudad circular. El concejal de sostenibilidad, Abdeluheb Choho, señaló: «En una ciudad circular, todo lo que queremos lograr acabará conectado: menos contaminación, menos desechos y edificios que produzcan su propia energía».[41] Al utilizar una estrategia de gobernanza que incluye empresas, agencias gubernamentales, ciudadanos y ONG, el enfoque de Ámsterdam es mucho más cooperativo y resiliente que la estrategia de arriba abajo china.

La biocomplejidad de la naturaleza se encuentra en el centro de su crecimiento y su capacidad para prosperar y adaptarse a las circunstancias cambiantes. A medida que el cambio climático tiene un impacto cada vez mayor en nuestras ciudades y las regiones que las sirven, aplicar el pensamiento circular a sus procesos metabólicos será esencial para el futuro. Y, como veremos en el próximo capítulo, esto será particularmente importante en el tratamiento de las aguas.

---

[40] europa.eu/rapid/press-release_MEMO-12-989_en.htm.
[41] www.circle-economy.com/news/how-amsterdam-goes-circular.

6
Malgastar agua es terrible

Brasil se ha convertido en «la Arabia Saudita del agua»: una octava parte del agua dulce del mundo fluye a través de este país. Sin embargo, São Paulo, su ciudad más grande y poderosa, pronto se secará. En otoño de 2014, la ciudad se quedó sin suministro de agua durante seis días, ni para beber, ni para tirar de la cadena, ni para darse una ducha: no había ni una gota de agua.[1] Cantareira, el embalse de la ciudad, redujo su capacidad al 5,3 %. Justo cuando la ciudad estaba a punto de reducir el suministro de agua a solo dos días a la semana, una serie de lluvias intensas y prolongadas aumentaron el nivel del embalse al 9,5 %. Las ciudades no pueden prosperar cuando están tan cerca del límite de su soporte metabólico.

Al igual que los cortes de energía de la India, la crisis del agua en São Paulo tiene diversas causas. En la última década, el sudeste del país ha sufrido la peor sequía en casi una década. São Paulo y sus suburbios han crecido prodigiosamente, y ahora debe suministrar agua a 20 millones de personas. Sin embargo, la ciudad no ha adaptado su infraestructura: entre las fugas y el robo se estima que pierde el 30 % de su agua; la ciudad tampoco ha planeado bien su futuro. Solo ahora, en medio de una crisis, está proponiendo construir nuevos embalses y elevar las tarifas de agua para fomentar su ahorro.

Los ríos Tietê y Pinheiros atraviesan São Paulo, pero están tan contaminados por los desechos industriales que sus aguas no pueden

[1] Romero, Simon, «Taps Run Dry in Brazil's Largest City», *The New York Times*, Nueva York, 17 de febrero de 2015, pág. A4.

depurarse ni ser potabilizadas para el consumo. El sistema hidrológico natural más grande de Brasil se ha visto amenazado por la tala masiva de la selva. Al igual que los mayas destruyeron su paisaje natural para alimentarse, los brasileños han cortado vastas extensiones de selva para criar ganado y cultivar soja para su consumo y para la exportación. Las selvas tropicales del noroeste liberan humedad en el aire haciendo que llueva en el sureste. Si se reduce la selva, las lluvias serán menos frecuentes.

São Paulo, Río de Janeiro y otras ciudades importantes del sudeste de Brasil necesitan entender rápidamente, y de una manera renovada, las interconexiones que existen entre sus aguas, los alimentos, las aguas residuales y la energía; estos no funcionan separadamente. A medida que la marea metropolitana se extiende por todo el mundo y se acentúa el cambio climático, cada ciudad se enfrenta a desafíos metabólicos. Para resolverlos tendrán que pensar, planificar, construir y operar su infraestructura de manera diferente.

Los instintos humanos evolucionaron para promover la supervivencia, y uno de nuestros sesgos cognitivos más fuertes es evitar beber agua sucia o comer desechos humanos o alimentos podridos. Los textos religiosos primitivos contienen numerosas restricciones acerca del agua potable, el saneamiento y la dieta. A medida que las civilizaciones desarrollaron comunidades densamente pobladas, avanzaron en soluciones comunitarias a estos problemas, como los vertederos de basura, separados pero cercanos, que se han convertido en un fascinante almacén de artículos cotidianos para que lo exploren los arqueólogos modernos. Casi todas las casas de las ciudades de la cultura Harappa del valle del Indo tenían pozos y un sistema de desagües que eliminaba los desechos. Los arquitectos e ingenieros romanos desarrollaron sofisticados acueductos para el suministro de agua potable, para cocinar y lavarse, para arrastrar los desechos humanos y limpiar las calles del estiércol de caballos y bueyes.

A finales del siglo III de nuestra era, el emperador romano Diocleciano empezó a construirse un gran palacio en lo que hoy es Split, en la costa croata. El palacio de Diocleciano fue un extraordinario ejemplo no solo de la arquitectura romana, sino también de planificación a largo plazo. Sabiendo que los emperadores romanos corrían el riesgo de ser asesinados, Diocleciano anunció que tan pronto como acabara su palacio, se mudaría a él y renunciaría a su puesto de emperador. Resultó ser una estrategia exitosa y Diocleciano vivió un retiro largo y feliz. Su palacio fue diseñado para una población de 10.000 personas, en su mayoría soldados que lo protegían, pero su sistema de suministro de agua fue planeado para abastecer a una población de 175.000 habitantes. Este gran sistema fue diseñado para resistir sequías, asedios y otras posibles amenazas, y sus acueductos abastecieron de agua Split hasta mediados del siglo XX, cuando su población finalmente superó la capacidad del sistema. Construir capacidad sobrante es esencial para la resiliencia urbana.

A lo largo de la historia, una de las principales razones del declive de las ciudades y las civilizaciones fue que, durante los años de abundancia, se expandían hasta superar los límites de su capacidad de alimentos y agua. Cuando el clima cambiaba o empeoraban otras circunstancias, esos sistemas no podían producir lo suficiente como para sostener a la población y provocaban su colapso. En el suroeste de Estados Unidos, los avances en el cultivo de maíz y el riego permitieron que los anasazi prosperasen entre los siglos VIII y IX, y construyeran comunidades populosas como Mesa Verde y Chaco Canyon. Pueblo Bonito, la sofisticada vivienda plurifamiliar en Chaco Canyon, tenía cuatro o cinco plantas de altura y albergaba a unas 1.200 personas. Las comunidades anasazi construyeron *kivas*, o edificios espirituales, junto con plazas en las que realizaban danzas ceremoniales cada temporada. Trazada con una precisión matemática, la gran *kiva* de Pueblo Bonito fue diseñada para que, al amanecer de cada equinoccio, un rayo de luz atravesara las ranuras de su circunferencia y alcanzara un punto marcado en la pared opuesta. Las líneas de los ejes de la gran *kiva* están alineadas con los centros de *kivas* más pequeñas a decenas de kilómetros de distancia, lo que indica que todos los pueblos de la región también estaban alineados entre sí y con los ciclos astronómicos del universo.

Desafortunadamente, los anasazi estaban menos familiarizados con el clima de la Tierra. Mediante el examen de los anillos de viejos árboles, se han podido distinguir dos períodos prolongados de sequía en el suroeste de Estados Unidos: de 1128 a 1180 y más tarde, de 1270 a 1288. Para entonces, la población de los anasazi había superado el límite de la capacidad de la tierra que los alimentaba. Al igual que los mayas, cuando llegaron las sequías, los anasazi ya no pudieron alimentarse. Después de alcanzar un pico de prosperidad a principios del siglo XII, durante los siguientes siglos se vieron obligados a abandonar sus principales asentamientos. La historia podría repetirse en el suroeste de Estados Unidos, afectado gravemente por la sequía, donde la población ha aumentado drásticamente, aunque no así el suministro de agua.

Un buen suministro de agua es esencial para el crecimiento de las ciudades. Los neoyorquinos construyeron su primer pozo público en 1677 en la plaza que daba al fuerte de Bowling Green; hasta entonces, todos los edificios de la ciudad tenían su propio pozo privado. Un siglo después, en 1776, los neoyorquinos no solo firmaron la Declaración de Independencia, sino que también construyeron su primera presa pública, en el lado este de Broadway, cerca del Ayuntamiento actual, y el agua se distribuía por debajo de las calles a través de unos troncos ahuecados. En 1800, la Manhattan Company, precursora del banco Chase Manhattan, financió un pozo profundo, un embalse y un sistema de canalizaciones para abastecer de agua gran parte de la parte baja de Manhattan. Hacia 1830, este sistema había cambiado las canalizaciones de madera por las de hierro fundido, más duraderas, y Nueva York desarrolló el primer sistema urbano de abastecimiento de agua para la extinción de incendios.

No obstante, el agua de suministro debe ser pura y abundante. En 1832, Nueva York sufrió su primera epidemia de cólera. Tal como informó el *Evening Post*: «Las calles estaban repletas de diligencias, autocares, vehículos privados y gente a caballo que iban en todas direcciones, en pánico, huyendo de la ciudad, como podríamos imaginar que los habitantes de Pompeya huyeron cuando la lava roja se derramaba sobre sus casas».[2]

Agua, desechos y propagación de enfermedades

Hasta la llegada de los sistemas modernos de saneamiento a mediados de la década de 1880, las ciudades europeas eran lugares peligrosos donde el cólera, el sarampión y la viruela regularmente diezmaban sus poblaciones, junto con oleadas episódicas de peste bubónica. La población europea urbana no creció desde el advenimiento del Re-

---

[2] learning.blogs.nytimes.com/2008/04/16/life-in-the-time-of-cholera/?_r=0.

nacimiento italiano hasta la era industrial, pues las muertes superaban en número a los nacimientos, de modo que la población en 1345 era muy similar a la de 1780, cuando la industrialización comenzó a atraer a un vasto número de trabajadores del campo a las ciudades.[3] Casi un siglo después, en 1842, el reformador social británico sir Edwin Chadwick publicó *The Sanitary Condition of the Labouring Population*, un informe sobre la salud de los londinenses pobres. Las noticias no pintaban bien.

A lo largo de la mayor parte de la historia de las ciudades, los barrios pobres generalmente han estado más abarrotados, con edificios de peor calidad y agua insuficiente, así como una evacuación inadecuada de las aguas residuales y la basura. Como resultado, estas comunidades pobres sufren de tasas más altas de enfermedad. Chadwick era un firme creyente en la ahora desacreditada teoría del miasma, que sostenía que enfermedades como el cólera eran causadas por algo dañino que había en la atmósfera, conocido como «aire nocturno». Sin embargo, eso no le impidió iniciar unos cambios en Londres que tendrían un enorme impacto en la salud pública. Para reducir la propagación de enfermedades transmitidas por el miasma, Chadwick propuso desarrollar sistemas de abastecimiento de agua potable, sistemas de alcantarillado para eliminar las aguas fecales y sistemas de drenaje para evacuar el agua estancada, en la que proliferan los mosquitos.

Hoy creemos que la malaria es una enfermedad rural de países pobres, pero durante gran parte del siglo XIX fue en gran medida una enfermedad urbana. En Estados Unidos golpeó repetidamente las ciudades más cálidas con superficies de agua estancada, como Washington y Nueva Orleans. Poco después de publicar el informe de Chadwick, el Consejo Común del Ayuntamiento de Nueva York, actuando con la previsión de Diocleciano, financió el embalse del río Croton en el condado de Westchester, al norte, y la construcción de un acueducto y un sistema de presas para llevar agua potable a la ciudad. No obstante, fue necesario que muriera de cólera una niña en Londres para transformar nuestra manera de entender el agua y los sistemas de alcantarillado de las ciudades.

[3] Saunders, Doug, *Arrival City: The Final Migration and Our Next World*, Vintage, Nueva York, 2011, pág. 136 (versión castellana: *Ciudad de llegada: la última migración y el mundo del futuro*, Debate, Barcelona, 2014).

El doctor John Snow y la manivela de la bomba de agua de Broad Street

El 2 de septiembre de 1854, Sarah Lewis y su marido, el agente de policía Thomas Lewis, perdieron a su hija de cinco meses, Frances, en la oleada de cólera que azotó su barrio en Londres. El cólera había predominado durante mucho tiempo en el delta del Ganges, pero en 1817 se extendió a Rusia y luego al oeste, llegando a Londres en 1854. En los largos días y noches que atendieron a su hija enferma, Sarah empapaba en un balde de agua los pañales sucios de excrementos de su bebé para limpiarlos y tiraba el agua sucia en el pozo comunal frente a su casa. Como Londres se había convertido en una gran ciudad, estos pozos negros profundos revestidos de ladrillo se construyeron como contenedores temporales para los desechos humanos, que periódicamente se llevaban en carretillas y se vendían a los agricultores como fertilizantes. Las ganancias de la venta de los lodos se utilizaban para pagar el mantenimiento de los pozos negros. Originalmente, esto formaba parte de un equilibrio saludable e interdependiente entre los habitantes de las ciudades y los agricultores, pero a medida que Londres crecía cada vez más, también crecía la distancia que separaba los pozos negros de los agricultores. Hacia 1854, Londres tenía alrededor de 200.000 pozos negros, y el transporte de desechos desde el centro de la ciudad era más caro, lo que dejaba pocos fondos para mantenerlos.

Además, había otro problema añadido: la globalización había afectado a los mercados de abono británico y estadounidense. En la década de 1830, Perú comenzó a explotar sus enormes depósitos de guano. Al utilizar la mano de obra prácticamente esclava de trabajadores chinos y filipinos, y llenar las bodegas de los barcos mercantes, que de otro modo regresarían vacíos a Londres y a otras ciudades importantes, Perú se convirtió en un destacado proveedor de fertilizantes baratos. El comercio fue tan rentable que Perú se convirtió en el único país del mundo sin impuestos internos, y aún podía pagarle a su presidente el doble del salario del presidente de Estados Unidos. En 1847, Perú emitió una licencia de exportación de guano a la empresa londinense Antony Gibbs & Sons, que luego procedió a reventar los precios del mercado de los lodos de los pozos negros. Con precios de los lodos más bajos, las comunidades más pobres no podrían cubrir los costes del transporte de sus lodos o el mantenimiento de los pozos negros. En estas circunstancias, dejaron de mantener sus pozos negros y arrojaron los desechos a los ríos cercanos.[4] Así fue como el suministro barato de guano desde el lejano Perú aceleró la propagación del cólera en Londres.

En el siglo XIX, las poblaciones inglesas se dividían en parroquias que se encargaban de ofrecer servicios públicos básicos, incluida la supervisión de la salud pública. Broad Street, donde vivía la familia Lewis, formaba parte de la parroquia de Saint James gobernada por una Junta de Guardianes formada por comerciantes locales elegidos por los propietarios locales. En la noche del 7 de septiembre de 1854, cinco días después de la muerte de Frances Lewis, un extraño, el doctor John Snow, apareció en la reunión que se celebraba en el salón parroquial de la Junta de Guardianes de la parroquia de Saint James y silenciosamente preguntó si podía hablar sobre el reciente brote de cólera. Snow había hecho un mapa de la zona de Broad Street donde había marcado cuidadosamente la situación de las casas en las que se habían producido muertes por la enfermedad. El mapa mostraba cómo las familias que habían sacado agua del pozo de Broad Street tenían muchas más probabilidades de enfermar. Snow argumentó que el pozo había sido contaminado por filtraciones de la cisterna de aguas residuales cercana, y solicitó a la Junta de Guardianes que ordenara la retirada de la manivela de la bomba del pozo de Broad Street para salvar a los vecinos de una muerte horrible.[5]

Cuando el doctor Snow propuso que el cólera podría haber sido causado por algo que contenía el agua y no el aire, estaba desafiando creencias profundamente arraigadas. La teoría del miasma en la propagación de la enfermedad era la teoría oficial de la profesión médica londinense, y estaba tan profundamente arraigada que, en el mismo año de 1854, el científico florentino Filippo Pacini descubrió el bacilo del cólera, *Vibrio cholerae*, y publicó la explicación básica de la enfermedad. El descubrimiento de Pacini fue ignorado por completo. Ese mismo escepticismo se cebó en el doctor Snow, aunque después de un largo debate, la manivela de la bomba fue retirada.

[4] mygeologypage.ucdavis.edu/cowen/~gel115/115CH16fertilizer.html.
[5] www.ph.ucla.edu/epi/snow/indexcase.html.

Las muertes por el brote en el barrio disminuyeron rápidamente, y con este simple acto de localización de la enfermedad y la retirada de la manivela de una bomba, nació la era moderna de la epidemiología y la sanidad pública. Casi 150 años después, en 2003, John Snow fue nombrado el mejor médico de todos los tiempos por la profesión médica británica.[6]

La naturaleza de la purificación del agua

Los primeros sistemas de aguas residuales urbanas simplemente arrastraban las aguas residuales, por lo general a un río cercano. En pequeñas cantidades, los desechos humanos y animales se purifican mediante cinco procesos naturales. Los contaminantes en el agua se filtran a medida que atraviesan la arena o el suelo arenoso. Las bacterias digieren los contaminantes en un proceso que se acelera mediante la aireación, o la oxigenación del agua, al caer en cascada o fluir por ríos poco profundos y rocosos. Cuando el agua se mueve lentamente o se estanca, las partículas contaminantes sedimentan en el fondo. Por último, el calor del sol puede acelerar los procesos bacteriológicos y su luz ultravioleta desinfecta los contaminantes. Todo sistema moderno de tratamiento de aguas residuales imita estos procesos naturales.

Los sistemas de tratamiento de residuos del siglo XX emulan en gran parte el proceso de la naturaleza, pero utilizan bombas y sistemas mecánicos para tratar grandes volúmenes de aguas residuales en poco espacio. Las aguas residuales primero van a un tanque de sedimentación, donde sedimentan los sólidos y las partículas suspendidas, y más tarde a un tanque de aireación. También puede calentarse el agua para aumentar la actividad microbiana antes de pasarla por un filtro de arena que elimine cualquier partícula residual restante. En los sistemas más avanzados, el agua también puede pasar a través de una membrana con poros tan pequeños que se eliminan todos los productos químicos, excepto los farmacéuticos, muy difíciles de destruir. Se sabe que los peces que viven cerca de las plantas de tratamiento de aguas residuales son estériles debido a la presencia de sustancias

[6] www.ph.ucla.edu/epi/snow/snowgreatestdoc.html.

anticonceptivas en el agua.[7] Si el agua discurre bajo luz ultravioleta, se desinfectará completamente y será potable, aunque muchos sistemas también utilizan el clorado. Los lodos que se extraen de las aguas residuales pueden llegar a emplearse como fertilizantes.

Es un buen sistema, y se necesitó casi todo el siglo XIX para ponerlo a punto.

Los sistemas de abastecimiento de agua y de alcantarillado hacen habitables las ciudades

El primer sistema contemporáneo de alcantarillado urbano que utilizó agua para eliminar los desechos fue construido en 1844 en la ciudad alemana de Hamburgo.[8] Hasta entonces, los pozos negros, como a los que se enfrentó el doctor John Snow, eran el sistema más común de recolección de desechos urbanos. Los primeros sistemas de alcantarillado estadounidenses fueron diseñados y construidos en Brooklyn y en Chicago a fines de la década de 1850 siguiendo el modelo alemán. Solo después de que los sistemas de fontanería interior, con inodoros y bañeras, fueran el sistema más utilizado a finales de siglo, las ciudades comenzaron a construir sistemáticamente sistemas de alcantarillado. Al mismo tiempo, las ciudades empezaron a desarrollar sistemas de recogida de aguas pluviales para hacer frente al agua de lluvia estancada y llena de basura, que era el caldo de cultivo de las fiebres amarilla y tifoidea.

Con el desarrollo de la infraestructura de salud pública urbana también evolucionaron los sistemas de tratamiento del agua, de las aguas residuales y de las pluviales, y los avances de un sistema mejoraron los del resto. En la década de 1880 se creía que los sistemas urbanos más baratos recogían en una misma tubería las aguas pluviales y el alcantarillado, lo que ahorraba los costes de varias tuberías. Sin embargo, en la década de 1920 se hizo patente que, si bien el sistema combinado podía reducir costes de construcción, dificultaba el funcionamiento eficiente de las plantas de tratamiento de aguas residuales. Cuando llovía poco, las aguas residuales estaban más concentradas y eran más

---

[7] bluelivingideas.com/2010/04/12/birth-control-pill-threatens-fish-reproduction.

[8] sewerhistory.org/articles/whregion/urban_wwm_mgmt/urban_wwm_mgmt.pdf.

difíciles de tratar, mientras que cuando había fuertes tormentas el sistema se inundaba, desbordaba las plantas de tratamiento y vertía las aguas residuales sin tratar a los ríos y las bahías cercanos. Parece extraño que con todos los usos que podamos encontrar para el agua limpia, preciada y vivificante, la mezclemos con nuestros excrementos para más tarde tener que volver a limpiarla antes de llevarla a los ríos o al mar. En la actualidad, muchas ciudades costeras de Estados Unidos todavía luchan contra antiguos sistemas combinados de aguas pluviales y de alcantarillado.

En el lado positivo, estos sistemas de abastecimiento de agua y de alcantarillado redujeron drásticamente los riesgos sanitarios. En 1840, el 80 % de las muertes de Nueva York eran causadas por enfermedades infecciosas. En 1940, cuando la penicilina comenzó a estar disponible, las enfermedades infecciosas solo causaban el 11 % de las muertes en la ciudad. Esta gran mejora en la sanidad pública tuvo su origen en la ingeniería civil. Las inversiones en infraestructuras hidráulicas y de alcantarillado urbano, junto con la introducción de normativas de construcción y campañas de salud pública para cambiar hábitos, como escupir en la calle, mejoraron significativamente la salud de los habitantes de la ciudad.

A finales del siglo XIX, los sistemas urbanos de abastecimiento y de tratamiento de aguas se centralizaron cada vez más, recogiendo agua limpia aguas arriba y en zonas altas de la ciudad, transportándola principalmente por gravedad y mezclándola como aguas residuales corriente abajo, lo que a menudo significaba aguas arriba de la ciudad próxima.

Hoy en día, el tratamiento municipal de aguas residuales está comenzando a adoptar el objetivo de cero desechos del mundo de los desechos sólidos, desarrollando sistemas circulares en lugar de lineales, utilizando procesos biológicos avanzados para tratar el agua potable y residual y reutilizar los *outputs* del sistema. Allí donde hay espacio disponible se tiende hacia sistemas distribuidos más pequeños en lugar de megasistemas más grandes.

Reducir el consumo

Algunos usos del agua la gastan, otros no. El gasto impide que pueda ser extraída y reutilizada. La mayor parte de usos agrícolas gastan agua. Por ejemplo, cultivar un kilo de algodón gasta 850 litros de agua que no puede recuperarse. En California, el proceso de extracción de un litro de combustible de etanol del maíz gasta 4.750 litros de agua.[9] Por el contrario, el agua municipal se destina principalmente a usos que no gastan agua, como beber y bañarse. En un momento en el que las ciudades compiten con la agricultura por un agua escasa, subvencionar la producción de etanol no es una decisión acertada.

La mayoría de los sistemas de alcantarillado y de tratamiento de aguas residuales del mundo empiezan al tirar de la cadena, de modo que debería ser el primer lugar para centrarse en el ahorro de agua. En 1994, Estados Unidos exigió que todos los inodoros nuevos cumplieran con un estándar de eficiencia de seis litros por descarga, con un ahorro de al menos un 30% respecto a los anteriores, pero este estándar no se exigió para los que ya existían. En 1995, frente a una grave escasez, la ciudad de Santa Fe, en Nuevo México, decidió que, para evitar la suerte que habían corrido sus predecesores anasazi, necesitaba iniciar un programa serio de ahorro de agua. Una de sus claves fue exigir que, por cada inodoro nuevo que se instalara, debían sustituirse diez de los viejos por otros más nuevos y eficientes.[10] Durante la siguiente década, se sustituyeron casi todos los inodoros viejos de la ciudad, reduciendo así sustancialmente el consumo neto de agua.

Los inodoros de bajo consumo reducen el uso de agua; los urinarios sin agua lo eliminan. Desde principios de la década de 2000, los urinarios sin agua forman parte de la caja de herramientas de la construcción ecológica. Cada urinario sin agua en lugares de mucho tránsito, como un edificio de oficinas o un aeropuerto, puede ahorrar hasta 17.000 litros de agua potable al año. Otras formas de reducir el consumo de agua son las alcachofas de ducha y los grifos de bajo flujo, lavaplatos y lavadoras que ahorran agua y equipos de refrigeración central eficientes en el consumo de agua en grandes oficinas y edificios públicos. Estas tecnologías pueden reducir el consumo de agua de un 10 a un 30%.

En Estados Unidos, lo que más agua consume es el cuidado del césped, pues la mitad de toda la que consumen los suburbios del país se destina a este fin. En el sudoeste del país, las ciudades con proble-

---

[9] web.extension.illinois.edu/ethanol/wateruse.cfm.

[10] www.nytimes.com/2002/11/03/us/parched-santa-fe-makes-rare-demand-on-builders.html?pagewanted=all&src=pm.

mas de agua están pagando a los residentes para que arranquen sus céspedes y los sustituyan por jardines xerófilos de plantas autóctonas del desierto y herbáceas que no requieren riego. La ciudad de Mesa (Arizona) paga a sus residentes 500 dólares por los primeros 50 m^2 de jardín xerófilo. La estrategia de la empresa de aguas de Las Vegas, en Nevada, es aún más seria y paga a los propietarios de casas unifamiliares y de edificios comerciales hasta un dólar y medio por pie cuadrado (0,9 m^2) por los primeros 5.000 pies cuadrados de jardín xerófilo, y luego otro dólar por pie cuadrado, hasta llegar a un máximo de 300.000 dólares.[11]

Nueva York ha hecho un trabajo particularmente bueno en la mejora de la capacidad de recuperación de su sistema de abastecimiento de agua. En 1979, el consumo de agua de la ciudad alcanzó un máximo de 5.700 millones de litros al día, un promedio de 715 litros por persona. Al monitorizar el consumo, reparar las fugas, aumentar la precisión de la facturación del agua y aprobar normativas para cambiar los hábitos de consumo, Nueva York redujo su consumo de agua a 3.785 millones de litros al día en 2009, un consumo promedio de 473 litros por persona.[12] El Ayuntamiento de Nueva York está construyendo un nuevo canal de agua de 6.000 millones de dólares para aumentar la resiliencia de su sistema y permitir la clausura de canales más antiguos para su inspección y reparación.

Según el Servicio Geológico de Estados Unidos (USGS), en 2010 los sistemas públicos de agua de Estados Unidos consumieron 1,3 billones de litros de agua diarios, un 13 % menos que en 2005.[13] Si puede ahorrarse un 35 % más con tecnologías mejoradas y estrategias de cambio de hábitos de consumo, la cantidad de agua que puede ahorrarse es realmente importante. Los beneficios de reducir al máximo el uso del agua tienen impactos aún mayores en las nuevas ciudades emergentes del mundo.

El McKinsey Global Institute estima que para 2025 la demanda mundial de agua potable en las ciudades habrá aumentado un 40 % respecto a 2012, y se necesitará aproximadamente la mitad de esta agua para atender a las 440 ciudades emergentes de crecimiento más

---

[11] www.cityofnorthlasvegas.com/departments/utilities/TopicWaterConservation.shtm.

[12] /www.nyc.gov/html/dep/html/drinking_water/droughthist.shtml.

[13] Ibíd.

rápido.[14] Será difícil encontrar nuevas fuentes de agua potable, pues los seres humanos consumen el 87 % del suministro mundial de agua potable, de modo que será crucial reducir la demanda. Singapur obliga a que todos los aparatos que utilizan agua lleven etiquetas con su eficiencia para alentar compras más conscientes, y han aumentado las tarifas del agua para fomentar su ahorro. El objetivo de Singapur es reducir el consumo a 140 litros por persona al día en 2030, un tercio del consumo actual de Nueva York.

No obstante, la mayoría de las ciudades del mundo no han establecido unos objetivos tan claros, ni tienen un plan para alcanzarlos.

A pesar de los avances conseguidos en materia de ahorro y reutilización del agua, aún queda mucho por hacer. Solo el 60 % de la población mundial actual utiliza inodoros de descarga. Como dijo Bill Gates: «Los inodoros que utilizamos en los países ricos son irrelevantes, poco prácticos e imposibles para el 40 % de la población del planeta, porque a menudo no tienen acceso al agua, al alcantarillado, a la electricidad y a los sistemas de tratamiento de aguas residuales».[15] La Gates Foundation ha financiado experimentos con inodoros que ahorran agua y pequeños sistemas de tratamiento local que pueden funcionar independientemente de los sistemas de alcantarillado centrales y, por tanto, pueden instalarse de forma rápida en comunidades sin servicios.

Generar valor con aguas residuales

Afortunadamente, cada ciudad ya controla una de las mejores fuentes de agua potable: sus propias aguas residuales tratadas. En la actualidad hay más de 400.000 plantas de tratamiento de aguas en ciudades de todo el mundo que producen más de 730 millones de metros cúbicos de agua tratada por día. El futuro del tratamiento de aguas residuales no solo es reutilizar el agua del sistema e incrementar la eficiencia del proceso de tratamiento, sino también dar un buen uso a los productos derivados de este. Las plantas de tratamiento de

[14] «Urban World: Cities and the Rise of the Consuming Class», McKinsey Global Institute, 2012, pág. 8.

[15] www.impatientoptimists.org/Posts/2012/08/Inventing-a-Toilet-for-the-21st-Century.

aguas residuales se están convirtiendo en productores de energía mediante la combustión del metano creado por la absorción biológica de los desechos para generar energía suficiente no solo para su uso en estas plantas, sino también para sus barrios. Y dado que el 30 % de los costes operativos de una planta típica corresponden a su gasto de energía, el que la energía resulte gratuita ayuda a que el tratamiento de aguas residuales sea viable en un mundo con precios de la energía volátiles.

Chris Peot forma parte del equipo que está convirtiendo la planta avanzada de tratamiento de aguas residuales Blue Plains, en Washington, en una fábrica de recursos. Al igual que muchas otras viejas ciudades de Estados Unidos, la infraestructura de Washington está envejeciendo. La planta Blue Plains, construida hace 75 años, actualmente procesa 1.400 millones de litros de agua al día que proceden de los más de dos millones de habitantes de la región, con una gran población de gente que trabaja en oficinas, lo que la convierte en una de las diez plantas más grandes de tratamiento de aguas residuales del mundo.[16] En 2015 se acabaron las obras de mejora de las instalaciones, que costaron 1.000 millones de dólares, lo que redujo a la mitad las 1.200 toneladas de lodo, nitrógeno y fósforo que la planta produce diariamente, el uso de energía en un 30 % y las emisiones en un 41 %. El proyecto ahorrará a Washington y las zonas vecinas unos diez millones de dólares en energía, y otros diez en costes de retirada de lodos cada año. Normalmente, los lodos de las plantas de tratamiento de aguas residuales se transportan en camiones para llevarlos a vertederos, o se mezclan con cal y se esparcen por tierras de cultivo. La mejora de la planta de Blue Plains procesa los lodos en un nuevo reactor de biosólidos y los pasteuriza con un proceso de hidrólisis térmica.[17] Alrededor de la mitad del lodo estéril resultante se convierte en metano en un digestor biológico y se quema para alimentar el funcionamiento de la planta. La otra mitad se convierte en compost para las granjas de la región.

Transformar los lodos en energía puede reducir significativamente los gases de efecto invernadero. Si solo el 10 % de los lodos de

[16] www.lselectric.com/wordpress/the-top-10-biggest-wastewater-treatment-plants.

[17] www.sciencemag.org/content/337/6095/674.full?sid=fd5c8045-4dee-43e5-a620-ca6faba728dc.

las plantas de aguas residuales chinas se transformara en energía, sus emisiones de carbono disminuirían en 380 millones de toneladas al año.[18]

Las plantas de tratamiento de aguas residuales liberan una gran cantidad de nitrógeno y fósforo en sus vertidos. El exceso de nitrógeno y de fósforo de las aguas residuales hace que crezcan algas en los sistemas de agua potable, provocando la asfixia a otras formas de vida acuática. Sin embargo, tanto el nitrógeno como el fósforo son ingredientes principales de los fertilizantes, y el mundo afronta una grave escasez de fósforo que amenaza la seguridad alimentaria del planeta. Si las plantas de tratamiento de aguas residuales pudieran recuperar el fósforo y el nitrógeno de las aguas residuales y venderlos como fertilizante, los residuos podrían convertirse en alimentos. El distrito sanitario de Hampton Roads en Suffolk (Virginia) está haciendo justamente eso: utiliza un proceso químico para captar aproximadamente el 85 % del fósforo de la planta y producir 500 toneladas de fertilizante al año. El sistema genera ingresos por la venta de nitrógeno y de fósforo, ahorra casi 200.000 dólares al año en costes de productos químicos y energía, y elimina el dióxido de carbono de la atmósfera.[19]

El próximo desafío para el tratamiento de aguas residuales está en utilizar microbios para producir electricidad y productos químicos útiles directamente a partir de los desechos. La clave está en los avances en las tecnologías electroquímicas microbianas impulsadas por exoelectrógenos, un tipo de bacterias que consumen material orgánico y al hacerlo transfieren electrones a través de sus membranas a receptores de electrones insolubles, generando así electricidad. Esta electricidad puede utilizarse para impulsar una central eléctrica, pero también puede hacer mucho más: al aplicar electricidad a un sistema bioquímico, puede generar muchos productos útiles, como biocombustibles. Incluso puede descomponer el agua en oxígeno e hidrógeno, el primero necesario para el proceso de aireación de una planta de tratamiento y, el segundo, para crear peróxido de hidrógeno para el proceso de desinfección. Otra tecnología emergen-

[18] Mis, Magdalena, «Sludge Can Help China Curb Emissions and Power Cities, Think Tank Says», *Reuters*, 8 de abril de 2016.

[19] www.wateronline.com/doc/shortcut-nitrogen-removal-the-next-big-thing-in-wastewater-0001.

te combina las aguas residuales con el CO_2 residual de las centrales eléctricas para cultivar algas, una fuente de combustible biológico que el Departamento de Defensa de Estados Unidos procesa para utilizarlo en sus aviones y barcos. Las algas también pueden servir como alimento para animales, por lo que ya no sería necesario talar los bosques tropicales para cultivar soja.

Reutilizar las aguas residuales tratadas como agua potable puede ser la salvación de ciudades como São Paulo. De hecho, la reutilización de aguas residuales tratadas tiene cada vez más sentido en todas partes. En un mundo de sequías inducidas por el cambio climático, el rápido crecimiento de la población y una floreciente clase media, es probable que el uso del agua se incremente de una manera dramática, y parte de la solución es limpiar las aguas residuales para convertirlas en aguas potables listas para volver a ser utilizadas.

Juzgar el agua por su calidad, no por su historia

Namibia es el país más árido del África subsahariana y el más escasamente poblado. Casi todas sus instituciones económicas, políticas y cívicas tienen su sede en la capital, Windhoek, ciudad que crece a un ritmo del 5 % anual. En 1969, después de reconocer la insuficiencia de su sistema de abastecimiento de agua, Windhoek hizo que su planta Goreangab no solo tratara el agua superficial de la presa de Goreangab, sino también los vertidos de la planta de tratamiento de aguas residuales Gammams, lo que dio lugar a la planta de recuperación Goreangab. La planta mezcla el agua del río de la represa y recupera el agua de la planta de tratamientos residuales para producir agua potable. Para que todo esto funcionara, se implementaron varias prácticas clave: la separación rigurosa de los sistemas de tratamiento de agua industriales y domésticos (solo se recupera el agua doméstica), y el agua producida en la planta se pone a prueba y se monitoriza continuamente para determinar su calidad.

Si bien la calidad del agua reciclada siguió siendo excelente, en la década de 1990 la calidad del agua del río que alimenta a la presa Goreangab comenzó a disminuir. Como muchas ciudades en el mundo en vías de desarrollo, Windhoek crecía rápidamente y tenía asentamientos ilegales en sus límites. Al carecer de un saneamiento adecuado, estas barriadas en expansión estaban contaminando los acuíferos subterráneos y los ríos cercanos. Con el desafío del aumento de la demanda y la baja calidad del agua, la ciudad respondió mejorando e incrementando la capacidad de su programa de reciclaje de agua. En 2002, se construyó una nueva planta de recuperación de aguas residuales con fondos de la Unión Europea, utilizando tecnología de ósmosis inversa para suministrar el 35 % del agua de la ciudad directamente de sus desechos.[20]

El reciclaje de aguas residuales es local y fiable, y aumenta significativamente la resiliencia de una ciudad. Entonces, ¿por qué hay tan pocas plantas de reciclaje directo de aguas residuales en el mundo? El doctor Lucas van Vuuren, un pionero sudafricano en la recuperación del agua, dice: «El agua no debe juzgarse por su historia, sino por su calidad»,[21] pero este enfoque racional se ve desafiado por nuestros sesgos cognitivos. Valerie Curtis, una psicóloga evolucionista de la Escuela de Higiene y Medicina Tropical de Londres, señala que los seres humanos hemos desarrollado una aversión profundamente arraigada hacia los excrementos a medida que hemos evolucionado. «Los patógenos fueron probablemente una amenaza general mayor que los depredadores, de ahí que tengamos una fuerte sensación intuitiva de disgusto. Casi todas las cosas que nos parecen desagradables tienen algún tipo de conexión con las enfermedades infecciosas.»[22]

En 1980, Paul Rozin, un psicólogo de la University of Pensilvania, se propuso probar la potencia de este disgusto. Descubrió que cuando presentaba a los estudiantes universitarios un trozo de chocolate con forma de caca de perro, casi ninguno podía comerlo, a pesar de que sabían que estaba hecho de chocolate; simplemente, su prejuicio en contra de tocar excrementos era demasiado fuerte.[23] Sin embargo, cuando se trata de aguas residuales, las personas son más receptivas a la idea de reutilización indirecta. En vez de devolver a la red de abastecimiento las aguas residuales tratadas, como sucede

[20] Du Pisani, Petrus L., «Water Efficiency I: Cities. Surviving in an Arid Land: Direct Reclamation of Potable Water at Windhoek's Goreangab Reclamation Plant», *AridLands Newsletter*, núm. 56, noviembre/diciembre de 2004.

[21] greencape.co.za/assets/Sector-files/water/IWA-Water-Reuse-Conference-Windhoek-2013.pdf.

[22] www.sciencemag.org/content/337/6095/679.full?sid=349ace41-4490-4f6c-b5bf-4e68a7eb054fan.

[23] Ibíd.

en Namibia, cada vez más ciudades arrojan las aguas residuales tratadas al suelo, donde se filtran a través del terreno antes de volver a los acuíferos de donde extraen su agua las ciudades. Llamar a esto «reposición de agua subterránea», en lugar de «reutilización de aguas residuales», lo hace más apetecible. Otro enfoque es devolver el agua tratada a muchos kilómetros aguas arriba de los ríos del sistema de captación de agua, de modo que cuando llega al punto de recogida ya esté bien diluida.

Fountain Valley, en California, cuenta con el sistema de reabastecimiento de agua subterránea más grande del mundo. Comenzó la producción en 2008 y genera 265 millones de litros de agua reciclada al día, más o menos el 20 % del agua que utilizan los más de dos millones de habitantes del condado de Orange. El sistema también tiene una ventaja secundaria: normalmente, cuando se abusa de los acuíferos cercanos al mar y desciende el nivel freático del agua subterránea, el agua de mar entra para ocupar su lugar, elevando así la salinidad de dichos acuíferos; sin embargo, el hecho de inyectar agua en el suelo ayuda a prevenir que agua de mar penetre en la tierra. Además, dado que más del 20 % de la energía que se utiliza en California se destina al bombeo de agua, en gran parte a largas distancias, el reciclaje del agua a nivel local proporciona importantes ahorros de energía. También puede ser la única solución a la tensión en aumento entre los usuarios de agua del campo y de la ciudad que tienen suministros limitados.

La ciudad desértica de Mesa (Arizona) ocupa el puesto 38 en tamaño de las ciudades de Estados Unidos. Siendo un suburbio de Phoenix, su población es mayor que la de Atlanta, Cleveland, Miami, Mineápolis o St. Louis. Esas ciudades estadounidenses más antiguas tienen núcleos más densos y están rodeadas de suburbios, pero Mesa es casi toda ella un suburbio. De hecho, reclama ser el municipio suburbial más grande de Estados Unidos. La zona fue colonizada por los hohokam, que se asentaron en pequeños grupos a lo largo del río Gila. Entre los siglos VII y XIV construyeron complejos sistemas de riego para cultivar algodón, tabaco, maíz, frijoles y calabaza. En su momento, el sistema de canales de los hohokam era el más extenso del Nuevo Mundo. En sus múltiples intersecciones con el río Gila, las compuertas principales del canal tenían unas dimensiones de 27 m de anchura y 3 m de profundidad. Hacia 1100, el sistema de canales regaba 445.000 hectáreas del desierto de Sonora y abastecía a una población cada vez más sofisticada.

Aunque en un principio vivían en unos pequeños asentamientos a modo de ranchos, hacia 1100 los hohokam se trasladaron a protociudades más densas y complejas. Puesto que estas comunidades eran más vulnerables al clima cambiante, las sequías y las inundaciones a menudo diezmaban la población. La estocada final vino en una serie de inundaciones durante el siglo XIV que barrieron el fondo del río Gila e hicieron que su nivel decreciera por debajo de la altura de las compuertas de los canales, lo que llevó a que cientos de kilómetros de canales pasaran a quedar inutilizados. En 1450, la mayoría de los asentamientos de los hohokam fueron abandonados y sus pobladores se dispersaron.

Mesa volvió a repoblarse como parte de la expansión del país hacia el oeste en 1877 por la First Mesa Company, que reabrió los antiguos canales de los hohokam, y consiguió que en un año los colonos vivieran de cultivos de regadío. El crecimiento inicial de Mesa fue lento. En 1900, su población era tan solo de 722 habitantes (en comparación, St. Louis tenía entonces 575.000), pero tras la II Guerra Mundial, a medida que se extendió el uso del aire acondicionado, la población de Mesa comenzó a expandirse. Hacia 1950 alcanzó los 16.790 habitantes, y en 2015 había crecido hasta los 462.000; para mantenerse al ritmo de este crecimiento, Mesa tuvo que ampliar drásticamente su suministro de agua.

La ciudad comenzó estableciendo un objetivo: disponer de suministro de agua para un siglo. Para ayudar a cumplir este objetivo, hoy en día la ciudad trata todas sus aguas residuales y las utiliza para reponer los acuíferos subterráneos o para el riego. Su programa de agua reciclada está diseñado para suministrar 160 millones de litros al día. En lugar de una gran planta central, Mesa construyó tres plantas en diferentes partes de la ciudad. El sistema también proporciona agua para regar los campos de golf locales y los jardines públicos, pero gran parte se intercambia con los indios del río Gila, quienes la utilizan para la agricultura. A cambio, ceden a la ciudad los derechos sobre el uso de agua del río Gila. Para cumplir su objetivo de abastecimiento de agua para un siglo, la población de Mesa también debe comportarse de manera diferente. En 1999, las ciudades de Mesa, Scottsdale y Phoenix lanzaron conjuntamente una campaña con el lema «Use It Wisely» [Utilízala con inteligencia], que se ha convertido en uno de los programas educativos de ahorro de agua de mayor alcance en Estados Unidos.

Los cuatro grifos

Para satisfacer las necesidades de su creciente población, la ciudad isla de Singapur ha desarrollado lo que llama el sistema de abastecimiento de agua de «cuatro grifos».[24] El primer grifo es alimentado por su amplio sistema de embalses rodeados de tierras naturales protegidas para ayudar a mantener pura el agua de los embalses; el segundo grifo es de agua desalinizada de las bahías que rodean la ciudad; el tercero es de agua reciclada del alcantarillado (etiquetada como «agua nueva» para superar los prejuicios al respecto) y el cuarto es agua importada de Malasia. El objetivo de Singapur es poder aumentar su población en 2,5 millones de personas y en 2080 dejar de depender del agua de Malasia. Para lograrlo, Singapur se ha convertido en un centro de investigación mundial de las nuevas tecnologías del agua. Sus estrategias futuras incluyen densificar sus centros urbanos, conectarlos mejor con transporte público y recuperar terrenos anteriormente ocupados por carreteras para convertirlos en embalses y espacios abiertos.

Otra ciudad isla, Hong Kong, se ha centrado en el segundo grifo, el del agua marina, mediante la implementación de un doble sistema de agua que suministra agua potable para el uso diario y agua de mar para las cisternas de los inodoros. Este sistema lleva funcionando más de 50 años y ha reducido el uso municipal de agua en un 20 %. Tiene tanto éxito que la ciudad ahora está experimentando con un sistema de agua de tres partes para abastecer a su nuevo aeropuerto de agua dulce, agua de mar y aguas grises (de los lavabos).

También hay un quinto grifo que puede proporcionar un sistema distribuido de suministro barato de agua y bajo consumo de energía: recoger el agua de lluvia en las cubiertas de los edificios y almacenarla en cisternas. Casi todas las casas romanas antiguas recogían agua de lluvia en un *impluvium*, una cisterna poco profunda que ocupaba

[24] www.pub.gov.sg/water/Pages/default.aspx.

el centro del patio de entrada de la casa. Se utilizaba para regar los jardines y para otros usos domésticos, y cuando hacía calor, la evaporación del *impluvium* proporcionaba un enfriamiento natural. Hoy, la recogida de agua de lluvia es un componente clave del kit de herramientas de la construcción ecológica.

Todo suma

La amplia gama de tecnologías y conductas de ahorro del agua que hemos discutido hasta ahora puede reducir el consumo actual de agua de la mayoría de las ciudades hasta en un 35 %. El agua reciclada también puede proporcionar entre el 30 y el 40 % de las necesidades de agua de una ciudad. Juntos, estos enfoques pueden reducir en un 70 % el uso de agua potable en la mayoría de las ciudades. Cuando se añaden los sistemas de uso más extendido de captación y almacenamiento de agua de lluvia y la desalinización, una de las causas principales del colapso de las antiguas ciudades, la sequía, comienza a poder preverse. Sin embargo, existe un desafío mayor: las ciudades utilizan solo alrededor del 25 % del suministro de agua del mundo; el resto lo emplean la industria y la agricultura. A medida que crece la población mundial, también aumentan las necesidades de agua para uso industrial y agrícola, a menos que pasen también del metabolismo lineal al metabolismo circular.

Las sociedades agrícolas tradicionales desarrollaron complejos sistemas de distribución de agua. Los agricultores balineses son conscientes de que el problema del agua les compete a todos ellos y utilizan un sistema de riego compartido para sus arrozales llamado *subak*, cuyo mantenimiento se hace colectivamente guiados por sacerdotes que supervisan los templos colocados en cada manantial o río. Los sacerdotes aconsejan sobre los calendarios de siembra y cosecha basándose en los ciclos lunares. Los jefes de la acequia proponen calendarios de trabajo y median en disputas sobre la distribución justa del agua. Cada segmento del sistema se dirige localmente; nadie está a cargo de todo, y, sin embargo, los *subaks* han funcionado durante miles de años: han proporcionado riego, han restaurado los suelos y limitado las plagas a la vez que se adaptan a los cambios climáticos.

Los agricultores balineses vigilan continuamente lo que hacen los demás. Cuando un campesino cambia su calendario de siembra o sus tipos de arroz y su producción aumenta, sus vecinos lo copian rápidamente, lo que genera mejoras en todo el sistema. Los *subaks* interconectados proporcionan a Bali un gran sistema dinámicamente equilibrado con una gobernanza distribuida que produce como resultado uno de los sistemas agrícolas más productivos del mundo.

Desafortunadamente, la mayor parte del mundo carece de la cultura de los sistemas de gobernanza colectivos y adaptativos necesarios para distribuir el agua de manera equitativa entre sus usos.

A medida que las ciudades cartografían sus metabolismos urbanos y obtienen datos en tiempo real sobre sus *inputs* y *outputs*, cada vez entienden mejor el poder de la gestión metabólica. Y a medida que sus infraestructuras pasen de la integración lineal a la compleja, expandirán su capacidad para prosperar en una era VUCA. Al interconectar estos sistemas, al distribuir y aumentar los flujos de información entre ellos, se incrementará su resiliencia. Sin embargo, al igual que sucede con el sistema de los *subaks* balineses, en el núcleo de cualquier infraestructura eficiente radica el entendimiento de que todos somos partícipes y el compromiso de optimizar la distribución de recursos para que beneficien al sistema en su conjunto.

Infraestructura: de maximizar a optimizar

La infraestructura es el armazón sobre el que se construye la civilización. Proporciona los sistemas integrados que permiten prosperar, favorecen el bienestar y, si están adecuadamente diseñados, pueden empezar a restaurar los sistemas naturales que a menudo las ciudades degradan. Las ciudades más sabias, como Singapur y Mesa, piensan como Diocleciano y planifican sus sistemas de abastecimiento de agua para satisfacer sus necesidades durante el próximo siglo.

Por su propia manera de ser, la naturaleza es un sistema colaborativo. Desde los sistemas de riego de Mesopotamia hasta Internet, las infraestructuras crean niveles más altos de flujo de materiales, energía e información mediante la combinación de recursos y procesos compartidos. Ellos son el núcleo de la resistencia de una civilización frente a la entropía.

Las infraestructuras cambian el tiempo, proporcionan beneficios no solo para el presente sino también para el futuro. Los embalses recogen lluvia para hoy, y también la almacenan para mañana. Los sistemas sanitarios curan a la gente a medida que enferma, pero también cuentan con planes de prevención para reducir la enfermedad en los próximos años. Esto significa que invertir en infraestructura es un punto de palanca ideal: tomar prestado hoy para mejorar el bienestar en el futuro.

La infraestructura es el tejido con el que se urden las economías circulares. Cuanto más distribuidas, conectadas, inteligentes y eficientes sean sus partes, más favorecerán la aparición de nuevos modelos de organización adaptativa. Esto requiere que los dirigentes de las ciudades pasen de pensar en las infraestructuras como sistemas *complicados* a entenderlas como sistemas *complejos*. La conexión de diferentes sistemas en un único metasistema que evoluciona conjuntamente con el metabolismo de la ciudad requiere que sus dirigentes mejoren no solo la eficiencia del sistema, sino también su coherencia. Es el modelo urbano de la biocomplejidad.

En un mundo con recursos limitados, las ciudades de mayor éxito aprenderán a optimizar su consumo metabólico. Para hacerlo, pasarán de sistemas lineales a sistemas circulares, más adaptables a las incertidumbres de un mundo VUCA.

La mayoría de las ciudades no pueden financiar por sí mismas las infraestructuras del siglo XXI, y necesitan el apoyo de sus gobiernos. La India, China, Japón, Corea del Sur, Rusia, Brasil y muchos otros países están financiando grandes programas de inversión en infraestructuras urbanas. La reticencia del Congreso de Estados Unidos a invertir en infraestructuras de la nación es desconcertante. La Sociedad de Ingenieros Civiles de Estados Unidos califica como deficiente el estado de las carreteras, los puentes, los sistemas de abastecimiento de agua potable y de alcantarillado, los aeropuertos, los sistemas de tráfico, las presas, etc., del país.[25] Un importante programa de inversión en infraestructura crearía millones de puestos de trabajo locales para fabricar acero y hormigón, trabajadores de la construcción, ingenieros y equipos de mantenimiento. Mejoraría la resiliencia económica de Estados Unidos ante la volatilidad y su competitividad en salud, seguridad y calidad de vida. Además,

[25] www.infrastructurereportcard.org.

una inversión inteligente en infraestructura tiene excelentes rendimientos económicos. La respuesta frente a la globalización no es el aislamiento, sino la infraestructura.

Parte tercera
Resiliencia

Ciudades temperadas en una era de cambio climático

El tercer aspecto de la buena temperanza, la resiliencia, es la capacidad de adaptación de un sistema para lidiar con el estrés y la volatilidad. El ecólogo C. S. Holling fue el primero en describir la resiliencia de los ecosistemas en su fundamental estudio «Resilience and Stability of Ecological Systems» [«Resiliencia y estabilidad de los sistemas ecológicos», 1973]. Holling definió la resiliencia como «la capacidad de un ecosistema para tolerar perturbaciones sin colapsar en un estado cualitativamente diferente controlado por un conjunto diverso de procesos. Un ecosistema resiliente puede resistir las crisis y reconstruirse cuando sea necesario. La resiliencia en los sistemas sociales tiene la capacidad adicional de los seres humanos de anticipar y planificar el futuro».[1]

El trabajo inicial de Holling consideró la estabilidad como el objetivo preferido de un sistema, con la finalidad de volver a su estado previo después de una perturbación. Muy a menudo, cuando las comunidades sufren una calamidad, ya sea causada por el clima o por cambios estructurales en la economía, su primer instinto es querer volver a su estado previo. Sin embargo, a menudo ese no es el mejor objetivo para la salud del sistema a largo plazo. En la actualidad, la resiliencia urbana se considera como la capacidad de una ciudad para pasar a un estado nuevo y más adaptable.

---

1 Holling, C. S., «Resilience and Stability of Ecological Systems», *Annual Review of Ecology and Systematics*, núm. 4, 1973, págs. 1-23.

Mitch Landrieu, el alcalde que supervisó gran parte de la reconstrucción de Nueva Orleans tras el paso de los huracanes Katrina y Rita, describió las inundaciones como «una experiencia cercana a la muerte». Cuando la ciudad empezó a recuperarse, hubo una gran presión local para reconstruir Nueva Orleans tal como había sido antes. Sin embargo, muchos consultores externos recomendaron reconstruir la ciudad de una forma mucho más resistente y orientada al futuro. Landrieu pensó en el estado de Nueva Orleans la noche antes del huracán, y se dio cuenta de que casi todos los aspectos de la ciudad estaban en decadencia. Eligió el camino más difícil, más valiente: conservar lo mejor del pasado, pero imaginarse muchos aspectos de la ciudad del futuro. La nueva ciudad tiene el espíritu de la anterior, pero funciona de manera diferente en casi todos los sentidos.

Las ciudades viven en la intersección de sistemas dinámicos medioambientales, económicos, metabólicos, sociales y culturales. Responder a las circunstancias cambiantes puede resultar difícil, pues en nuestra naturaleza está querer volver al *statu quo* en lugar de arriesgarnos a pasar a un futuro incierto, incluso aunque fuera mejor. Este sesgo permite que la cultura humana se mantenga estable y, por tanto, resulte confiable. En nuestro pasado evolutivo, cuando los cambios ocurrían mucho más lentamente, esta fue una estrategia adaptativa importante, pero en tiempos de volatilidad, cuando el contexto muta tan rápidamente, necesitamos cambiar los viejos hábitos para encontrar nuevas estrategias adaptativas de una forma más rápida.

Uno de los principales impulsores de la volatilidad es la temperatura, cuya etimología proviene de la palabra latina *temperare*, que significa «restringir» o «mezclar», y tiene la misma raíz que «temperamento». Esta parte del libro analiza la manera de hacer que las ciudades sean más resilientes, en particular ante el cambio climático. Una clave para la resiliencia es temperar sus extremos.

El clima del planeta siempre ha sido variable, y sus cambios han tenido un efecto profundo en sus ecosistemas y sus civilizaciones. Sin embargo, sus oscilaciones más recientes se han visto exacerbadas por el uso de los combustibles fósiles de nuestra civilización moderna como nuestra principal fuente de energía, y por la silvicultura industrial y las prácticas agrícolas.

Los pozos de petróleo y de gas natural emiten enormes cantidades de metano. Cuando quemamos combustibles fósiles, liberamos dióxido de carbono. Cuando quemamos o talamos bosques, no solo emitimos dióxido de carbono, sino que también reducimos la capacidad de la naturaleza para absorberlo. El dióxido de carbono y el metano que estamos liberando a la atmósfera están formando una capa que atrapa el calor y eleva la temperatura, y ello está derritiendo los casquetes polares y los glaciares, provocando una crecida del nivel de los mares. También está cambiando los modelos climáticos, al incrementar el número de tormentas en algunos lugares y la sequía en otros.

La angustia urbana que provoca un clima cada vez más volátil puede ser dramática, tal como demuestran el huracán Katrina y la supertormenta Sandy, que causaron pérdidas de vidas humanas y daños por valor de decenas de miles de millones de dólares. Otras tormentas reducen la capacidad de funcionamiento de una ciudad, como los casi tres metros de nieve que cayeron en Boston en el invierno de 2014, paralizando la ciudad e inutilizando los sistemas de transporte público, lo que hizo imposible que decenas de miles de personas llegaran a sus puestos de trabajo. Y algunos de los nuevos comportamientos climáticos crean efectos que se acumulan a lo largo de los años, como las sequías que amenazan los suministros de agua de las ciudades de California y el suroeste de Estados Unidos. El aumento del nivel del mar pone en grave riesgo de inundación a más de 177 millones de personas en todo el mundo. Las ciudades cercanas al mar pueden quedar inundadas dentro de un siglo.

El clima cambiante también amenaza el metabolismo de nuestras ciudades. Al poner en peligro el suministro de alimentos, agua y recursos naturales esenciales, el calentamiento global está haciendo que muchas zonas rurales del mundo sean menos habitables, lo que provoca migraciones masivas de personas a las ciudades.

Pero no todo el cambio climático es causado por los seres humanos. Hay mucho que aprender a partir del impacto sobre las ciudades de los cambios climáticos naturales.

Cambios climáticos naturales

A finales del siglo XVI, Boris Godunov, un humilde arquero de la policía secreta rusa, ascendió en la jerarquía del poder gracias al asesinato, el matrimonio y la manipulación. En 1598 fue proclamado zar de Rusia. Fue una época de gran disparidad de ingresos. Las familias ricas de Rusia poseían grandes propiedades en las que trabajaban siervos pobres, y en lugar de invertir en la infraestructura del país, la élite rusa utilizaba sus ingresos para construir lujosos palacios y comprarse sedas exóticas.

Al otro lado del mundo, el volcán peruano de Huaynaputina comenzó a temblar y se produjo una erupción el 19 de febrero de 1600, la mayor registrada en la historia de Sudamérica, que arrojó millones de toneladas de cenizas volcánicas a la atmósfera, tapando el sol y provocando un clima anormalmente frío y sequías. En el norte de Europa y Rusia, se perdieron las cosechas durante tres años consecutivos.

En la hambruna que siguió, más de un tercio de la población rusa murió de inanición y frío, la mayoría de ellos siervos rurales. Pero también las ciudades sufrieron. En Moscú se cavaron fosas comunes para sepultar a 127.000 víctimas. Al percatarse de que su gobierno era incapaz de protegerlos, la gente se rebeló. El caos y la guerra civil se produjeron a medida que las facciones rivales luchaban por el poder. En 1609, Polonia invadió Rusia y ocupó el Kremlin para restablecer el orden. La combinación de cambio de clima, desigualdad de ingresos y un gobierno egoísta es tóxica para la salud de las ciudades y, a menudo, conduce al colapso.

En el siglo XXI, el cambio climático causado por los seres humanos durará más tiempo y causará más sufrimiento que la erupción del Huaynaputina. La guerra civil que está destruyendo Siria comenzó cuando el clima cambiante provocó una sequía que forzó a un millón y medio de campesinos y pastores a trasladarse a las ciudades, porque el presidente Assad asignó la preciada agua a la élite y a sus negocios agrarios. Sin trabajo y sin una voz política, los desplazados de Siria se convirtieron en el germen de la guerra que, como consecuencia, está inundando Europa con decenas de miles de personas que buscan una vida mejor.

El cambio climático no es la única megatendencia del siglo XXI. Las ciudades también se verán afectadas por una población que alcanzará los 10.000 millones de habitantes, la vulnerabilidad cibernética, el agotamiento de los recursos naturales, la pérdida de biodiversidad, el aumento de la desigualdad de ingresos y el terrorismo, todo ello acompañado del aumento de la migración de pueblos desplazados.

El impacto de estas y otras megatendencias en los ecosistemas y en la población del planeta afectará gravemente a las ciudades. Para finales del siglo XXI, es probable que las ciudades situadas a poca altitud respecto al mar, como Nueva Orleans y Dhaka, se encuentren bajo el agua a menos que lleven a cabo grandes inversiones en diques, diques que no funcionarán en casos como el de Miami, una ciudad construida sobre piedra caliza porosa, donde el nivel del mar ya está subiendo atravesando la roca, una amenaza para la que actualmente no existe una solución técnica.[2] Otras ciudades como Nueva York, Boston, Tampa, Osaka, Nagoya y Shenzhen se enfrentan a grandes costes de infraestructura para protegerse de la subida del nivel del mar, el aumento de la temperatura y una creciente desigualdad de ingresos.

Para prosperar en condiciones tan volátiles, nuestras ciudades deberán poder adaptarse rápidamente y evolucionar con los enormes cambios del próximo siglo. Para hacerlo, necesitan un temperamento resiliente. Las estrategias más efectivas son aumentar drásticamente el beneficioso papel de amortiguación de la naturaleza dentro y alrededor de las ciudades, y hacer que nuestros edificios sean más ecológicos y resilientes. En los siguientes dos capítulos exploraremos estas estrategias.

[2] www.newyorker.com/magazine/2015/12/21/the-siege-of-miami.

7
Infraestructura natural

Biofilia y resiliencia humana

La naturaleza tiene una forma maravillosa de adaptarse al cambio climático y, al mismo tiempo, de mediar sus efectos. Sin embargo, la naturaleza también aporta otros beneficios a los seres humanos. Nuestro deseo de estar en la naturaleza parece estar arraigado en nuestro ser. La palabra *biofilia* fue acuñada por el psicólogo Erich Fromm, quien la utilizó para describir el vínculo instintivo entre los seres humanos y otros sistemas vivos. El biólogo Edward O. Wilson también observó que los humanos tenemos «un impulso de juntarnos con otras formas de vida».[1] Incluso en el entorno más urbano, las personas tienen una necesidad profundamente arraigada de conectarse con la naturaleza. ¿Y por qué no? Nuestra existencia depende de la generosidad de la naturaleza: el aire y el agua, y las plantas y los animales de los que nos alimentamos. También hay una creciente evidencia científica de que los entornos urbanos que proporcionan un mayor contacto con la naturaleza mejoran nuestra salud y bienestar cognitivos, y aumentan nuestra resiliencia.

A mediados de la década de 1980, Roger Ulrich, un profesor de arquitectura sueco, realizó un estudio pionero en el que comparó dos grupos de pacientes hospitalizados que estaban recuperándose de una operación quirúrgica. El primer grupo disponía de habita-

[1] Wilson, Edward O., *Biophilia*, Harvard University Press, Cambridge (Mass.), 1984.

ciones con ventanas que daban a un muro de ladrillo y el segundo tenía ventanas con vistas a unos árboles. El estudio, que ahora se ha replicado en muchos entornos, demostró que los pacientes con vistas a los árboles estaban menos tiempo hospitalizados y necesitaban menos analgésicos en comparación con aquellos cuyas ventanas daban al muro. Este estudio dio lugar a un nuevo campo de la arquitectura conocido como diseño terapéutico,[2] que utiliza entornos naturales para facilitar la curación y mejorar los resultados médicos. Por otra parte, los diseños terapéuticos no solo son buenos para los pacientes, sino que además reducen el estrés a los visitantes, y también el agotamiento y las rotaciones de los propios trabajadores de la salud.

Los beneficios de la naturaleza para el bienestar humano están en todas partes. En su revolucionario libro *Last Child in the Woods: Saving Our Children from Nature-Deficit Disorder*,[3] Richard Louv presentó una investigación que pone en evidencia el rápido aumento del trastorno por déficit de atención con hiperactividad (TDAH) entre los niños que experimentan una mayor desconexión con la naturaleza. A su entender, el contacto con la naturaleza aumenta la capacidad de los niños para prestar atención y mejora su capacidad de aprendizaje social y emocional. La biofilia, que comenzó como una hipótesis intrigante, está siendo respaldada ahora por cada vez más cantidad de estudios científicos.

En 2012, el *Journal of Affective Disorders* publicó un estudio que indica que las personas con un importante trastorno depresivo muestran ganancias cognitivas más significativas después de un paseo por la naturaleza que con uno por un entorno urbano desprovisto de naturaleza.[4] La Asociación de Terapia Hortícola de Estados Unidos informa de que los jardines sensoriales se están convirtiendo cada vez más en terapia para las demencias.[5] Thrive, una organización benéfica de horticultura con sede en el Reino Unido, está creando una red de jardines terapéuticos para mejorar las vidas de personas discapacitadas, enfermas, aisladas, desfavorecidas o, en general, vulnerables. The Sensory Trust está llevando este trabajo a Cornualles

---

[2] www.healinglandscapes.org.

[3] Louv, Richard, *Last Child in the Woods: Saving Our Children from Nature-Deficit Disorder*, Algonquin Books, Chapel Hill, 2005.

[4] www.jad-journal.com/article/S0165-0327(12)00200-5/abstract.

[5] ahta.org.

construyendo centros biofílicos para ayudar a gente cuyas vidas se ven afectadas por la exclusión social, incluidas personas mayores y con discapacidades físicas, sensoriales e intelectuales. Y los centros de cura del cáncer Maggie, una red de instalaciones basadas en la comunidad, se están construyendo como centros terapéuticos biofílicos para personas afectadas por el cáncer en todo el Reino Unido. Pero ¿deberían los entornos biofílicos beneficiar solo a las poblaciones con necesidades especiales, o pueden ayudar a sanar también los barrios y las ciudades?

El jardín en la ciudad

A lo largo de la historia, los urbanistas han integrado parques y jardines en sus visiones urbanas. Quizás los jardines más famosos de una ciudad antigua fueron los legendarios jardines colgantes de Babilonia. Estos jardines fueron construidos por el rey Nabucodonosor II para su esposa, quien había sido criada en las montañas y su vida en la capital árida y plana de Babilonia le hacía añorar los picos y los exuberantes valles de su infancia.[6] Las casas de los antiguos griegos y romanos tenían jardines privados en un patio interior cercano a la entrada.

En la antigua China, los jardines eran exclusivos de los ricos y los poderosos. Diseñados principalmente para el placer, fueron lujosamente construidos y decorados para banquetes y fiestas con las concubinas. Alrededor de 500 a. C., influenciado por las enseñanzas de la Era Axial de Confucio y Lao-Tsé, el propósito de los jardines chinos cambió para buscar lo sublime. Su diseño comenzó a alentar la contemplación, promover un sentido de armonía entre los seres humanos y la naturaleza, y abrir al visitante al *jen*, o sentimiento altruista. Mediante el uso cuidadoso de rocas, agua, árboles y flores, que representan las fuerzas de la naturaleza, junto con la arquitectura, la pintura y la poesía, que representan las fuerzas humanas, los jardines taoístas intentaron modelar un equilibrio entre los seres humanos y la naturaleza.

[6] Finkel, Irving, «The Hanging Gardens of Babylon», en Clayton, Peter y Price, Martin, *The Seven Wonders of the Ancient World*, Routledge, Nueva York, 1988, págs. 45-46.

Los jardines también están presentes a lo largo de la vida de otro gran pensador de la Era Axial, el Buda Sakyamuni, quien nació en un jardín, alcanzó la iluminación bajo un árbol, dio su primer sermón en un parque con ciervos, o santuario, y acabó muriendo en un jardín. La universidad budista de Nalanda, una de las primeras grandes universidades del mundo y una de las más antiguas, rodeó todas y cada una de sus aulas, monasterios y estupas (edificios funerarios) con un jardín.

La forma del jardín persa fue evolucionando durante el gran florecimiento islámico desde el siglo VIII al XII. Las ciudades islámicas presentaban tres tipos de jardines: el *bustan*, un jardín formal contemplativo organizado alrededor de estanques rectangulares y canales de agua en el patio interior de una casa y que representaba el paraíso en la tierra; el *jannah*, un huerto de palmeras, naranjos y vides situado fuera de la casa; y el *rawdah*, o jardín de la cocina. El jardín islámico proporcionaba un oasis entre el azogue de los mercados y las distracciones de la casa, un lugar de refugio y contemplación en el núcleo de una ciudad ajetreada.

La conquista de la península Ibérica por los musulmanes trajo el jardín persa a Europa, donde su forma muy geométrica, enmarcada por muros y centrada en un sistema de canales y fuentes, todavía puede verse en jardines de toda Europa, desde la Alhambra hasta el palacio de Versalles. Estos jardines eran todos privados y proporcionaban placer a la aristocracia y a los mercaderes ricos. A los británicos les costó abrir los jardines al público, y solo tras largos conflictos.

El nacimiento del parque urbano público

En 1536, el rey Enrique VIII compró terrenos comunales a las afueras de Londres para que sirvieran de coto de caza privado. Para privatizarlo, lo valló y lo cerró al uso comunal, que consistía en pastoreo y caza. Por aquel entonces, el hecho de cercar terrenos comunales era muy controvertido. Esta práctica había comenzado varios siglos antes, cuando las plagas y las hambrunas habían diezmado a la población de Inglaterra y las grandes casas solariegas no pudieron reunir suficientes jornaleros para trabajar sus tierras. Para generar ingresos, los terratenientes vallaron lo que comúnmente habían sido tierras de cultivo para convertirlas en zonas de pastoreo de ovejas, labor que necesitaba menos mano de obra. A medida que Europa se hacía más próspera y crecía la demanda de lana inglesa, la nobleza aumentó los cercados de tierras comunales con arriendos de larga duración, privando a los agricultores y ganaderos locales de su medio de subsistencia. Los cercados del rey Enrique VIII fueron muy mal vistos porque los ingresos que producían se utilizaban para sufragar su estilo de vida extravagante.

Este tipo de privatización, conocido como el movimiento de las *enclosures*, dio lugar a un virulento debate sobre el conflicto entre el beneficio público y privado, entre el nosotros y el yo, que ha dominado las discusiones sobre los usos de la tierra desde entonces. La privatización de la propiedad pública a menudo va acompañada de una creciente disparidad entre los ricos y el resto de la población. En Inglaterra, en respuesta a una década de intenso descontento social en 1637, el rey Carlos I abrió al público Hyde Park, y nació el gran movimiento de parques públicos de Londres. Hoy en día hay ocho parques en Londres propiedad de la Corona pero abiertos para el disfrute del público: Bushy Park, Green Park, Greenwich Park, Hyde Park, Kensington Gardens, Regent's Park, Richmond Park y St. James's Park.

1857 fue un buen año para que la ciudad se hiciera más verde. Al tiempo que el emperador Francisco José derribaba las murallas de Viena para construir la Ringstrasse, un barrio nuevo y vibrante lleno de árboles y parques, un grupo de ricos comerciantes de la ciudad de Nueva York presionó para que la Comisión de Central Park diseñara un parque en las tierras de pastoreo al norte de los barrios más poblados de la ciudad con el objetivo de crear un lugar donde ellos y sus familias pudieran dar paseos a pie o en carruaje, y donde las familias de clase trabajadora pudieran socializar lejos de la bodega del barrio. La Comisión de Central Park convocó el primer concurso nacional de paisajismo para el nuevo parque, que ganaron Frederick Law Olmsted y Calvert Vaux. Su plan para Central Park tuvo un enorme éxito, y este éxito les llevó a conseguir una amplia variedad de encargos en la ciudad, incluido el Prospect Park de Brooklyn.

Central Park es un enclave extraordinario, un paisaje natural idealizado en el corazón de la ciudad más densa de Estados Unidos. Sin embargo, la principal contribución de Olmsted y Vaux a la forma urbana de las ciudades llegó más tarde con el desarrollo del concepto de «collar de esmeraldas», una red de parques y avenidas que a menudo seguían sistemas fluviales naturales, como los de Boston, Rochester, Nueva York, el Belle Isle Park de Detroit, el «gran collar de parques» de Milwaukee (Wisconsin) y Cherokee Park en Louisville (Kentucky). Estos sistemas de parques fueron construidos a finales del siglo XIX y principios del siglo XX, y fueron expandidos por los proyectos WPA y CCC de la Gran Depresión. No obstante, a medida que las ciudades comenzaron a luchar contra el aumento de los déficits fiscales y la disminución de la población durante la década de 1970, sus presupuestos para parques fueron los primeros en ser recortados.

El surgimiento de los huertos comunitarios

El sur del Bronx de Nueva York se convirtió en un símbolo nacional del declive urbano que tuvo lugar durante la segunda mitad del siglo XX. En 1948, Robert Moses comenzó la construcción de la autopista Cross-Bronx, la carretera más cara del mundo por entonces. Cuando se completó en 1963, el sur del Bronx, un bastión de comunidades trabajadoras y de clase media, había quedado separado del resto de la ciudad, desencadenando la rápida degeneración del barrio. En la década de 1970, el sur del Bronx fue diezmado por las drogas, el crimen y el abandono. Las redes sociales del barrio estaban hechas añicos y había pocos puestos de trabajo disponibles. Y, entonces, el sur del Bronx comenzó a arder cuando los yonquis incendiaron edificios para dejar al descubierto las tuberías de cobre y los cables, que podían arrancar y vender para comprar heroína o *crack*. Los propietarios incendiaron edificios que no daban dinero para cobrar el seguro, y los ocupantes ilegales los quemaban por accidente mientras hacían hogueras para calentarse. Lo mejor que pudo hacer Nueva York fue derribar los edificios inseguros y crear enormes solares sembrados de escombros, iluminados en invierno por las hogueras de personas sin hogar que se congregaban alrededor de bidones de gasolina llenos de basura que quemaban para mantenerse calientes.

A menudo se compara el devastado sur del Bronx con Dresde, la ciudad alemana arrasada por la tormenta de fuego provocada por los bombarderos aliados en 1945, solo que el sur del Bronx fue bombardeado a cámara lenta. A pesar de estas condiciones desalentadoras, los habitantes que se quedaron en el barrio ocuparon un puñado de solares vacíos y comenzaron a construir huertos comunitarios. Algunos cultivaban para autoabastecerse de una fuente barata de alimentos, otros como un acto de construcción comunitaria. Estos huertos de barrio se convirtieron en refugios seguros donde los residentes podían encontrarse y aprovecharse también del poder sanador de la naturaleza. Inmigrantes recién llegados del Caribe o de América Latina, o afroamericanos separados solo una o dos generaciones del sur rural, se reunían en su huerto y construían *casitas*, centros comunitarios improvisados, donde se reunían para tocar música, jugar a las cartas y al dominó.[7] En la actualidad existe una gran cantidad de estudios que demuestran que este tipo de huertos proporcionan enormes beneficios para la salud. A menudo eran la única fuente de alimentos frescos en los barrios pobres, y también obligaban a sus usuarios a hacer ejercicio, a construir sus redes sociales y a desconectar del estrés de vivir en la pobreza.

El movimiento de huertos comunitarios creció en paralelo al de las empresas de desarrollo comunitario sin ánimos de lucro, que primero se centraron en la rehabilitación de edificios abandonados para transformarlos en viviendas asequibles, y luego construyeron nuevos edificios de viviendas en terrenos baldíos al tiempo que brindaban servicios sociales a sus habitantes. Ambos movimientos eran autoorganizados, con una amplia participación y en gran medida independientes de las autoridades municipales.

Irritado, el alcalde de Nueva York, Rudolph Giuliani, quien ejercía con mano dura el control de la ciudad, propuso en 1999 subastar a promotores inmobiliarios privados los huertos situados en terrenos de propiedad municipal. Gracias a los esfuerzos de las ONG Trust for Public Land y New York Restoration Project, los huertos fueron comprados justo antes de la subasta, se los protegió y se conectaron entre sí los huertos particulares en forma de cooperativas de barrio.

El movimiento de huertos comunitarios ha llegado hoy a casi todas las ciudades de América del Norte. En 2012, la Asociación de Jardines Comunitarios de Estados Unidos estimó que había 18.000

[7] Hughes, C. J., «In the Bronx, Little Houses That Evoke Puerto Rico», *The New York Times*, Nueva York, 22 de febrero de 2009.

huertos comunitarios en Estados Unidos y Canadá.[8] Este movimiento es un reflejo del deseo profundo y biofílico de los habitantes de la ciudad por entrar en contacto con la naturaleza, y su escala ha crecido lo suficiente como para que sea un elemento significativo del metabolismo de la ciudad.

Parques, huertos, jardines y la salud de las ciudades

De todos los grupos conservacionistas de tierras de Estados Unidos, el Trust for Public Land (TPL) ha sido el que desde hace más tiempo ha estado trabajando en ciudades, y lanzó su programa urbano en 1976. A medida que crecían los estudios que daban fe de las ventajas económicas y para la salud de los parques y huertos urbanos en la década de 1990 y principios de la de 2000, el TPL se propuso que estos estuvieran equitativamente repartidos en todas las ciudades, recomendando que los ciudadanos no vivieran a más de diez minutos a pie de un parque, un frente acuático o un huerto. Parece ser que los parques, las vías verdes y los huertos se encuentran entre las formas más rentables de mejorar la salud pública, crear resiliencia climática e incrementar el valor económico.

El estudio del TPL de 2009 titulado «Medir el valor económico de un sistema de parques urbanos»,[9] informó de siete ventajas directas principales de los parques urbanos y los espacios abiertos: valor de la propiedad, turismo, uso directo, salud, cohesión comunitaria, agua limpia y aire limpio. Los primeros dos factores proporcionan a las ciudades un ingreso directo. Estudios llevados a cabo en una amplia gama de ciudades corroboran que las propiedades inmobiliarias cerca de parques y otros espacios naturales abiertos son más valiosas, lo que genera mayores ingresos por impuestos a los ayuntamientos; los grandes parques también atraen a turistas que gastan dinero en o cerca de ellos, lo que de nuevo aumenta los ingresos. Los siguientes tres factores –uso directo, salud y cohesión comunitaria– ofrecen a los residentes ahorros directos o evitan costes. Los parques brindan a gente de todo tipo de ingresos un lugar de ocio

[8] www.communitygarden.org/learn/faq.

[9] Harnik, Peter y Weller, Ben, «Measuring the Economic Value of a City Park System» (con ayuda de Linda S. Keenan), Trust for Public Land, 2009.

y de ejercicio sin tener que pagar cuotas de gimnasios u otros servicios privados. Numerosos estudios apuntan al ejercicio como una forma fundamental para reducir las enfermedades contemporáneas más caras y extendidas, como la obesidad, la diabetes, las enfermedades cardíacas y el cáncer.

El estadounidense medio camina menos de 400 m al día. Más del 60 % de los estadounidenses son obesos o tienen sobrepeso. En la década del año 2000, esta falta de actividad física fue la segunda causa de muerte entre los estadounidenses después del tabaquismo.[10] En Estados Unidos, la obesidad cuesta 190.000 millones de dólares en gastos de salud,[11] y se trata de un fenómeno global. A medida que en China más personas se trasladan a vivir a edificios de viviendas, sus habitantes caminan menos. La Organización Mundial de la Salud señala que en 2011 más de 350 millones de chinos sufrían de sobrepeso y casi 100 millones eran obesos, cinco veces más que seis años antes, en 2005.[12]

Una solución barata a esta crisis puede encontrarse en la correlación demostrada entre lo peatonal que es una ciudad y el ejercicio físico: las personas que viven a diez minutos a pie o en bicicleta de un parque (y que cuentan con una acera segura para llegar allí) hacen más ejercicio. Paradójicamente, mucha gente opta por vivir en los suburbios para estar más cerca de la naturaleza pero, a menudo, los habitantes de las ciudades pasan más tiempo caminando al aire libre que los habitantes suburbanos, y, por tanto, pesan menos.

También existen estudios que establecen una fuerte conexión entre el contacto con la naturaleza en las ciudades y la salud mental. Mark Taylor, un investigador de salud pública de la universidad eslovaca de Trnava, examinó dos grupos de datos públicos de Londres: el primero rastreó el número de recetas de antidepresivos extendidas en cada uno de los 33 distritos de la ciudad, y el otro documentó el número de árboles que había en la calle por cada manzana. Después de ajustar factores como el desempleo y los altos ingresos, Taylor y sus colegas encontraron una clara correlación entre los árboles de la

[10] «Active Living by Design», New Public Health Paradigm: Promoting Health Through Community Design, 2002.

[11] www.hsph.harvard.edu/obesity-prevention-source/obesity-consequences/economic.

[12] Goodyear, Sarah, «What's Making China Fat», *Atlantic Cities*, 22 de junio de 2012.

calle y el bienestar de sus habitantes: las zonas con menos árboles en la calle tenían el mayor número de residentes que tomaban antidepresivos con receta.[13] Las actividades en los parques también ayudan a crear cohesión social, lo que no solo tiene importantes beneficios para la salud, sino que también reduce los gastos en policía y bomberos, cárceles, servicios sociales y rehabilitación. En el capítulo décimo de este libro exploraremos el papel fundamental que desempeña la cohesión social en el bienestar.

Los parques y los espacios abiertos también generan enormes beneficios medioambientales en las ciudades. Estos parajes naturales absorben contaminantes de la atmósfera, un factor especialmente crítico para los residentes de los barrios pobres, que tienden a estar más cerca de lugares tóxicos por su proximidad a la industria, las carreteras y las cocheras de autobuses. Los árboles también refrescan el aire al proporcionar sombra, absorber el agua del subsuelo y soltarla por sus hojas. Los árboles templan las ciudades moderando los efectos del cambio climático; cuando las temperaturas superan los 32 °C, los barrios con arbolado pueden estar hasta 11 °C por debajo de los sin arbolado. Según el Departamento de Agricultura de Estados Unidos: «El efecto de enfriamiento neto de un árbol joven y saludable equivale a diez aparatos de aire acondicionado de los usados para una habitación encendidos veinte horas al día».[14]

Los parques y los espacios abiertos también mejoran la capacidad de una ciudad para retener y limpiar el agua de lluvia. A medida que cambia el clima, en muchas ciudades la lluvia ha perdido su distribución más uniforme para caer por ciclos que combinan etapas de sequía con fuertes tormentas, de modo que cuando llueve el sistema de recogida de aguas pluviales de la ciudad a menudo se ve desbordado. Casi 800 ayuntamientos de Estados Unidos no cumplen la Ley Federal de Agua Limpia, y necesitan hacer inversiones para reducir el desbordamiento de las aguas residuales sin depurar de sus sistemas de alcantarillado de aguas pluviales. En Seattle, la combinación de gasolina, metales pesados y mugre que arrastra la lluvia de las calles y que las aguas pluviales vierten a los ríos cercanos es tan tóxica que puede envenenar a los salmones migratorios, matándolos a las dos ho-

[13] Laskow, Sarah, «How Trees Can Make City People Happier (and Vice Versa)», *Next City*, 3 de febrero de 2015.

[14] www.coolcommunities.org/urban_shade_trees.htm.

ras y media de estar en contacto con esas aguas. Sin embargo, si esas mismas aguas pluviales discurren antes por el suelo, hay experimentos que indican que son inofensivas para los peces.[15] Resulta mucho más barato para un ayuntamiento construir nuevos parques que absorban y limpien el agua que reventar las calles para colocar conductos de hormigón de mayor diámetro y tanques de retención. Y al mismo tiempo proporcionan ventajas sociales y para la salud de los habitantes.

Los efectos atenuantes de la naturaleza son un elemento esencial de la infraestructura de una ciudad, pues mejoran su metabolismo al tiempo que proporcionan beneficios económicos, resiliencia climática, bienestar y habitabilidad, todo a un precio mucho más bajo del que puede ofrecer la ingeniería de infraestructuras tradicional.

El retorno de la infraestructura natural

El sistema de alcantarillado de Filadelfia arroja miles de millones de litros de desechos tóxicos al río Schuylkill cada vez que llueve, violando así la Ley de Agua Limpia de Estados Unidos. A mediados de la década de 2000, la EPA ordenó que Filadelfia invirtiera 8.000 millones de dólares en la construcción de un enorme sistema subterráneo de depósitos de aguas pluviales y aumentara el tamaño de las tuberías de aguas pluviales en toda la ciudad, lo que significaba hacer obras en casi todas las calles principales. Tales intervenciones son muy caras de construir y de mantener, y no han sido necesariamente efectivas en otras ciudades. Milwaukee, por ejemplo, había gastado 2.300 millones de dólares en un sistema similar en la década de 1980 que no resolvió sus problemas de aguas pluviales, de modo que Filadelfia propuso un plan alternativo a la EPA: en lugar de construir un sistema a base de hormigón y de tuberías, gastaría 1.000 millones de dólares en otro más natural, construyendo nuevos parques, retirando el asfalto en los patios escolares para sustituirlo por césped, y animando a los propietarios privados a que colocaran cubiertas vegetales en sus edificios, así como árboles y pavimentos permeables en los aparcamientos en superficie. La ciudad también

[15] Doughton, Sandi, «Toxic Road Runoff Kills Adult Coho Salmon in Hours, Study Finds», *Seattle Times*, Seattle, 8 de octubre de 2015.

se comprometió a invertir en la restauración natural de los hábitats de los arroyos y las riberas de los ríos.

La EPA estuvo de acuerdo con la propuesta. Para pagar todo aquello, Filadelfia elevó las tasas del agua. El resultado fue un ahorro de 7.000 millones de dólares respecto a los costes del plan original de la EPA, y un aumento en la calidad de vida y la salud de la ciudad. El proyecto también está reduciendo las emisiones de dióxido de carbono, mejorando la calidad del aire y del agua al tiempo que restaura los humedales y otros hábitats naturales. También ha subido el valor de las propiedades de las nuevas zonas verdes.[16] El aumento en las tasas por tratamiento de aguas pluviales y residuales está cambiando los comportamientos al proporcionar a los residentes información sobre los costes reales de estos servicios; en consecuencia, los residentes están colocando cubiertas vegetales y árboles en las aceras para reducir las tasas que se les cobran.

Quizás la reintroducción más dramática de infraestructura natural en una ciudad tuvo lugar a más de 11.000 km de Filadelfia, en Seúl, en Corea del Sur. Seúl fue fundada el 17 a. C. a orillas del río Han. El río Cheonggyecheon, un afluente del río Han de 8,3 km de longitud, atraviesa el núcleo de la metrópolis actual. Cuando Seúl se convirtió en la capital de la dinastía Joseon en 1394, el rey Yeongjo financió la construcción de un sistema de infraestructura urbano adecuado. Con el fin de aumentar la capacidad del río para drenar los terrenos adyacentes y evacuar las aguas pluviales, se dragó el río, sus orillas se revistieron de piedra y se construyeron puentes para fomentar el desarrollo urbano. Con el tiempo, el río se convirtió en la línea divisoria económica de la ciudad: los ricos al norte y los pobres al sur. Después de la Guerra de Corea, cientos de miles de refugiados invadieron Seúl, ocupando las orillas del Cheonggyecheon con chabolas improvisadas y llenando de basura y desechos humanos sus aguas.

A medida que Corea del Sur se hizo más próspera, sus residentes comenzaron a comprar coches y a mudarse a los suburbios. Para absorber el tráfico resultante, se canalizó el río Cheonggyecheon y, en la década de 1960, se cubrió con una carretera. En 1976 se construyó

---

[16] www.governing.com/topics/energy-env/proposed-stormwater-plan-philadelphia-emphasizes-green-infrastructure.html.

Casas junto al río Cheonggyecheon, 1946. Extraído de *Seoul under Japanese Rule, 1910-1945*, Comité metropolitano de Seúl.

encima una autopista elevada que, en 1990, soportaba un tráfico de 160.000 coches al día; constantemente atascada, comenzó a desmoronarse por el estrés.

Cuando Kee Yeon Hwang, profesor en el departamento de planificación urbana y diseño de la Hongik University, fue contratado para repensar el plan de transporte de la ciudad, se le ocurrió una idea radical: derribar la carretera y la autopista que cubrían el río Cheonggyecheon. «La idea fue sembrada en 1999», sostiene Hwang. «Tuvimos una extraña experiencia. La ciudad tenía tres túneles y uno de ellos tuvo que cerrarse. Extrañamente, encontramos que el volumen de coches que circulaba descendió. Descubrimos que se trataba de un ejemplo de la paradoja de Braess, que sostiene que quitar espacio en una zona de la ciudad puede aumentar el flujo de tráfico y, por ende, agregar más capacidad a una red vial puede complicar el tráfico.»[17]

La paradoja de Braess, desarrollada por el matemático alemán Dietrich Braess, sostiene que agregar capacidad y conectividad a un

[17] Vidal, John, «How a River Helped Seoul Reclaim Its Heart and Soul», *Mail and Guardian* (en línea), 5 de enero de 2007.

sistema optimizado para el usuario, como una red de carreteras, no aumenta su eficiencia si cada usuario decide lo que más le conviene. Esto se basa en el equilibrio de Nash, según el cual si las decisiones no se toman teniendo en cuenta las ventajas para el conjunto, el resultado puede no ser óptimo.

En general, los estadounidenses creen que mejorar las opciones individuales es bueno, y que al agregar capacidad y conectividad a las redes viarias se resuelven los problemas de tráfico. Sin embargo, resulta que esto puede conducir a reducir la eficiencia y a crear más atascos de tráfico. La eficiencia de un sistema se ve reforzada por una mayor conectividad y capacidad si la gente elige tomar las decisiones que convienen al conjunto de la población.

Desde el principio, el proceso de restauración del río Cheonggyecheon se diseñó para maximizar el beneficio de la comunidad. A través de encuestas, Hwang consiguió la participación local de miles de ciudadanos preguntándoles qué era lo que más les importaba, y las respuestas fueron coherentes: el agua y el medio ambiente. A medida que la idea de derribar la autopista elevada ganó impulso, Hwang desarrolló un modelo de simulación que predijo una ligera mejora en el tráfico. El derribo de la autopista fue sometido a votación de la ciudadanía y finalmente fue aprobado. En 2005, se finalizó el proyecto, que costó 380 millones de dólares, diseñado para reducir el tráfico, aumentar la habitabilidad y la biodiversidad, y transformar culturalmente las áreas a lo largo de las riberas del río. El éxito fue extraordinario.

Como parte del proyecto de revitalización del río Cheonggyecheon, la ciudad también integró sus redes de datos y de transporte. Las zonas a lo largo de las riberas de los ríos se enriquecieron con acceso a Internet de alta velocidad y se dedicaron a las artes y a la innovación. Aparecieron cientos de nuevas empresas y organizaciones culturales nuevas, o las existentes se trasladaron allí. La creciente densidad de habitantes y trabajadores generó la aparición de restaurantes y cafés en las riberas del río. A medida que mejoraba el equilibrio entre empleo y vivienda, menos gente que trabajaba en la zona llegaba en coche. La ciudad aumentó las tarifas de aparcamiento en la zona, pero también incrementó su servicio de autobuses y creó paseos a lo largo del río recuperado. Como ya se había predicho, el tráfico general en la ciudad disminuyó y aumentó la velocidad, por lo que incluso los automovilistas se beneficiaron. Hwang dijo: «El derribo de la autopista ha tenido efectos tanto intencionados como inesperados. Tan pronto como derribamos la carretera, los coches desaparecieron. Mucha gente ha dejado de utilizar el coche».[18]

Los beneficios de la recuperación del río Cheonggyecheon van más allá de su impacto en el transporte, lo que en un principio había sido el origen del proyecto. Como dijo Lee In-keun, concejal de infraestructura de Seúl: «Básicamente hemos pasado de ser una ciudad orientada hacia el automóvil a una orientada al ser humano».[19] Las temperaturas en verano en las orillas del río recuperado son ahora una media de 14 °C más bajas que en las áreas urbanas a 350 m de distancia. La velocidad del viento a lo largo del río ha aumentado un 50 % debido a los cambios térmicos, y las micropartículas contaminantes han caído a casi la mitad de sus niveles anteriores. El río recuperado ha enriquecido la biodiversidad local, ya que la cantidad de peces y otras especies en Cheonggyecheon se ha cuadruplicado, y el número de especies de insectos ha aumentado de 5 a 192.[20] «Nuestra vida ha cambiado», dijo el actor y gestor cultural Inchon Yu al exalcalde de Seúl, Lee Myung-Bak. «La gente siente el agua y el viento. La vida se ralentiza [...], y la gente se acuerda de sus propios corazones. Todo esto le ha dado un nuevo corazón a la ciudad.»[21]

Desgraciadamente, la paradoja de Braess, que resultó tan útil para los urbanistas coreanos, no se tuvo en cuenta cuando Boston decidió expandir significativamente su red de carreteras, enterrarla y cubrirla con un parque, un proyecto conocido como el Big Dig [El gran agujero]. El parque generó un aumento en los precios de las propiedades inmobiliarias y en el coste de vida en la ciudad, pero la expansión de las calzadas de alta velocidad en realidad duplicó los tiempos de viaje en algunas zonas, y redujo su rendimiento general.

La belleza del proyecto del río Cheonggyecheon residió en aplicar los principios de la naturaleza con el fin de restaurar los sistemas humanos y naturales de la ciudad, y mejorar su resiliencia ante la previsible volatilidad futura.

---

[18] Ibíd.

[19] Ibíd.

[20] www.terrapass.com/society/seouls-river.

[21] Ibíd.

Biodiversidad y coherencia

Restaurar la naturaleza dentro y alrededor de los centros urbanos es fundamental para nuestro bienestar, da vigor al metabolismo de la ciudad y genera múltiples beneficios colaterales medioambientales, económicos, sociales y de salud que son bien recibidos por las ciudades en rápido crecimiento. A medida que São Paulo se vuelve más denso, tiene el proyecto de desarrollar un centenar de nuevos parques. Shanghái está construyendo 21 nuevos parques alrededor de su límite suburbano. Nueva Delhi está planeando un nuevo parque de 485 hectáreas, un 50 % más grande que el Central Park de Nueva York. Sin embargo, el hecho de solo plantar árboles y césped no necesariamente recrea la naturaleza. Los sistemas naturales requieren complejidad y diversidad para prosperar. Pero, para empezar, veamos una breve lección sobre la forma como se organizan los sistemas naturales.

G. Evelyn Hutchinson, el padre de la ecología moderna, observó que los nutrientes en un ecosistema natural fluyen a través de la cadena alimenticia en una «estructura trófica», un ciclo de nutrientes. En el primer nivel trófico se encuentran los productores primarios, como las plantas y las algas, que combinan la luz del sol, el dióxido de carbono y los elementos del suelo para crear materia viva. Esto proporciona la base de nutrientes y energía para todo el ecosistema. El segundo nivel trófico consiste en consumidores, incluidos todos los animales: dado que no pueden fabricarse sus propios alimentos, tienen que alimentarse de otros seres vivos. El tercer y último nivel está formado por los descomponedores, como los hongos y las bacterias, que descomponen los alimentos y los devuelven al suelo para que puedan reciclarse en el sistema. Estos tres niveles tróficos organizan los metabolismos de todos los sistemas vivos. Es un marco interesante para reflexionar sobre el metabolismo de las ciudades.

Eugene Odum, quien, junto con su hermano Howard, escribió el primer libro de texto de ecología en 1953, describió un ecosistema como una comunidad en la que los elementos orgánicos e inorgánicos interactúan para crear un sistema dinámico e interdependiente basado en estos tres niveles tróficos. Más tarde, Howard Odum observó que no solo los nutrientes fluyen a través del sistema, sino también la energía. La entropía dicta que la energía que fluye a través de un sistema se disipa con el tiempo, pero Howard propuso que, cuando la energía y la información se combinan en sistemas generativos y saludables, se convierten en lo que él llamó *emergy*, o información nueva que se conserva. Mientras que la entropía siempre desgasta un sistema, la *emergy* ayuda a construirlo de nuevo. Por ejemplo, se necesita muy poca energía para almacenar información en el ADN, pero es una inversión muy valiosa, ya que contiene las instrucciones de cada organismo y, colectivamente, del ecosistema. Esta biblioteca de genes que da forma a una comunidad ecológica cambia continuamente, modulada por las presiones selectivas y activada y desactivada por la epigenética, de modo que la capacidad de adaptación del sistema se ve reforzada por la diversidad de sus opciones evolutivas.

Para que un ecosistema prospere, debe ser lo suficientemente diverso y proporcionar oportunidades para que se establezcan conexiones múltiples entre los *inputs* y los *outputs* de las especies. Si los elementos de un sistema son muy parecidos, algo que los ecologistas llaman «similitudes limitadoras», la variedad de sus interconexiones se reduce y se vuelve más vulnerable al estrés y la volatilidad. De igual modo que un ecosistema saludable integra la diversidad de manera coherente, también lo debe hacer un metabolismo urbano saludable.

Volver a llevar la naturaleza a las ciudades enriquece la diversidad y la adaptabilidad de su metabolismo y constituye una de las formas más baratas y agradables de aumentar su salud. Estos principios se aplican no solo a la ecología de una ciudad, sino también a su economía. Como demostró el hundimiento de la ecología económica automovilística en Detroit, la dependencia de una ciudad de una sola industria es una similitud limitadora. Es mucho más probable que prospere una economía diversa, pero coherente, como la de Nueva York, con sus sectores de tecnología, *marketing*, diseño, editorial y finanzas que trabajan conjuntamente para generar innovación. La floreciente economía de Nueva York tiene un equilibrio de productores, consumidores y digestores, pero en este caso se está produciendo, consumiendo y digiriendo información, no nutrientes. Las ciudades también necesitan ecosistemas naturales saludables, y la biodiversidad resulta fundamental para su salud.

Biodiversidad y parques urbanos

Por desgracia, muchos de los parques urbanos del mundo no son especialmente biodiversos. Por ejemplo, en los nuevos parques de los alrededores de Shanghái solo se han plantado algunas especies de árboles, césped y arbustos ornamentales que quedan bonitos, pero son ecológicamente estériles. Estos parques no contienen especies productoras primarias que proporcionen alimento para los pájaros y flores para los polinizadores. Cuando el primer nivel trófico de la ecología es limitado, el resto sigue el mismo patrón. Al reconocer que la falta de biodiversidad reduce la capacidad de regeneración de la naturaleza, los alcaldes de diversas ciudades de rápido crecimiento se han unido para estudiar este tema y compartir soluciones.

En 2007, Carlos Alberto Richa, alcalde de la ciudad brasileña de Curitiba, celebró el primer congreso mundial de Biodiversidad y Ciudades, organizado por la Convención de Curitiba. Richa abogaba por un movimiento global que aumentara la biodiversidad de las ciudades, y expresó la profunda preocupación de los alcaldes por «la pérdida de biodiversidad sin precedentes en nuestro planeta y su gran impacto medioambiental, social, económico y cultural, exacerbado por los efectos del cambio climático».[22] Los 34 alcaldes firmaron una declaración en representación de sus ciudades que decía: «Integrar la biodiversidad en la planificación y el desarrollo urbanos con miras a mejorar las vidas de los ciudadanos, en particular de los más pobres, garantiza la base de subsistencia de las ciudades y favorece los mecanismos adecuados de regulación, de implementación y de toma de decisiones que garanticen la implementación efectiva de los planes de biodiversidad».

Resulta revelador que esta declaración proviniese de un grupo de alcaldes. En todo el mundo, los órganos de gobierno nacionales, como el Congreso de Estados Unidos, a menudo no pueden llegar a un consenso para tomar medidas de gran alcance dentro de sus fronteras, y mucho menos llegar a acuerdos con otros países. Sin embargo, los alcaldes operan en un nivel de gobernabilidad en el que los problemas medioambientales, sociales y económicos tienen

[22] Convención de Curitiba sobre la Biodiversidad y las Ciudades, 28 de marzo de 2007.

un impacto palpable en la vida cotidiana. Los alcaldes son responsables de actuar, pues representan a sus electores, y cuando lo hacen su liderazgo puede tener un impacto real. Y así, por ejemplo, Tulsa y Oklahoma City se han convertido en ciudades innovadoras líderes en parques urbanos, mientras que los senadores que las representan en Washington se oponen a todos los fondos destinados a la ecología y a fijar objetivos.

En 2009, Singapur, una de las ciudades firmantes de la Convención de Curitiba, al reconocer la importancia de la biodiversidad para la ecología de su isla, desarrolló un índice de biodiversidad urbana para seguir su evolución.[23] Desde la década de 1970, Singapur ha pasado conscientemente de una economía basada en la industria a una sofisticada economía basada en el conocimiento. Sus líderes reconocen que Singapur debe competir por el talento con cualquier otra ciudad del mundo, y que dos claves para hacer la ciudad más competitiva son la calidad de los sistemas educativos de Singapur y la habitabilidad de la ciudad, y es ahí donde la biodiversidad desempeña un papel fundamental. Durante décadas, Singapur ha construido un excelente sistema público de educación, que ocupa el quinto puesto en los *rankings* del mundo.[24] Para avanzar en el entendimiento de la biodiversidad urbana, la Universidad Nacional de Singapur desarrolló un excelente centro de investigación de la biodiversidad y un programa conjunto de capacitación en liderazgo medioambiental junto con la Yale University y el Smithsonian Institute de Estados Unidos.

Al igual que Curitiba, Singapur dedicó décadas a volverse más verde. De 1985 a 2010, la población de Singapur, una ciudad Estado con poca superficie en el extremo sur de Malasia, duplicó su tamaño, de 2,5 a 5 millones de habitantes, y se espera que supere los 7,5 millones hacia 2030. Sin embargo, en 2010 la cobertura verde de la ciudad –con sus parques, espacios abiertos y cubiertas vegetales– pasó de ocupar un tercio de la superficie de Singapur a cubrir la mitad. Este incremento simultáneo de la población y del espacio verde y abierto se consiguió aumentando la densidad de la huella

[23] www.cbd.int/doc/meetings/city/subws-2014-01/other/subws-2014-01-singapore-index-manual-en.pdf.

[24] www.moe.gov.sg/media/news/2012/11/singapore-ranked-fifth-in-glob.php; y www.timeshighereducation.co.uk/world-university-rankings/2013-14/world-ranking.

que ocupa actualmente la ciudad, en lugar de seguir extendiéndose y abarcando más superficie. La ciudad de Singapur reconoció que, para ser saludable, necesitaba aumentar no solo su espacio verde, sino también su biodiversidad.

En 2008, Singapur se propuso generar un plan a largo plazo similar al PlaNYC 2030 de Nueva York. Su objetivo era pasar de ser una ciudad jardín a ser una ciudad en un jardín para esta fecha. «La diferencia puede parecer muy pequeña –dijo Poon Hong Yuen, director ejecutivo de la Junta de Parques Nacionales del país–, pero es un poco la diferencia entre decir que mi casa tiene un jardín o que mi casa está en un jardín. Significa tener una vegetación por todo tu alrededor, así como biodiversidad, incluida fauna silvestre.»[25]

Desde que Singapur comenzó a sustituir el monocultivo de palmeras que flanqueaban sus calles por una gran variedad de árboles, se han identificado más de 500 nuevas especies de aves. Su índice de biodiversidad se ha convertido en un modelo para otras ciudades, como Nagoya, Londres, Montreal, Bruselas y Curitiba. En 2010, la Cumbre sobre Ciudades y Biodiversidad en Nagoya, Japón, atrajo a 240 alcaldes comprometidos con los principios de Curitiba que firmaron la Declaración de Aichi-Nagoya sobre gobiernos locales y biodiversidad. La declaración se enmarcó en las siguientes cuatro ideas: 1, los ecosistemas biodiversos proporcionan importantes servicios a las ciudades, como la purificación de sus suministros de agua, la reducción de las inundaciones y la mitigación del aumento de las temperaturas debido al cambio climático; 2, el bienestar de los ecosistemas y de las poblaciones urbanas está profundamente interrelacionado; 3, la capacidad de las ciudades para cambiar los métodos de producción, distribución y consumo de los recursos naturales puede contribuir sustancialmente a la recuperación de la salud de los ecosistemas del planeta; y 4, al aumentar las alianzas con ciudadanos, empresas, ONG y otros gobiernos, las ciudades conseguirán una biodiversidad que los gobiernos municipales no pueden lograr por sí mismos.[26]

---

[25] www.nytimes.com/2011/07/29/business/global/an-urban-jungle-for-the-21st-century.html?_r=0.

[26] www.cbd.int/authorities/doc/CBS-declaration/Aichi-Nagoya-Declaration-CBS-en.pdf.

Infraestructura natural y cambio climático

La infraestructura natural ha ayudado a que las ciudades ahorren mucho dinero al absorber el agua de las tormentas antes de que vaya a parar a los sistemas de alcantarillado, pero también puede ayudar a las ciudades a lidiar con uno de los problemas más acuciantes del cambio climático: el aumento del nivel del mar y la frecuencia de las tormentas. Uno de los sistemas más adaptativos de la naturaleza para hacer frente a estos problemas son los humedales, zonas de aguas poco profundas que normalmente se encuentran cerca de las costas, de un río o en forma de marismas en tierra firme. Se benefician de lo que los ecologistas llaman «el efecto de borde»: cuando dos sistemas ecológicos se encuentran, su ADN se mezcla y los nutrientes fluyen por sus bordes. Esto mejora las condiciones de vida, haciendo de los humedales un lugar de cría importante. Los bordes de los humedales se encuentran entre los hábitats biológicamente más ricos y diversos de la Tierra, pues constituyen el centro de los ciclos naturales del agua, de los nutrientes y del carbono.

Las plantas de los humedales transpiran agua a la atmósfera, y provocan lluvias en el interior. Los humedales reponen las aguas subterráneas, limpian las toxinas humanas, eliminan nitrógeno, absorben carbono, mitigan el dióxido de carbono y transfieren nutrientes a las plantas y los animales. Si bien los humedales costeros ocupan solo el 2 % de la superficie de los océanos del mundo, son responsables del 50 % de la transferencia de carbono desde los océanos a los sedimentos, un método importante y gratuito para eliminar el carbono de la atmósfera.[27] Los humedales también generan gran parte de la fibra y la madera, y proporcionan áreas fértiles para el cultivo de arroz, la pesca de camarones, etc., que alimentan a gran parte de la población mundial, especialmente en Asia. También han sido el lugar de nacimiento de las primeras ciudades del mundo.

Irónicamente, la urbanización que fue generada por los humedales los está convirtiendo cada vez más en su amenaza. Desde 1900, más de la mitad de los humedales del mundo han desaparecido, y a medida que el mundo se urbaniza rápidamente, aumenta la velocidad

[27] «The Economics of Ecosystems and Biodiversity for Water and Wetlands», informe TEEB, octubre de 2012.

de su destrucción. Los humedales cercanos a las ciudades se han drenado para crear terrenos urbanizables a bajo coste, se han rellenado para abrir nuevas vías de comunicación, como sucedió en Alejandría, o, como en el caso de Baltimore, se han convertido en muelles y astilleros. Los humedales urbanos y suburbanos se inundan a menudo con agua cargada de fertilizantes y desechos humanos, producen un exceso de algas y destruyen su capacidad para servir como hábitats para peces y otras especies animales, al tiempo que son vulnerables a las especies invasoras que transportan los cascos de los barcos. Los humedales también se están secando a medida que las poblaciones en crecimiento agotan sus fuentes de agua. Y si la actividad humana no los elimina directamente, entonces la subida de las temperaturas, las tormentas y la sequía provocados por el cambio climático probablemente sí lo harán, a no ser que hagamos algo al respecto.

Aunque el crecimiento urbano se encuentra entre las principales causas de la destrucción de los humedales, los gobiernos de las ciudades comienzan a percatarse de que los humedales biológicamente ricos y los sistemas costeros naturales proporcionan una de las formas más baratas y más eficaces de que las ciudades ubicadas en la costa planten cara al cambio climático. Ciudades de todo el mundo están restaurando sus reservas naturales y combinándolas con infraestructuras creadas por el hombre para aumentar su capacidad de recuperación. La ciudad de Róterdam, que cuenta con el puerto más grande de Europa, está restaurando sus humedales naturales, además de utilizar cubiertas vegetales, una red de parques y árboles en las calles como elementos integrados de su estrategia de adaptación al cambio climático. Seattle está reconstruyendo parte de su frente marítimo central enterrando la autopista que la atravesaba y creando un parque lineal y biodiverso a orillas del agua.

Integrar la infraestructura natural y humana

Nueva York siempre se ha sentido orgullosa de su extraordinario sistema de abastecimiento de agua, pero en la década de 1980, a medida que aumentaba la urbanización en los 4.150 km^2 que rodean la cuenca hidrográfica del norte de la ciudad, la calidad de sus aguas se vio amenazada por las aguas residuales de las nuevas viviendas.

En 1991, la EPA exigió a Nueva York que construyera un sistema de filtración de agua con un coste estimado de 10.000 millones de dólares. Al igual que Filadelfia, el Ayuntamiento propuso una alternativa: comprar grandes franjas de tierra alrededor de sus embalses y preservarlos como filtros naturales del agua que fluye por el sistema. Los costes de esta estrategia de preservación fueron de 1.500 millones de dólares, un ahorro significativo con respecto a la inversión exigida por la EPA, y el coste de la mano de obra, los productos químicos y el consumo de energía necesarios para la construcción y mantenimiento de una serie de grandes plantas de filtración, gastos que solo se habrían incrementado con el tiempo.[28] El plan funcionó. Actualmente, el agua de Nueva York sigue siendo una de las más puras del mundo, y los gastos operativos de su sistema de suministro se han moderado.

Después de este éxito, Nueva York comenzó a centrarse en aprovechar las ventajas de otros elementos naturales de sus infraestructuras. En 1996, dos departamentos municipales, el de parques y el de transporte, comenzaron a trabajar conjuntamente en un programa de «calles verdes» para transformar las cunetas de calles y carreteras en espacios verdes que podrían embellecer los barrios, mejorar la calidad del aire, reducir su temperatura, absorber el agua de las tormentas y apaciguar el tráfico. Desde el inicio del programa, se han creado más de 2.500 calles verdes en toda la ciudad. En 2010, el Ayuntamiento amplió el programa para convertirlo en una estrategia de infraestructura ecológica al agregar el Departamento de Protección Medioambiental a los dos departamentos citados. Al retirar el asfalto de los patios de recreo de las escuelas y sustituirlo por césped, y plantar en los alcorques de las aceras un millón de árboles nuevos, la ciudad pretende reducir su caudal combinado de alcantarillado en más de 14.400 millones de litros al año. Al integrar los diferentes departamentos para lograr objetivos comunes, la ciudad está desarrollando resultados más coherentes con beneficios cuantificables, como unos veranos más frescos, un uso reducido de la energía, un incremento del valor de las propiedades inmobiliarias y un aire más limpio.

El aeropuerto internacional JFK de Nueva York es una pieza importante de infraestructura. En él trabajan 35.000 personas y el tráfico de

[28] www.pwconserve.org/issues/watersheds/newyorkcity/index.html.

pasajeros anual es de 48 millones; consume combustible, alimentos y repuestos; contamina el aire, y produce ruido, desechos sólidos y escorrentías. Sin embargo, los aviones no son los únicos que entran y salen de la zona del aeropuerto. Justo al lado de esta área se encuentra Jamaica Bay, un lugar de descanso en el que viven más de 325 especies de aves migratorias, ¡más del doble de las especies de aves de las islas Galápagos! La bahía es una parte importante del corredor del Hudson, un corredor para aves que migran anualmente desde Canadá y Nueva Inglaterra en dirección sur en invierno y de vuelta al norte en verano. Jamaica Bay se encuentra en el corazón del Parque Nacional Gateway, el primer parque nacional urbano de Estados Unidos y el único en el país al que puede llegarse en metro.

Rodeada por un aeropuerto, una urbanización intensa y cuatro plantas de tratamiento de aguas residuales, Jamaica Bay tiene una elevada contaminación de nitrógeno que hace que las algas proliferen, sofocando su biodiversidad. Sin embargo, en 2011, el Ayuntamiento y el Estado de Nueva York firmaron un acuerdo con el Consejo de Defensa de Recursos Naturales (NRDC) y otros grupos medioambientales para reducir en más del 50 % la cantidad de nitrógeno que fluye a la bahía proveniente del tratamiento de aguas residuales. El acuerdo ha reservado 100.000 millones de dólares para mejoras de las plantas de tratamiento y 15 millones para soluciones naturales, como la restauración de los fondos de ostras que en su origen crecían en Jamaica Bay, utilizando su poder de limpieza para reducir la contaminación y aumentar la biodiversidad de sus humedales; una sola ostra puede filtrar 130 litros de agua al día sin necesidad de gastos operativos.[29]

Cuando los holandeses llegaron al puerto natural de Nueva York a principios del siglo XVII, este contaba con casi 900 km² de fondos de ostras, parte de una ecología extraordinaria, prístina y productiva que prosperó a lo largo del límite entre la ecología del agua salada del Atlántico y el agua dulce del río Hudson. Durante la década de 1800, los pescadores mariscaban más de 500 millones de ostras al año, pero en 1923, las últimas ostras de la bahía de Nueva York ya no se podían comer debido a la contaminación, o habían sido enterradas con los trabajos de dragado junto con los humedales cercanos. Nueva York perdió no solo una importante fuente de alimentos, sino también

[29] www.billionoysterproject.org.

la protección que proporcionan los fondos de ostras al actuar como barreras contra los temporales, ya que amortiguan la fuerza de las olas y protegen las costas de daños y de la erosión. En 2010, la Urban Assembly's Harbor School se comprometió a cultivar mil millones de ostras en el puerto de Nueva York para 2030. En el proceso, la escuela está formando a estudiantes de secundaria en biología marina, ingeniería y producción de alimentos.

Diseñar la reconstrucción

En 2012, la supertormenta Sandy golpeó fuertemente la región metropolitana de Nueva York. Sandy fue la segunda tormenta de «esas que ocurren una vez cada 500 años» que azotó Nueva York en dos años y, a raíz de ello, la ciudad, el estado y el gobierno federal empezaron a tomarse más en serio las previsiones de cambio climático para el próximo siglo. El coste directo de Sandy se estimó en unos 50.000 millones de dólares, y casi la mitad de los costes de reparación los asumió el gobierno de Estados Unidos. Sabiendo que es probable que tales tormentas se hagan más frecuentes, Shaun Donovan, entonces secretario de HUD y líder del Equipo de Trabajo Presidencial para la Reconstrucción del Huracán Sandy, preguntó qué podría hacerse de manera diferente. ¿Cómo podríamos reparar los daños causados por Sandy para hacer que la región fuese más resiliente a los futuros fenómenos climáticos extremos? ¿Cuál sería la forma más barata y más efectiva de reducir los riesgos de las tormentas futuras? Para responder a estas preguntas, propuso un concurso de estudio y proyectos: diseñar la reconstrucción. Todas las propuestas ganadoras combinaban infraestructuras naturales y humanas.[30]

El concurso proponía un proceso de reconstrucción muy diferente al enfoque típico de un programa de reconstrucción tras un desastre. Comenzó convocando a equipos de científicos, arquitectos, economistas y sociólogos que dedicaran parte de su tiempo en áreas seleccionadas afectadas por Sandy, reuniéndose con los residentes, funcionarios, empresas y ONG locales para estudiar los problemas *in situ*. Basándose en lo que averiguaron, los equipos seleccionados

[30] www.rebuildbydesign.org.

propusieron nuevas formas de desarrollo de cada área de modo que simultáneamente aumentara su resiliencia medioambiental y económica. Seis equipos fueron seleccionados para llevar a cabo diez propuestas que integraran sistemas humanos y naturales. Cada uno se imbricó con su comunidad utilizando Big Data y Sistemas de Información Geográfica (SIG) para ayudar a las comunidades a visualizar, cuestionar, analizar e interpretar datos y entender las relaciones y los modelos, y proyectar así escenarios futuros, todos ellos al servicio de temas medioambientales, económicos y educativos.

Una de estas propuestas, el proyecto Rompeolas Vivientes, se inspiró en el programa Billion Oyster [Mil millones de ostras]. Su objetivo era reducir las oleadas de aguas pluviales a lo largo de la Staten Island al combinar la reducción de riesgos, la regeneración ecológica y la resiliencia social. En lugar de proponer un solo rompeolas, la paisajista Kate Orff diseñó un collar de arrecifes submarinos, rompeolas naturales, playas recuperadas y humedales que constituyen un sistema de protección costera que combina elementos naturales y técnicos y que proporciona una defensa coherente y versátil contra las tormentas. Al utilizar modelos informáticos y datos SIG, Orff y su equipo pudieron predecir los probables comportamientos del viento y del agua, y diseñar formas de mitigarlos. Al mismo tiempo, planearon sus arrecifes para contener pequeños hábitats que aumentaban la biodiversidad, con mariscos, peces y langostas. Al trabajar con el programa Billion Oyster y las escuelas locales, el proyecto también sirve para educar a los estudiantes y a la comunidad. Al integrar elementos naturales en un marco técnico, el proyecto Rompeolas Vivientes permite ir evolucionando según convenga.

El equipo Hunts Point Lifelines, dirigido por Penn Design y el estudio de paisajismo Olin, analizó la vulnerabilidad de uno de los mercados de alimentos más importantes en el metabolismo de la región, el mercado de Hunts Point, ubicado en una península de 280 ha que se adentra en el East River. Si el huracán Sandy hubiera golpeado solo unas horas más tarde, con la marea alta, Hunts Point se hubiera inundado con productos químicos tóxicos de las plantas químicas y de tratamiento de aguas residuales adyacentes. El mercado está ubicado en el sur del Bronx, el barrio más pobre de Estados Unidos. Es la mayor fuente de productos frescos, pescados y carnes de la región y, sin embargo, debido a que está cercado para mayor seguridad, el mercado, paradójicamente, está rodeado por zonas que son un desierto alimentario. El equipo se preguntó: «¿Cómo puede mitigar el mercado los peligros del cambio climático y al mismo tiempo conectarse mejor con su vecindario?».

En respuesta, el equipo diseñó un dique rodeado de humedales naturales para proteger el mercado de posibles inundaciones. El dique se conectará con la vía verde del sur del Bronx, lo que la hará accesible al público, con laboratorios de estudio de la ecología en toda su extensión para servir como un recurso recreativo y educativo para toda la comunidad del barrio. Para garantizar una fuente de energía fiable que satisfaga la gran demanda de electricidad para refrigerar el mercado, el equipo propuso una planta de cogeneración que proporcionara energía a los camiones en espera, que en la actualidad deben apagar sus motores para cargar sus sistemas de refrigeración. Esto reduce los costes y la contaminación causante del asma. Y para dar mejor servicio al barrio, propusieron que el mercado mayorista creara un mercado de alimentos frescos para el barrio.

El equipo formado por Bjarke Ingels Group (BIG) y Starr Whitehouse propuso proteger la parte baja de Manhattan de las tormentas y de la crecida del nivel del mar mediante la creación de una gran berma curva que funciona como un dique holandés, protegiendo así más de 15 km de costa vulnerable y sus barrios adyacentes. La zona incluye el área más densamente poblada de Nueva York, el distrito comercial central más grande del país, con un PIB de medio millón de dólares, y Wall Street, un centro clave en el sistema financiero global, y se está convirtiendo cada vez más en un centro tecnológico y editorial. También incluye viviendas baratas para 95.000 habitantes modestos, ancianos y discapacitados, que en tiempos de problemas climáticos no tienen otro lugar adonde ir. La berma está diseñada para ser permeable, puede cruzarse fácilmente cuando no hay tormenta, y está cubierta con jardines de especies autóctonas, huertos comunitarios, plataformas para hacer taichí, pistas de patinaje, paneles movibles que se duplican para servir de protección contra tormentas y muros para el arte callejero. Las calles adyacentes serán plantadas con árboles que refrescan y *bioswales*, depresiones cubiertas con plantas autóctonas que retienen el agua de la lluvia y la limpian. Entretejiéndolo todo, un sistema de carriles para bicicletas y paseos conectan a sus habitantes con otras partes de la ciudad.

Estos proyectos que utilizan el diseño para reconstruir y prevenir combinan una amplia participación comunitaria con soluciones científicas basadas en la ingeniería con el fin de aumentar la capacidad de recuperación de los barrios afectados. Todas las propuestas llegaron a la conclusión de que el empleo de infraestructuras naturales era una parte fundamental de la solución, un elemento clave para mejorar el bienestar de la comunidad y de su entorno natural.

A medida que el cambio climático se acelera, cada vez más las ciudades recurren a combinaciones innovadoras de infraestructuras técnicas y naturales para resolver problemas medioambientales urbanos de forma económicamente asequible. Basándose en el concepto de «collar de esmeraldas» de Olmsted, las ciudades están empezando a conectar redes naturales, uniendo jardines locales, parques de todos los tamaños, corredores naturales a lo largo de los ríos y humedales recuperados para crear un entorno natural próspero y biodiverso. Estos sistemas temperan las ciudades, aumentan su resiliencia al cambio climático, refrescan sus temperaturas y mejoran el temperamento de sus ciudadanos.

8
Edificios ecológicos, urbanismo ecológico

Golpeadas por las megatendencias del cambio climático y del agotamiento de los recursos, nuestras ciudades necesitarán múltiples estrategias para adaptarse de una manera elástica. En los capítulos anteriores hemos analizado las inversiones que las ciudades pueden hacer en transporte, alimentos, agua, aguas residuales, desechos sólidos e infraestructura natural para hacer que su metabolismo sea más resiliente. Todo esto proporciona gran parte del armazón flexible sobre el que prosperan las ciudades.

Otro elemento importante del metabolismo de cualquier ciudad es la energía. En las zonas suburbanas, los coches son los mayores consumidores de energía, y la energía que se consume en ir y volver de casa al trabajo a menudo es tan alta como la que utiliza la vivienda. Sin embargo, en el centro de las ciudades ocurre algo distinto. Por ejemplo, el 80 % de toda la energía utilizada en Nueva York la consumen sus edificios. Si uno quiere hacer una ciudad más resiliente, un elemento en el que intervenir consiste en conseguir que sus edificios sean más ecológicos. Una ciudad puede reducir el consumo de energía y de agua de sus edificios con un paquete integrado de normativas, incentivos, inversiones, mediciones y retroalimentación para cambiar el comportamiento de sus ocupantes, y estos programas también pueden tener un sentido económico. Ahorrar un 30 % en agua y energía generalmente no es difícil de lograr y genera un rendimiento de la inversión del orden del 20 % al año. Con una financiación adecuada, incluso puede conseguirse un ahorro mayor.

Edificios ecológicos

El movimiento de construcción ecológica se inició a finales de la década de 1960 como parte del florecimiento cultural de ideas alternativas. Los constructores y los arquitectos comenzaron a experimentar con nuevas tecnologías, a proyectar y construir casas hechas de troncos, adobe y otros materiales locales y naturales; a utilizar paneles solares para generar electricidad, calefacción y agua caliente, y depósitos de compostaje para los desperdicios orgánicos. Ernst Friedrich Schumacher, un economista británico que escribió el influyente libro *Lo pequeño es hermoso,*[1] describió como «tecnologías apropiadas» los sistemas necesarios para que el mundo recupere su equilibrio natural. Se trata de sistemas técnicos de pequeña escala, descentralizados, intensivos en mano de obra, eficientes desde un punto de vista energético, racionales desde el punto de vista medioambiental y gestionados localmente.

En 1973, la inestabilidad en Oriente Medio provocó que los precios del petróleo subieran de veinte dólares el barril, lo que había costado durante casi un siglo, a cien dólares en menos de tres años. Estados Unidos no estaba preparado para este dramático aumento en los costes de la energía, que afectó a casi todos los aspectos de la economía y especialmente a la industria de la construcción y al transporte. El valor de las propiedades inmobiliarias cayó en picado. Los costes más altos del petróleo y de la electricidad llevaron al límite a muchos propietarios de edificios con problemas en los barrios pobres de la ciudad, como el sur del Bronx, lo que condujo a un aumento de edificios abandonados. Los fabricantes de coches de Estados Unidos perdieron cuota de mercado frente a los japoneses y europeos, mucho más eficientes, y ello forzó el cierre de las fábricas en todo el Medio Oeste de Estados Unidos. La crisis económica resultante proporcionó una imagen aleccionadora acerca de lo dependiente que se había vuelto nuestra civilización de los combustibles fósiles.

El presidente de Estados Unidos Jimmy Carter, interesado por la ciencia y el medio ambiente, respondió aumentando significativamen-

[1] Schumacher, E. F., *Small Is Beautiful*, HarperPerennial, Nueva York, 2010 (versión castellana: *Lo pequeño es hermoso*, Akal, Madrid, 2011). En: www.centerforneweconomics.org/content/small-beautiful-quotes.

te la inversión pública en investigación sobre energías renovables, y como señal de su compromiso de crear alternativas al petróleo extranjero, el presidente Carter colocó paneles solares en la cubierta de la propia Casa Blanca. Desafortunadamente, Carter también creó incentivos para sustituir la mayoría de las plantas generadoras de electricidad del país, que pasaron de quemar petróleo extranjero a quemar carbón estadounidense, acelerando el cambio climático y liberando mercurio y otros tóxicos a la atmósfera.

La escasez de petróleo de mediados de la década de 1970 que despertó a Estados Unidos de su vulnerabilidad energética golpeó con más fuerza a las familias de bajos ingresos, obligándolas a menudo a elegir entre el combustible del coche u otras necesidades como alimentos y medicamentos. Para dar un respiro ante esta situación, en 1976 el Congreso de Estados Unidos creó el programa de Asistencia de Climatización, que ayudó a los propietarios de bajos ingresos y de cierta edad a que sus viviendas fueran más eficientes en materia de consumo de energía, liberando así dinero para la compra de alimentos, atención médica, educación, transporte y vivienda.

El otro 99 %

En 2015 había unos 135 millones de edificios en Estados Unidos, de los cuales la mayoría eran casas unifamiliares. En conjunto, estos edificios consumen 40 billones de BTU [unidad térmica británica] de energía al año.[2] En los años de auge económico, Estados Unidos aumenta su parque de edificios en aproximadamente un 1 %, mientras que en los tiempos de crisis el parque solo aumenta alrededor del 0,3 %. Aunque es importante que todos los edificios nuevos sean lo más eficientes posible, consumen solo el 1 % de la energía del país. Aumentar la eficiencia del otro 99 %, el parque de edificios existentes del país, tiene un impacto mucho mayor. Acondicionar y mejorar las viviendas existentes –sellar grietas de las paredes exteriores, añadir aislamiento térmico, sustituir las antiguas ventanas de vidrio sencillo por otras de baja emisión y doble vidrio, cambiar las calderas y los calentadores de agua viejos por otros más eficaces e instalar electrodo-

[2] www.eia.gov/tools/faqs/faq.cfm?id=86&t=1.

mésticos con buena clasificación energética– es un primer paso fácil hacia la creación de comunidades más ecológicas y económicamente viables, así como reducir las emisiones de gases de efecto invernadero que contribuyen al cambio climático. Además, el acondicionamiento de las casas tiene sentido desde el punto de vista económico: los estudios a nivel del país muestran que cada dólar invertido en ahorro de energía en el hogar retorna 2,51 dólares.[3]

Estas sencillas soluciones no solo pueden reducir el consumo de energía de los edificios estadounidenses en un 30-40 %, sino que también pueden aumentar el empleo. Un estudio del Center for American Progress dice que Estados Unidos podría crear 650.000 puestos de empleo fijos si acondicionara el 40 % de sus viviendas. El 91 % de esos puestos de trabajo procedería de pequeñas empresas que emplean a menos de 20 trabajadores, y el 89 % de los materiales utilizados en el acondicionamiento se fabrican en Estados Unidos.[4]

Si un país quiere ser más resiliente al cambio climático, la volatilidad económica o la posible escasez de energía, el lugar más fácil para comenzar es con la modernización de la eficiencia energética de su parque inmobiliario existente. También necesitamos construir edificios nuevos más ecológicos, y no resulta difícil hacerlo.

Diseñar y construir nuevos edificios ecológicos

La escasez de energía de la década de 1970 vino seguida por un exceso de energía en la de 1980. Los estadounidenses olvidaron rápidamente la crisis del petróleo y las medidas de ahorro de energía que inspiró. La administración Reagan, con su política energética que favorecía el consumo de petróleo, dio el paso simbólico de retirar los paneles solares que había instalado el presidente Carter en la cubierta de la Casa Blanca y, de forma más perjudicial, recortó un 90 % el presupuesto del Laboratorio Nacional de Energías Renovables. Sin embargo, el legado más perjudicial de la administración Reagan fue promover la idea falsa de que invertir en estrategias medioambientales y regular el impac-

[3] Caperton, Richard W.; James, Adam y Kasper, Matt, «Federal Weatherization Program a Winner on All Counts», Center for America Progress, 28 de septiembre de 2012.

[4] thinkprogress.org/climate/2011/09/19/321954/home-weatherization-grows-1000-under-stimulus-funding.

to medioambiental inevitablemente socavaba la vitalidad económica. Ahora sabemos que la protección del medio ambiente y el desarrollo económico pueden reforzarse mutuamente, pero ha sido difícil corregir el malentendido de que debemos elegir entre economía o medio ambiente. De hecho, China ahora gasta el 12 % de su PBI en salud y otros costes debido a la contaminación del aire de sus ciudades. Por tanto, no proteger el medio ambiente sale realmente caro.

Sin embargo, hasta la década de 2000, la comunidad medioambiental estadounidense tampoco reconoció el potencial económico de las ciudades ecológicas. También creía que la economía y la naturaleza estaban profundamente reñidas.

Incluso hoy en día, a pesar de que en la industria de la energía solar de Estados Unidos trabaja el doble de personas que en la del carbón,[5] muchos todavía creen que las normativas, los incentivos y las inversiones medioambientales frenan el crecimiento. De hecho, nada podría estar más lejos de la verdad. La energía eólica, la solar y la biomasa generan de 2,5 a 9,5 veces más puestos de trabajo que el carbón, el petróleo y el gas por cada millón de dólares de contribución al PIB.[6] El Informe de Inversión Ecológica del Foro Económico Mundial de 2013 señala: «El crecimiento económico y la sostenibilidad son interdependientes, no se puede tener uno sin el otro [...]. Hacer que el crecimiento económico global sea más ecológico es la única manera de satisfacer las necesidades de la población actual y los 9.000 millones de habitantes del planeta de 2050, impulsando el desarrollo y el bienestar al tiempo que se reducen las emisiones de gases de efecto invernadero y se aumenta la productividad de los recursos naturales [...]. Según los cálculos de crecimiento actuales, la inversión necesaria en los sectores del agua, la agricultura, las telecomunicaciones, la energía, el transporte, los edificios, la industria y la silvicultura asciende a unos cinco billones de dólares al año hasta 2020 [...]. El desafío consiste en posibilitar un cambio sin precedentes en la inversión a largo plazo, que pase de las alternativas convencionales a otras ecológicas con el fin de evitar que queden instaladas para siempre tecnologías menos eficientes y contaminantes en las próximas décadas».[7]

---

[5] fortune.com/2015/01/16/solar-jobs-report-2014.

[6] citizensclimatelobby.org/laser-talks/jobs-fossil-fuels-vs-renewables.

[7] www3.weforum.org/docs/WEF_GreenInvestment_Report_2013.pdf.

A medida que la década de 1980 dio paso a la de 1990, un pequeño grupo de arquitectos, ingenieros, constructores y académicos comprometidos empezaron a considerar cómo desarrollar edificios nuevos más adecuados desde el punto de vista medioambiental y más eficientes desde el punto de vista energético. En 1993, el Consejo de Construcción Ecológica de Estados Unidos (USGBC, por sus siglas en inglés: US Green Building Council) se formó como una organización comercial sin fines de lucro con el propósito de promover el diseño, la construcción y el funcionamiento de edificios ecológicos. El USGBC no tenía poder regulador, pero sus fundadores, Mike Italiano, David Gottfried y Rick Fedrizzi, sabían que, si podían crear un mercado de edificios ecológicos y servicios de construcción ecológica, su influencia permitiría cambiar la cultura convencional del diseño y de la construcción. Para hacerlo, propusieron certificar de forma independiente los atributos ecológicos de los edificios para que pudiera evaluarse y compararse su grado ecológico y, de esta manera, otorgar «derechos de presumir» a los edificios con las mejores calificaciones.

En 1998, el USGBC emitió su primer sistema de calificación de edificios ecológicos, el LEED, acrónimo de Leadership in Energy and Environmental Design [Liderazgo en Energía y Diseño Medioambiental]. El sistema LEED asigna puntos a una serie de características medioambientales que incluye la eficiencia energética, el uso de materiales reciclados y la eficiencia en el uso del agua y de materiales de baja toxicidad: a mayor puntaje, más ecológico es el edificio. Los edificios que cumplen con los estándares mínimos pueden certificarse como edificios LEED, y aquellos con un rendimiento aún mejor logran clasificaciones de plata, oro o platino. En 2015, el sistema LEED ya había sobrepasado las fronteras de Estados Unidos para alcanzar gran parte del resto del mundo. Más de 300 millones de metros cuadrados habían sido certificados bajo el programa, un número que crecía a una velocidad de unos 180.000 m^2 al día. LEED atrae especialmente al segmento más alto del mercado: casi la mitad de todos los edificios nuevos valorados en más de 50 millones de dólares tienen certificación LEED. Los fundadores de LEED tenían razón: la certificación voluntaria y la información transparente podían transformar los mercados. La certificación LEED oro ahora forma parte de la definición de los mejores edificios de oficinas del mundo, y las principales empresas y bufetes de abogados no considerarían trasladarse a un nuevo edificio que no la tuviera.

El aumento de los edificios ecológicos mejora la resiliencia de las ciudades y ayuda a que consuman menos energía y agua. El edificio ecológico también apoya el desarrollo de economías cíclicas locales: los desechos de construcción y demolición se reciclan fácilmente en nuevos materiales de construcción. De media, los edificios con certificación LEED llevan más del 40% de sus desechos de demolición y construcción a vertederos para su posterior reciclaje, que en algunos casos llega al 100%. Esto implica reciclar cerca de 80 millones de toneladas de desechos al año, y se espera que la cantidad crezca hasta 540 para 2030.[8]

Una característica importante del sistema LEED es que su clasificación de puntos adopta mejoras continuas gracias a los comentarios de los propietarios, los arquitectos y los contratistas que lo utilizan. También se centra cada vez más en los resultados, exigiendo que los edificios con certificación LEED midan y verifiquen sus logros ecológicos. Además, el programa se ha diversificado y clasifica hospitales, edificios industriales y laboratorios universitarios.

En sus primeros años, LEED no era una herramienta muy adecuada para los edificios de viviendas, especialmente en el caso de viviendas baratas. La solución a este problema vino en forma de unas guías de la Enterprise Green Community.

Construir viviendas ecológicas asequibles

Enterprise Community Partners es una ONG que aporta más de 1.000 millones de dólares al año en financiación, asistencia técnica y otras soluciones para mejorar los barrios pobres en todo Estados Unidos. En 2004 lanzó el programa Green Communities para alentar el diseño y la construcción de viviendas ecológicas asequibles.

Durante la última década ha habido una gran cantidad de estudios centrados en la conexión entre el transporte, la salud y la asequibilidad para familias de bajos ingresos. Después del coste de la

[8] www.usgbc.org/articles/green-building-facts.

vivienda, el transporte es el segundo gasto más importante de estas familias y de los trabajadores que dependen del coche para ir y venir de casa al trabajo, a la escuela, de compras, etc. El hecho de que la vivienda asequible cuente con un buen servicio de transporte público y los residentes puedan ir fácilmente a pie al trabajo, las escuelas, los comercios y los servicios médicos cercanos, no solo les ahorra el coste de la compra de un coche, sino que es más saludable para la gente y el medioambiente. Las guías citadas fomentan el desarrollo de viviendas asequibles en lugares con buen servicio de transporte público y con otros servicios ubicados a una distancia que puede recorrerse a pie.

Estas guías también alientan a los promotores a abordar otros problemas a los que suelen enfrentarse los residentes pobres. Por ejemplo, a menudo viven en hogares con un aislamiento térmico deficiente, con enormes gastos de calefacción en invierno y de aire acondicionado en verano. La disminución de su consumo de energía y de agua ayuda a reducir sus elevadas facturas de calefacción, aire acondicionado, luz y lavado de ropa. La calidad del aire de los barrios pobres suele ser bastante tóxica, pues tienden a ubicarse en terrenos baratos, cerca de zonas industriales, centrales eléctricas, cocheras de autobuses, autopistas e incineradoras. Este impacto tóxico directo no solo hace que los residentes de comunidades pobres sean más propensos a enfermedades, sino que también reduce su resiliencia, haciéndolos más vulnerables a agentes tóxicos medioambientales en el hogar, como pegamentos, masillas y otros compuestos volátiles que se encuentran en pinturas, armarios de cocina y pavimentos. Las guías exigen no solo el uso de materiales no tóxicos en el hogar, sino también una ventilación suficiente para eliminar los tóxicos.

Para aumentar la escala y el impacto de sus directrices ecológicas, Enterprise se centró en otro punto crítico del metabolismo del desarrollo urbano: la financiación. Las viviendas baratas suelen estar financiadas por un complejo paquete de financiación pública y privada, por lo que Enterprise comenzó a educar a los bancos, los inversores, los ayuntamientos y los gobiernos de los estados para que financiasen las viviendas baratas a partir de los beneficios conseguidos por la aplicación de sus guías. El programa ecológico solo aumentaba un 1 al 2 % el presupuesto de construcción de un edificio, una cantidad que fue fácilmente reembolsada por menores costos operativos. Los criterios de Enterprise Green Community ahora son necesarios para la construcción de viviendas asequibles en la mayoría de las ciudades importantes de Estados Unidos, en más de la mitad de sus Estados y en todos los bancos principales. Para 2020 es muy probable que todas las nuevas viviendas asequibles en Estados Unidos se construyan de una manera ecológica, lo que lo convertiría en el primer país que cumple con este objetivo.

Vía Verde: jardines en el cielo

En mayo de 2010, en la ceremonia de inauguración de Vía Verde, un nuevo modelo de vivienda urbana ecológica y asequible ubicada en el corazón del sur del Bronx, el presidente del distrito Rubén Díaz proclamó: «Que se sepa en todo el mundo que allí donde antes ardía el barrio ahora estamos construyendo jardines en el cielo».

Vía Verde está repleta de características de diseño sostenible, pero ninguna es más visible que sus cubiertas vegetales. El proyecto se ubica en un solar largo y estrecho que va de norte a sur y que limita con una línea de ferrocarril. Contiene viviendas de promoción pública y una escuela secundaria a un lado, y un edificio largo y bajo para comercios y oficinas al otro. La estrategia de diseño de Vía Verde convirtió en una ventaja la extraña forma del solar. La parte más alta del complejo se construyó en el lado norte, y después se fue escalonando el edificio de manera que su menor altura estuviera en el lado sur, lo que permitía la máxima exposición de sus cubiertas al sol del verano. Estas cubiertas proporcionan un huerto de frutas y verduras, y lugares al aire libre para que jueguen los niños, los mayores lean y se relajen, y para que todos puedan hacer ejercicio.

El proyecto fue el resultado de un concurso para nuevas viviendas en Nueva York convocado por la delegación neoyorquina del Instituto de Arquitectos de Estados Unidos, Enterprise Community Partners, y el entonces Comisionado de Vivienda de Nueva York, Shaun Donovan. El concurso pretendía que los promotores crearan un nuevo modelo de viviendas ecológicas asequibles. Los equipos ganadores fueron Phipps Houses y mi propia empresa, Jonathan Rose Companies, con proyectos de los estudios de arquitectura Dattner Architects y Grimshaw.[9] Con Vía Verde nos propusimos ver no solo si podíamos ofrecer viviendas asequibles y eficientes en términos energéticos en una ubicación con buenas conexiones de transporte, sino también mejorar la salud de sus residentes. Nuestra premisa era que las viviendas económicas construidas con materiales más saludables –con menores costes energéticos, buena conexión con el transporte público, comercios y otros servicios cercanos, y una clínica– incrementarían la capacidad de recuperación de una familia, su capacidad para absorber las adversidades. Además, si el proyecto tenía un buen diseño arquitectónico, haría que el barrio se sintiera orgulloso de él. La premisa resultó ser cierta.

Vía Verde fue acabado en 2012 y fue diseñado para familias de ingresos diferentes, ya que esta combinación tiende a crear comunidades más saludables y mejores oportunidades para los niños de familias pobres. Cuando se inauguró, sus 151 viviendas más baratas se alquilaron por un precio que oscilaba entre 460 y 1.090 dólares al mes para familias que ganaban entre 17.000 y 57.000 dólares al año. Las 71 viviendas restantes se vendieron a precios entre 79.000 y 192.000 dólares, según el tamaño, y eran asequibles para familias que ganaban entre 37.000 y 160.000 dólares al año. Las tipologías incluyen pisos, dúplex y viviendas con un espacio de trabajo en la primera planta. El edificio también cuenta con un centro de salud operado por el hospital Montefiore, una farmacia e instalaciones comunitarias: un gimnasio, una sala y una cocina comunes, una maravillosa zona de juegos infantiles al aire libre, un anfiteatro, huertos y jardines.

Las viviendas de Vía Verde fueron diseñadas para ser al menos un 30 % más eficientes energéticamente que un edificio nuevo estándar. Los sensores de movimiento en escaleras y pasillos ahorran electricidad, pues las luces solo se encienden cuando es necesario. Sus viviendas cuentan con electrodomésticos con buena calificación energética, materiales no tóxicos y sistemas mecánicos de alta eficiencia. Sus grandes ventanales ofrecen vistas panorámicas, luz natural y aire fresco. Sus ascensores, pasillos, sistema de calefacción y bombas funcionan durante el día con un sistema de energía solar de 64 kw.

---

[9] El equipo de diseño incluía, por parte de Richard Dattner, a Bill Stein, Steven Frankel, Adam Watson y Venesa Alicea; de Grimshaw, a Vincent Chang, Nikolas Dando-Haenisch, Robert Garneau, Virginia Little y Eric Johnson.

Más del 80 % de los residuos de la construcción y la demolición del proyecto se reciclaron, y más del 20 % de los materiales del edificio son reciclados. Otro 20 % de los materiales son de fabricación local, lo que minimiza la energía del transporte y contribuye a la economía local. Por ejemplo, los bloques de hormigón fueron fabricados a unos 150 km de distancia, en una ciudad obrera a orillas del río Hudson, por la empresa Kingston Block Company, que utiliza materiales reciclados locales en sus productos. Vía Verde también fue diseñado para consumir menos agua mediante el uso de inodoros, duchas y lavamanos que ahorran agua, y los huertos y los jardines comunitarios se riegan con agua de lluvia, que se capta y se almacena en tanques en la azotea, lo que también reduce la escorrentía en los sistemas de alcantarillado de la ciudad.

De acuerdo con las guías de la Enterprise Green Community, los residentes de Vía Verde pueden ir andando a hacer sus compras, viven literalmente al lado de colegios y terrenos deportivos, y están a solo unas manzanas de las líneas de metro que llegan desde Manhattan.

Cubiertas vegetales

Vía Verde no es el único caso de uso de cubiertas vegetales. Su rápida expansión a todo tipo de edificios se basa en sus numerosos beneficios, y el primero es lo bien que quedan, y además aumentan el valor de la propiedad. Muchos edificios de viviendas y oficinas utilizan ahora cubiertas vegetales como un factor para conseguir financiación. Las cubiertas vegetales también brindan beneficios económicos directos, pues protegen la lámina impermeabilizante para que dure más tiempo. Al retener y luego evaporar el agua, enfrían la cubierta y su parte inferior, reduciendo la necesidad de aire acondicionado; esto también disminuye el vertido de agua al sistema pluvial y el agua de escorrentía fuera del edificio. Las plantas de una cubierta vegetal captan las partículas contaminantes y filtran los gases nocivos, limpiando así el aire. También tienen un poder aislante acústico: reducen el ruido de la calle en 40 dB. Bien planificadas pueden mejorar la biodiversidad de una ciudad, y al igual que los programas de acondicionamiento de las viviendas, las cubiertas vegetales crean puestos de trabajo en la construcción y en el mantenimiento, y aumentan el bienestar de los ocupantes, que cultivan alimentos saludables con costes mínimos de transporte.

Cuando las estrategias de construcción ecológica pueden generar beneficios múltiples como estos, se adoptan rápidamente en las prácticas constructivas habituales.

Resiliencia pasiva

En 2005, Alex Wilson, editor de *Environmental Building News*, reflexionaba sobre el tiempo que le llevó a Nueva Orleans alcanzar los niveles más básicos de recuperación después del huracán Katrina. El suministro eléctrico estuvo cortado durante meses. En el clima húmedo y caluroso de Nueva Orleans, los edificios rápidamente se llenaron de moho y se volvieron inhabitables. Wilson propuso que además de ser ecológicos, los edificios necesitaban una cualidad que denominó «supervivencia pasiva»: «La capacidad de un edificio para mantener las condiciones vitales básicas de sus ocupantes si se pierden servicios tales como la energía eléctrica, el combustible para la calefacción, o el agua corriente durante un período prolongado».[10] Por ejemplo, si un edificio recoge agua de lluvia en un aljibe y el sistema de suministro de agua de la ciudad falla durante una tormenta, el aljibe podrá proporcionar algo de agua potable. Y si las paredes de la primera planta están construidas con materiales resistentes al moho, como bloques de hormigón en lugar de paneles de cartón-yeso, el edificio podrá seguir ocupado después de ser limpiado en lugar de tener que ser evacuado hasta que puedan sustituirse los paneles de cartón-yeso.

Después de los huracanes Katrina y Sandy, las refinerías de petróleo se cerraron y el almacenaje de combustible y las instalaciones de bombeo se quedaron sin electricidad; como resultado, las gasolineras se quedaron sin gasóleo ni gasolina, y pocos días después los generadores diésel dejaron de funcionar. En los hospitales se tuvieron que acabar las operaciones quirúrgicas a la luz de las velas, y los pacientes tuvieron que ser trasladados, a menudo bajados por escaleras al no funcionar los ascensores. Las personas, los edificios, las comunidades y las ciudades prosperan cuando están conectados a redes y sistemas

[10] www.buildinggreen.com/auth/pdf/EBN_15-5.pdf.

más grandes, pero deben estar diseñados para operar cuando quedan desconectados. Necesitan poder sobrevivir cuando los sistemas urbanos se colapsan.

Vía Verde fue diseñado teniendo en cuenta la capacidad pasiva de supervivencia. Si se va la luz un día caluroso y sofocante de verano, los residentes pueden abrir ventanas y beneficiarse del enfriamiento natural, ya que cada vivienda está diseñada para disponer de ventilación cruzada. Esto, unido a los ventiladores de techo y los forjados de hormigón armado, reduce el uso de energía de cada vivienda durante un verano caluroso, al tiempo que almacena el calor en invierno. Las paredes están bien aisladas, y las ventanas tienen toldos que las protegen del sol de verano, pero permiten que entre el calor del sol durante el invierno. Las coloridas escaleras están pegadas al exterior del edificio y cuentan con ventanas para que, en el caso de un corte de suministro de energía, reciban luz natural durante el día, lo que permitirá que la batería de las luces de emergencia solo se emplee durante la noche.

Casas pasivas

Los ejemplos más avanzados de resiliencia pasiva son las «casas pasivas», una expresión acuñada en 1998 por los profesores Bo Adamson, de la Lunds Universitet, en Suecia, y Wolfgang Feist, de la Universität Innsbruck, en Austria. Las casas pasivas están tan bien aisladas que

Casa pasiva en Brooklyn. El color más claro en esta fotografía infrarroja representa el calor que atraviesa las fachadas de las típicas piedras de color marrón. La casa pasiva bien aislada en el centro muestra muy poca pérdida de calor. Sam McAfee, sgBuild.

pueden mantenerse calientes gracias al calor corporal de sus residentes, las luces y algunos pequeños electrodomésticos. Cuando se va la luz, pueden enfriarse, pero nunca estarán heladas. Por lo general, utilizan menos del 20 % de la energía que los edificios normales. Actualmente la construcción de las casas pasivas es un 10 % más cara, aunque ese coste va disminuyendo rápidamente. Por otro lado, las ventajas económicas y medioambientales de la energía que ahorran año tras año son enormes.

Edificios saludables

La primera serie de edificios ecológicos se centró en reducir su impacto en el entorno natural, y la siguiente generación añadió tener en cuenta la salud de sus ocupantes. En 1997, mi empresa desarrolló el edificio Maitri Issan, en colaboración con la Greyston Foundation, una organización sin ánimo de lucro con sede en Yonkers, en Nueva York, que ofrece viviendas, puestos de trabajo, guarderías e instalaciones de atención médica para personas sin hogar y familias con pocos ingresos. Maitri Issan fue diseñado para personas con VIH/Sida que, en el momento de su construcción, se estaban muriendo a causa de la enfermedad. Fue uno de los primeros edificios ecológicos de Estados Unidos que se centró concretamente en la salud de sus ocupantes. Junto con individuos mayores, niños y personas con enfermedades respiratorias crónicas, los pacientes con VIH/Sida, con su sistema inmune debilitado, son muy sensibles a los compuestos orgánicos volátiles (COV). Al desarrollar el proyecto, intentamos eliminar todos los focos de COV, construyendo incluso nuestros propios muebles para evitar el mobiliario cargado de productos químicos que era la única opción en el mercado. El proyecto también incluyó un centro médico que proporcionó terapias tradicionales e integrales.

A principios de la década de 2000, quedó claro que los COV tenían que ver con una epidemia mundial de asma infantil. Ahora sabemos que los COV en el hogar pueden causar daños en el hígado, los riñones y el sistema nervioso central, además de cáncer, reacciones cutáneas alérgicas, náuseas, vómitos, dolores de cabeza, fatiga, mareos y pérdida de coordinación. Los edificios modernos están llenos de estos compuestos tóxicos. Los muebles de cocina están construidos con pegamentos que emiten formaldehído, y las moquetas, los pavimentos de vinilo y sus adhesivos, así como las pinturas y las masillas, a menudo están llenos de COV. El Healthy Building Network señala que los pavimentos vinílicos que cada vez se utilizan más en las viviendas, tanto sociales como a precios de mercado, están llenos de carcinógenos, mutágenos y sustancias tóxicas que afectan el crecimiento y la fertilidad. Un edificio de 60 viviendas con pavimentos de vinilo probablemente contenga once toneladas de productos químicos peligrosos. Finalmente, es probable que los ayuntamientos acaben prohibiendo el uso de estos compuestos tóxicos a medida que se confirman y se hacen públicos sus efectos negativos sobre la salud.

Los impactos en la salud de las emisiones de COV, las toxinas químicas, el moho y la infestación de insectos son factores que influyen en el coste de la atención médica. El hospital Columbia-Presbyterian del noroeste de Harlem tuvo problemas para gestionar una epidemia de asma que colapsó las urgencias hospitalarias. En un esfuerzo por reducir el número de visitas, identificó a sus cien pacientes con más asma y aumentó sus dosis de medicamentos, pero esto no funcionó. Finalmente, el hospital descubrió que la forma más efectiva de curar a estos pacientes no era recetarles más medicamentos, sino ir a sus casas y limpiar el moho y otras toxinas que provocaban su asma. De esta manera, los pacientes mejoraron rápidamente, los costes médicos se redujeron significativamente y las urgencias hospitalarias quedaron libres para atender a otro tipo de casos urgentes. Al darse cuenta de esta conexión entre la salud y el ambiente del hogar, los médicos en Boston tienen ahora la autorización para forzar una inspección de los edificios si creen que un problema de salud tiene su origen en el hogar del paciente. Sin embargo, hay otros aspectos de un edificio que también pueden mejorar la salud de sus ocupantes.

En la séptima planta de Vía Verde, un gimnasio con equipos modernos se abre a un jardín en la azotea diseñado para fomentar el buen estado físico. El jardín también proporciona un espacio silencioso y de reflexión, ya que la meditación y el yoga han demostrado ser muy efectivos para reducir el estrés y aumentar la capacidad de recuperación de las personas. El centro médico comunitario de la planta baja, administrado por el hospital Montefiore, ofrece servicios a los residentes de Vía Verde y a la gente del barrio, alentando pasar de la atención médica en las urgencias hospitalarias, que resulta muy cara, a otra preventiva más efectiva y más barata. También cuenta con una farmacia, y las zonas de aparcamiento de bicicletas cercanas fomentan su uso, mientras que las zonas de juegos de última generación alientan a los más pequeños a correr y jugar al aire libre en el patio seguro y soleado del complejo.

El Departamento de Salud de Nueva York está llevando a cabo un estudio de cinco años para determinar si vivir en Vía Verde marca una diferencia en la salud de sus residentes. Para ello, realizó encuestas de salud a cada residente que se mudó al edificio cuando este se alquiló por primera vez, y también encuestó al mismo número de personas que solicitaron una vivienda en el edificio pero que finalmente no acabaron mudándose allí. Después de cinco años de recopilación de datos, podrán compararlos y ver si residir en el edificio promueve la salud.

El énfasis de Vía Verde en la salud y el ejercicio es premeditado. Las personas que viven en comunidades con bajos ingresos son particularmente susceptibles de tener problemas crónicos de salud, incluida la depresión. Como señala la encuesta de bienestar de Gallup-Healthways: «Los estadounidenses pobres son más propensos que quienes no lo son a enfrentarse a una amplia gama de problemas de salud crónicos, y la depresión afecta de manera desproporcionada a los más pobres. Alrededor del 31 % de los estadounidenses pobres en algún momento han sido diagnosticados de depresión, en comparación con el 15,8 % de los que no son pobres. Los estadounidenses pobres también son más propensos a presentar problemas de asma, diabetes, presión arterial alta y ataques al corazón, que probablemente estén relacionados con una mayor proporción de obesos, el 31,8 frente al 26 % en el caso de los adultos que no se encuentran en situación de pobreza».[11] Dada la especial vulnerabilidad de las familias pobres a sufrir depresión y enfermedades crónicas, los beneficios del ejercicio físico y una dieta saludable tienen un efecto aún más positivo en las familias de bajos ingresos que en los que tienen una mejor situación económica.

A medida que el sistema de pago de la atención médica en Estados Unidos consiste cada vez más en el desembolso de una cuota fija por persona al año a hospitales y centros de atención médica, estos están motivados para mantener a sus pacientes saludables con el menor

[11] www.gallup.com/poll/158417/poverty-comes-depression-illness.aspx.

coste. Una de las formas más económicas de hacerlo es fomentando edificios más saludables. El trabajo de la Robert Wood Johnson Foundation demuestra que las características del barrio, como el hecho de poder llegar a pie en diez minutos a parques y espacios abiertos, tienen beneficios para la salud. De esta manera, el entorno construido no solo afecta a la salud de la naturaleza, sino también a la nuestra. Quizás pronto las primas de los seguros privados de salud variarán dependiendo de lo ecológicos que sean nuestros hogares y barrios.

El impacto del comportamiento de la gente

A medida que los edificios se vuelven más eficientes desde el punto de vista energético, el comportamiento de sus ocupantes se convierte en un factor cada vez más importante del uso de la energía. El Ejército de Estados Unidos se dio cuenta de ello al intentar determinar cuán ecológica debería ser la nueva casa familiar que planeaba construir. Creó una comunidad de prueba con cuatro casas piloto: una diseñada según los estándares del ejército, otra con estándares ecológicos modestos, otra muy ecológica y otra diseñada para tener un consumo neto cero, con suficiente energía solar en su cubierta para que sus electrodomésticos de la máxima eficiencia energética no necesitaran energía adicional. No obstante, después de que el Ejército registrara un año de datos sobre el funcionamiento de las casas, los resultados fueron confusos. La casa normal era la que menor cantidad de energía utilizaba, y la casa de consumo neto cero la que más. ¿Qué había ocurrido? La respuesta estaba en el comportamiento de sus habitantes. La familia que vivía en la casa normal era muy cuidadosa: apagaba las luces y la televisión al salir de una habitación, secaba la colada en un tendedero y no utilizaba el aire acondicionado excepto cuando hacía mucho calor. La familia de la casa de consumo neto cero era lo contrario, y tenían las luces, los televisores, las consolas de juegos y el aire acondicionado funcionando todo el tiempo. No basta solo con cómo construimos, sino que también cuenta cómo vivimos.

Y el comportamiento de la gente también es importante en los edificios de oficinas. En 1985, la energía consumida por los dispositivos enchufados constituía el 15% de la energía total que consumía un edificio de oficinas típico; en 2010, este consumo de energía había crecido hasta el 45 %. Parece que acumulamos más y más dispositivos que requieren electricidad: ordenadores, móviles, iPad, pizarras inteligentes, cafeteras, microondas y neveras. Parte de nuestro comportamiento en los edificios se ve afectado por el diseño del edificio; si, por ejemplo, una habitación está mal iluminada, es más probable que coloquemos una lámpara de escritorio; si el sistema de calefacción no está bien regulado, abrimos una ventana en pleno invierno cuando una sala está demasiado caliente, o conectamos una estufa eléctrica si hace demasiado frío. Muchos comportamientos son el resultado de diseños fácilmente mejorables.

Una de esas estrategias se llama «arquitectura de elección». La forma en que se diseña nuestra tecnología crea un sesgo natural hacia ciertos comportamientos. En otro edificio ecológico piloto, el Laboratorio Nacional de Energía de Renovación (NREL) de Boulder (Colorado) diseñó unos inodoros que ahorraban agua mediante un pulsador de descarga sencilla cuando se tiraba de él hacia arriba y de descarga doble al pulsar hacia abajo. A pesar de ello, se ahorraba muy poca agua. La mayoría de la gente está acostumbrada a pulsar hacia abajo, y una cantidad sorprendente de personas accionan las cisternas de los inodoros públicos con el pie. Si el inodoro se hubiera diseñado con la poca descarga pulsando hacia abajo, el ahorro habría sido importante. Otro ejemplo puede encontrarse en las habitaciones de los hoteles estadounidenses, donde resulta muy fácil dejar la habitación por el día con todas las luces encendidas, mientras que en Europa los huéspedes encienden las luces colocando sus tarjetas llave en un interruptor, que apagan las luces cuando se retira la llave al salir de la habitación.

El comportamiento de la gente también depende de las normas sociales; como hemos visto, el compostaje es una norma social en San Francisco, pero no en São Paulo. Cuando la mayoría de la gente de una oficina apaga las luces al salir de su despacho, otras repiten este comportamiento, incluso aquellas que no lo hacen en casa. Cambiar los comportamientos tiene dos ventajas: es rápido y es gratis, de modo que al diseñar una estrategia medioambiental siempre tiene sentido pensar en los comportamientos que podrían impedir o mejorar su eficiencia.

El programa Conciencia Climática y Comportamiento del Garrison Institute, uno de los primeros en valorar el papel que podría desempeñar el comportamiento de la gente para reducir el impacto sobre el clima, identificó la retroalimentación como un elemento clave para cambiar los comportamientos: la misma señal que favorece las ecologías naturales también puede ayudar a un mejor comportamiento. Las personas que viven o que trabajan en lugares donde pagan sus propias facturas de electricidad o de agua utilizarán mucha menos electricidad o agua que aquellos que no pagan por ello. Es más probable que apaguen las luces al salir de una habitación, o que esperen a tener la lavadora llena antes de ponerla en marcha. Cuando los suministros están incluidos en el alquiler, es más probable que los malgastemos, porque los consideramos gratuitos. El problema es que a menudo no recibimos las facturas hasta un mes después del consumo, por lo que resulta más difícil relacionar nuestras acciones con su coste. Los contadores inteligentes pueden ofrecer información de consumo en tiempo real. Por ejemplo, un televisor en pausa da la impresión de que está apagado, pero consume más electricidad que un frigorífico de alta eficiencia energética. Con una pantalla informativa en el contador inteligente en casa, es más probable que el habitante desenchufe la tele cuando el contador informa sobre lo que podría ahorrar al mes si lo hace.

Las ciudades utilizan cada vez más las estrategias de cambio de comportamiento para aumentar su salud y su capacidad de recuperación, como los carriles bici separados, que hacen que ir en bicicleta sea más fácil y seguro, y resulta que es el método de transporte que está creciendo más para trayectos de menos de 15 km en Estados Unidos. En las ciudades que cuentan con contadores inteligentes para ofrecer información en tiempo real a los residentes, el consumo de energía ha bajado. Cuando los ayuntamientos aumentan las tarifas del agua, su uso disminuye. Cuando los ayuntamientos multan por no separar la basura, el reciclaje aumenta. Cuando un ayuntamiento deja claros sus objetivos medioambientales y fomenta los cambios de comportamiento, obtiene mejores resultados.

El Desafío del Edificio Vivo

En 2006, el International Living Building Institute y el Cascadia Green Building Council emitieron los códigos de construcción más ecológicos y holísticos hasta la fecha: el llamado Desafío del Edificio Vivo. Se preguntaron: «¿Qué pasaría si cada decisión de diseño y de construcción hiciera del mundo un lugar mejor? ¿Qué pasaría si cada intervención produjera como resultado una mayor biodiversidad; mejorara la salud del suelo; ofreciera elementos que aumentaran la belleza y facilitaran la expresión personal; permitieran una comprensión más profunda del clima, la cultura y el lugar; una reorientación de nuestros sistemas alimentarios y de transporte; un sentido más profundo de lo que significa ser un habitante de un planeta en el que los recursos y las oportunidades se proporcionan de manera justa y equitativa?».[12]

Estas son preguntas extraordinarias que requieren un cambio en el diseño y la construcción de edificios ecológicos para reducir su impacto medioambiental, para contribuir a restaurar una ecología natural y social saludable e integrada. Imaginemos una ciudad como un bosque donde cada planta, animal y organismo contribuye a la salud de todo el ecosistema. El Desafío del Edificio Vivo nos pide que pensemos en cada nuevo edificio de la misma manera.

El primer edificio urbano que cumplió con el Desafío del Edificio Vivo fue el edificio de oficinas de la Bullitt Foundation (el Bullitt Center) en Seattle, inaugurado en 2014. El sistema de paneles solares en la cubierta plana del edificio genera un 60 % más de electricidad de la que necesita el edificio y envía la sobrante a la red eléctrica. Este notable excedente de energía se consiguió al optimizar varios sistemas constructivos para reducir el uso de la energía e integrarlos. Por ejemplo, las ventanas del edificio cuentan con cristales altamente aislantes, y los sensores y los temporizadores controlados por ordenador abren y cierran las persianas exteriores para maximizar el confort y reducir al máximo el uso de energía. Las ventanas se abren y se cierran automáticamente para hacer que el aire circule por todo el edificio. Las persianas incluso pueden adoptar diferentes ángulos para dejar entrar más o menos luz del sol para calentar e iluminar el edificio, mientras que un sistema geotérmico alimentado por energía solar utiliza la temperatura constante de 12 °C del interior de la Tierra para compensar las ganancias solares y enfriar el edificio.

Los paneles solares fotovoltaicos de la cubierta también recogen el agua de lluvia que se utiliza para el riego de los jardines del edificio,

[12] http://living-future.org/living-building-challenge-21-standard.

los inodoros y las duchas. Las aguas residuales del edificio se reciclan, se recogen y se filtran en el sótano antes de ser bombeadas a un humedal situado en la cubierta, donde organismos vivos las limpian para más tarde canalizarlas debajo del edificio y devolverlas al sistema de aguas subterráneas, aguas ahora tan limpias como al principio del ciclo, cuando cayeron en forma de lluvia. Los gestores del edificio han promovido una cultura para cambiar los comportamientos de sus ocupantes con el fin de que colaboren en la consecución de los objetivos ecológicos del edificio.

Microrredes

Los sistemas urbanos tienden a estar conectados, pero no interconectados. Los edificios están directamente relacionados con los sistemas viarios, de abastecimiento de agua, redes de alcantarillado, electricidad y datos, pero generalmente se trata de relaciones unidireccionales fijas. Una vez que comenzamos a construir edificios como el Bullitt Center, que generan un excedente de energía solar y agua limpia, podemos comenzar a interconectarlos para formar barrios ecológicos o ecobarrios. Uno de los lugares más fáciles para comenzar es con la energía eléctrica. En la mayoría de las ciudades, la electricidad se genera en unas pocas centrales de gran tamaño, a menudo alimentadas con combustibles fósiles, y que luego se vierte a la red eléctrica. Con frecuencia estas redes son gestionadas por sistemas analógicos obsoletos, con mala respuesta frente a situaciones volubles. Cuando la red se sobrecarga, todo el sistema falla, como ocurrió en el norte de la India en 2012. En Estados Unidos, los cortes de la red le cuestan al país entre 25.000 y 70.000 millones de dólares al año en producción y salarios perdidos, productos dañados, retraso en la producción y daños a la red.[13]

Una de las ventajas de las redes eléctricas amplias es que pueden conectar a las ciudades con recursos remotos de energía solar, eólica e hidroeléctrica. No obstante, el sistema eléctrico se vuelve mucho más resiliente si se integra el sistema de alimentación centralizado a gran escala con sistemas más pequeños, locales, inteligentes y con-

[13] energy.gov/sites/prod/files/2013/08/f2/Grid%20Resiliency%20Report_FINAL.pdf.

trolados digitalmente, como el sistema de paneles solares de la cubierta del Bullitt Center. Esta combinación de pequeños generadores de electricidad de distintas escalas, junto con el almacenaje local en baterías controlado por una retroalimentación inteligente, se llama «microrred». Según Robert Galvin, expresidente y director ejecutivo de Motorola: «La red emergente de microrredes inteligentes es como la cota de malla de un caballero medieval, una matriz flexible que es más fuerte que la suma de sus partes».[14]

Sin esa integración, el actual sistema de suministro masivo es enormemente ineficaz. Una central eléctrica a base de carbón y turbina de vapor puede convertir solo el 39-47 % de la energía del carbón en electricidad, y se pierde un 6,5 % de la energía en el transporte debido a la resistencia de la red.[15] El sistema de suministro masivo es además inflexible. Las centrales eléctricas de carbón, diseñadas para operar las 24 horas del día, no son fáciles de encender y apagar, y resultan terriblemente contaminantes.

Las microrredes pueden integrar varias fuentes de energía: solar, eólica, biogás de plantas de tratamiento de residuos, cogeneración –que combina la generación de electricidad y la calefacción– y el suministro masivo. Las fuentes locales de energía sufren pérdidas en la distribución mucho más pequeñas. Edificios como el Bullitt Center, que está conectado a una red inteligente, pueden ser tanto consumidores como productores de electricidad: a veces la compra, otras la vende. Sus ocupantes también pueden suministrar electricidad a partir de las baterías de los coches eléctricos estacionados en sus garajes durante el día, cuando los precios de la electricidad son altos, y recargarlas por la noche, cuando los precios son más bajos. A medida que la tecnología de las baterías mejore, más edificios las utilizarán para suministrar electricidad durante el día cuando es más cara, y comprar electricidad por la noche cuando su coste es menor, suavizando de esta manera los picos de demanda y aumentando la resiliencia del sistema.

Las microrredes pueden tener diferentes tamaños; pueden ser lo suficientemente pequeñas como para alimentar un solo edificio uti-

---

[14] Galvin, Robert; Yeager, Kurt y Stuller, Jay, *Perfect Power: How the Microgrid Revolution Will Unleash Cleaner, Greener and More Abundant Energy*, McGraw-Hill, Nueva York, 2008, pág. 4.

[15] «Efficiency in Electrical Generation-Eurelectric Preservation of Resources», subgrupo «Upstream» de Working Group en colaboración con VBG, 2003.

lizando paneles solares situados en la azotea o con plantas de cogeneración a gas. Las microrredes a escala de barrio resultan cada vez más viables. Como hemos visto, las plantas de tratamiento de agua pueden generar electricidad a partir del biogás para suministrar energía a miles de hogares cercanos. La energía solar de los paneles situados en las cubiertas de grandes edificios industriales también es capaz de producir un excedente de energía que puede compartir con los vecinos.

En las redes inteligentes en malla, cada nodo tiene la capacidad de generar y distribuir su propia energía e información, pero también de transmitir electricidad e información de otros nodos. Si uno o más enlaces en las redes caen, otros pueden tomar el relevo. Esto permite que las microrredes se autorreparen. Debido a que se entrelazan múltiples recorridos de electricidad e información dinámicamente equilibradas, si un enlace se rompe, los otros siguen suministrando electricidad. Las redes inteligentes pueden detectar bajadas o cortes de suministro, analizar las causas y responder a ellas. Observan el comportamiento de los humanos y los equipos que consumen electricidad, aprenden a predecir sus comportamientos y pueden proporcionar retroalimentación para ayudar a reducir el consumo en momentos de máxima demanda. Esta integración de energía e información comienza a funcionar como *emergy*, la forma propuesta por Howard Odum para aumentar la complejidad de un sistema a pesar de la entropía.

Las microrredes inteligentes reciben información de tipo Big Data no solo sobre el sistema eléctrico más amplio del que forman parte, sino también datos locales que pueden ser de poco interés para el sistema en su conjunto pero que son importantes a menor escala. Por ejemplo, lo que más electricidad consume de un frigorífico es su sistema contra la escarcha. Durante un período de gran demanda de electricidad, una red local inteligente podría identificar todos los frigoríficos que estuvieran utilizando el sistema antiescarcha y comunicarles que lo desactivasen hasta que la emergencia hubiese terminado. Una red de energía o de información en malla puede proporcionar a los consumidores información directa sobre su consumo de energía, y ayudar así a cambiar los comportamientos energéticos mediante las redes sociales para fomentar una cultura de ahorro de energía. Las microrredes también contribuyen a la igualdad en la nueva economía ecológica. A diferencia de un sistema eléctrico operado por unas pocas grandes empresas, la mayoría de los elementos de un sistema en malla son propiedad de los propios consumidores. Su prosperidad surge de la diversidad, la coherencia y la sostenibilidad del conjunto.

A medida que el mundo se vuelve cada vez más urbano, se electrifica, y esto es bueno. Quizás no haya ningún sistema moderno que transforme tanto la vida de las personas como la electricidad, responsable de enormes aumentos en la productividad. La luz eléctrica facilita que los niños estudien cuando no hay luz, carga los teléfonos móviles, da acceso a Internet y mejora las conexiones entre las personas y de estas con la información.

El sistema de suministro convencional no está a la altura de la tarea de llevar las ventajas de la electricidad a todos los hogares del planeta. La Agencia Internacional de Energía sostiene que en todo el mundo deben invertirse 250.000 millones de dólares al año en infraestructuras energéticas durante los próximos 50 años. Sin embargo, existe otro modelo de cómo podría gastarse todo ese dinero. A medida que los sistemas de telecomunicaciones del mundo se han ido expandiendo a países en vías de desarrollo, se han saltado el sistema de línea fija, caro y centralizado, y han pasado directamente al modelo de red de teléfonos móviles. Como resultado, en 2014, 6.000 de los 7.000 millones de personas del mundo tenían acceso a un teléfono móvil, 1.500 millones más que los que tienen acceso a inodoros. Del mismo modo, las microrredes pueden repartir los beneficios de la electrificación de forma más rápida y económica a las nuevas ciudades y barrios marginales de rápido crecimiento del mundo, e incorporar más fácilmente fuentes de energía ecológica, como la solar y la eólica.

Ecobarrios

Los ecobarrios trabajan conjuntamente para planificar e implementar sistemas integrados; aplican la información, las variedades de escala y la diversidad de microrredes a la mayor cantidad posible de sistemas de infraestructura urbana. El sistema de energía del barrio de la University Avenue de Mineápolis propuso integrar un grupo diverso de usuarios incluyendo BlueCross BlueShield de Minnesota,

CenterPoint Energy, el Departamento de Vivienda Pública de Mineápolis, la University of Minnesota, propietarios de edificios privados y Xcel Energy con el objetivo de combinar electricidad, calefacción, refrigeración, espacios abiertos, aguas pluviales, aparcamientos y otros elementos de su metabolismo para hacerlos más ecológicos, rentables y resilientes. Por ejemplo, el calor de las aguas residuales de un edificio puede recuperarse, agregarse a un circuito cerrado de agua y utilizarse para calentar otros edificios. La energía solar captada en las cubiertas de los edificios y los sistemas geotérmicos pueden agregarse a los circuitos, así como el exceso de calor de los servidores informáticos y los sistemas frigoríficos. Cada edificio conectado al sistema se convierte en productor y consumidor de calor, de modo que se pierde poco calor, y cada edificio se ahorra el coste de una caldera. Los estudios demuestran que estos sistemas son más baratos de construir y operar, son más resilientes a los fallos del sistema ya que cuentan con diferentes partes que colaboran, y tienen un impacto medioambiental mucho más bajo.

Los ecobarrios nos piden que pensemos de manera diferente. En lugar de diseñar nuestros edificios para que funcionen independientemente de nuestros vecinos, debemos pensar primero en ellos como codependientes, y ver cómo esa codependencia mejora su capacidad de recuperación en un mundo VUCA. A medida que más sistemas se integran en los ecobarrios, comienzan a asumir las características adaptativas de los sistemas biocomplejos. Los ecobarrios crean resiliencia activa.

Resiliencia pasiva y activa

El siglo XXI viene marcado por el cambio climático. Nuestras ciudades estarán expuestas a olas de calor y de frío, a inundaciones y a sequías. La tercera cualidad del temperamento, la resiliencia a través del urbanismo ecológico, puede ayudar a promediar esta volatilidad. Al hacerlo, ayuda a reducir el impacto del cambio climático y a adaptarse a él.

Los sistemas energéticos del mundo son despilfarradores. A nivel mundial, producimos 15 billones de vatios de energía por día y emitimos 32.000 millones de toneladas de CO_2 al año, junto con muchos otros contaminantes. Si bien estos desechos están cambiando el clima y envenenando las aguas y el aire, en gran medida no somos conscientes de ello. Tal vez ha llegado el momento de preguntarnos cuánto estamos dispuestos a despilfarrar. La respuesta debería ser: nada, y a nadie.

Esto requiere que reiniciemos nuestra aproximación al medio ambiente. Ya no podemos esperar hacer menos daño; debemos establecer el objetivo más allá de los daños para actuar de manera restauradora tanto de las personas como de los lugares, del individuo y de la ciudad y su entorno.

El concepto de temperamento nos exige ver el entorno no solo desde nuestro punto de vista, sino también desde el de la naturaleza, donde no se desperdicia nada, pues en la naturaleza no hay desperdicio, todo es puro, naturalmente puro. Solo cuando aspiremos a que el metabolismo de nuestras ciudades sea naturalmente puro, podremos equilibrarlo con la naturaleza.[16]

[16] www.eia.gov/cfapps/ipdbproject/iedindex3.cfm?tid=90&pid=44&aid=8.

Parte cuarta
Comunidad

La ciudad bien temperada no solo debe mediar en las tensiones del entorno cambiante, sino también sanar las tensiones cognitivas y sociales de nuestra era VUCA. Su objetivo debe ser nutrir a las personas bien temperadas y a los sistemas sociales que igualan las oportunidades para todos. Así como las ciudades no se sostienen por sí mismas, sino que prosperan en una red metabólica de agua, alimentos y energía profundamente interconectada, las personas prosperan en una red profundamente interconectada de familias, comunidades y conocimiento. Estas redes tienen una influencia metacultural sobre el comportamiento que impregna la vida de los ciudadanos tan profundamente como el metagenoma biológico impregna la ecología.

Cabe recordar que el éxito evolutivo del *Homo sapiens* proviene de nuestra capacidad social, de nuestro altruismo y de nuestra inteligencia grupal. Investigaciones recientes indican que la conectividad y la cultura son condiciones fundamentales para la felicidad. Resulta que el bienestar es una actividad colectiva que es llevada a cabo a través de la cuarta cualidad del temperamento: la comunidad. La calidad de nuestras comunidades influye profundamente no solo en el carácter y en la calidad de nuestras vidas, sino también en el destino de nuestros hijos.

Las comunidades más saludables se basan en las nueve ces: conocimiento, cooperación, cultura, calorías, concentración, comercio, complejidad, conectividad y control. Y resulta que estas condiciones fundamentales de las primigenias comunidades del mundo también son clave en las mejores comunidades actuales. Las comunidades saludables mejoran las vidas de sus habitantes y alimentan la eficacia colectiva, que resulta fundamental para conseguir ciudades saludables.

9
Crear comunidades de oportunidad

¿Qué son las comunidades de oportunidad? La raíz de la palabra *comunidad* proviene del vocablo latino *communitus*; *cum* significa «con» o «juntos», y *munus* significa «don». La palabra *oportunidad* proviene del término latino *oportunus*; la raíz latina *ob* significa «en dirección a» y *portus* significa «puerto»; *oportunus* describe los vientos que llevaban a los viajeros a su destino, a puerto seguro. Hoy usamos la palabra *oportunidad* para describir una posibilidad de aventura, pero en su raíz se encuentra la vuelta al lugar seguro, quizás a casa. En consecuencia, tomadas en conjunto, las raíces latinas de la expresión «comunidad de oportunidades» se refieren al don de estar juntos, y regresar a casa, a puerto seguro, de nuestras aventuras.

PolicyLink, un instituto de investigación y de toma de decisiones de Estados Unidos que promueve la equidad económica y social, define «comunidades de oportunidad» como «lugares con escuelas de calidad, acceso a buenos empleos con salarios dignos, opciones de vivienda de calidad, transporte público, calles seguras y transitables, servicios, parques, acceso a alimentos saludables y a redes sociales fuertes».[1] Enterprise Community Partners describe su visión de la vivienda de una comunidad de oportunidades de esta manera: «Algún día, toda persona tendrá una vivienda asequible en una comuni-

[1] «Building Communities of Opportunity: Supporting Integrated Planning and Development through Federal Policy». Esta ponencia fue preparada por PolicyLink y se presentó el 18 de septiembre de 2009 en el viaje a Denver (Colorado) de la Oficina de Asuntos Urbanos de la Casa Blanca.

dad vibrante, cargada con la promesa y la oportunidad de una vida buena».[2] Esta debería ser la meta del desarrollo de la comunidad para todo ser humano en el planeta.

Estas definiciones están impregnadas de conectividad, suponiendo que la comunidad está lo suficientemente conectada como para satisfacer sus necesidades metabólicas, como poseer un suministro seguro de energía y agua, acceso al tratamiento de aguas residuales y pluviales, y recogida y eliminación regular de desechos sólidos. Aunque a menudo se dan por sentados en Estados Unidos, estos servicios básicos todavía no están disponibles en muchas ciudades en vías de desarrollo.

Una comunidad de oportunidades debería estar a salvo de las amenazas físicas y sociales, incluida la violencia o los traumas de todo tipo. Debería estar libre de compuestos tóxicos en el agua, la tierra y el aire. Sus residentes deberían tener acceso a servicios de salud asequibles, y a servicios sociales y de salud mental. Debería tener un excelente sistema de educación pública, igual para todo el mundo en la región. Debería incluir diversidad de población, de tipos de vivienda y de oportunidades. Su gobierno debería ser transparente y estar libre de corrupción, y sus ciudadanos deberían poder desempeñar un papel importante tanto en la planificación a largo plazo como en la toma de decisiones a corto plazo.

Todos estos elementos son esenciales para el bienestar de una comunidad y de sus residentes. La clave está en la raíz latina *cum*: «juntos». Todos estos elementos deben integrarse para urdir el tejido de la comunidad, y esta debe poseer una potente cultura de la identidad, de la colaboración y del reconocimiento de nuestra dependencia mutua.

Redes sociales

Desde la Ilustración, el gran cambio cognitivo y cultural hacia el racionalismo que se produjo a mediados del siglo xviii, la teoría económica occidental o clásica, ha considerado cada vez más a las personas

[2] «Community Development 2020: Creating Opportunity for All. A Working Paper», Enterprise Community Partners, 2012. En: www.washingtonpost.com/local/seven-of-nations-10-most-affluent-counties-are-in-washington-region/2012/09/19/f580bf30-028b-11e2-8102-ebee9c66e190_story.html.

como actores individuales, cada uno centrado en satisfacer sus propias necesidades. Ha postulado también que la suma de las decisiones individuales se expresa a través de los mercados. Esta perspectiva influyó poderosamente en la Chicago School of Economics del siglo XX, en lo que se ha venido a llamar «teoría económica neoclásica», que propone que la fuente del bienestar de la sociedad son los mercados libres compuestos por individuos que toman decisiones informadas y eficientes para mejorar sus propias circunstancias. Este punto de vista concluye que la suma de estas decisiones individuales logra el mejor resultado social posible, y cualquier intervención estatal que distorsione la suma de estas decisiones individuales conduce a unos peores resultados.

Esta visión del mundo ha tenido una fuerte influencia en las políticas públicas en Estados Unidos desde el reaganismo de la década de 1980, pero finalmente ha resultado ser una visión incompleta. Si bien la libertad de decisión individual es un elemento de toda sociedad que funciona bien, las necesidades colectivas también son esenciales. Y, tal como hemos aprendido del equilibrio de Nash y de la paradoja de Braess, el diseño de un sistema influye en los resultados que obtiene. Además, sabemos que los individuos están profundamente influenciados por su entorno social; la decisión individual no es pura, como tampoco lo son los mercados, puesto que nunca tienen información completa y nunca pueden valorar todas las consecuencias de sus decisiones. Por ejemplo, si una empresa aumenta sus ganancias reduciendo costes y, como consecuencia, contamina el barrio donde se ubica y expone a sus habitantes a toxinas cancerígenas, su valor en el mercado subirá, aunque el sistema empeore. En la teoría económica neoclásica más simple, la contaminación tóxica y el coste de la atención médica de los vecinos, la pérdida de sus medios de subsistencia y el sufrimiento son factores externos, irrelevantes a la hora de determinar el valor de mercado de la empresa. Sin embargo, las personas inocentes y la sociedad en general cargan involuntariamente con estos gastos. Esta visión parcial de la verdadera naturaleza de los sistemas ha llevado a tremendos daños medioambientales, a la traidora crisis financiera mundial de 2008 y al aumento desestabilizador de la desigualdad de ingresos que se ha producido a partir de entonces.

Por otro lado, si se construye un sistema económico que vincule las empresas con sus impactos sistémicos, entonces estas no solo podrían ser penalizadas por los gastos que imponen a los demás, sino también beneficiarse de los posibles ahorros. Existe un movimiento emergente para conectar viviendas y salud, y para recompensar las viviendas saludables, estables y asequibles por las reducciones en los costes locales de atención médica que permiten. Por ejemplo, el centro YWCA de White Plains introdujo un programa de atención médica telefónica en sus viviendas para mujeres de bajos ingresos y redujo las visitas a urgencias de sus residentes de once al mes a una, produciendo un ahorro neto superior a los 150.000 dólares al año. Si los sistemas hospitalarios y de Medicare [un programa de salud para los estadounidenses de más de 65 años] que estaban cargando con los gastos de urgencias compartieran algunos de los ahorros con el centro YWCA, podrían ayudar a pagar incluso más servicios sociales y de salud telefónicos.

A principios de la década de 2000, la teoría económica del comportamiento comenzó a contrarrestar algunas de las limitaciones de la visión neoclásica estudiando cómo se comportan realmente las personas en lugar de cómo la teoría económica supone que se comportan. Resulta que no todo el mundo toma decisiones como entidad independiente, sino que, al contrario, nuestro comportamiento está profundamente influenciado por nuestro entorno social y cultural, así como por los sesgos cognitivos de los que hemos hablado anteriormente. Nuestro comportamiento incluso está influenciado por acontecimientos ocurridos hace generaciones que han quedado codificados en nuestros genes. (Por ejemplo, hay estudios que muestran que las personas cuyas abuelas pasaron hambre durante el embarazo tienen más probabilidades de ser obesas.) Como resultado, los seres humanos actúan con frecuencia de forma irracional; no siempre tomamos las decisiones que nos convendrían. Y las ciencias sociales sostienen que la existencia humana es relacional, no independiente. Seguimos a la masa.

Si queremos fomentar un comportamiento que mejore la capacidad de recuperación de nuestras ciudades, tendremos que cambiar el comportamiento de los grupos y no solo regular o incentivar a las personas. Para hacerlo, necesitaremos saber cómo funcionan las redes sociales.

Una de las pensadoras sobre la ciudad más notables del siglo xx, Jane Jacobs, observó que es imposible crear una comunidad sin crear redes. Las redes sociales son sistemas complejos de adaptación que surgen de las relaciones entre individuos, grupos y organizaciones. Aunque estas redes están compuestas por personas individuales, sus cualidades surgen de las relaciones entre las personas. Esto no significa que las personas no tengan sus propios planes: por supuesto que sí. Pero nosotros, los seres humanos, somos altamente sociales, y nuestros planes están moldeados por la influencia que cae en cascada por el entorno social. Y el comportamiento colectivo resultante es tan importante para la resiliencia a la volatilidad y el estrés de una comunidad como lo es la capacidad de recuperación de su energía y de otros sistemas.

Los huracanes, los tornados y las inundaciones causan una tremenda destrucción física de las ciudades, pero las olas de calor resultan más mortales y provocan más muertes que todo el resto de fenómenos meteorológicos juntos.[3] En julio de 1995, las temperaturas se dispararon en el Medio Oeste de Estados Unidos, devastando cultivos y abrasando sus ciudades. Varias personas murieron, pero la cifra más alta fue en Chicago, donde fallecieron 739 personas por la ola de calor (una cifra siete veces superior a la de muertos por la supertormenta Sandy que golpeó Nueva York y Nueva Jersey).[4] La mayoría de las víctimas eran pobres y ancianos; muchos no tenían aire acondicionado, o si lo tenían, no podían permitirse encenderlo; tenían miedo de abrir sus puertas o ventanas por la noche porque vivían en barrios peligrosos; murieron solos, sin poder refrescarse.

De las diez comunidades con las tasas de mortalidad más altas, ocho eran predominantemente afroamericanas con altas tasas de delincuencia y altos niveles de desempleo. Sin embargo, curiosamente, tres de las diez comunidades con las tasas de mortalidad más bajas también eran principalmente afroamericanas, con niveles similarmente elevados de desempleo y delincuencia. ¿Qué diferenciaba a estos vecindarios?

Englewood, un barrio al sur de Chicago, había sido duramente afectado por el declive industrial. Entre 1960 y 1990, más de la mitad de los residentes del barrio se mudaron, dejando atrás solares bal-

[3] Klinenberg, Eric, «Dead Heat: Why Don't Americans Sweat over Heat-Wave Deaths?», *Slate.com*, 30 de julio de 2002.

[4] «Adaptation: how can cities be "climate-proofed"?», *The New Yorker*, 7 de enero de 2013. En: www.newyorker.com/magazine/2013/01/07/adaptation-2.

díos, casas abandonadas, calles con tiendas, algunas iglesias y centros comunitarios moribundos. Por el contrario, a pesar de una pérdida similar de empleos, el barrio colindante de Auburn Gresham retuvo a sus habitantes. Sus tiendas permanecieron abiertas, sus iglesias conservaban a sus fieles y las asociaciones vecinales prosperaron. Mientras que Englewood tuvo una de las tasas de mortalidad más altas durante la ola de calor de 1995, Auburn Gresham sufrió una de las más bajas; de hecho, le fue mejor que a muchos barrios prósperos de población blanca del norte de Chicago. Eric Klinenberg, sociólogo y autor de *Heat Wave: A Social Autopsy of Disaster in Chicago,*[5] sacó la conclusión de que la diferencia se debía a la calidad de las redes sociales de cada comunidad.

Betty Swanson, que había vivido en Auburn Gresham durante más de medio siglo, dijo: «Durante la ola de calor hacíamos controles regulares, y pedíamos a los vecinos que se llamaran mutuamente a las puertas [...]. Los presidentes de nuestros clubes vecinales generalmente sabían quién vivía solo, quién era mayor y quién estaba enfermo. Es lo que siempre hacemos aquí cuando hace mucho calor o mucho frío».[6]

El mismo poder de las redes sociales influyó en las tasas de supervivencia ocho años después, en julio y agosto de 2003, cuando Europa experimentó la peor y más larga ola de calor registrada en siglos. En total se atribuyeron 70.000 muertes a la ola de calor, 14.802 de ellas en Francia. Al igual que en Chicago, los más propensos a morir por el calor fueron los ancianos. La ola de calor en Europa fue completamente inesperada, y Francia no estaba preparada para afrontarla. Por lo general, las noches de verano en Francia son frescas, e incluso cuando no lo son, las casas de piedra, ladrillo y hormigón de la mayoría de los franceses están a temperaturas más bajas, lo suficientemente bajas por la noche, de modo que hay poca necesidad de aire acondicionado. La ola mortal de calor de 2003 empeoró la situación porque en agosto casi todos los franceses están de vacaciones, por lo que pocos estaban cerca de sus ancianos padres para ayudarlos.

Sorprendentemente, las tasas de mortalidad más altas las experimentaron personas mayores relativamente sanas, no los discapacita-

---

[5] Klinenberg, Eric, *Heat Wave: A Social Autopsy of Disaster in Chicago*, Chicago University Press, Chicago, 2002.

[6] «Adaptation: How can cities be "climate-proofed"?», *op. cit.*

dos mentales o físicos. A quienes tenían enfermedades que necesitaban el apoyo familiar, o a quienes vivían en asilos de ancianos, les fue mucho mejor que a quienes estaban más sanos y eran más independientes. Quienes vivían solos soportaban el calor estoicamente, no enchufaban los ventiladores ni bebían lo suficiente para mantenerse hidratados.[7] Al igual que en Chicago, la tasa de supervivencia de las personas mayores en Francia durante la ola de calor estuvo directamente relacionada con el calado de sus redes sociales.

Las redes sociales pueden cartografiarse entrevistando a personas y registrando quién está conectado con quién. En un mapa de redes sociales, cada persona está representada por un punto, y las conexiones entre personas se indican mediante líneas entre los puntos. Las personas altamente conectadas tienen muchas líneas que salen y llegan a ellas, mientras que las personas aisladas no. A medida que un mapa de redes sociales crece, va tomando forma. Por ejemplo, las redes creadas alrededor de un líder dinámico contarán con un punto central con muchas líneas que irradian hacia fuera, pero pocas conexiones entre ellas. Por otro lado, las redes de amigos con aproximadamente el mismo número de amistades pueden parecer copos de nieve interconectados. La forma del mapa de la red social de una comunidad nos dice mucho sobre esa comunidad, y pone de manifiesto las autopistas por las que es más probable que se propaguen las ideas y se copien los comportamientos. Sorprendentemente, las personas más influyentes no son siempre las más poderosas, sino a menudo las más colaborativas.

Como recordarán, la ley de Metcalfe establece que el valor de una red de telecomunicaciones es proporcional al cuadrado de la cantidad de usuarios conectados del sistema. Esto explica por qué la conexión de las ciudades durante el período Ubaic dio lugar a una civilización que era mucho mayor que la suma de sus partes.

La ley de Metcalfe señala que, a medida que crece una red, sea de máquinas de fax o de teléfonos móviles, cuanta más gente haya en ella, más útil será la red. Pero su teoría no distingue entre los nodos individuales; todos se consideran iguales. Los seres humanos no funcionan del todo así. Una de las variables clave en una red social es la posición que ocupan las personas. Imagina a dos secretarios, uno del

[7] en.wikipedia.org/wiki/2003_European_heat_wave.

presidente de Estados Unidos y el otro del alcalde de una ciudad pequeña. Ambos tienen acceso a la información y son capaces de ejercer influencia, y en ambos casos están cerca del centro de un denso grupo de conexiones, pero el secretario del presidente tiene mucho más poder debido a la posición del presidente en una red más grande.

Contagio social

Las ciencias sociales de la primera década del siglo XXI nos proporcionan datos para verificar algo que hemos sabido intuitivamente: el tamaño y la forma de nuestras redes individuales y comunitarias, y nuestras posiciones en ellas, tienen mucho que ver con nuestra salud, nuestra posición económica y nuestro bienestar general. Cuanto más central sea nuestra posición en una red, más fluirá su contenido a través de nosotros y más nos afectará. Ese contenido puede ser una información útil, o un rumor o incluso una enfermedad. Sin embargo, ya sea positivo o negativo, cuanto más nos acercamos al centro de la red, más nos afecta lo que fluye a través de ella.

Nicholas Christakis y James Fowler, autores del libro *Conectados: el sorprendente poder de las redes sociales y cómo nos afectan*,[8] definen las conexiones entre la gente como diádicas, entre una persona y sus amigos, o hiperdiádicas, entre una persona y los amigos de su amigo. El comportamiento se extiende de forma hiperdiádica de un grupo al siguiente, dispersándose a lo largo de las líneas de la red social. Si tu pareja o tus amigos cercanos fuman, es más probable que tú lo hagas, y si dejan de fumar, probablemente tú también lo dejarás. Puedes pensar que estás tomando tus propias decisiones, pero están muy influenciadas por las que toman otras personas de tu red social. La propagación de comportamientos a través de una comunidad de personas se llama «contagio» y los contagios pueden ser estimulados intencionadamente.

Para entender mejor este fenómeno, en 1968 el psicólogo de la Yale University Stanley Milgram y sus colegas colocaron a sus asisten-

[8] Christakis, Nicholas A. y Fowler, James H., *Connected: The Surprising Power of Our Social Networks and How They Shape Our Lives*, Little, Brown, Nueva York, 2009 (versión castellana: *Conectados: el sorprendente poder de las redes sociales y cómo nos afectan*, Taurus/Santillana, Madrid, 2010).

tes en la acera abarrotada de una calle de Nueva York. Los asistentes habían recibido instrucciones de dejar de caminar y mirar durante un minuto a una ventana escogida al azar en el sexto piso de un edificio cercano. Mientras tanto, una cámara oculta filmó a la gente en la acera, registrando su comportamiento. Milgram descubrió que cuando un asistente se detenía y miraba hacia una ventana, aproximadamente el 4 % de la gente también se detenía y miraba. Pero si quince asistentes se paraban y miraban hacia arriba, un 86 % de la gente también miraba hacia arriba y el 40 % dejaba de caminar.[9] Su comportamiento estaba afectado por el contagio de la multitud, según las indicaciones de los investigadores.

El contagio propaga el comportamiento muy rápidamente. A menudo podemos comprobarlo en las modas financieras, descritas por primera vez en el libro de Charles Mackay *Extraordinary Popular Delusions and The Madness of Crowds*,[10] que describía la locura holandesa del tulipán. A principios del siglo XVII, cuando los mercaderes de Ámsterdam se hicieron ricos, exhibían su riqueza plantando bellos jardines de tulipanes. Dado que se necesitan entre siete y doce años para que un tulipán florezca a partir de la semilla, los bulbos cultivados para florecer hicieron furor. Cuando la demanda de bulbos superó a la oferta, sus precios aumentaron. La demanda fue particularmente fuerte para los tulipanes con una rara flor de aspecto impresionista. En 1634, los especuladores entraron en el mercado, comprando estos bulbos más raros y vendiéndolos por hasta cuatro veces más que el precio original.

A medida que las ganancias aumentaron, más personas entraron en el mercado; la especulación de los tulipanes se extendió como un reguero de pólvora, alcanzando su punto álgido en 1637, cuando Mackay afirmaba que un solo bulbo de tulipán se vendía por dos medidas de trigo, cuatro de centeno, cuatro de grasa de buey, ocho de manteca de cerdo, doce de oveja, dos cubas de vino y cuatro barriles de cerveza, dos toneles de mantequilla, mil libras de queso, una cama, un traje y una taza de plata. Más tarde, en febrero, los compradores no se presentaron a una subasta de bulbos de tulipanes en Haarlem,

[9] www.communicationcache.com/uploads/1/0/8/8/10887248/note_on_the_drawing_power_of_crowds_of_different_size.pdf.

[10] Mackay, Charles, *Extraordinary Popular Delusions and The Madness of Crowds*, Noonday Press, Nueva York, 1932.

que estaba experimentando un brote de la peste bubónica. Quizás los compradores se mantuvieron alejados por miedo a la enfermedad, pero la noticia de la subasta fallida se extendió, y temiendo el hundimiento del mercado, los propietarios de tulipanes se apresuraron a vender sus bulbos, con lo que los precios se desplomaron. Los bulbos de tulipán tenían poco valor práctico, pero sí social. En su auge y caída, podemos comprobar cómo se contagia un valor que se imputa a través de los sistemas sociales.

Entender cómo los valores se desplazan a través de los sistemas sociales resulta clave para construir una comunidad más saludable. Los comportamientos positivos para la salud, como el ejercicio físico, y las decisiones que afectan al medio ambiente, como el reciclaje y la conservación, pueden fomentarse y estimularse.

Seis grados de separación y tres grados de influencia

En 1967, cuando Stanley Milgram era profesor de Sociología en Harvard University, organizó otro famoso estudio de lo que se conoció como «grados de separación», aunque en realidad fueran grados de conexión. Pidió a personas escogidas al azar en Wichita (Kansas) y Omaha (Nebraska) que averiguaran cómo conseguir que a una de dos personas en Sharon o en Boston, Massachusetts, les llegara a casa una carta suya sin conocer su dirección. Para ello, a cada persona se le pidió que enviara la carta a quien pudiera conocer a alguien que pudiera llevar la carta a su destinatario, o al menos ayudarlo a acercarse más a su destino. Resultó que, de media, cada carta llegó a su destino en 5,5 pasos, lo que dio lugar a la teoría de que todo el mundo está conectado con el resto de la humanidad mediante solo seis pasos; si queremos llegar a alguien, solo tenemos que descubrir quiénes son esas conexiones. En 1967, estos enlaces eran difíciles de establecer, pero con las redes sociales actuales, basadas en la web, todo resulta mucho más fácil.

Los sujetos del estudio de Stanley Milgram no enviaron sus cartas al azar con la esperanza de que los destinatarios pudieran conocer a alguien en Boston. Tuvieron en cuenta a todo el mundo que conocían y enviaron la carta a una persona que creían que pudiera conocer al destinatario final. Por ejemplo, recordaban que su médico había ido a la universidad en el este de Estados Unidos y podría conocer a personas en Boston, o que un amigo se había trasladado a Massachusetts. Sus acciones fueron deliberadas y esa intencionalidad fue esencial para capturar la esencia del sistema.

Para explorar más esta idea de conexión, en 2002 el sociólogo Duncan Watts y sus colegas reclutaron a 60.000 estadounidenses en Internet y rastrearon cuántos enlaces les llevó alcanzar trece objetivos preseleccionados, incluyendo a un profesor de la Ivy League, un inspector de archivos en Estonia, un policía en Australia y un veterinario del ejército noruego. Una vez más, se necesitaron aproximadamente seis enlaces entre la persona que inició la búsqueda y el objetivo. Con una población mundial de más de 7.000 millones, creemos que la mayoría de nosotros estamos muy separados unos de otros, pero el análisis de Milgram y Watts pone de manifiesto cómo, aprovechando contactos que todos tenemos, podemos acercarnos rápidamente entre nosotros. En definitiva, nuestro modelo mental de la humanidad global puede cambiar fácilmente desde uno inconcebiblemente grande a otro en el que estamos mucho más íntimamente conectados.

Aunque podemos estar conectados a la mayoría de los seres humanos por seis grados de separación, resulta que nuestra influencia no se extiende tan lejos. Para estudiar cómo se desplazan las conductas en los grandes grupos de personas, Nicholas Christakis y James Fowler examinaron los registros del Estudio Cardiológico de Framingham, uno de los estudios poblacionales más amplio del mundo. El estudio comenzó en 1948, cuando dos tercios de los adultos de Framingham, un suburbio de Boston, acordaron compartir los datos de sus chequeos regulares de salud con los investigadores que realizan el estudio, cuyo objetivo era buscar patrones a largo plazo de los problemas cardíacos. Con el tiempo, muchos de los hijos de los pacientes originales, e incluso sus nietos, aceptaron también ser estudiados, a pesar de que muchos de ellos ya no vivían en Framingham.

Christakis y Fowler utilizaron por primera vez la base de datos de Framingham para rastrear la propagación de la obesidad, que se ha relacionado con comportamientos como la falta de ejercicio y la mala alimentación. La obesidad es un predictor de enfermedades cardíacas y de muchos tipos de cáncer. Quienes son obesos a menudo sufren de dolor, diabetes, enfermedades cardíacas, problemas de cadera y articulaciones, depresión y otros males. La obesidad reduce la esperanza de vida de siete a ocho años,[11] y en el último medio siglo la incidencia de la obesidad en Estados Unidos ha crecido del 13 al 34 % de la población. La obesidad tiene un enorme coste económico para la sociedad. En 2012, en Estados Unidos se gastaron más de 190.000 millones de dólares en problemas de salud relacionados con la obesidad,[12] de modo que es importante entender las causas de su propagación. En Framingham, la obesidad se asentó en grupos, pero estos no estaban vinculados a barrios concretos. Su elemento común resultó ser la amistad.

Cuando Christakis y Fowler analizaron el efecto de las redes sociales sobre el comportamiento, descubrieron que el impacto de nuestro comportamiento no acaba con nuestros amigos (el primer grado de influencia), sino que se extiende a sus amigos y a los amigos de sus amigos, hasta tres grados de influencia; después se disipa. Sin embargo, dentro de esos primeros tres grados, el efecto puede ser muy potente. En el caso de la obesidad, por ejemplo, Christakis y Fowler descubrieron que cuando alguien que consideras un amigo se vuelve obeso, tu probabilidad de acabar siéndolo aumenta en un considerable 57 %.

Entre amigos mutuos –casos en los que ambas personas se consideran amigos–, el efecto es aún más fuerte: ¡la probabilidad de que ambos acaben siendo obesos aumenta en un increíble 171 %![13]

Cuando los investigadores rastrearon los comportamientos de fumar y beber, descubrieron que, al igual que con la obesidad, estos también se contagian a través de los tres grados de influencia. Sin embargo, no todas las conexiones tienen el mismo poder de influencia. Por ejemplo, si una mujer comienza a beber mucho, es probable que tanto sus amigas como sus amigos vayan aumentando su ingesta de alcohol; pero si un hombre aumentaba su consumo de alcohol, su efecto en sus amigos y amigas es menor. Parece ser que, en las redes sociales, las mujeres tienen más influencia.

Entender el poder de las redes sociales ayuda muchísimo a generar resultados de salud positivos en las ciudades. La gente tiende

---

[11] Haslam, D. W. y James, W. P., «Obesity», *Lancet*, núm. 366 (9492), págs. 1197-1209; doi:10.1016/S0140-6736(05)67483-1. PMID 16198769.

[12] www.huffingtonpost.com/2012/04/30/obesity-costs-dollars-cents_n_1463763.html.

[13] ucsdnews.ucsd.edu/archive/newsrel/soc/07-07ObesityIK-.asp.

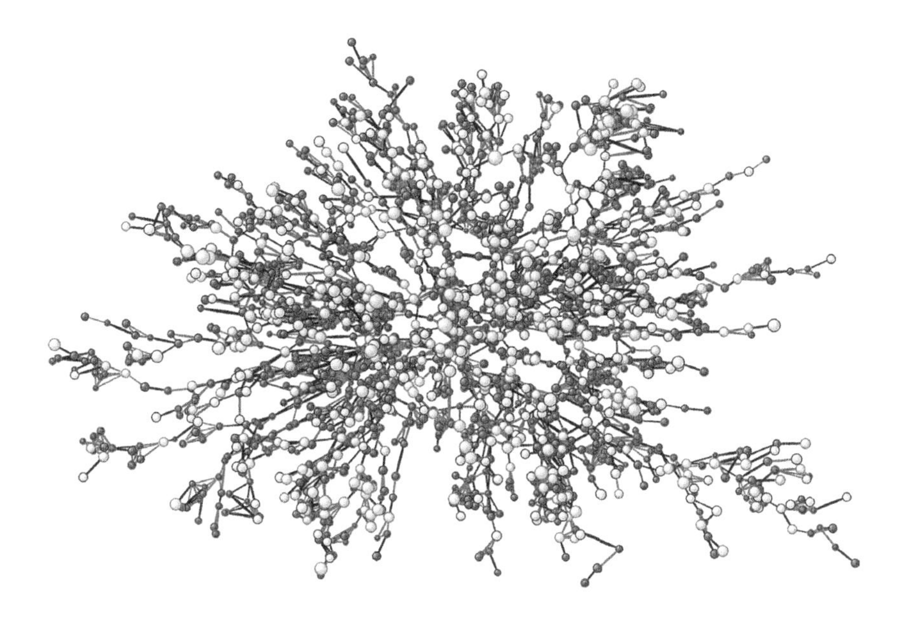

Un mapa de la obesidad. Nicholas A. Christakis y James H. Fowler.

a ponerse la vacuna contra la gripe si sus amigos también lo hacen. La gente pierde más peso si forman parte de un grupo como Weight Watchers [Vigilantes del Peso], y a menudo los cónyuges de los miembros del grupo también lo hacen, con solo un grado de influencia. Es más probable que la gente dé paseos regulares cuando la familia y los amigos cercanos tienen ese mismo hábito saludable.

Cada uno de nosotros ocupa un lugar en muchas redes. Si nos posicionamos en sus márgenes, es menos probable que ejerzamos influencia o que nos veamos influidos. Hay muchos aspectos de la salud de la comunidad que dependen de que todos participen. Por ejemplo, si mucha gente deja que haya charcos de agua en su jardín, los mosquitos se reproducirán y propagarán la malaria y la enfermedad del virus del Nilo Occidental. Enfermedades como la viruela y el sarampión solo se pueden erradicar cuando todo el mundo está vacunado, y los padres que optan por no vacunar a sus hijos contra enfermedades infantiles, ya sea en Seattle o en Sudán, ponen en peligro no solo a sus hijos, sino a los hijos de otros.

Si una ciudad quiere fomentar comportamientos positivos como la vacunación, la estrategia más efectiva es comenzar por las personas posicionadas en el centro de los grupos sociales y hacer que lo vayan comunicando a los menos conectados. Según Christakis y Fowler, «si queremos conseguir que se deje de fumar, no colocaremos a la gente en una cola e intentaremos convencer al primero de ellos para que a continuación influya sobre los demás, sino que rodearíamos al fumador de no fumadores».[14]

Al hacer uso de esta estrategia para mejorar la salud de los habitantes de Harlem, Manmeet Kaur y su esposo, el doctor Prabhjot Singh, crearon City Health Works, una organización que selecciona residentes empáticos y bien conectados de un barrio para que ayuden a educar al resto de la comunidad. Ellos llegan a los menos conectados, que a menudo sufren problemas crónicos de salud física y mental. Estas personas se convierten en puntos de referencia en un sistema integral de atención que permite ampliar los límites del cuidado de la salud, las necesidades sociales y las oportunidades para ayudar a los residentes a lograr sus propios objetivos. Este enfoque, que combina habilidades personales con tecnología, está llevando a una mejora de la salud de los pacientes a un coste menor que el sistema tradicional de las urgencias hospitalarias a las que recurren muchas personas pobres.

La fuerza de los lazos débiles

Mark Granovetter, un sociólogo formado en la Harvard University, dividió las conexiones sociales en dos categorías: vínculos fuertes y vínculos débiles. Tenemos vínculos fuertes con nuestros familiares más cercanos y amigos, y vínculos débiles con los meramente conocidos. Granovetter sostiene que nuestros vínculos débiles son más útiles que los fuertes.[15] ¿Por qué? Porque los vínculos fuertes no nos amplían nuestro entorno habitual ni diversifican nuestra información y nuestros contactos. Nuestros mejores amigos y familiares tienden a conocerse mutuamente y a pasar mucho tiempo juntos, reforzando así sus visiones personales del mundo. Nuestros vínculos débiles, por

[14] Christakis, Nicholas A. y Fowler, James H., *op. cit.*, pág. 131.

[15] Granovetter, Mark, «The Strength of Weak Ties», *American Journal of Sociology*, 78, núm. 6, mayo de 1973, págs. 1360-1380. En: sociology.stanford.edu/sites/default/files/publications/the_strength_of_weak_ties_and_exch_w-gans.pdf.

el contrario, no solo nos dan acceso a un abanico más amplio de ideas y contactos, sino que nos conectan con otras redes y sus ideas diferentes. A medida que las cartas originales de Milgram pasaban por sus seis grados de separación, normalmente circulaban a través de una mezcla de vínculos fuertes y débiles.

Los vínculos débiles son particularmente útiles para encontrar trabajo. Por ejemplo, cuando el empleo cae en una parte de una ciudad, como ocurrió, por ejemplo, en el sur de Chicago, es probable que los vínculos fuertes dentro del barrio no ayuden a encontrar un nuevo empleo; todo el mundo de la red cercana tiene más o menos las mismas oportunidades, que probablemente sean muy pocas. Es más probable que sea más útil un vínculo débil con un conocido que vive en otra zona donde se buscan trabajadores.

Después de estudiar a un grupo de personas en la zona de Boston que recientemente habían encontrado trabajo, Granovetter descubrió que el 17 % lo había hallado a través de un amigo cercano, el 55 % a través de alguien con quien habían tenido un contacto ocasional y el 28 % con alguien con quien rara vez había contactado. «Es destacable que las personas reciban información crucial de individuos de cuya existencia se habían olvidado», escribió Granovetter.[16] En una actualización de 1983 de su obra original, Granovetter citaba una variedad de estudios que indicaban que cuanto más alta sea la clase social, más probable será que sean los vínculos débiles quienes te consigan un trabajo.[17]

Los vínculos débiles también son fundamentales para la transmisión de conocimientos y actitudes a través de grupos socialmente separados. Un ejemplo clásico se puede ver en los mozos de equipajes que trabajaban para la Pullman Railroad Company y se agruparon en el lado sur de Chicago. Fundada en 1862 por George Pullman, la Pullman Railroad Company se convirtió en el mayor fabricante y operador de coches cama de Estados Unidos. Los coches cama de Pullman se alquilaban a compañías de ferrocarril con los mozos de equipajes incluidos, que se encargaban de llevar las maletas de los pasajeros, hacer las camas, limpiar los zapatos y servir las comidas. Para los mozos, Pullman seleccionó a esclavos domésticos recientemente

[16] Ibíd.
[17] Ibíd.

liberados, pues se hallaban dispuestos a trabajar por salarios bajos y estaban bien formados para proporcionar los servicios que ofrecían los coches cama de Pullman.

En su apogeo, entre principios y mediados de la década de 1900, la compañía Pullman empleó a más de 20.000 mozos, todos ellos afroamericanos, quienes desarrollaron un gran orgullo por su trabajo y un fuerte espíritu de grupo. Estos lazos entre los mozos de Pullman llevaron a la formación del primer sindicato afroamericano en la década de 1920. Con las propinas que complementaban sus salarios, los mozos de Pullman consiguieron ingresos propios de la clase media, y la mayoría de ellos se pudo comprar una casa y muchos enviaron a sus hijos a la universidad. A. Philip Randolph, líder del sindicato de mozos de Pullman, la Hermandad de Mozos de Coches Cama, se convirtió en una de las primeras fuerzas en el movimiento estadounidense en pro de los derechos civiles.

¿Por qué a los mozos de Pullman les resultó más fácil pasar de la esclavitud a la clase media que a otros afroamericanos que vivían en Chicago? En parte se debió a sus vínculos débiles con los pasajeros a quienes servían: médicos, abogados, hombres de negocios, artistas y políticos. Estos contactos les proporcionaron un conocimiento mucho más amplio de las maneras de los estadounidenses de clase media y alta a los que tenían acceso. Al recurrir a estos enlaces débiles, los botones de Pullman pudieron infundir en sus propias comunidades, estrechamente vinculadas, una cultura de clase media.[18]

La confianza importa

Normalmente los vínculos fuertes unen a una comunidad, pero también pueden hacer que las comunidades se aíslen y sean menos adaptativas al cambio. El historiador Francis Fukuyama señala que las sociedades con valores familiares muy fuertes tienden a tener relaciones de confianza más débiles fuera de la familia. Estas culturas suelen desarrollar redes comerciales más pequeñas y menos dinámicas. Las culturas, como la de Ámsterdam en el siglo XVII, que fomentan una mayor diversidad de relaciones sociales tienen economías más vitales

[18] www.wttw.com/main.taf?p=1,7,1,1,41.

porque conectan a las personas y las redes sociales con ideas nuevas y con relaciones con las que normalmente no entrarían en contacto.[19]

Estos vínculos débiles son más valiosos para las sociedades que son capaces de generar confianza. Existe una fuerte relación entre un mayor grado de confianza en una sociedad y sus resultados económicos. Eric Beinhocker, autor del libro *The Origin of Wealth*, sostiene: «Una mayor confianza mutua lleva a la cooperación económica, y de ahí a la prosperidad, lo que aumenta aún más dicha confianza en un círculo virtuoso; sin embargo, también puede darse un círculo vicioso, cuando la desconfianza conduce a una menor cooperación, a la pobreza y crea aún más desconfianza».[20]

En su libro *Culture Matters*,[21] Lawrence Harrison y Samuel Huntington clasificaron las naciones del mundo según el grado de confianza hacia los demás. Observaron que las sociedades con los niveles más altos de confianza hacia los suyos, como Suecia, Noruega y Alemania, tenían las economías más prósperas. Las sociedades con los mayores niveles de desconfianza, como Nigeria, Filipinas y Perú, tenían el PNB más bajo de los estudiados.

Esto también se observa en el interior de los países. Los estudios de las diferencias regionales de confianza o desconfianza en Estados Unidos muestran que existe una alta correlación entre el porcentaje de personas que confían en otros en una determinada región y sus indicadores de crecimiento económico, longevidad, salud, delincuencia, participación electoral y comunitaria, filantropía y rendimiento escolar. Las regiones en que la gente confía más rinden más en todos los indicadores anteriores. A medida que uno se mueve en Estados Unidos de norte a sur, el nivel de confianza disminuye y, con él, la salud, la participación electoral, el rendimiento escolar y todo el resto de indicadores.[22]

En el capítulo primero de este libro destacamos la ventaja evolutiva del altruismo. Los individuos altruistas, o cooperadores, se identifican con una red que va más allá de ellos mismos, y ven su bienestar

[19] Fukuyama, Francis, *Trust: The Social Virtues and the Creation of Prosperity*, Free Press, Nueva York, 1995 (versión castellana: *La confianza*, Ediciones B, Barcelona, 1998).

[20] Beinhocker, Eric, *The Origin of Wealth: Evolution, Complexity, and the Radical Remaking of Economics*, Harvard Business School, Boston, 2006, pág. 307.

[21] Harrison, Lawrence y Huntington, Samuel, *Culture Matters: How Values Shape Human Progress*, Basic Books, Nueva York, 2000.

[22] Gottman, John, *Trust Matters*. edge.org/response-detail/26601.

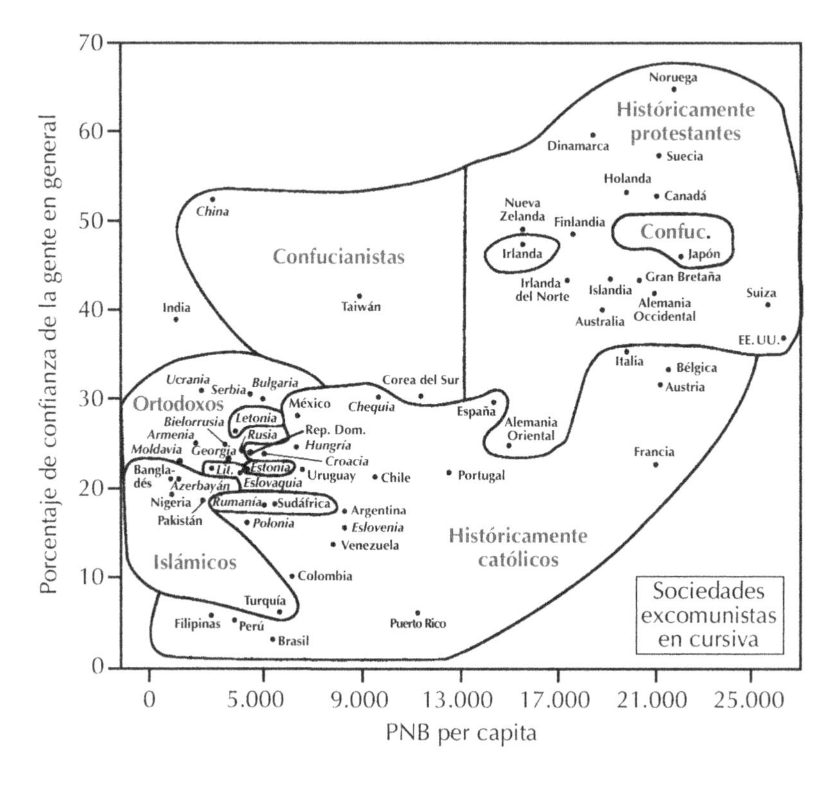

Relación entre la confianza y el rendimiento económico. Cuanto mayor sea el grado de confianza en una sociedad, mayor será el Producto Nacional Bruto (PNB) per cápita. Debe tenerse en cuenta que en general los países protestantes históricamente tienen los más altos niveles de confianza; los católicos, más bajos y PNB moderados, y los musulmanes niveles más bajos de confianza y de PNB.

como algo inseparable del bienestar del grupo superior. La cooperación genera un comportamiento recíproco, por lo que cuando la cooperación es la norma, la comunidad prospera. Ernst Fehr, un distinguido neuroeconomista austriaco, constata que la mayoría de las personas son «altruistas condicionales, que cooperarán si creen que los otros cooperarán a la recíproca».[23] Esta confianza en que los demás actuarán recíprocamente es una característica esencial de las culturas prósperas. Por otro lado, cuando un número significativo de personas cree que solo puede ganar dinero cuando otro lo pierde

[23] Fischbacher, E. y Fischbacher, U., «Altruists with Green Beards», *Analyse & Kritik*, núm. 2, 2005.

(creyendo que los negocios son un juego que suma cero), la sociedad como un todo pierde confianza y cae en lo que Eric Beinhocker describe como «la trampa de la pobreza». Las ciudades más vitales tienen una cultura de cooperación que entreteje la competencia en un fuerte tejido de cooperación.

Para comprobar qué condiciones influyen en que la gente sea altruista, Stanley Milgram, después de trasladarse de Harvard a dar clases a Yale, llevó a cabo otro experimento pionero. Preparó trescientas cartas con sello y destinatario y las dejó caer en las aceras de New Haven. Algunas de las cartas estaban dirigidas a una persona ficticia llamada Walter Carnap, otras a institutos de investigación médica y otras a Amigos del Partido Nazi y del Partido Comunista. La tesis de Milgram era que las personas que optaron por recoger y enviar la carta que habían encontrado lo hicieron solo para ser útiles, pues no obtenían ningún reconocimiento o beneficio por haberlo hecho. Sin embargo, no devolvieron todas las cartas por igual. El experimento de Milgram evidenció que el altruismo está mediado por un juicio social. Se devolvieron el 72 % de las cartas dirigidas a las direcciones correspondientes a centros de investigación médica, seguidas de cerca por la carta personal a Walter Carnap, con una tasa de devolución del 71 %. Sin embargo, solo el 25 % de las cartas dirigidas a Amigos del Partido Nazi y del Partido Comunista se echaron al buzón.[24] El test de las cartas tiradas al suelo se ha utilizado desde entonces para evaluar la cooperación y la tolerancia de las comunidades.

Los oportunistas intentan aprovecharse de las redes sociales, pero no contribuyen a ellas. Su comportamiento egoísta, que a menudo está enmascarado por la habilidad y el talento para la manipulación, socava la viabilidad de los sistemas altruistas. Si todos fuéramos egoístas, el sistema social colapsaría. El sociólogo Peter Hedström calcula que con solo que el 5 % de una sociedad estuviera compuesta por egoístas, al socavar su comportamiento el efecto positivo de la reciprocidad, se reducirían las actitudes altruistas en un 40 %.[25] Es por ello por lo que el punto de vista de que la sociedad está mejor servida cuando la gente solo busca su propio beneficio es erróneo. Si la gente no invierte de manera altruista en sus comunidades, se destruye el

[24] www.uvm.edu/~dguber/POLS293/articles/putnam1.pdf.

[25] Hedström, Peter, «Actions and Networks-Sociology That Really Matters... to Me», *Sociologica*, núm. 1, 2007.

sustrato sobre el que pueden crecer los éxitos individuales y familiares. Como observó Charles Darwin, los grupos que son internamente altruistas siempre superarán a los no altruistas. Para imponer el altruismo dentro de un grupo, hemos evolucionado de modo que los aprovechados molestan a algunos miembros del grupo, que acaban castigando a quienes se propasan.

En el otro extremo del espectro del simpático aprovechado encontramos a gente solitaria, o atípica, que está en gran medida desconectada de las redes sociales, que vive al margen, que apenas da o recibe. Uno de los papeles clave que debe desempeñar un líder comunitario es equilibrar estos diferentes tipos de personas para que la comunidad siga confiando, compartiendo y siendo cohesiva. En los buenos tiempos, los mejores líderes comunitarios mantienen normas sociales positivas, creando una base social estable que genera confianza.

Sin embargo, en tiempos de volatilidad, las normas sociales puede que no se adapten bien a las condiciones cambiantes. En estos casos, las sociedades necesitan la opinión de «desviados positivos», personas cuyo comportamiento se desvía de las normas sociales de una manera más adaptable a las nuevas circunstancias. La expresión «desviados positivos» procede del trabajo de Marian Zeitlin, investigadora en nutrición de la Tufts University, quien señaló que en las comunidades con alta desnutrición a veces las familias desarrollaban nuevos comportamientos que producían mejores resultados para sus hijos. En 1991, Jerry Sternin, que estudió con Zeitlin, se convirtió en el nuevo director de la ONG Save the Children en Vietnam en un momento en que el 65 % de los niños del país padecían desnutrición. A Sternin le asignaron la tarea de reducir la desnutrición infantil en seis meses o no le renovarían el visado. Junto a su esposa, Monique, comenzaron a visitar las aldeas, utilizando las redes sociales existentes para crear comités de salud con los miembros que inspiraban mayor confianza en la comunidad. Estos miembros del comité entrevistaron a todas las familias de la aldea e identificaron a las familias con los niños más sanos. Descubrieron que los padres de estos niños mezclaban pequeños camarones encontrados en sus arrozales con hojas de batata en las comidas de sus hijos, y también les daban de comer cuatro veces al día en lugar de dos. Ambas prácticas produjeron resultados muy positivos, aunque se desviaban de las normas sociales de la comunidad.

Para descubrir cómo ampliar estas prácticas, los Sternin se acercaron a los comités de salud del pueblo en cuatro pequeñas comunidades, que contaban con una población total de 2.000 niños. Una vez que los comités entendieron la eficacia de la nueva forma de alimentar a los niños y trataron de extenderla, descubrieron un principio ahora bien conocido por los científicos cognitivos: los cambios de actitud siguen a los cambios en el comportamiento, y no al revés. Lo que uno hace se convierte en una experiencia íntima: una vez que la gente modifica su comportamiento, su actitud cambia. Dar charlas sobre cómo alimentar a los niños no iba a funcionar. En cambio, el comité de salud del pueblo fue de casa en casa mostrando a las familias cómo mezclar camarones con hojas de batata en la comida de sus hijos. Orgullosos de su éxito, los miembros del comité describieron sus resultados en una reunión nacional de líderes de comités de salud. En seis meses, la desnutrición en los niños de Vietnam cayó en un 80 %, y a los Sternin les renovaron sus visados.

La razón por la que los comportamientos alimentarios positivos en las aldeas vietnamitas no se habían extendido antes de su llegada era porque los practicaba gente atípica, familias al margen de las redes sociales de su aldea. Pero fue precisamente esto lo que hizo que estas familias se atrevieran a experimentar con nuevos métodos de alimentación. A continuación, los comités de salud conectaron estas familias poco convencionales y sus ideas al núcleo de la red. Hizo falta un caso atípico, con lazos débiles con la comunidad, para darse cuenta de lo que la comunidad no podía ver por sí misma, porque sus hábitos alimenticios estaban ligados a fuertes convenciones sociales. Eso sí, fue gente identificada con la comunidad la que hizo posible que estos comportamientos atípicos fueran aceptados por la mayoría.

Efectos del barrio

Las ciudades están constituidas por barrios, cada uno con sus propias características.

Así como las personas influyen sobre sus barrios, los barrios también afectan a las personas.

El científico social Robert Sampson enseñó en la University of Chicago durante doce años, donde organizó el Proyecto de Desarrollo

Humano en los Barrios de Chicago (PHDCN).[26] El PHDCN recabó datos que le permitirían comparar el rendimiento social de los barrios de Chicago y determinar los factores clave de su salud social, así como también qué impacto tenía la salud social en los niños y los adolescentes. Sampson comparó barrios con una amplia gama de ingresos, mezclas raciales y grados de delincuencia. El estudio también rastreó a 6.000 niños, adolescentes y adultos jóvenes seleccionados al azar durante siete años. Resulta que las culturas de los barrios afectan significativamente el comportamiento de sus habitantes.

El estudio de Sampson demostró que los barrios con el mejor rendimiento escolar también tenían los mejores resultados de salud, los niveles de criminalidad más bajos y los porcentajes más bajos de embarazo adolescente. Todos estos resultados estaban interrelacionados, y es fascinante constatar que estas características persistieron en el tiempo: los barrios con los mejores resultados se mantuvieron como los mejores, incluso cuando en ellos se producían amplios movimientos demográficos. En su novedoso libro, *Great American City*,[27] Sampson concluyó que los barrios tienen características duraderas que atraen a los habitantes y configuran sus comportamientos. Sampson determinó que los dos factores más importantes que afectan la calidad de los barrios son la percepción del desorden y la eficacia colectiva, que define como «cohesión social combinada con expectativas compartidas de control social»,[28] dos condiciones profundamente interrelacionadas.

Desorden del barrio

La percepción del desorden del barrio tiene dos formas: una social y otra física. El desorden físico se manifiesta mediante grafitis, edificios abandonados o mal conservados, basura sin recoger por las calles y ventanas rotas. El desorden social se refleja en la prostitución callejera y el tráfico de drogas, los borrachos por la calle, el acoso verbal, la música a todo volumen y las pandillas de jóvenes ruidosos.

[26] Sampson, Robert J., *Great American City: Chicago and the Enduring Neighborhood Effect*, University of Chicago Press, Chicago, 2012.
[27] Ibíd.
[28] Ibíd.

En su artículo «Neighborhood Disorder, Psychological Distress and Health» [«Sobre los factores del bienestar del barrio, el desorden, la angustia psicológica y la salud»], Catherine Ross, Terrance Hill y Ronald Angel observan que estar expuesto a desorden en tu barrio provoca problemas cognitivos en sus habitantes, lo que aumenta los niveles de depresión, una sensación de impotencia y una disminución del bienestar.[29] Por otra parte, un estudio realizado por el Atlanta VA Medical Center y Emory University indica que estar expuesto de forma habitual a un barrio sin orden tiene los mismos efectos cognitivos que el PTSD.[30] Por el contrario, los barrios que disponen de calles limpias, arboladas, sin basura, cuyos vecinos se saludan y disfrutan de una música suave en las terrazas de los cafés, producen una mayor sensación de bienestar.

En 1982, los científicos sociales James Q. Wilson y George L. Kelling publicaron «Broken Windows» en el *Atlantic Monthly*, donde presentaron la ahora famosa teoría de «las ventanas rotas». Al tratar de comprender las crecientes señales de desorden urbano en muchos barrios, observaron que si un edificio tenía algunas ventanas rotas y no se cambiaban los vidrios con prontitud, era más probable que se siguieran rompiendo cristales. Al percatarse de que el edificio estaba descuidado, había más probabilidades de tirar basura delante de él. La aparente aceptación de estos delitos menores daba a entender que las normas sociales del barrio aceptaban toda actividad delictiva, lo que resultaba en un aumento de los robos de coches y de viviendas.

La teoría de las ventanas rotas propone que el comportamiento incívico es contagioso, y que una ciudad que emita señales claras de que no se aceptan los delitos menores, conseguirá detener un comportamiento que de otro modo se extendería y daría lugar a delitos más graves.[31]

Esta teoría ha tenido unas consecuencias positivas y otras negativas para las ciudades. Inspirada por estas ideas, a finales de la década de 1980, Nueva York comenzó a limpiar asiduamente los grafitis que

---

[29] Hill, Terrance; Ross, Catherine y Angel, Ronald, «Neighborhood Disorder, Psychological Distress and Health», *Journal of Health and Social Behavior*, núm. 46, 2005, págs. 170-186.

[30] www.ptsdforum.org/c/gallery/-pdf/1-48.pdf.

[31] «Perceived Neighborhood Disorder, Community Cohesion, and PTSD Symptoms among Low Income African Americans in Urban Health Setting», *American Journal of Orthopsychiatry*, 81, núm. 1, 2011, págs. 31-33.

cubrían las paredes de los pasos subterráneos y alentó a los propietarios a hacer otro tanto con los de sus edificios. En la década de 1990, el Departamento de Policía del alcalde Rudy Giuliani comenzó a arrestar de un modo agresivo a mendigos y traficantes de drogas callejeros con la esperanza de poner orden en las normas sociales de comportamiento. Esta política se centró particularmente en las zonas turísticas, como Times Square, donde la sensación de seguridad, tanto percibida como real, generó una impresión positiva en los visitantes. Sin embargo, esta agresiva actuación policial también tuvo un efecto profundamente negativo al enviar a muchos más afroamericanos jóvenes a la cárcel por delitos menores, lo que disminuyó significativamente sus posibilidades de tener una vida exitosa e introdujo más «cultura penitenciaria» en sus comunidades.

Eficacia colectiva

La eficacia colectiva es la creencia compartida de que una red o grupo social puede hacer cosas en beneficio de la comunidad. Los fuertes lazos personales y el contagio social de la conducta observada facilitan la eficacia colectiva, pero no son su causa. La eficacia colectiva requiere un liderazgo social, una cultura compartida de altruismo y de confianza mutua y poco descontento. Los grupos de fieles de iglesias y asociaciones vecinales en el barrio de Auburn Gresham, en el sur de Chicago, que sobrellevaron bien la ola de calor de 1995, tenían un alto nivel de eficacia colectiva. Sampson observó que, cuando los vecinos comparten una misma sensación de control social de su barrio, confían los unos en los otros y sienten la existencia de cohesión social, los barrios arrojan mejores resultados. Los barrios con altos niveles de eficacia colectiva tienen niveles más bajos de delincuencia y más probabilidades de mantener estos niveles bajos en el futuro. Los barrios con altos niveles de regulación social efectiva tienen personas que cuidan a los niños de los demás, regañan a los adolescentes por hacer ruido en la calle, se ocupan de las personas mayores y, por lo general, se cuidan los unos a los otros. También tienen tasas más bajas de embarazos entre adolescentes, menor mortalidad infantil y mayores medidas de salud y bienestar. Esto es cierto para cualquier barrio, sea negro o blanco, rico o pobre.

La eficacia colectiva también parece estar muy relacionada con el altruismo y con bajos niveles de cinismo moral. Al cartografiar la ubicación de todas las asociaciones sin ánimo de lucro de la ciudad –asociaciones vecinales, huertos comunitarios, asociaciones de padres y maestros, vigilantes de barrio, asociaciones de inquilinos y otras asociaciones de acción colectiva–, Sampson descubrió que su abundancia era uno de los predictores más potentes de eficacia colectiva, y, como hemos visto, un determinante clave de su presencia es la confianza mutua.

Tres grados de influencia de los barrios

Cuando Robert Sampson colocó los datos de los barrios que estudiaba en un mapa de Chicago, apareció un fenómeno interesante: así como las personas tienen tres grados de influencia entre sí, resulta que lo mismo ocurre con los barrios. Cuando la delincuencia es alta en uno, es más probable que sea alta en los barrios inmediatamente adyacentes y en los cercanos. Si la tasa de homicidios de un barrio aumenta un 40 %, la de sus vecinos directos se eleva un 9 %, y los cercanos un 3 %. Por otro lado, si los indicadores de eficacia colectiva aumentan en un vecindario, disminuyen las tasas de homicidios de los barrios colindantes y cercanos.

Los tres grados de influencia de los barrios explican algunas de las disparidades raciales de Chicago y de otras partes de Estados Unidos. Los barrios blancos de clase media suelen estar adyacentes a otros barrios blancos de clase media, o incluso a otros más ricos. Debido a los modelos históricos de discriminación, los barrios afroamericanos y latinos de clase media normalmente son contiguos a los de clase baja. Por tanto, un barrio afroamericano de clase media puede tener un nivel más alto de eficacia colectiva y orden visible que uno blanco, pero se verá perjudicado por sus vecinos contiguos más pobres. La buena noticia es que cuando una ciudad se centra en mejorar la salud, la seguridad y el bienestar de un barrio determinado, el efecto de esa mejora también se extenderá en tres grados a los barrios próximos a él.

Capital social y comportamiento social positivo

Las redes sociales y la confianza mutua son dos componentes clave del capital social que el sociólogo de la Harvard University Robert Putnam, autor de *Bowling Alone: The Collapse and Revival of American Community*,[32] define como conexiones entre individuos: redes sociales y normas de reciprocidad y confiabilidad que surgen de ellos. En ese sentido, el capital social está estrechamente relacionado con lo que algunos han llamado «virtud cívica».[33] David Halpern, autor de *The Hidden Wealth of Nations*[34] y director del equipo Behavioral Insight del gobierno británico, llama al capital social «nuestra riqueza oculta; es decir, los recursos no financieros conformados por habilidades locales, confianza y saberes, contactos útiles y cuidados mutuos».[35] Robert Putnam describe dos tipos de capital social: de unión y puente. El capital de unión se genera a través de conexiones entre grupos muy similares, como familias, inmigrantes o vecinos. Muy a menudo, los residentes de comunidades pobres tienen mucho de capital de unión basado en fuertes lazos sociales.

Las personas en redes unidas se defienden mutuamente. Los equipos deportivos, los bares y los pubs locales, e incluso las pandillas, proporcionan capital de unión, un capital profundamente relacionado con «el cuidado de uno mismo» y con los cuidados altruistas de los hijos y padres mayores. Las altas tasas de supervivencia durante la ola de calor de Chicago tuvieron que ver con el poder del capital de unión. En Corea del Sur, a este vínculo se lo llama *woori*, que significaría algo así como «lo nuestro». Sin embargo, dado que estos grupos están muy estrechamente unidos, tienden a centrarse demasiado en sí mismos. Los sociólogos llaman «agujeros estructurales» a los huecos que dejan estos grupos compactos.

El capital puente procede de la conexión entre grupos o redes; se basa en los vínculos sociales débiles que hemos analizado anteriormente en este capítulo. El capital puente es esencial para descubrir nuevas formas de hacer las cosas, conseguir un empleo y encontrar inversores. Cuando los grupos están conectados a través de «agujeros estructura-

---

[32] Putnam, Robert, *Bowling Alone: The Collapse and Revival of American Community*, Simon & Schuster, Nueva York, 2000.

[33] infed.org/mobi/robert-putnam-social-capital-and-civic-community.

[34] Halpern, David D., *The Hidden Wealth of Nations*, Polity Press, Cambridge, 2010.

[35] Ibíd.

les», la información, las opciones y las visiones del mundo de sus miembros se expanden significativamente. Como ya hemos visto, quienes tienen una buena posición económica a menudo «crean redes» de una manera activa, redes que tienden a ser mucho más amplias que las de personas pobres. El trabajo de Putnam se centró en dos fuertes redes de unión: los campeonatos de bolos y los coros de barrio. A medida que estas redes declinaban, disminuía la eficacia social de los barrios. Asociaciones profesionales como el Instituto de Arquitectos o la Asociación de Médicos de Estados Unidos ofrecen a sus socios una gran cantidad de conexiones con otras personas y nuevas ideas que pueden ayudarlos a avanzar en su profesión y ampliar sus oportunidades. El capital de unión y el capital puente son necesarios para que prosperen las comunidades y sus miembros. En 2001, Michael Woolcock, profesor de políticas públicas en la Kennedy School de la Harvard University, propuso que un tercer tipo de capital social, el capital de conexión, que conecta a personas de diferentes clases sociales, también es esencial para que una comunidad prospere. Woolcock describe el capital puente como un vínculo horizontal, mientras que el capital de unión establece vínculos verticales entre las personas y las instituciones.[36]

Durante épocas de estabilidad, basta con la confianza que inspira el capital de unión. Sin embargo, en la era VUCA, el capital de unión está demasiado aislado y es necesario capital puente para expandir el conjunto de ideas y de relaciones de la comunidad. Y el capital de conexión resulta necesario para expandir la posibilidad de atraer recursos adaptativos, lo cual es cada vez más importante para combatir la desconexión física y social de la población pobre en lugares como los suburbios apartados de Estados Unidos, las *banlieues* francesas y las zonas marginales de las urbes en rápido crecimiento de los países en vías de desarrollo.

El capital social del liderazgo

Los estudios de Robert Sampson en Chicago rastrearon tanto las conexiones de los residentes con los líderes de su barrio como las co-

[36] Woolcock, Michael, «The Place of Social Capital in Understanding Social and Economic Outcomes». En: www.oecd.org/innovation/research/1824913.pdf.

nexiones de los líderes entre sí. Cuanto peor era el rendimiento del barrio en las mediciones de bienestar, menos probable era que los habitantes se sintieran conectados con un líder que pudiera cambiar las cosas para mejor. Los barrios se benefician tanto de la eficacia percibida como de la real. Parece que los barrios necesitan primero que sus habitantes crean en sus posibilidades de mejorar significativamente el barrio y, si consiguen resultados positivos, esto aumenta su confianza en la eficacia colectiva.

El estudio de Chicago también midió el capital social de dirigentes empresariales, líderes religiosos, directores de escuelas y rectores de universidades, comisarios de policía, miembros del gobierno municipal y directores de organizaciones sin ánimo de lucro y asociaciones vecinales. Se entrevistó con más de 1.700 líderes para determinar sus redes sociales y su grado de reputación respecto a los demás. Cada uno de estos líderes nombró a otras cinco personas con quienes estaban conectados para, de esta manera, identificar los nodos centrales de la red de liderazgo. Los resultados indicaron que la influencia de estas seis categorías principales de líderes estaba directamente relacionada con el grado en que estaban conectados entre sí.

Cuanto más recíproca era su relación, más eficaz resultaba para moverse a través de los enlaces débiles. Por ejemplo, un religioso puede pedirle a un hombre de negocios que le presente al decano de una facultad para que pueda transmitir su interés en nombre de una organización sin ánimo de lucro que desea forjar lazos con dicha facultad.

El estudio de Sampson indicó que la densidad de los vínculos entre líderes y su reputación estaban directamente relacionadas con la eficacia social y el bienestar en sus vecindarios. Los barrios con líderes con poder local, pero egoístas, que no conectaban bien con otros, acababan sufriendo.

Las redes sociales y el destino de las ciudades

Las formas en que los líderes de las ciudades responden a las megatendencias globales y los resultados de sus acciones están profundamente condicionados por la calidad de sus redes sociales. En 2004, Sean Safford, un investigador en el Centro de Rendimiento Industrial del Massachusetts Institute of Technology (MIT), escribió su tesis doctoral sobre el papel de las redes sociales en el declive industrial del cinturón siderúrgico de Estados Unidos. Su tesis *Why the Garden Club Couldn't Save Youngstown*[37] investigó las redes sociales de Youngstown (Ohio) y Allentown (Pensilvania) y analizó el papel que desempeñaron en la determinación de los destinos divergentes de ambas ciudades.

Separadas tan solo 800 km, ambas ciudades se fundaron en el siglo XIX y prosperaron a medida que se convirtieron en nudos de transporte. Ambas ciudades también se transformaron en centros siderúrgicos, financiados por Andrew Carnegie y su círculo (¡otra red social muy fuerte!). Más de un siglo después, en 1950, Allentown y Youngstown seguían siendo muy similares. La población de Allentown era de 208.728 habitantes; la de Youngstown, de 218.816. Las economías de ambas ciudades seguían basándose en la industria, especialmente en la siderúrgica, aunque a mediados de la década de 1950 ya se veían indicios del inminente declive de esta última. Los principales banqueros e industriales de las dos ciudades pidieron a las asociaciones cívicas locales que contrataran consultores para estudiar la situación y sugerir vías de acción. En ambos casos, los consultores recomendaron que las ciudades diversificaran su base industrial. Con el tiempo, la industria siguió disminuyendo y cada ciudad encargó más estudios. En 1977, una huelga golpeó gravemente a la industria siderúrgica, y en 1983 las acerías de ambas ciudades habían cerrado sus puertas.

Sin embargo, los destinos de dos ciudades similares enfrentadas a las mismas megatendencias globales resultaron ser muy diferentes. En la década de 1950, Allentown hizo caso de las recomendaciones de sus consultores, mientras que Youngstown no. En consecuencia, en 2015 la población de Allentown era un 80 % superior a la de Youngstown, y su renta media un 30 % superior. ¿Por qué? En la década de 1970, los líderes de Allentown se propusieron diversificar la actividad industrial atrayendo empresas electrónicas y químicas, conectando esos nuevos sectores industriales con las universidades locales y ampliando las redes de transporte regionales. Los líderes comunitarios crearon un fondo de capital privado para invertir en nuevos negocios y desarrollaron varios nuevos parques industriales para alojarlos. Hoy

[37] Safford, Sean, *Why the Garden Club Couldn't Save Youngstown: Civic Infrastructure and Mobilization in Economic Crisis*, Centro de Rendimiento Industrial del Massachusetts Institute of Technology, Cambridge (Mass.), 2004.

el porcentaje de población de Allentown que trabaja en la electrónica, diseño de instrumentos y en el sector químico es ocho veces mayor que el de Youngstown. Además, sus líderes consiguieron que se abriera un campus de Penn State University en la ciudad para poder aliarse con la Ben Franklin Partnership y así desarrollar un potente grupo de investigación que sirviera de apoyo a los nuevos negocios emergentes. Hoy en día, Allentown es la ciudad de más rápido crecimiento de Pensilvania.

Durante ese mismo período, los líderes de Youngstown hicieron bien poco. A partir del año 2000, la ciudad empezó a diversificar su economía y mejorar su sistema universitario, y comenzó a renacer después de décadas de decadencia. En su tesis, Sean Safford defiende que la diferencia entre ambas ciudades reside en las redes sociales de sus líderes. Las redes sociales y cívicas de Allentown reunieron a un amplio abanico de actores, muchos de los cuales no estaban conectados económicamente, en unos pocos nodos capaces de tomar decisiones estratégicas fundamentales para la comunidad. Los nodos más importantes fueron las universidades locales y los Boy Scouts de Estados Unidos. La junta directiva de los Boy Scouts estaba compuesta por ejecutivos que normalmente no tenían negocios en común, por lo que se convirtió en un vínculo fuerte para un grupo económicamente diverso que antes solo tenía conexiones débiles. Cuando los líderes económicos de Allentown decidieron formar la Lehigh Valley Paternship para atraer y desarrollar nuevas industrias, escogieron al jefe de los Boy Scouts, un joven brillante, ambicioso y eficaz que todos conocían pero que no estaba vinculado a ninguna camarilla o punto de vista concretos. Todos acordaron ser sus mentores, y acabó resultando ser un gran líder.

Por otro lado, el liderazgo cívico de Youngstown se concentró en unas pocas familias distinguidas cuyas perspectivas estaban limitadas por unas redes sociales endogámicas y solapadas. Por ejemplo, el presidente del Union National Bank pertenecía a las juntas de dieciséis negocios locales y organizaciones sin ánimo de lucro. Los principales centros cívicos de la ciudad fueron el Garden Club y la Cruz Roja, que estaban dirigidos por las esposas de hombres que tenían negocios juntos y eran socios de los mismos clubes de campo; estos nodos hacían poco para alimentar puntos de vista diversos o nuevas fuentes de poder económico.

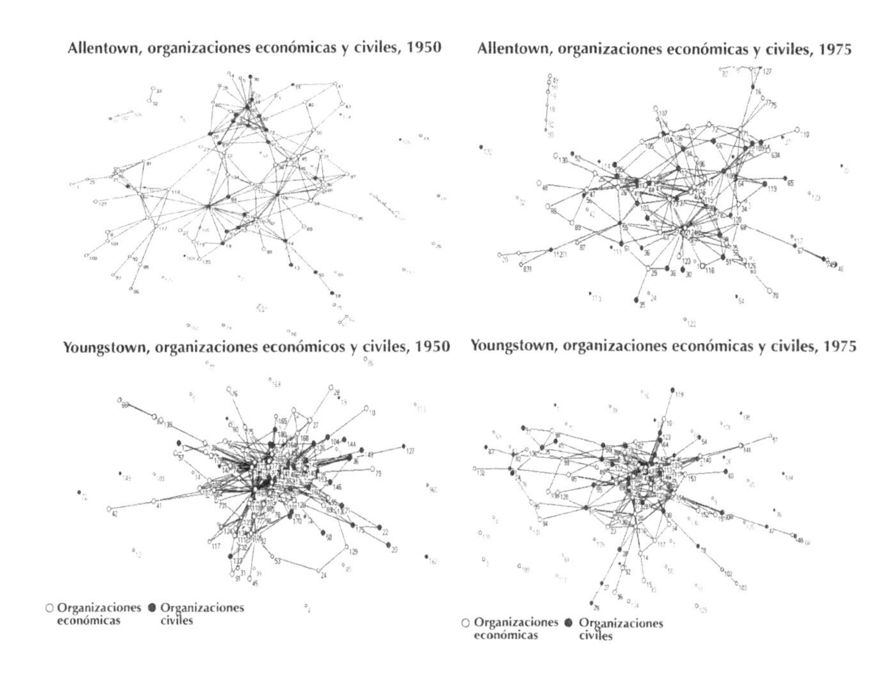

Una comparación de organizaciones económicas y cívicas en Allentown y Youngstown, donde se observa cómo se extendieron y se conectaron ligeramente los lazos cívicos y económicos de Allentown con los de Youngstown en 1950. En 1975, las diversas redes de Allentown se fortalecían y aumentaban las conexiones, mientras que la red centralizada de Youngstown comenzaba a derrumbarse. Extraído de Safford, Sean, *Why the Garden Club Couldn't Save Youngstown: Civic Infrastructure and Mobilization in Economic Crises*, The MIT Press, Cambridge (Mass.), 2004, págs. 42 y 45.

Safford sostiene: «En lugar de ser foros de interacción, eran simplemente lugares donde se reafirmaba el estatus social».[38] El problema de Youngstown era la existencia de un fuerte capital de unión entre sus líderes, que los exponía a pocos puntos de vista externos, así como la falta de capital de conexión y de enlace.

La visión del mundo del liderazgo de una ciudad o una región también afecta a su grado de conexión con la economía global, lo que tiene unos resultados dramáticos. Al igual que Allentown y Youngstown, en 1950, Birmingham (Alabama) y Atlanta (Georgia) tenían una población y una economía muy similares; sin embargo, sus destinos también acabaron siendo muy diferentes.

[38] Ibíd.

Birmingham fue constituida en 1871 por un grupo de empresarios locales que examinaron las rutas de ferrocarril propuestas por las empresas Alabama & Chattanooga y North & South Alabama, y especularon con la compra de terrenos alrededor del futuro cruce de los dos sistemas ferroviarios. Los fundadores de Birmingham la bautizaron con el nombre de la ciudad inglesa de Birmingham con la esperanza de que algún día se convirtiera en una importante ciudad industrial. El lugar poseía mineral de hierro, carbón y piedra caliza, las tres materias primas utilizadas para fabricar acero, y hacia inicios del siglo XX, las industrias de acero y carbón de Birmingham funcionaban a todo gas. Fue apodada «la ciudad mágica» y una década más tarde «el Pittsburgh sureño». Sin embargo, su cultura política estaba dominada por los terratenientes rurales blancos de Alabama, que se negaron a ceder el poder a las ciudades.

Atlanta fue fundada en 1847 en la intersección de dos líneas férreas, la oeste y la atlántica, justo donde cruzaban el río Chattahoochee. A medida que las sucesivas líneas ferroviarias del sur se conectaban a la misma terminal, la ciudad creció y se convirtió en uno de los primeros nudos de distribución ferroviarios del país. Fue la industria del algodón la que primero impulsó la economía de Atlanta, aunque, como la de Birmingham, finalmente cedió el paso a la industria del acero.

En 1930, Delta Airlines, entonces una minúscula empresa de correo aéreo con base en Monroe (Luisiana), inauguró vuelos de pasajeros entre Birmingham y Atlanta a mitad de precio que el billete de tren para atraer clientes a su incipiente servicio. En 1950, la población de Atlanta había crecido hasta llegar a los 331.314 habitantes, solo un 2 % menos que los 336.037 de Birmingham.

A finales de la década de 1940, Delta Airlines y una de sus predecesoras, Southern Airlines, se acercaron a los líderes tanto de Birmingham como de Atlanta para ver si alguna ciudad estaría dispuesta a invertir en sus planes para desarrollar el primer *hub* de distribución de aerolíneas de pasajeros del país. Delta Airlines propuso conectar las ciudades del sur en un grupo regional, y luego a través de su *hub* de nueva construcción a Chicago y Nueva York, y a su primera conexión internacional, Ciudad de México. Fue una idea brillante que conectaba los «agujeros estructurales» del sur con los principales centros nacionales e internacionales. ¡Delta Airlines se apuntó a los beneficios de la teoría de redes sociales antes de que esta teoría se articulara!

Atlanta apoyó con entusiasmo la iniciativa de las aerolíneas. Emitió bonos para ampliar su aeropuerto y llevó a cabo fuertes inversiones en nuevas pistas y terminales. Birmingham respondió a la solicitud de Delta Airlines elevando su impuesto local sobre el combustible de aviación. Se ha dicho que los líderes de la ciudad de Birmingham, llamados los «Big Mules» [los grandes tercos], temiendo que los sindicatos de Chicago contagiaran a sus trabajadores no sindicalizados y que los mexicanos inundaran su ciudad, rechazaron la propuesta de Delta Airlines.

En la década de 1960, el movimiento por los derechos civiles barrió el sur. El 14 de mayo de 1961, miembros del Ku Klux Klan atacaron brutalmente a un grupo de Freedom Riders no violentos cuando bajaban del autobús en la estación de autobuses Trailways de Birmingham. La policía municipal, liderada por el jefe Bull Connor, se mantuvo al margen. Las fotografías de la violencia conmocionaron al mundo. En respuesta, el alcalde de Atlanta, William B. Hartsfield, proclamó que Atlanta estaba «demasiado ocupada para odiar».[39] En 1972, Maynard Jackson fue elegido alcalde de Atlanta y se convirtió en uno de los primeros alcaldes negros de una gran ciudad estadounidense. Defendió la transformación y ampliación del aeropuerto para convertirlo en un *hub* internacional. Desarrolló MARTA, uno de los primeros sistemas ferroviarios de cercanías de posguerra, para conectar la ciudad, el aeropuerto y la región, uniendo más estrechamente el destino de la ciudad y sus suburbios, y se resistió a atravesar los barrios del centro de la ciudad con autopistas. A finales de la década de 1980, Jackson encabezó el exitoso esfuerzo de Atlanta para organizar los Juegos Olímpicos de 1996, que contribuyeron al aumento de su prestigio internacional. Mientras tanto, un empresario local de medios de comunicación, Ted Turner, lanzó la primera red global de noticias por cable del mundo, la CNN. Atlanta definitivamente era una ciudad abierta al exterior con redes diversas centradas en un objetivo común.

En la década de 1960, cuando Atlanta avanzaba en la integración racial, Birmingham se resistía empleando para ello perros policía,

[39] blogs.birminghamview.com/blog/2011/05/16/the-picture-that-changed-birmingham.

mangueras de agua a presión y arrestos que condujeron a la famosa «Carta desde la cárcel de Birmingham» de Martin Luther King. El mundo se sorprendió por el horrible bombardeo de una iglesia negra en la ciudad que mató a cuatro niñas inocentes, consolidando la reputación de Birmingham como una comunidad atrasada y fanática. Aunque hoy esta ciudad se esfuerza por superar este legado, medio siglo después las consecuencias de estas diferentes visiones del mundo generaron una tremenda diferencia entre los destinos de ambas ciudades.

Hacia 2013, la población de Atlanta alcanzó los 447.841 habitantes, y servía de ancla a una región metropolitana de 5.529.420 habitantes, doce veces mayor que la ciudad. Durante el mismo período, la población de Birmingham se había reducido a 212.237 habitantes, y la población de la región metropolitana de 1.140.300 era solo cinco veces más que su núcleo urbano. Un dato aún más revelador es que en 2011 la región de Atlanta tuvo un ingreso medio de 51.948 dólares por familia, el octavo puesto entre todas las ciudades de Estados Unidos, mientras que el ingreso familiar medio de Birmingham era de 39.274, el puesto 124 del país. El aeropuerto Hartsfield-Jackson de Atlanta es el más activo del mundo, treinta veces más que el de Shuttleworth de Birmingham. Atlanta todavía tiene problemas: sigue lidiando con la dispersión urbana y la desigualdad de ingresos. Sin embargo, resultó ser una comunidad con muchas más oportunidades para sus habitantes que Birmingham.

Una vez más, el transporte y la conectividad de las redes sociales desempeñaron un papel importante en los caminos divergentes tomados por ambas ciudades. Los líderes económicos de Birmingham estaban dominados por un espíritu conservador y rural. Los de Atlanta eran más diversos y tenían aspiraciones cosmopolitas; los mundos sociales ejemplificados por Delta Airlines y CNN no se solapaban, pero se reforzaban mutuamente y extendieron el alcance de la ciudad.

Hacia comunidades bien temperadas

Vivimos en un mundo altamente conectado en el que nuestras relaciones, actitudes y comportamientos conforman nuestros logros, los de nuestros barrios y los de nuestras ciudades. Las decisiones que tomamos hoy contribuyen al metagenoma de la ciudad e influyen en su nivel de conectividad y en su prosperidad.

Y así como el nicho ecológico es la unidad básica de la comunidad en un ecosistema más grande, el barrio es el nicho en el que los residentes tienen mayor influencia, y el que más los influye. La salud social de un barrio es la clave de su función como comunidad de oportunidades, la base de una ciudad saludable y de su área metropolitana. Y los barrios saludables empiezan con personas tolerantes, adaptables y de buen temperamento.

10
La ecología cognitiva de la oportunidad

Las comunidades están compuestas de muchos elementos: calles, escuelas, tiendas, oficinas, parques, etc., pero ninguno de ellos es más fundamental que la vivienda. Las ciudades, en el fondo, son lugares para vivir. La vivienda es la plataforma a partir de la cual crece el éxito familiar y, por lo general, es el mayor gasto que hace una familia. Una vivienda segura, bien ubicada, decente y asequible es una condición fundamental para las comunidades de oportunidades. Desafortunadamente, en 2015, 330 millones de familias urbanas en todo el mundo vivían en viviendas precarias, y para 2025 el McKinsey Global Institute proyecta que se alcanzarán los 440 millones, un tercio de las familias que viven en ciudades del mundo, casi 1.600 millones de personas.[1]

En Estados Unidos, el Centro Conjunto de Estudios de Vivienda de la Harvard University informa de que más de dos tercios de los pobres estadounidenses gastan más de la mitad de sus ingresos en vivienda.[2] Si a esto le añadimos los gastos en alimentación, transporte, suministros, teléfono, Internet, ropa, educación y atención médica, se hace difícil ver cómo salen adelante. La consecuencia es que muchas familias pobres a menudo viven hacinadas o se mudan con frecuencia intentando encontrar alojamiento barato allí donde pueden.

---

[1] Woetzel, Jonathan; Ram, Sangeeth; Mischke, Jan; Garemo, Nicklas y Sankhe, Shirish, *A Blueprint for Addressing the Global Affordable Housing Challenge*, McKinsey Global Institute (MGI), octubre de 2014. Informe.

[2] www.jchs.harvard.edu/sites/jchs.harvard.edu/files/sonhr14-color-ch1.pdf.

La vivienda lleva consigo un segundo coste que también afecta de manera desproporcionada a los asalariados con bajos ingresos: el transporte. En Europa, los pobres viven en suburbios aislados; en el mundo en vías de desarrollo, los trabajadores con bajos salarios a menudo viven en barrios marginales que se extienden más allá de los límites de las ciudades, por lo que deben dedicar a menudo entre dos y tres horas de viaje para ir al trabajo. En Estados Unidos, más del 50 % de las familias pobres viven en los suburbios, donde gastan entre un 20 y un 30 % más de sus ingresos en desplazarse con su coche. Además de este gasto, es probable que vivan en hogares con poco aislamiento térmico e ineficientes desde el punto de vista energético, con enormes costes de suministros.

Las familias pobres que consiguen encontrar una vivienda estable viven al día. Una factura médica inesperada o una emergencia familiar pueden desencadenar una cascada de impagos y decisiones difíciles. En los entornos laborales donde trabajan muchas familias pobres, al padre que falta un día para llevar a un niño enfermo al médico, es probable que no le paguen ese día, que le bajen de categoría en el trabajo o que lo despidan. Eso a menudo hace que las familias pobres no puedan pagar el alquiler, y entren en caída libre al ser desalojadas de su vivienda.

Esta vulnerabilidad afecta a un número significativo de familias. Un estudio de 2011 de la Fundación Nacional para el Asesoramiento Crediticio de Estados Unidos halló que el 64 % de los estadounidenses tiene menos de 1.000 dólares de ahorros para afrontar una emergencia y el 30 % no tiene más ahorros que su plan de pensiones.[3] Los ahorros son un elemento crítico de la resiliencia económica de la familia, y si a esto se le suman los gastos combinados de vivienda, transporte, suministros y atención médica, resulta que las familias trabajadoras de Estados Unidos simplemente no pueden mantener un ritmo decente de vida, y mucho menos ahorrar. Esta sensación de vivir al filo de la navaja socava su sensación general de bienestar; el estrés de ir tirando precariamente es enorme. Enterprise Community Partners llama a esto «inseguridad de la vivienda».

Según Enterprise, en 2015, cerca de 19 millones de familias –una de cada seis en Estados Unidos– carecían de hogar o pagaban más

[3] www.nfcc.org/newsroom/newsreleases/floi_july2011results_final.cfm.

de la mitad de sus ingresos por la vivienda. La mayoría de estas familias alquilan sus casas. El parque de viviendas de alquiler asequibles en Estados Unidos está muy envejecido o en muy malas condiciones. Para empeorar las cosas, mientras la demanda aumenta, la construcción de viviendas asequibles se está reduciendo.

El Centro Conjunto de Estudios de Vivienda de la Harvard University informó de que más del 29 % de las viviendas alquiladas a familias pobres en 1999 fueron abandonadas o destruidas una década más tarde.[4] En ciudades caras como San Francisco, donde el alquiler promedio en 2015 era de 4.225 dólares al mes, una familia tenía que ganar 169.000 dólares al año,[5] más del doble del ingreso familiar medio de la ciudad, para mantener el gasto de alquiler en un 30 % de sus ingresos. Por tanto, incluso las familias de clase media se enfrentan a la inseguridad de la vivienda. El sueño americano se está desvaneciendo.

Para las familias de ingresos bajos y moderados, el desafío de encontrar y mantener un lugar seguro para vivir y bien ubicado resulta estresante. Menos de una cuarta parte puede hallar viviendas asequibles subvencionadas. El resto a menudo vive en viviendas tóxicas mal aisladas y deficientemente mantenidas, con riesgo de que los desalojen si no pueden pagar el alquiler. Las comunidades pobres también cuentan con otros factores estresantes, como el crimen y la violencia, trabajo con salarios bajos y pocas oportunidades laborales, falta de acceso a la atención médica, mala alimentación y colegios con bajo rendimiento escolar. Estas tensiones endémicas nunca desaparecen, y del mismo modo que los habitantes de estos barrios disponen de reservas financieras limitadas, también poseen pocas reservas cognitivas o emocionales para amortiguarlas.

Aunque estas comunidades a menudo se caracterizan por su aislamiento físico y social, están sujetas a las mismas tendencias globales que afectan a todas las comunidades del planeta: cambio climático, globalización, creciente desigualdad de ingresos, volatilidad financiera, epidemias y la migración de refugiados, entre otras. Estas macrotendencias volátiles añaden estrés episódico al estrés endémico. Cuando se dan situaciones de estrés episódico como el huracán Katri-

---

[4] www.jchs.harvard.edu/sites/jchs.harvard.edu/files/americasrentalhousing-2011-bw.pdf.

[5] sf.curbed.com/archives/2015/05/22/san_franciscos_median_rent_climbs_to_a_whopping_4225.php.

na, la supertormenta Sandy o el cierre de fábricas, se producen oleadas de desahucios y pérdidas de empleo, y las comunidades endémicamente estresadas y sus sistemas de servicios sociales se ven abrumados y simplemente no pueden responder a las necesidades.

Una base segura y las ecologías cognitivas

Los avances en la ciencia cognitiva en las últimas dos décadas han profundizado nuestra comprensión de cómo se desarrollan el cerebro y la mente humanos, así como la relación crítica entre la salud cognitiva y el bienestar del individuo, la familia y la comunidad. Estas investigaciones señalan la importancia de un hogar seguro y estable como la base sólida sobre la que se construye el bienestar psicológico. En 1988, el psicólogo británico John Bowlby publicó el libro *Una base segura*,[6] donde describía que el desarrollo de unos niños sanos requiere «una base segura desde la cual un niño o un adolescente pueda salir al mundo exterior y regresar sabiendo que será bienvenido cuando llegue de vuelta, será alimentado, física y emocionalmente, será consolado si está afligido, se le tranquilizará si está asustado».[7]

Existe una profunda interdependencia entre la seguridad cognitiva de los individuos, sus familias y sus vecindarios, y su salud física y mental. El estado cognitivo colectivo de una comunidad conforma su *ecología cognitiva*, su paisaje mental de pensamiento, sentimiento y relación. Influye profundamente y está influenciado por las redes sociales que impregna.

La ecología cognitiva en la que crecen los niños afecta su salud física y mental durante toda su vida, lo que se suma al metagenoma de las percepciones, reacciones y comportamientos de su comunidad. Las tensiones endémicas, como la pobreza y la inseguridad en la vivienda, socavan el sentido de seguridad de un niño en su desarrollo. Si a esto añadimos las tensiones episódicas que escapan al control de cualquier individuo o comunidad, la seguridad cognitiva esencial para un crecimiento saludable de los niños se erosiona aún más.

---

[6] Bowlby, John, *Secure Base: Parent-Child Attachment and Healthy Human Development*, Basic Books, Nueva York, 1988 (versión castellana: *Una base segura: aplicaciones clínicas de una teoría del apego*, Paidós, Buenos Aires, 1989).

[7] Ibíd., pág. 11.

La ecología cognitiva de un barrio se ve particularmente afectada por un aumento de la violencia. Por ejemplo, durante la Guerra de Vietnam, Estados Unidos entrenó a millones de jóvenes en el uso de armas, los envió a tierras extranjeras donde muchos quedaron traumatizados y descubrieron la heroína, para ser devueltos a casa sin un plan efectivo para curarlos o para ofrecerles un puesto de trabajo. Los barrios pobres que ya estaban desestabilizados por la fuga de empleos, la inflación y los crecientes costes de la energía se vieron afectados por un aumento de la violencia y las drogas, mientras los soldados repatriados luchaban por sobrellevar los traumas que habían sufrido en el sudeste asiático.

En un estudio de 1976, «Violent Acts and Violent Times: A Comparative Approach to Postwar Homicide Rates» [Actos violentos y tiempos violentos: un enfoque comparativo de las tasas de homicidios en la posguerra], las sociólogas Dane Archer y Rosemary Gartner exploraron el efecto de la guerra en las tasas de asesinatos, desde 1900, en 50 países. Observaron que la mayoría de los países experimentaban aumentos en las tasas de homicidios durante las posguerras, ya fuera una guerra civil o en el extranjero, e independientemente de si habían sido a no los vencedores. Durante la Guerra de Vietnam, la tasa de homicidios en Estados Unidos se duplicó. En la década de 1970, no se entendió el mecanismo cognitivo de dicho aumento,[8] pero ahora sabemos mucho más sobre los efectos del TEPT [Trastorno por Estrés Postraumático] en los veteranos de guerra. Por ejemplo, un estudio de 2010 de la Infantería de Marina de Estados Unidos halló que los infantes de Marina que habían sufrido de TEPT tenían más del 6 % de probabilidades de caer en conductas antisociales y agresivas.[9]

Hay muchos otros factores externos que contribuyen a la ecología cognitiva de una comunidad. Por ejemplo, el racismo persistente que experimentan los jóvenes negros que son detenidos y perseguidos sin cesar reduce su sentido de eficacia individual y colectiva. Y muchas ciudades se ven desbordadas por un gran número de inmigrantes que

[8] Archer, Dane y Gartner, Rosemary, «Violent Acts and Violent Times: A Comparative Approach to Postwar Homicide Rates», *American Sociology Review*, núm. 4, 1976, pág. 937-963.

[9] Booth-Kewley, Stephanie et al., «Factors Associated With Antisocial Behavior in Combat Veterans», *Aggressive Behavior*, núm. 36, 2010, págs. 330-337. En: www.dtic.mil/dtic/tr/fulltext/u2/a573599.pdf.

huyen de los horrores de la violencia sectaria y de los desplazamientos a que se ven sometidos en sus países de origen, o que simplemente ya no pueden vivir en un entorno modificado por el cambio climático, y que llegan a menudo después de viajes de gran sufrimiento, trayendo consigo todos los efectos de los traumas que experimentaron. Estos y muchos otros factores externos contribuyen al efecto vecinal descrito por Robert Sampson. En combinación con la sobrepoblación, la inestabilidad en la vivienda y las toxinas medioambientales, pueden resultar ser lugares muy empobrecedores para criar niños sanos.

Experiencias adversas en la infancia

Hace unos años me reuní con el director de una empresa sin ánimo de lucro de desarrollo comunitario que me dijo: «Mi comunidad sufre una terrible sobrepoblación. A menudo hay trece o más miembros de una familia que viven en una única vivienda. Inevitablemente, una noche un tío llega borracho a casa y viola a una sobrina. Todos en la casa saben lo que sucedió, todos se sienten cómplices y todos están afectados por la experiencia. Si pudiéramos trasladar a cada madre y a sus hijos a una vivienda que fuera la suya, además de segura y ecológica, podríamos empezar a ayudarlos a seguir adelante con sus vidas».

La violación de un niño o una niña es algo horrible. La comunidad médica la denomina «experiencia adversa en la infancia» o EAI. Las EAI, experiencias traumáticas significativas que afectan profundamente el desarrollo de un niño, se dividen en tres categorías: abuso, negligencia y disfunción familiar. Estos incluyen abuso emocional, abuso físico, abuso sexual, negligencia emocional, negligencia física y emocional, ruido excesivo en el hogar, desalojo repentino, observación de la madre sometida a violencia, victimización de propiedad, victimización entre compañeros, exposición a la violencia comunitaria, padres que están siempre discutiendo, abuso de sustancias en el hogar, enfermedades mentales en el hogar, separación de los padres o divorcio, y un padre encarcelado.[10]

[10] Finkelhor, David; Shattuck, Anne; Turner, Heather y Hamby, Sherry, «Improving the Adverse Childhood Study Scale», *JAMA Pediatrics*, 167, núm. 1, 26 de noviembre de 2012, págs. 70-75; publicado en línea.

En 1993, el doctor Robert Anda, un epidemiólogo de los Centros para el Control de Enfermedades, y el doctor Vincent Felitti, un internista en Kaiser Permanente en San Diego, comenzaron en el sistema Kaiser un estudio de una década de más de 17.000 personas con el fin de comprender mejor el impacto de las EAI. Aproximadamente el 75 % de la población que estudiaron era blanca y tenía un título universitario, pero el 12,6 % poseía un puntaje de EAI de cuatro o más, lo que significa que había sufrido cuatro o más experiencias infantiles adversas, indicando cuán frecuentes son las EAI en nuestra sociedad.

Las EAI producen un efecto de dosis/respuesta: cuanto mayor es la exposición a las EAI, más profundos son sus efectos de por vida. Los adultos que vivieron cuatro o más EAI de pequeños son dos veces más propensos a ser fumadores, doce veces más propensos a intentar suicidarse, siete veces más propensos a ser alcohólicos y diez veces más propensos a caer en las drogas. Dichos niños también presentan cuatro veces más probabilidades de tener relaciones sexuales antes de los 15 años, y el 40 % de las niñas con cuatro o más EAI quedan embarazadas en la adolescencia.[11]

También existe una estrecha correlación entre el puntaje de EAI de un niño y su salud. Los adultos que han experimentado cuatro o más EAI cuando eran niños tienen un 260 % más de probabilidades de sufrir una enfermedad pulmonar obstructiva crónica (EPOC) que los adultos con un puntaje cero de EAI; tienen un 240 % más de probabilidades de padecer hepatitis y un 250 % más de probabilidades de contraer una enfermedad de transmisión sexual. Experimentar seis EAI aumenta las probabilidades de cáncer de pulmón en un 300 % y reduce la esperanza de vida en trece años. También hay una relación directa entre el número de EAI que se ha experimentado y el riesgo de ser hospitalizados por un trastorno autoinmune, como una enfermedad reumática.[12] Desde el estudio inicial de Anda y Felitti ha habido docenas de estudios de población sobre el efecto de EAI en niños y niñas, y los resultados han sido confirmados una y otra vez. Estas terribles experiencias adversas en la infancia aparecen en todo

---

[11] acestudy.org/yahoo_site_admin/assets/docs/ARV1N1.127150541.pdf.

[12] Burke Harris, Nadine, «Powerpoint: Toxic Stress-Changing the Paradigm of Clinical Practice», Centro para el Bienestar Juvenil, 13 de mayo de 2014, presentado en el Pickower Center, Massachusetts Institute of Technology (MIT), Cambridge (Mass.).

el mundo y entre todos los grupos de ingresos, pero se concentran particularmente en las comunidades más pobres.

Las EAI y el cerebro

Cuando nos encontramos con lo que percibimos como una amenaza, el cerebro envía mensajes al hipotálamo, la parte del cerebro que regula los sistemas autónomos y homeostáticos del cuerpo. El hipotálamo compara la amenaza con los recuerdos guardados en el hipocampo, y si esos recuerdos indican un peligro, libera hormonas que activan la glándula hipofisaria para inducir a las glándulas suprarrenales a liberar otras dos hormonas: cortisol y adrenalina. Esta red que se ocupa de responder al peligro potencial se llama «eje HHS» (hipotalámico-hipofisario-suprarrenal). Imagina que estás caminando por un bosque y te topas con un oso. El eje HHS libera adrenalina, que te prepara para la lucha o la huida al acelerar tu corazón y contraer tus pupilas con el fin de enfocar tu atención. Si parece que vas a necesitar correr durante un tiempo prolongado, la glándula hipofisaria libera cortisol, lo que aumenta la presión sanguínea y el azúcar en la sangre, y reduce tu respuesta inmune, mejorando así tu capacidad para correr una larga distancia. Sin embargo, después de que el oso se haya ido torpemente, o hayas conseguido escapar con éxito, tu corazón se calma y el resto de tu cuerpo vuelve a la normalidad.

En circunstancias normales, el eje HHS se relaja y el sistema vuelve a su equilibrio normal. Pero si el estrés es continuo o traumático, la vía del HHS se mantiene activa incluso cuando ya no se necesita. Un niño sometido a varias EAI tiene su HHS siempre activo. El niño también desarrolla una corteza prefrontal más pequeña, la parte estratégica del cerebro, y unas conexiones menos robustas entre ella y la amígdala, la parte del cerebro asociada con las emociones, la agresión y la memoria. Este circuito es una parte fundamental de la autorregulación, en particular de nuestra capacidad para controlar las reacciones ante la percepción de amenazas. Un eje hiperactivo HHS genera ira y ansiedad continuadas.

Como resultado, los niños que sufren estrés tóxico continuado o EAI frecuentes tienen más probabilidades de ser introvertidos, menos capaces de regular su comportamiento o de prestar atención en la escuela, y menos probabilidades de participar en actividades de grupo o de hacer amigos. Hasta la pubertad están atrapados en el modo de huida, y después de esta cambian al modo de lucha. Esta condición neurológica lleva a que los niños dejen la escuela, se unan a pandillas y se involucren en la delincuencia y en otras conductas de alto riesgo. Las niñas que buscan afecto sin autocontrol a menudo se quedan embarazadas. Y luego, como madres resentidas y estresadas, crean un ambiente que inflige la misma condición a sus propios hijos.

Los daños neuronales de las EAI también pueden heredarse. Ahora se sabe que las EAI causan variaciones de metilación en los genes que contribuyen a la probabilidad de desarrollar trastornos psiquiátricos, como intentos de suicidio, y transmitirlos de generación en generación. Este proceso epigenético está socavando el metagenoma de las comunidades más traumatizadas, perpetuando una salud mental y física deficiente, y las dificultades para formar redes sociales positivas.[13]

Hacinamiento y desahucios

Las EAI no solo son causadas por las experiencias traumáticas directas que sufre un niño, sino también por el entorno en el que vive. Las situaciones de vida caótica, el hacinamiento, el ruido excesivo y la inestabilidad afectan negativamente a los niños pequeños. El hacinamiento no es una función del tamaño de la familia en sí, o incluso de la renta familiar, sino que más bien está causado por la densidad, es decir, el número de personas que conviven en una vivienda. Cuando 10 o 15 personas se hacinan en un hogar, la densidad hace que el contagio social se eleve, y el comportamiento negativo, como la adicción a las drogas o al alcohol, afecta a todos. La tasa de hombres mayores que abusan de mujeres más jóvenes también es sustancialmente mayor.

Estudios realizados por Gary Evans, investigador de los departamentos de Desarrollo Humano y de Diseño y Análisis Ambiental de la Cornell University, indican que la sobrepoblación produce un efecto negativo en los comportamientos interpersonales, la salud mental, la motivación, el desarrollo cognitivo y los niveles de corti-

[13] www.pbs.org/wgbh/nova/next/body/epigenetics-abuse.

sol de los niños. Los padres de hogares hacinados son menos receptivos a los niños pequeños, tal vez debido a sus propias experiencias adversas en la infancia. Según la investigación de Evans, los padres que crían a niños en hogares hacinados hablan con menos frecuencia con sus hijos y utilizan un vocabulario más simple. Un estudio de Betty Hart y Todd Risley de Rice la University calculó que, después de cuatro años, los niños que reciben asistencia social habrán escuchado 30 millones de palabras menos que los de familias de rentas altas. Peor aún, un niño de una familia pobre habrá escuchado 125.000 palabras más desalentadoras, mientras que el niño rico habrá escuchado 560.000 palabras más de alabanza.[14] Esto también tiene un efecto cognitivo.

Los padres que crían a sus hijos en hogares hacinados son más propensos a una educación punitiva, lo que aumenta significativamente el nivel de angustia de los niños. Como señala Evans: «Los niños en edad de escuela primaria que viven en hogares con mayor cantidad de gente muestran niveles más altos de angustia psicológica y mayores dificultades de conducta en la escuela [...]. El hacinamiento crónico influye en la motivación de los niños a la hora de hacer los deberes. Independientemente de la renta familiar, los niños de entre 6 y 12 años muestran una disminución en el comportamiento motivacional y un alto nivel de impotencia aprendida –la creencia de que no tienen control sobre su situación y, por tanto, no intentan cambiarla– a pesar de que sí tienen el poder de ejercerlo».[15]

Los desahucios de viviendas también son un motor de EAI, y la reciente crisis económica ha empeorado el problema. Entre 2010 y 2013, el número de desalojos en el condado de Milwaukee aumentó en un 43%. Como dijo Matthew Desmond, un sociólogo de la Harvard University que estudió los desalojos en Milwaukee: «Podría pensarse que el desahucio es causado por una pérdida de empleo, pero descubrimos que el desahucio puede hacer que el desalojado pierda su empleo».[16] Y una vez desalojada, la gente tiene tasas más altas de depresión, dificultades materiales, hambre y atención médica inadecuada.

---

[14] centerforeducation.rice.edu/slc/LS/30MillionWordGap.html.

[15] www.human.cornell.edu/hd/outreach-extension/upload/evans.pdf.

[16] «Evictions Soar in a Hot Market, Renters Suffer», *The New York Times*, Nueva York, 3 de septiembre de 2014.

¿Dónde acaban las familias desahuciadas? En Estados Unidos se alojan en casa de amigos o parientes, acampan en sus coches o se mudan a refugios para personas sin hogar. A nivel mundial, las familias desplazadas por las guerras, el cambio climático o las luchas sectarias acaban en campos de refugiados. Todas estas soluciones de vivienda crean hacinamiento, son caóticas, ruidosas y transitorias. Cuando se lleva a vivir a un niño a un sitio así, en lugar de recibir la base estable que necesita desesperadamente, el niño acaba desestabilizándose aún más.

Cuando una parte significativa de una comunidad carece de una base estable, las EAI y sus problemas de conducta y de salud concomitantes impregnan sus redes sociales y comienzan a retroalimentarse en la ecología cognitiva de la comunidad. Los mercados de trabajo del siglo XXI necesitan personas con una gama cada vez mayor de habilidades técnicas, pero también con las habilidades cognitivas de atención, pensamiento sistémico y uso complejo del lenguaje. Es más probable que los niños que crecen en hogares hacinados y caóticos, o que sufren abusos, carezcan de estas capacidades.

Añade toxicidad y agita

El 15 de abril de 2015, Freddie Gray, un estadounidense de raza negra de 25 años, fue arrestado por agentes de la policía de Baltimore, le esposaron las manos y las piernas y lo arrojaron a una furgoneta de la policía. En el proceso, Gray sufrió una lesión en la médula espinal y murió. Seis oficiales de policía fueron acusados. La muerte de otro joven negro a manos de la policía llevó a la comunidad al límite. Protestas que empezaron siendo pequeñas fueron creciendo más y más hasta la noche del funeral de Gray, el 27 de abril, en que Baltimore estalló en una oleada de disturbios y saqueos.

Freddie Gray no estaba destinado a convertirse en un héroe local. No acabó la escuela secundaria, y había sido arrestado más de una docena de veces por posesión de drogas. A Freddie la vida le iba en contra desde que nació. Su madre era heroinómana y fue criado en un barrio pobre del norte de Baltimore atestado de drogas, violencia y criminalidad. Creció descuidado en un ambiente caótico que, como hemos visto, afecta negativamente el desarrollo cognitivo de un niño. Sin embargo, para empeorar las cosas, de pequeños, Freddie y su hermana gemela Fredericka fueron expuestos a pinturas con base de plomo, de tal manera que tenían niveles excesivos de plomo en la sangre. Ambos fueron clasificados como TDAH en la escuela, que finalmente abandonaron. Freddie recurrió a las drogas y Fredericka a menudo tenía comportamientos violentos.

Un nivel superior a cinco miligramos de plomo por decilitro de sangre puede perturbar gravemente el desarrollo cognitivo del niño, lo que lleva a la falta de funciones ejecutivas y de autorregulación emocional y a la incapacidad para prestar atención. Sin estas habilidades, los niños a menudo fracasan en la escuela, abandonan los estudios y acumulan antecedentes penales. Cuando Freddie tenía 22 meses, los análisis de sangre revelaron que llevaba 37 miligramos de plomo por decilitro de sangre.

Dan Levy, profesor de pediatría de la Johns Hopkins University, ha estudiado los efectos del envenenamiento por plomo en la juventud: «Es muy probable que el hecho de que el señor Gray tuviera estos altos niveles de plomo en sangre afectara a su capacidad para pensar, a autorregularse, y a su capacidad cognitiva para procesar información. La verdadera tragedia del plomo es que el daño que causa es irreparable».[17] En el otoño de 2015, se reveló que los habitantes de Flint (Michigan) estaban bebiendo agua con cinco veces más cantidad de plomo que el límite recomendado por la Agencia de Protección Ambiental de Estados Unidos (EPA).

El plomo solo es una de las toxinas ambientales que afectan negativamente el desarrollo neuronal, que daña la inteligencia de los niños, especialmente si sus madres estuvieron expuestas durante el embarazo. Philippe Grandjean, profesor de neurología en la Escuela de Medicina de la Harvard University, y Philip Landrigan, decano de salud global en la Escuela de Medicina Mount Sinai de Nueva York, escribieron en la prestigiosa revista médica *Lancet* que una pandemia de toxinas estaba dañando los cerebros de los fetos. «Nuestra gran preocupación es que los niños de todo el mundo están expuestos a productos químicos tóxicos no reconocidos que van erosionando silenciosamente la inteligencia, alterando

[17] www.washingtonpost.com/local/freddie-grays-life-a-study-in-the-sad-effects-of-lead-paint-on-poor-blacks/2015/04/29/0be898e6-eea8-11e4-8abc-d6aa3bad79dd_story.html?utm_term=.02720b728e4b.

comportamientos, truncando logros futuros y perjudicando a las sociedades.»[18] El doctor David Bellinger, también de la Facultad de Medicina de laHarvard University, calculó que los estadounidenses han perdido 41 millones de puntos de Coeficiente Intelectual (CI) como resultado de la exposición al plomo, al mercurio y a los plaguicidas organofosforados.[19]

La doctora Fredericka Perrera, directora del Centro para la Salud Ambiental Infantil de la Columbia University, señala que la exposición a productos químicos tóxicos aumenta la mortalidad infantil, reduce el peso al nacer, e incrementa los déficits en el funcionamiento pulmonar, el asma infantil y los trastornos del desarrollo, la discapacidad intelectual, el trastorno por déficit de atención con hiperactividad y los riesgos de padecer cáncer infantil. La exposición prenatal o temprana de la vida al alcohol, la nicotina y la cocaína también puede tener efectos devastadores, y de por vida, en la formación del cerebro en desarrollo.

Las EAI causan lo que el doctor Jack Shonkoff, director del Centro para el Desarrollo de los Niños de la Harvard University, denominó «estrés tóxico». No hay muchos estudios sobre el efecto combinado del estrés tóxico y los productos químicos tóxicos en la cognición, pero sin duda no puede ser bueno. Si se debilita la respuesta inmune de un niño, un efecto conocido del estrés tóxico, es probable que el niño sea más vulnerable a las neurotoxinas ambientales. Esta sopa tóxica es ubicua, pero generalmente invisible, y a menudo se encuentra en los productos químicos utilizados en materiales de construcción, muebles, insecticidas y otros artículos de la vida cotidiana moderna. Es fundamental que las investigaciones futuras identifiquen estos componentes y sus efectos combinados. Además del plomo, se ha demostrado que el moho, las plagas, los pesticidas y el exceso de polvo afectan negativamente a los niños y a sus familias. Estos pueden estar presentes en cualquier vivienda, pero normalmente se concentran en hogares y barrios pobres. En estas casas mal aisladas, durante los inviernos fríos, las familias a menudo usan hornos a gas y estufas de leña para calentarse, lo que aumenta la toxicidad del aire interior.

---

[18] www.theatlantic.com/health/archive/2014/03/the-toxins-that-threaten-our-brains/284466/.

[19] Ibíd.

La vida urbana contemporánea es compleja, y cada vez lo será más. La capacidad cognitiva es cada vez más necesaria para averiguar cómo negociar los sistemas de una ciudad. La inteligencia emocional y social es necesaria para prosperar en la escuela, en el trabajo y en la vida del barrio. Los niños criados en ambientes altamente estresados y ambientalmente tóxicos tendrán muchas menos probabilidades de tener éxito. Y en el competitivo siglo XXI, ¿cómo puede prosperar una ciudad cuando una parte significativa de sus residentes no puede contribuir a su economía y su cultura?

Los disturbios en Baltimore revelaron lo profundas que son las diferencias entre barrios prósperos y pobres en la mayoría de las ciudades estadounidenses. ¿Es el sueño americano lo suficientemente potente como para que todos nuestros hijos puedan tener la oportunidad de vivir en un hogar seguro y asequible?

Simplemente es imposible construir una sociedad bien temperada sobre una base inestable. Una vivienda segura, asequible y libre de toxinas es una condición previa esencial para una civilización próspera. Si bien esta base es esencial, no es suficiente. También debemos reparar la ecología cognitiva de las comunidades desgarradas por la violencia, los traumas y las experiencias adversas de la infancia, y generar confianza, un elemento esencial para el desarrollo del capital social de una comunidad. Cuando los niños tienen EAI se vuelven inseguros, desconfiados. Los barrios con altos niveles de EAI presentan menos probabilidades de tener un elevado sentido del orden y la eficacia social necesarios para que su población prospere.

Las soluciones

El daño corrosivo provocado por el trauma generalizado de la familia o del vecindario puede superarse, pero esto requiere un enfoque sistémico. Hay cuatro puntos clave de intervención: la familia, el hogar, la escuela y el sistema de atención médica. Cuando estos se integran, las EAI pueden abordarse con éxito. En la ciudad portuaria de Tacoma (Washington), Michael Mirra, director ejecutivo de la Autoridad de Vivienda de Tacoma (THA), luchaba por mejorar las vidas de los niños de familias sin hogar y de hogares de acogida cuando se dio cuenta de que no podía avanzar significativamente a menos que las escuelas formaran parte de la solución.[20]

La escuela primaria McCarver está ubicada cerca de la sede principal de la THA. McCarver, una escuela pionera, se gestó originalmente como parte de un programa voluntario de desagregación, pero en los últimos años su calidad había disminuido significativamente. Abrumada por una población sin hogar y de bajos ingresos y una epidemia de EAI, la escuela tenía una de las tasas de rotación de estudiantes más altas en la ciudad, con un 179 % de su alumnado rotando en un año. Este nivel de inestabilidad afectaba negativamente a los alumnos que iban y venían, y los que se quedaban no podían establecer relaciones estables entre ellos. También era muy frustrante para los maestros de la escuela, que acabaron trasladándose a escuelas más estables. La combinación de la alta rotación de alumnos y maestros hizo que la propia escuela fuera un generador de EAI.

Mirra se dio cuenta de que, si quería transformar las vidas de sus habitantes, tenía que estabilizar sus viviendas y transformar su escuela. Comenzó con cincuenta familias sin hogar o en riesgo de perderlo con niños en la guardería McCarver, proporcionándoles bonos de alquiler que hacían que cada familia solo pagara 25 dólares de alquiler al mes durante el primer año, mientras que la THA pagaba el resto. Durante los siguientes cinco años, las familias se comprometerían a pagar una parte cada vez mayor de su alquiler, llegando a unos 770 dólares al mes para una vivienda de dos habitaciones. Para ayudar a las familias a ganar lo suficiente para pagar el alquiler, la THA ofrecía a los padres formación laboral, atención médica y programas de GED [Examen de desarrollo de educación general], y los conectaba a más de treinta servicios de apoyo diferentes.

Al mismo tiempo, la THA recaudó fondos filantrópicos para que la escuela pudiera aumentar la calidad de su educación. Como resultado de estos esfuerzos integrados, en el año escolar de 2011-2012 solo el 4,5 % de los estudiantes del programa THA abandonaron la escuela McCarver. El número de padres que trabajaban se cuadruplicó, y el ingreso mensual promedio de todos los hogares en el programa se duplicó. La calidad de la educación en McCarver también mejoró

[20] Reed, Patrick y Brennan, Maya, «How Housing Matters: Using Housing to Stabilize Families and Strengthen Classrooms», un perfil del Programa Especial de Vivienda de la escuela primaria McCarver en Tacoma (Washington), octubre de 2014.

significativamente y está en camino de conseguir la certificación de Bachillerato Internacional. Consiguiendo vencer difíciles obstáculos financieros, la THA invirtió parte de sus fondos en el programa de formación docente de la escuela. Hacia 2014, la rotación anual de docentes había disminuido a solo dos al año.

El programa de Michael Mirra es innovador, caro y a la vez esencial, pero resulta mucho más barato que no hacer nada. Las personas sin hogar pueden costar a los ayuntamientos hasta un millón de dólares anuales en gastos de policía, tribunales, cárceles, hospitales y centros de acogida. El Ayuntamiento de Denver (Colorado) descubrió que proporcionar vivienda a su población sin hogar ahorraba una media de 31.545 dólares por persona, reduciendo las visitas a las urgencias de los hospitales y sus gastos en un 34,3 %, los gastos hospitalarios en un 66 %, las visitas de desintoxicación en un 82 % y los días de encarcelamiento y sus costes en un 76 %. Incluso después de invertir estos ahorros en vivienda, servicios sociales y atención médica, el programa ahorraba 4.745 dólares al año por persona.[21]

Además de la vivienda, las familias y las escuelas, el sistema de atención médica también es un importante factor de influencia, según la doctora Nadine Burke Harris, quien había crecido en Palo Alto y era hija de inmigrantes jamaicanos. Obtuvo un máster en Salud Pública en la Harvard University y una licenciatura en medicina de la University of California en Davis, y fue médico residente en Stanford. Luego entró a trabajar en el centro médico California Pacific, una red privada de atención médica, y acabó abriendo una clínica en el barrio de Bayview-Hunters Point, uno de los más pobres de San Francisco, con una tasa de desempleo del 73 % y un ausentismo escolar del 53 %. Entre 2005 y 2007 hubo diez veces más violencia de media en este barrio que en todo el resto de San Francisco.

La doctora Burke Harris se sorprendió de la cantidad de problemas de salud que sufrían sus pacientes pediátricos y se propuso descubrir el porqué. Después de estudiar las EAI y el estrés tóxico, concluyó que constituían la causa probable de la epidemia que sufría el barrio de Bayview-Hunters Point, para la que se propuso encontrar una cura. El proyecto de la doctora Burke Harris, ahora llamado «Centro para el Bienestar Juvenil», desarrolló un enfoque multidisciplinario

[21] denversroadhome.org/files/FinalDHFCCostStudy_1.pdf.

que empezaba con la detección temprana de EAI, ya que la rápida intervención puede restaurar patrones cognitivos saludables. Se necesitan 90 días para que un acontecimiento traumático inflija daño en el cerebro, de modo que si se toman medidas efectivas dentro de ese tiempo, el daño puede revertirse.

El Centro para el Bienestar Juvenil trabaja con los niños afectados y con sus padres, ya que sus problemas son interdependientes. Sus médicos y sus trabajadores sociales comienzan con una evaluación clínica, en el hogar y en la escuela, para determinar la exposición del niño a la adversidad y su impacto en el bienestar de este. Más tarde, el sistema de salud, el hogar y la escuela se unen para formar parte del tratamiento. El centro comienza educando a la familia sobre las causas y los síntomas del estrés crónico, y brinda a sus miembros estrategias para reducir ese estrés.

Los niños y sus familias también reciben psicoterapia del Programa de Investigación de Trauma Infantil de la University of California de San Francisco (UCSF) y del Programa de Ansiedad Temprana y Estrés Pediátrico en el hospital infantil Lucile Packard. Además, el Centro para el Bienestar Juvenil forma a los pacientes en materia de concienciación y manejo de situaciones complicadas, lo que les ayuda a ellos y a sus familias a desarrollar su capacidad de recuperación cognitiva para gestionar futuros acontecimientos traumáticos. Y el programa de vivienda pública de San Francisco, Hope SF, ha iniciado un proyecto que integra la conciencia de las situaciones traumáticas en todo su trabajo de vivienda. Esto comienza por reconocer los efectos traumáticos tanto en sus habitantes como en su personal, para luego averiguar cómo proponer soluciones en cada nivel del sistema.

Trauma vicario

En 2003, mi esposa, Diana Rose, presidenta fundadora del Garrison Institute, y la destacada maestra de meditación Sharon Salzberg comenzaron un programa para abordar el estrés tóxico que sufren los trabajadores en los pisos tutelados de las víctimas de violencia doméstica en Nueva York. Ellas fundaron el programa de Resiliencia Basada en la Contemplación (CBR) del Garrison Institute para comprender y ayudar a aliviar el estrés tóxico que experimentan los trabajadores de los servicios sociales que a menudo trabajan en una ecología cognitiva invisible, pero presente, de estrés tóxico que no solo afecta profundamente a las familias, sino también a sus cuidadores.

Los efectos del trauma pueden pasar de las personas traumatizadas a sus cuidadores en forma de trauma vicario o secundario. Este fenómeno, poco conocido, es una de las principales causas de agotamiento, estrés, depresión e incluso intentos de suicidio que afectan a los trabajadores sociales y sanitarios que tratan con poblaciones traumatizadas. Si queremos abordar con éxito la epidemia de EAI y el estrés tóxico, debemos proteger a los profesionales que ayudan y que están en contacto con las víctimas. La formación CBR utiliza un enfoque cuádruple para curar del trauma vicario: yoga, porque se corporiza el trauma; meditación, para desintoxicar la mente; trabajo psicosocial, para ayudar a explicar cómo el trauma vicario afecta a los trabajadores; y, por último, construcción de una comunidad para ayudar a los trabajadores traumatizados a reconstruir sus redes sociales y salir de su aislamiento. El equipo del Garrison Institute ha pasado a aplicar su trabajo de manera efectiva a los trabajadores que proporcionan ayuda humanitaria y a los refugiados de todo el mundo. La atención a los cuidadores es un factor esencial para crear comunidades saludables.

La ecología cognitiva de las comunidades es el sustrato de la civilización, y es fundamental para su bienestar. Así como las tensiones del cambio climático, las enfermedades y la pérdida de biodiversidad reducen las capacidades de adaptación de las comunidades biológicas, las tensiones de la vida de las personas con pocos ingresos y la prevalencia de TEPT y EAI están reduciendo la capacidad de adaptación de nuestras ecologías cognitivas. Estas condiciones se ven exacerbadas por la inestabilidad de la vivienda, se transmiten a través del contagio social y se amplifican por los efectos del barrio y las toxinas ambientales. Es la fórmula para conseguir personas con problemas y barrios fracasados.

Los barrios saludables ofrecen la sensación de eficacia colectiva y redes sociales sólidas. Las tensiones ambientales y cognitivas tóxicas socavan la capacidad de los individuos para confiar unos en otros y desarrollar la indispensable cohesión social. La inestabilidad de la vivienda hace que sea más difícil para las familias conectarse con sus vecinos, lo que reduce la fiabilidad y la coherencia necesarias para construir redes sociales sólidas. Y estos déficits cognitivos hacen que sea más difícil para los residentes afectados imaginar un futuro atractivo y trabajar juntos en su planificación. Por tanto, estas tensiones forman un circuito de retroalimentación negativa dentro del barrio, lo que aumenta la probabilidad de que se genere una pobreza endémica persistente.

Cuatro estrategias para combatir el estrés tóxico

Aunque las investigaciones sobre el estrés tóxico están en sus primeras etapas, han aparecido cuatro estrategias para aliviarlo. El primer enfoque, una base estable, nos lleva de vuelta a la vivienda, un lugar que debe ser física, psicológica y ambientalmente seguro. Cada vez se hace más patente que las viviendas son esenciales para el bienestar de las familias con estrés crónico, así como para los trabajadores sociales y sanitarios que las atienden. Enterprise Community Partners identifica cuatro formas clave para mejorar las viviendas de familias pobres y trabajadoras. La primera es facilitar la posibilidad de que estas familias puedan mudarse a barrios mejores mediante el refuerzo de programas públicos existentes. La segunda es aumentar drásticamente las inversiones para mejorar los barrios pobres con el fin de que todos los niños puedan crecer en una comunidad de oportunidades. La tercera es aumentar el salario mínimo, el acceso a la educación superior, y llevar a cabo otras inversiones para incrementar la capacidad de mejorar los ingresos de estas familias. Y la cuarta es la más sorprendente: redirigir las subvenciones a la vivienda recibidas por las familias más ricas para financiar estos programas. Los propietarios de viviendas reciben más de 100.000 millones de dólares al año en subvenciones de vivienda a través de dos deducciones de impuestos: la de los intereses de la hipoteca y la del impuesto que grava la propiedad. Las familias que ganan más de 200.000 dólares al año reciben el 37 % de estas subvenciones, mientras que las que ganan menos de 50.000 dólares al año reciben solo el 4 %. Si solamente el 25 % de esta subvención se redirigiera a familias pobres, podría proporcionar cupones para ayudar a pagar los alquileres a todas las familias estadounidenses que están por debajo del 150 % del nivel de pobreza y a todas las que actualmente destinan más del 50 % de sus ingresos a pagar el alquiler.[22] Si la mitad de las subvenciones de tipo hipotecario se redirigieran a los trabajadores pobres, también podríamos construir cientos de miles de viviendas nuevas asequibles cada año.

La segunda estrategia es el ejercicio físico. Bruce McKewen, jefe del Laboratorio de Neuroendocrinología Margaret Milliken Hatch de la Rockefeller University, ha demostrado que, entre sus numerosos beneficios, el ejercicio físico estimula la neurogénesis saludable o la regeneración cerebral. Ya hemos visto que las personas que viven a diez minutos andando de parques y espacios abiertos tienen más probabilidades de hacer ejercicio. La ubicación, la forma y la conectividad de los barrios también son importantes. Un estudio publicado en el *American Journal of Preventive Health* descubrió que los niños que viven en barrios peatonales y bien planeados hacen mucho más ejercicio que los que viven en los que fueron diseñados para ir en coche.[23]

Que se pueda ir caminando varía significativamente de una comunidad a otra. En las ciudades, un elemento importante es la densidad de viviendas y de cruces, el uso mixto del suelo, la densidad de paradas del metro y la relación entre el suelo construido y el no construido. En las zonas suburbanas, estos factores se ven agravados cuando el vecindario carece de aceras y cruces de calles seguros. Las personas que viven en barrios peatonales de media hacen cien minutos más de actividad física a la semana que aquellas que viven en barrios con pocas zonas peatonales. Este ejercicio es lo suficientemente significativo como para tener un impacto considerable en problemas de salud como la obesidad.[24]

La tercera estrategia para reducir el estrés es disponer de tranquilidad mental y de espacio. El doctor Richard Davidson, fundador del Centro para el Estudio de la Mente Saludable del Waisman Center, de la University of Wisconsin, ha estudiado los efectos de la meditación sobre el estrés y ha documentado sus beneficios neurológicos e inmu-

[22] «An Investment in Opportunity-A Bold New Vision for Housing Policy in the U.S.», Enterprise Community Partners, febrero de 2016. En: www.enterprisecommunity.org/download?fid=2340&nid=3822.

[23] usa.streetsblog.org/2013/09/11/study-kids-who-live-in-walkable-neighborhoods-get-more-exercise.

[24] www.nyc.gov/html/doh/downloads/pdf/epi/databrief42.pdf.

nológicos.[25] Su laboratorio ha publicado investigaciones que demuestran que las prácticas contemplativas como la meditación pueden aumentar la autorregulación, la capacidad de atención y las conductas sociales de los niños, como la compasión y la empatía.[26] Las prácticas de reducción del estrés también pueden estimular la regeneración de estructuras cerebrales en tan solo ocho semanas. La meditación alimenta la capacidad reflexiva de la mente, esencial para ver con perspectiva las situaciones que estresan nuestras vidas, nuestras comunidades y el mundo, y para responder de manera sistémica, no reactiva, una habilidad cada vez más demandada en el mundo laboral del siglo XXI.

La cuarta clave para combatir el estrés tóxico es la ventaja que proporciona formar parte de una comunidad con conexiones humanas sanas de apoyo mutuo. El estudio de Eric Klinenberg sobre la respuesta de los barrios de Chicago ante el estrés producido por las olas de calor indica la importancia de las redes sociales en la resiliencia individual y colectiva. Nuestros cerebros no solo están estructurados para huir y luchar, sino también para aquello que los psicólogos llaman «atender y hacerse amigos», una estrategia a la que recurren las mujeres en particular. El efecto de vecindad de Sampson influye sobre la decisión de luchar o huir, o de atender y hacer amigos. Los barrios que tienen un alto grado percibido de orden y una sensación de eficacia colectiva presentan más probabilidades de responder de forma altruista en tiempos de volatilidad y estrés.

Los traumas cognitivos y ambientales salen caros

En un estudio estadístico de 2008, los Centros para el Control y la Prevención de Enfermedades estimaron que los costes financieros totales de por vida asociados a solo un año de casos confirmados de abuso físico, abuso sexual, abuso psicológico y negligencia en niños iban desde 124.000 hasta 585.000 millones de dólares.[27] Los costes se obtuvieron agregando los gastos de atención médica a corto y a largo plazo, los de

---

[25] www.investigatinghealthyminds.org/ScientificPublications/2013/RosenkranzComparisonBrain,Behavior,AndImmunity.pdf.

[26] www.investigatinghealthyminds.org/ScientificPublications/2012/DavidsonContemplativeChildDevelopmentPerspectives.pdf.

[27] www.cdc.gov/violenceprevention/childmaltreatment/economiccost.html.

bienestar infantil, los de educación especial, los de justicia penal y las pérdidas de productividad. Si multiplicamos esta cifra por una década de casos nuevos, el resultado desbordará los presupuestos municipales, regionales y nacionales, y esto sin siquiera tener en cuenta los efectos cognitivos del estrés tóxico que se traspasan a los cuidadores. Si invertimos en la prevención y la curación de estos problemas, el beneficio a largo plazo para las personas y la sociedad será enorme.

Los costes de las toxinas ambientales son igualmente devastadores. Un estudio de Leonardo Trasande, profesor de pediatría, medicina ambiental y política de salud en la New York University, concluyó que los gastos de 2008 en enfermedades derivadas del medio ambiente en niños estadounidenses, incluyendo el envenenamiento por plomo, la exposición prenatal al metilmercurio, el cáncer infantil, el asma, la discapacidad intelectual, el autismo y el trastorno por déficit de atención con hiperactividad, fueron de 76.600 millones de dólares.[28]

Estos costes nos ayudan a pensar en el desarrollo de la comunidad de un modo completamente distinto. Invertir en viviendas seguras, ecológicas y bien ubicadas, en escuelas excelentes y en sistemas proactivos de cuidado de la salud ahorra dinero a las sociedades a largo plazo. Sin embargo, la inversión en cualquiera de estos campos –vivienda, educación y salud– por sí misma no es suficiente. Necesitamos invertir en todos ellos para cortar de raíz las EAI, el estrés tóxico y el trauma vicario, para evitar costes humanos, sociales y económicos insostenibles en el futuro. Y estos deben ir acompañados de normas rigurosas para eliminar las toxinas ambientales de nuestros edificios, alimentos, suelos, agua y aire.

Los fondos para estos servicios sociales ya están disponibles, ocultos entre los gastos del gobierno estadounidense. Un país de la OCDE (Organización para la Cooperación y el Desarrollo Económicos) gasta de media cuatro veces más que Estados Unidos en servicios sociales, educación y vivienda, y, como resultado, solo gasta la mitad que Estados Unidos en atención médica.

Estos servicios no médicos son determinantes para la salud: una vivienda asequible y estable, unos servicios para la infancia y la familia, una buena educación y una cuidadosa atención psicosocial tienen un efecto decisivo en la salud de un país. Trasladar gastos de la atención

[28] wagner.nyu.edu/trasande.

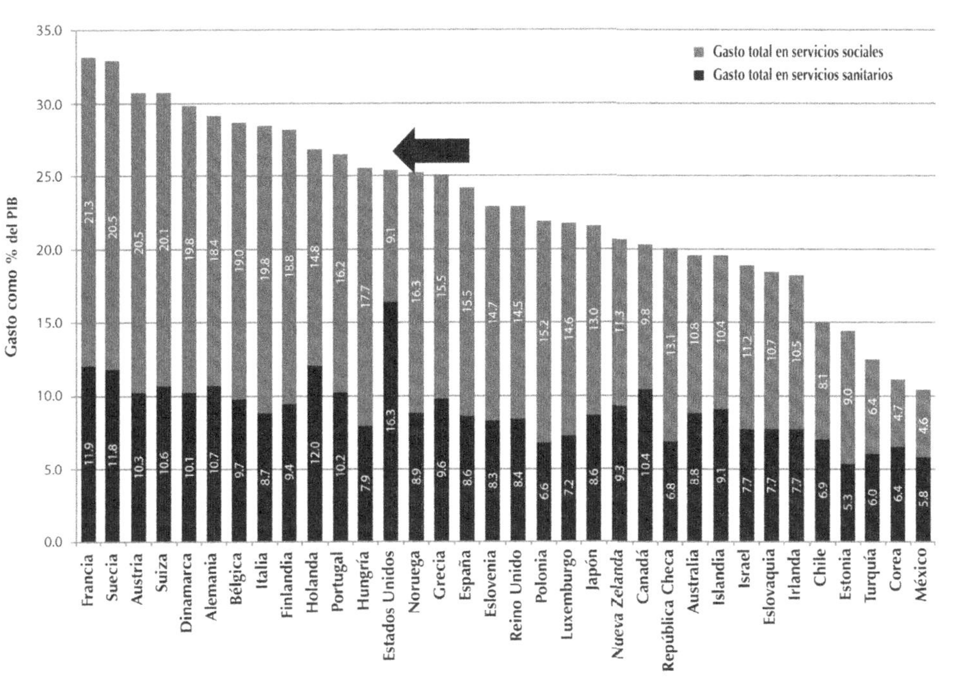

Estados Unidos gasta mucho más que otras naciones de la OCDE en atención médica, y mucho menos en servicios sociales. El resultado es una disminución de los resultados de salud y bienestar. Extraído de Bradley, E. H. y Taylor, L. A., *The American Health Care Paradox: Why Spending More Is Getting Us Less*, Public Affairs, Nueva York, 2013.

médica a los servicios sociales no solo mejora la salud, sino también las condiciones de oportunidad.

Convertir el trauma en resiliencia

Solo estamos empezando a comprender la interconexión entre el bienestar de los niños y el de sus familias, sus casas, sus barrios y las ciudades en las que viven, pero ya sabemos que todo esto está interconectado. Cada paso que damos para aliviar los elementos tóxicos y las condiciones de pobreza económica, psicológica y espiritual, aunque sea para un solo niño, nos ayuda a todos.

Cerramos este capítulo con las raíces latinas de la expresión «comunidad de oportunidades», el don de estar juntos y regresar a casa, a un puerto seguro, desde nuestras diversas empresas. Vivimos en un momento estresante. El estrés y el trauma tóxico son socialmente contagiosos y hacen que la gente se encierre y se aísle, y también arruinan las redes sociales y limitan el crecimiento del capital social. Y aunque este capítulo se ha centrado en las comunidades pobres, donde a menudo están más concentrados, los problemas descritos afectan a todas las comunidades.

Pero del mismo modo que hemos avanzado significativamente en nuestro conocimiento de las causas del trauma y del estrés que afectan negativamente a las comunidades, también hemos aprendido cómo podemos fomentar su bienestar. Podemos aplicar estas estrategias para restablecer la salud ecológica, social y cognitiva de nuestras comunidades, y unir estas soluciones para dar lugar a una ciudad bien temperada que mejore su ecología cognitiva y el marco de oportunidades.

11
Prosperidad, igualdad y felicidad

En 1930, John Maynard Keynes, uno de los economistas más importantes del siglo XX, escribió un artículo extraordinario, «Posibilidades económicas de nuestros nietos», en el que reflexionaba sobre cuál sería la naturaleza de la economía y la calidad de vida de la gente cien años más tarde. 2030 ya no está tan lejos, así que podemos comenzar a comprobar algunas de sus líneas maestras. A la luz de lo que ha ocurrido, parte de lo que Keynes predijo parece bastante profético, pero no fue capaz de anticipar muchas de las cosas que han sucedido a lo largo del siglo XX.

Keynes nació en 1883 en Cambridge, Inglaterra. Creció en un ambiente de rigor académico, filosofía moral y activismo social. Su padre enseñaba economía en la Cambridge University en un momento en que la economía se consideraba parte de un sistema moral más amplio que se remontaba a los primeros pensadores y escritores, incluidos el griego Aristóteles, el indio Chanakia y el chino Qin Shi Huang. La madre de Keynes, Florence, era una activista social. Después de que Keynes se graduara en Matemáticas por la Cambridge University en 1904, su trayectoria profesional transcurrió en la administración y en la academia. Para cuando escribió el citado artículo había estado pensando durante un tiempo en las consecuencias sociales de los sistemas macroeconómicos. En el artículo, escrito al comienzo de la Gran Depresión, dice así: «Estamos sufriendo en este momento un fuerte ataque de pesimismo económico. Es habitual escuchar que la época de enormes progresos económicos que caracterizaron el siglo XIX se ha acabado; que la rápida mejora del nivel de vida va a ir disminuyendo, al menos en Inglaterra; que disminuya la prosperidad es mucho más probable que no que aumente en la próxima década».[1]

Keynes intuyó que había una conexión entre el optimismo o pesimismo de una sociedad, a lo que llamó «espíritus animales», y la capacidad de esta sociedad para mejorar el bienestar de sus miembros. Ahora sabemos que una sociedad debe creer en su eficacia colectiva para prosperar de verdad, y como ciudadanos debemos creer que el sistema en el que vivimos arroja al menos un rayo de esperanza de que podemos mejorar nuestras vidas en el futuro.

Keynes veía una relación positiva entre el crecimiento, la prosperidad y la felicidad. Predijo un crecimiento económico exponencial durante el siglo siguiente, y creyó que una vez que hubiera suficientes recursos para cuidar de todos en la tierra, la riqueza se distribuiría de una forma más equitativa. Escribió: «Llegado ese momento conseguiremos liberarnos de todo tipo de costumbres sociales y prácticas económicas que afectan a la distribución de la riqueza así como de las ganancias y pérdidas económicas, que ahora mantenemos a toda costa, por desagradables e injustas que puedan ser, porque son tremendamente útiles para promover la acumulación de capital». En definitiva, Keynes imaginó un mundo en el que las personas estarían esencialmente liberadas de la necesidad económica, con sus deseos materiales satisfechos para poder disfrutar del ocio y la cultura trabajando apenas 15 horas a la semana. En un mundo así, la renta y la riqueza se distribuirían equitativamente porque, con una prosperidad generalizada, las personas no necesitarían defender sus privilegios económicos.

El mundo se ha vuelto mucho más próspero de lo que era en la década de 1930, pero todavía no hemos cambiado nuestras costumbres sociales y prácticas económicas en pos de la acumulación de capital, por lo que la distribución de la renta no es más igualitaria. En 2015, el 1 % más rico de la población mundial controlaba más riqueza que el 99 % restante. 85 multimillonarios poseían tanta riqueza como todos los que ocupan la mitad inferior de la población mundial en cuanto a rentas. El Foro Económico Mundial clasificó la desigualdad de ingre-

[1] www.gutenberg.ca/ebooks/keynes-essaysinpersuasion/keynes-essaysinpersuasion-00-h.html.

sos como la tendencia número uno a la que se enfrentaría el mundo en 2015,[2] y parece que el problema no hace más que empeorar.

La prosperidad en un futuro con recursos limitados

En la época de Keynes, la calidad de vida de un catedrático de Oxford era considerada como bastante envidiable. Sin embargo, en esta época, los profesores universitarios más distinguidos del mundo carecían de las ventajas materiales que muchas familias de clase media baja hoy consideran normales: calefacción central, aire acondicionado, lavadora y secadora eléctricas, televisor, ordenador, móvil, varios coches, servicio de paquetería urgente y una amplia gama de tecnologías como Internet, wifi, TAC y cirugía laparoscópica.

Keynes pensó que un mayor Producto Interior Bruto (PIB), que mide el valor de la producción económica de una ciudad o un país, conduciría inevitablemente a una mayor felicidad y a menos horas de trabajo. Por desgracia, estaba equivocado. De 1970 a 2015, la superficie media de la casa en Estados Unidos se duplicó, al igual que el número de coches, y el número de televisores se ha triplicado, ¡todo esto mientras que el número de ocupantes por hogar se reducía a la mitad! Sin embargo, a pesar de todos estos signos externos de prosperidad, los estadounidenses trabajan más tiempo, con más dedicación y tienen menor seguridad en el empleo. Tampoco los ricos están exentos de tensiones profesionales: por primera vez en la historia, los que más ganan ahora trabajan más horas a la semana que la gente de clase trabajadora. La producción y el consumo elevados no han resultado ser el camino hacia la felicidad.

Al comienzo de la historia económica, nuestra economía global estaba directamente relacionada con los frutos de la tierra. La civilización fue impulsada por lo que cultivábamos, los animales que criábamos y un poco también por el agua y el viento. Las estimaciones del PIB mundial muestran pequeñas subidas en los Imperios griego, romano y bizantino, pero básicamente un crecimiento sorprendentemente modesto hasta 1780. Durante este primer período hubo gran-

---

[2] www.pewresearch.org/fact-tank/2015/01/21/inequality-is-at-top-of-the-agenda-as-global-elites-gather-in-davos.

des diferencias de riqueza entre los terratenientes y los siervos que trabajaban sus tierras, y solo había un pequeño grupo de clase media entre ambos. Curiosamente, desde el final del Imperio romano hasta 1820, la India y China produjeron más del 50 % del PIB mundial.[3]

Entonces, ¿qué pasó en 1780? Todo cambió gracias a la notable mejora de la máquina de vapor que realizó James Watt en 1777. Hasta entonces, las economías del mundo se propulsaban principalmente con la energía de lo que se cosechaba. Las máquinas de vapor de Watt funcionaban con carbón, energía concentrada almacenada millones de años atrás. El carbón fue seguido por el petróleo, más eficiente, y la invención de motores y generadores de gasolina. El mayor retorno energético de estas nuevas formas de energía desató la Revolución Industrial y, con ella, la urbanización del mundo.

En los casi dos siglos transcurridos entre 1780 y 1970, la relación entre el PIB y la cantidad de toneladas de recursos naturales extraídos se mantuvo bastante constante: se consumieron unos 2.000 millones de toneladas de recursos por cada billón de dólares del PIB. En 1900, por ejemplo, el PIB global fue de unos tres billones de dólares y se extrajeron o cosecharon unos seis billones de toneladas de materias primas. En 1970, el PIB mundial había crecido a doce billones de dólares y se extraían aproximadamente 25 billones de toneladas de materias primas. Durante estos dos siglos, la mayoría de los países desarrollados del mundo vieron crecer a una gran clase media bastante acomodada.

En 1970, el mundo abandonó el patrón oro y el dinero pasó a estar menos vinculado directamente a la producción. De repente se hizo más fácil ganar dinero a partir del dinero que a partir de los productos industriales. Los modelos simulados basados en programas de ordenador muestran que, en tales circunstancias, la gente con más dinero al inicio de una generación obtendría una cantidad de riqueza desproporcionadamente mayor al final de esa generación, y eso fue exactamente lo que ocurrió. Un resultado del nuevo sistema económico fue el aumento de la desigualdad económica, de modo que, mientras que Keynes había previsto que el crecimiento económico produciría una distribución más equitativa de la riqueza y del bienestar, en la mayoría de las sociedades su distribución real se ha vuelto cada vez más desigual. Keynes no previó ni la aparición de una

[3] www.ritholtz.com/blog/2010/08/history-of-world-gdp.

clase media en el mundo en vías de desarrollo ni el declive de la clase media en el mundo desarrollado. Y ahora estamos descubriendo que la distribución del bienestar tampoco corre pareja con la distribución de la riqueza en el mundo.

Bienestar y riqueza

En 2013, Unicef publicó un informe que comparaba el bienestar de los niños en 29 de los países más avanzados del mundo. El informe recopilaba datos sobre salud, seguridad, educación, factores de comportamiento, entornos de vida, bienestar material y encuestas subjetivas de nivel de «satisfacción con la vida» de los propios niños. Estados Unidos ocupaba los peores puestos en casi todas las categorías, el lugar 26 de los 29 países, solo por delante de Lituania, Letonia y Rumanía.[4] De algún modo, existe una gran desconexión entre la prosperidad de Estados Unidos y el bienestar de sus familias. De acuerdo con la visión económica tradicional, el crecimiento y la productividad que mide el PIB son marcadores clave del éxito de una sociedad. El informe de bienestar de Unicef pone de manifiesto lo incompleta que es esta visión convencional. Las ciudades y los países con cada vez más ingresos se han enfrentado a la paradoja del crecimiento infeliz, donde el aumento del PIB per cápita no significa un aumento del bienestar.

Las primeras ciudades parece que fueron bastante igualitarias. Engong Ismael, un antropólogo balinés, lo describe como un sistema horizontal de castas con papeles claramente definidos, donde se respeta a cada miembro por su contribución a la salud de la comunidad. Sin embargo, a medida que las culturas urbanas evolucionaron se volvieron más jerárquicas. La mayoría de los grandes monumentos del pasado fueron construidos por esclavos o trabajadores forzados. A medida que una ciudad crecía y se volvía más próspera, y se percibía que la distancia entre los más ricos y los más pobres era demasiado grande, la cohesión social de la ciudad se resentía. En los casos de los Imperios maya y ruso, cuando unas condiciones medioambientales estresantes se acompañaban de un bajo sentimiento de lo colectivo, de «lo nuestro», disminuía el bienestar social, e incluso los imperios llegaron a colapsar.

[4] www.unicef-irc.org/publications/pdf/rc11_eng.pdf.

La gente se traslada a las ciudades en busca de oportunidades y con la esperanza de mejorar sus vidas, para no quedarse sumidos en la pobreza. La pobreza es extraordinariamente debilitante y su persistencia limita la capacidad de una ciudad para prosperar. Uno de los objetivos de cualquier ciudad bien temperada debe ser brindar la oportunidad a todos sus habitantes de reducir su sufrimiento y mejorar su bienestar. La prosperidad material no conduce necesariamente a la felicidad, pero la pobreza extrema ciertamente hace que las personas sean más infelices, a menos que crean que existe un camino hacia una vida mejor. Como hemos visto, algunos aspectos de la pobreza tienen un efecto negativo contagioso en la vida de una ciudad, aspectos que incluyen el estrés tóxico, el trastorno de estrés postraumático, las viviendas inadecuadas o inseguras, el desempleo y la educación de baja calidad que no ofrece a la gente la oportunidad de competir con éxito en el siglo XXI. Aumentar los ingresos de un hogar pobre es un primer paso esencial para mejorar los factores que contribuyen al bienestar, como lo es la vivienda, la salud y la educación.

La urbanización está profundamente relacionada con el desarrollo económico. Durante buena parte del siglo XX, las ciudades se correlacionaban con la riqueza. Los países con mayores ingresos per cápita fueron los más urbanizados.[5] Sin embargo, para un número creciente de ciudades en el mundo en vías de desarrollo, la urbanización no necesariamente corre en paralelo al crecimiento económico, ni al aumento de la riqueza individual. Las guerras civiles, la violencia tribal y religiosa, la pobreza rural y el cambio climático están detrás de las 200.000 personas de todo el mundo que cada día se trasladan a las ciudades, y si la ciudad a la que llegan no tiene las estructuras económicas, tecnológicas, políticas y sociales necesarias para crear comunidades de oportunidad para estos migrantes y refugiados, esa ciudad crecerá en número, pero no en prosperidad o bienestar.

Tras la II Guerra Mundial, el Banco Mundial dedicó una gran cantidad de esfuerzos al desarrollo económico de las ciudades con el fin de superar los efectos negativos de la pobreza. En muchos casos, sus esfuerzos produjeron resultados económicos positivos. Sin embargo, muchas de las personas que viven en las ciudades hoy en día no son

[5] Satterthwaite, David, «The Scale of Urban Change Worldwide 1950-2000 and Its Underpinnings», International Institute for Environment and Development, 2005.

más felices. Las complejidades y la incertidumbre del mundo moderno son estresantes y difíciles de sortear. Ni siquiera los ricos se han vuelto más felices por el desarrollo económico. Aunque el dinero es esencial para prosperar, también hay muchos otros elementos importantes para la felicidad. Pero hasta hace poco, sabíamos más sobre cómo desarrollar ciudades prósperas que sobre cómo desarrollar personas felices.

En 1974, el profesor de la University of Southern California Richard Easterlin publicó un documento innovador, «The Economics of Happiness» [«La economía de la felicidad»],[6] un artículo que analizaba la felicidad comparativa de los países. Easterlin sostenía que un aumento de la renta aumenta la felicidad de las personas en los países pobres, pero que la prosperidad de las naciones aumenta solo hasta cierto punto, más allá del cual mayores ingresos ya no hacen más felices a la gente. Este fenómeno se conoce como «la paradoja de Easterlin». No cabe duda de que muchas causas directas de sufrimiento entre los pobres se alivian con un aumento en sus ingresos, pero también queda claro que los ingresos no son el único motor de la felicidad.

En un estudio de 2009 sobre 450.000 estadounidenses, los economistas Angus Deaton y Daniel Kahneman descubrieron que para ellos la felicidad parecía equivaler a unos ingresos familiares de unos 75.000 dólares. Mayores ingresos, incluso muy superiores, no parecían hacer que la gente fuera mucho más feliz. Curiosamente, el límite de 75.000 dólares no tenía nada que ver con el coste de la vida; la gente era igual de feliz ganando 75.000 dólares en ciudades caras como Nueva York que en otras más baratas. Una razón de ello podría ser que, aunque el coste de la vivienda es más elevado en las ciudades más grandes, el del transporte y los alimentos es menor, y tienen una oferta mucho mayor de bienes y servicios. De hecho, a medida que el tamaño de una ciudad se duplica, el número de cosas para comprar aumenta un 20 % y su coste disminuye un 4,2 %.[7]

No obstante, existe una razón más profunda. La felicidad está ligada a lo que Deaton llama «experiencias sociales emocionalmente enriquecedoras». Según Kahneman: «Lo mejor que le puede ocurrir a la gente es pasar tiempo con otras personas que le gustan. Así es cuando

[6] www-bcf.usc.edu/~easterl/papers/Happiness.pdf.
[7] www.citylab.com/life/2015/06/why-groceries-cost-less-in-big-cities/394904.

son más felices».[8] Cómo pasamos el tiempo también es un componente crítico de nuestra sensación de bienestar. En otro estudio, Kahneman y sus colegas rastrearon cómo pasaba la gente su día al pedirles que grabaran lo que estaban haciendo en intervalos de quince minutos y los evaluaran. Caminar, hacer el amor, hacer ejercicio, jugar y leer se identificaron como sus actividades más placenteras. ¿Y sus actividades menos felices? El trabajo, los desplazamientos de casa al trabajo y del trabajo a casa, el cuidado de los niños y el tiempo que pasan delante del ordenador personal. ¿Cuánta gente realmente disfruta de revisar, de vuelta a casa, interminables correos electrónicos?[9]

Este estudio no debe confundirnos sobre el valor del trabajo. El trabajo puede ser muy gratificante e importante, y también puede proporcionar relaciones sociales ricas. El trabajo es un elemento clave del bienestar. Las personas en paro o con malos trabajos son estadísticamente más propensas a morir más jóvenes y a tener un peor estado de salud. Las personas que pierden su puesto de trabajo a una edad madura, y tienen dificultades para encontrar otro, presentan más probabilidades de deprimirse, y un riesgo dos o tres veces mayor de ataque cardíaco y accidente cerebrovascular en los diez años siguientes.[10] Así que uno de los principales retos de las ciudades del siglo XXI es desarrollar economías que generen puestos de trabajo estimulantes y productivos para todos sus habitantes.

En el pasado, a menudo teníamos el mismo trabajo de por vida, ya fuera como pastor, como artesano en un gremio medieval o como empleado de una gran empresa. Hoy en día, una persona en Estados Unidos habrá tenido once trabajos antes de cumplir los cuarenta. Esto subraya la necesidad de adquirir muchas habilidades diferentes más allá de las meramente técnicas. El trabajo satisfactorio a menudo requiere no solo un alto nivel de educación, sino la inteligencia emocional y social necesaria para trabajar con éxito en equipo. Esta gama más amplia de habilidades será esencial en un mundo donde la programación informática puede convertirse en el trabajo más básico, como en su momento lo fue el empleo en una fábrica. A medida que en el mundo entero la agricultura se vuelve cada vez más industrializada, la población rural acude en masa a las ciudades en busca

[8] gmj.gallup.com/content/150671/happiness-is-love-and-75k.aspx.
[9] www.sciencemag.org/content/306/5702/1776.full.
[10] www.ncbi.nlm.nih.gov/pmc/articles/PMC1351254.

de trabajo. Sin embargo, con los robots sustituyendo a las personas en las fábricas, es probable que en el futuro haya menos puestos de trabajo para quien no tenga educación.

Entonces, ¿cuál es el futuro laboral en nuestras ciudades? Keynes predijo que la automatización conduciría a más ocio, pero lograr eso requiere una mayor distribución de los beneficios económicos de lo que permite nuestro sistema económico. En lugar de la visión de Keynes, nos enfrentamos a menos oportunidades, no solo para los que no tienen educación, sino también para quienes la han recibido pero no están bien adaptados a las cambiantes condiciones de trabajo actuales. Los desempleados y los empleados con contratos precarios tienden a no ser felices, por lo que este es un problema que debemos abordar con un plan bien pensado, o socavará las bases de nuestro contrato social.

En 2005, cuando Gallup comenzó a sondear a personas de casi todos los países del mundo para medir su bienestar, les preguntó sobre su situación laboral, sobre su confianza en el gobierno, sobre la calidad de la educación pública, sobre seguridad alimentaria y otras preguntas más. También se les pidió que describieran sus vidas como prósperas, precarias o penosas. Resultó que la respuesta a esa pregunta es un indicador clave de la estabilidad social de una sociedad.

En el período de 2005 a 2010, el PIB de Túnez aumentó en un notable 26,1 %,[11] y en Egipto en un impresionante 53,4 %.[12] Sin embargo, las encuestas de Gallup también mostraban algo más: en 2005, el 25 % de los tunecinos se consideraron prósperos, pero en 2010, a pesar del gran salto en el PIB, la proporción de tunecinos que dijeron lo mismo había bajado hasta un 14 %. Las cifras fueron incluso peores para Egipto: en 2005, el 26 % de los egipcios se describieron como prósperos, pero en 2010 ese porcentaje había disminuido a más de la mitad, al 12 %.[13] Una razón clave de estas caídas fue que el crecimiento vino acompañado de una enorme corrupción, de modo que sus beneficios no se distribuían de forma equitativa. Por ejemplo, un

[11] www.gfmag.com/gdp-data-country-reports/158-tunisia-gdp-country-report.html#axzz2YBUSAgM0.

[12] www.gfmag.com/gdp-data-country-reports/280-egypt-gdp-country-report.html#axzz2YBUSAgM0.

[13] www.gallup.com/poll/145883/Egyptians-Tunisians-Wellbeing-Plummets-Despite-GDP-Gains.aspx.

estudio reciente ha demostrado que, en Túnez, el 22 % de todas las ganancias empresariales durante ese período se dieron en compañías propiedad de familiares del presidente del país. Por tanto, quizás no deberíamos sorprendernos tanto de las protestas masivas acaecidas en estos países en el otoño e invierno de 2011-2012.

Sidi Bouzid es una ciudad del centro de Túnez de tan solo 39.000 habitantes a unos 250 km al sur de la capital de este pequeño país del norte de África. El Foro Económico Mundial clasifica a Túnez como el país más competitivo desde el punto de vista económico de África, y está por delante de los europeos Portugal y Grecia. La economía de Túnez juega un papel de puente entre la Unión Europea y los países árabes del norte de África. Desafortunadamente, poco de los beneficios del comercio mediterráneo de las ciudades portuarias del país llega a los habitantes del interior como los de Sidi Bouzid. Esta desventaja geográfica ha llevado a una tasa de desempleo del 41 % en la ciudad, y a la tasa de pobreza más alta en el país, casi el doble de la media nacional. Para empeorar las cosas, en Sidi Bouzid la corrupción es endémica, afectando negativamente a sus pequeños empresarios y comerciantes.

Sidi Bouzid no era candidata a atraer la atención de todo el mundo, pero el 17 de diciembre de 2010 sucedió algo que conmovió al mundo: Mohamed Bouazizi se inmoló en ella.

A los 26 años, Mohamed había trabajado vendiendo verduras en el mercado local para mantener a su madre, a su tío y a sus hermanos, y para pagar los estudios universitarios de una de sus hermanas. Cada día Mohamed tiraba de su carro por las calles de la ciudad hasta el mercado, y de vuelta lo traía cargado de mercancías. Su sueño era poder ahorrar lo suficiente como para comprarse una pequeña furgoneta que le permitiera ampliar su negocio a la distribución mayorista de alimentos, el siguiente paso en su escala profesional.

El 17 de diciembre, Mohamed pidió prestados 200 dólares a un prestamista y compró un lote de frutas y verduras. Una policía, que iba en busca de un soborno, confiscó su carro, la báscula y las mercancías por carecer de licencia, y le puso una multa de diez dinares. Como más tarde informó Rania Abouzeid en la revista *Time*: «No era la primera vez que sucedía, pero fue la última. No satisfecho con aceptar la multa de diez dinares (unos siete dólares, el equivalente a las ganancias de un buen día), que Bouazizi intentó pagar, la mujer presuntamente abofeteó al escuálido joven, le escupió en la cara e insultó a su padre muerto. Humillado y abatido, Bouazizi fue a la sede provincial con la esperanza de quejarse ante los funcionarios municipales, quienes se negaron a atenderlo. A las 11:30 h de la mañana, menos de una hora después del enfrentamiento con la policía y sin decir nada a su familia, Bouazizi regresó al elegante edificio blanco de dos plantas con postigos azules, se roció de gasolina y se prendió fuego».[14]

La acción de Mohamed Bouazizi incendió el país con manifestaciones de jóvenes frustrados por la opresión policial, la falta de oportunidades para prosperar, la corrupción y la creciente brecha entre los ricos y los pobres. Veintiocho días después, en enero de 2011, el presidente de Túnez, Zine El Abidine Ben Ali, renunció a su cargo. Unas semanas más tarde, la llama encendida en Túnez se había extendido al país más poblado del mundo árabe: Egipto.

El 25 de enero de 2011, una pequeña multitud se reunió frente a la confitería Hayiss, en Boulaq, uno de los asentamientos informales que habían crecido en la periferia de El Cairo en la década de 1970. Los egipcios llamaban a estas comunidades *ashwaiyyat*, o lugares fortuitos. Los primeros ocupantes ilegales que se trasladaron a Boulaq trabajaban en una planta embotelladora cercana de Coca-Cola, en una fábrica de cigarrillos y en el ferrocarril del Alto Egipto. En la década de 1990, el barrio se había convertido en una comunidad próspera y densa con edificios de cinco plantas de ladrillo, tiendas y pequeñas fábricas.[15] Al igual que las *banlieues* parisinas y las favelas de Río de Janeiro, Boulaq no se sitúa lejos de los barrios más ricos, y sin embargo está aislado del resto de la ciudad, en este caso por tres líneas férreas, el canal al-Zumor y una valla alta. Solo dos pasarelas peatonales y unas paradas de autobús conectan a la comunidad con el resto de la ciudad. La única presencia del gobierno eran las visitas ocasionales de la policía que hostigaba a los habitantes de Boulaq.

A finales de la década de 1990 y principios de la de 2000, Egipto se vio abrumado por las mismas megatendencias que afectaban a gran parte del resto del mundo: un crecimiento demográfico explosivo, una rápida urbanización y, en el Oriente Medio, un aumento de la

[14] www.time.com/time/magazine/article/0,9171,2044723,00.html.

[15] Saunders, Doug, *Arrival City: How the Largest Migration in History Is Reshaping Our World*, Vintage, Nueva York, 2012, págs. 328-332 (versión castellana: *Ciudad de llegada: la última migración y el mundo del futuro*, Debate, Barcelona, 2014).

violencia. Durante décadas, el gobierno había vivido de los ingresos del petróleo y del gas, de la recaudación del Canal de Suez y de la ayuda extranjera de la Unión Soviética y Estados Unidos, que competían por la lealtad del país. Con la caída de la Unión Soviética y de los precios del petróleo, el presidente Hosni Mubarak ya no disponía de suficientes ingresos. En lugar de poner orden en la economía y hacerla crecer, o de gravar con más impuestos a sus amigos ricos, Mubarak recortó los fondos y los servicios de lugares como Boulaq, de modo que no se llegó a construir una escuela secundaria pública en Boulaq, ni un solo centro de salud, a pesar de que la población del barrio era de medio millón de habitantes. Los Hermanos Musulmanes y su red de organizaciones benéficas islámicas llenaron estas carencias proporcionando educación y centros de salud, y ayudando a los habitantes a construir una red informal de alcantarillado.

Irónicamente, el 25 de enero, un día festivo en honor a la policía, el pequeño grupo de manifestantes reunidos ante la confitería Hayiss empezó a cruzar las pasarelas peatonales de Boulaq en dirección a la plaza Tahrir de El Cairo. El primer grupo de manifestantes resistió a la policía hasta que otros se unieron a ellos. Al atardecer, 50.000 manifestantes ocuparon la plaza Tahrir. Al final de la semana, millones de personas ocupaban la plaza y, 18 días después, el presidente Mubarak dimitió.

Las rebeliones siguieron en Libia, Baréin, Siria y Yemen, pero el fermento social no se limitó solo al norte de África y Oriente Medio. En el verano de 2011 estallaron disturbios en Londres. Curiosamente, no tuvieron lugar en las zonas más pobres de la ciudad, sino en sus extremos, entre barrios de clase media baja y media, donde las barreras invisibles de la sociedad británica son un obstáculo a la movilidad social. A estos disturbios siguieron manifestaciones en Tel Aviv y Jerusalén, donde los manifestantes protestaban contra la falta de vivienda, de puestos de trabajo y de oportunidades, así como contra la corrupción generalizada. El 17 de septiembre de 2011, el movimiento Occupy Wall Street se manifestó bajo el lema de la desigualdad en el corazón del distrito financiero de Estados Unidos, planteando una pregunta fundamental: ¿es justa la enorme diferencia de ingresos entre el 1 % de los ricos de Estados Unidos y el resto? Aunque los manifestantes no proponían una solución, el movimiento Occupy Wall Street se extendió a más de un centenar de ciudades de Estados Unidos.

Las protestas por la desigualdad se extendieron por todo el mundo. En 2013, la creciente preocupación por la contaminación y los barrios tóxicos en China estalló en forma de enormes manifestaciones callejeras en Pekín, Kunming, Ningbo, Dalian, Qidong (justo al norte de Shanghái) y Guangzhou. Al mismo tiempo, estallaron protestas en São Paulo, encabezadas por trabajadores que sentían que la enorme inversión del país en las instalaciones de los próximos Juegos Olímpicos y los campeonatos mundiales de fútbol había elevado sus impuestos y el precio de los billetes de autobús sin reportarles ningún beneficio. En septiembre de 2014, 100.000 manifestantes cerraron el centro de Hong Kong y reclamaron su derecho a la democracia. Y en Ferguson (Misuri) la muerte a tiros de Michael Brown, un joven negro, a manos de Darren Wilson, un policía blanco, desencadenó tensas manifestaciones que se extendieron por todo el país.

Todas estas protestas arrancaron en una u otra ciudad y no nacieron en los barrios más pobres de la ciudad, sino en los barrios de aquellos que sentían que habían sido injustamente privados de oportunidades, fuera por la corrupción, la discriminación racial u otras barreras estructurales de sus sistemas políticos y de sus economías. El historiador sobre temas militares Elihu Rose (mi tío) señaló que casi todas las revoluciones comienzan con una demanda válida que no es escuchada. Esas protestas se hacen violentas solo después de haber intentado otras vías y de comprobar que el sistema no responde. Cada una de estas oleadas de protestas tomó por sorpresa a sus respectivos gobiernos. ¿Cómo puede ser que un gobierno o una institución global no tenga ni idea de que se avecina una revuelta? Porque no miran los datos que hay que mirar. En Oriente Medio, el PIB estaba aumentando y los gobiernos creían que un mayor crecimiento era suficiente para alcanzar la felicidad, pero estaban equivocados.

La paradoja del crecimiento sin felicidad

Durante la mayor parte de la historia de la humanidad, los gobiernos no han medido su PIB. La idea fue desarrollada por el economista Simon Kuznets, quien la presentó en un informe de 1934 al Congreso de Estados Unidos sobre la economía y la crisis. El primero en advertir que el PIB no mide la felicidad fue el propio Kuznets, quien incluyó en su informe una advertencia profética sobre los riesgos de los indicadores únicos, y la necesidad de comprender mejor la distribución de la renta: «El bienestar económico no puede medirse adecuadamente a menos que se conozca la distribución de los ingresos entre las personas, y ninguna medida de la renta se propone estimar también el reverso de la renta; es decir, el grado de esfuerzo, y sus aspectos desagradables, que se emplea en la tarea de obtener ingresos. Por tanto, el bienestar de una nación apenas puede inferirse a partir de una simple medida de la renta del país tal como la he definido más arriba.[16]

Kuznets hizo una observación interesante: que no solo la suma de los ingresos, sino cómo se distribuyen resulta fundamental para calibrar la felicidad de un país. Esta observación quedó sepultada bajo el cálculo del PIB durante 75 años, pero después de la crisis financiera global de 2008 muchos se encontraron ante la realidad de que el crecimiento a cualquier coste no contribuía a que la gente fuera mucho más feliz.

Los investigadores del Brookings Institution Carol Graham y Eduardo Lora han estudiado la relación que existe entre el crecimiento y la felicidad en todo el mundo durante más de una década. Sus conclusiones no solo apoyan la idea de que la prosperidad y la felicidad de un país no están directamente relacionadas, sino que unos niveles de crecimiento altos parecen contribuir a que la gente sea menos feliz. En palabras de Graham: «El rápido crecimiento económico normalmente conlleva una mayor inestabilidad y desigualdad, y eso hace que la gente se sienta desdichada».[17]

El trabajo más reciente de Graham relaciona la felicidad en un momento determinado con la creencia de que existen oportunidades de mejorar nuestro futuro o el de nuestros hijos.[18] Quienes sienten que el futuro puede ser mejor no solo son más felices, sino que están mucho más dispuestos a trabajar intensamente e invertir en su educación y en la de sus hijos. Quienes creen que sus oportunidades son limitadas suelen estar separados del resto del mundo por barreras

---

[16] Kuznets, Simon, «National Income, 1929-1932», 73.ª Congreso de Estados Unidos, segunda sesión, documento del Senado núm. 124, 1934, págs. 5-7.

[17] www.brookings.edu/research/articles/2010/01/03-happiness-graham.

[18] Graham, Carol, *The Pursuit of Happiness in the U.S.: Inequality in Agency, Optimism, and Life Chances*, Brookings Institution Press, Washington, 2011.

físicas, sociales, educativas y raciales, y están menos predispuestos a invertir en el futuro. Incluso si aspiran a un futuro mejor, su carga adicional de estrés tóxico, EAI y toxinas ambientales hace que les sea extremadamente difícil de lograr. ¿Recuerdan la pintura con plomo entre la que creció Freddie Gray en Baltimore? Si las cosas hubieran sido de diferente manera, Freddie y su hermana Fredericka podrían haberse convertido en científicos, trabajadores sociales o líderes de la comunidad, y la ciudad habría mejorado con ello.

En 1911, George W. F. McMechen, un abogado formado en la Yale University, se trasladó al próspero barrio de Mount Royal en Baltimore. McMechen era un claro representante de las aspiraciones de la comunidad de Mount Royal en cuanto a educación, trabajo, dignidad o liderazgo, todas a excepción de una: su piel era negra. En respuesta a su llegada, los vecinos de McMechen redactaron una ley que imponía el *apartheid* en la ciudad. Cínicamente diseñada para pasar el trámite legal bajo la cláusula de igual protección de la Decimocuarta Enmienda a la Constitución, establecía que los negros no podían trasladarse a una manzana cuya población fuera más de la mitad de raza blanca, ni los blancos a una cuya población fuera más de la mitad de raza negra. Llamada «la idea de Baltimore», la ley se extendió a todas las ciudades del sur o próximas a él, y pronto fue adoptada por Birmingham, St. Louis, Winston-Salem, Roanoke, Louisville y otras muchas ciudades, que aún hoy todavía luchan contra el legado de aquella decisión.

Desde la fundación de Estados Unidos, la propiedad de la vivienda ha sido una forma de generar riqueza para las familias y de transmitirla a las generaciones siguientes, una vía de la que se excluía a los afroamericanos por «las ideas de Baltimore», que pasaron a formar parte de la normativa del país gracias a las leyes hipotecarias de la Administración Federal de la Vivienda (FHA) en la década de 1930. Privados de una importante oportunidad de generar riqueza, los afroamericanos vieron cómo se ampliaba la distancia entre ellos y las familias blancas, de modo que, en 1992, año en que nació Freddie Gray, generaciones de sus antepasados sabían que sus oportunidades eran limitadas. Con poca fe en un futuro mejor, se desconectaron de la educación y del trabajo. Cuando la policía hostiga a los jóvenes afroamericanos, los insulta con epítetos raciales, los arresta por delitos menores y los encarcela, se está cimentando la muerte de sus aspiraciones. Por desgracia, la política de «ventanas rotas», que sí reduce el desorden, cuando está mal dirigida, puede tener el efecto contrapuesto de reducir la eficiencia social.

Aunque el entorno ha sido históricamente hostil a los afroamericanos, no están solos en su pesimismo, al menos en Estados Unidos, donde el 62 % de sus habitantes, independientemente de su raza o etnia, piensan que sus hijos vivirán peor que ellos. El trabajo de Graham muestra que la cohorte menos optimista de la población del país, los blancos pobres y con poca educación, tiene una esperanza de vida en declive, mientras que los negros y los hispanos pobres son más optimistas sobre su futuro y su esperanza de vida está aumentando.[19] En cambio, los latinoamericanos son mucho más optimistas sobre su futuro; solo el 8 % de los chilenos piensa que sus hijos vivirán en peores condiciones. Incluso en Brasil, que ha estado sufriendo el estancamiento de su economía, el 72 % de las personas piensa que su futuro será mejor.[20]

Las ciudades son hervideros de oportunidad, pero su felicidad total depende del grado en que esas oportunidades se abran a todos sus habitantes. La gente intuye enseguida cuándo se distribuye injustamente el acceso a las oportunidades, pero también se trata de un dato que puede medirse.

La medición de la desigualdad de renta: el índice de Gini

La forma más habitual de medir la desigualdad de la renta es calcular el índice de Gini, desarrollado por el estadístico italiano Corrado Gini en 1912. Un coeficiente 0 del índice de Gini indica una sociedad con igualdad absoluta, en la que todos y cada uno de sus miembros tienen exactamente los mismos ingresos. En el extremo opuesto del espectro, un coeficiente 1 (o 100 %) de Gini representa una sociedad de desigualdad máxima, en la que una persona tiene todos los ingresos y el resto de la población no tiene nada. Las Naciones Unidas advierten de que un coeficiente de Gini superior a 0,40 aumenta el riesgo social de una sociedad.[21]

---

[19] www.brookings.edu/blogs/social-mobility-memos/posts/2016/02/10-rich-have-better-stress-than-poor-graham.

[20] www.pewglobal.org/2014/10/09/emerging-and-developing-economies-much-more-optimistic-than-rich-countries-about-the-future.

[21] www.un.org/News/briefings/docs/2005/kotharibrf050511.doc.htm.

Irónicamente, Corrado Gini no tenía interés en abordar el problema de la desigualdad; Gini era fascista y fue un temprano defensor de la eugenesia, la esterilización de cualquier grupo que ostensiblemente diluyera la pureza racial de una nación. Gini postuló que si la proporción de personas pobres respecto a las ricas fuera demasiado extrema, la tasa de natalidad más alta entre las familias pobres diluiría las virtudes genéticas de las familias ricas, llevaría al país al declive y lo haría vulnerable a invasiones. ¡Su solución para eliminar la pobreza era eliminar a los pobres!

En la actualidad, las ciudades con mayor igualdad de renta en el mundo se encuentran en el norte de Europa. Copenhague tiene un índice de Gini de 0,27, y Hamburgo y Estocolmo, de 0,34. El coeficiente de Gini en el caso de Barcelona pasó de 0,28 en 2006 a 0,33 en 2012, debido al impacto de la crisis financiera mundial que afectó más a los menos ricos. No obstante, las ciudades europeas no siempre fueron las líderes mundiales en igualdad.

La Revolución francesa de 1789 quizás estuviera dirigida por intelectuales, pero fue en su mayoría llevada a cabo por hambrientos campesinos que habían llegado a París y se habían instalado en los barrios pobres del *faubourg* de Saint-Antoine, buscando trabajo en sus tenerías y talleres. Ese barrio estaba situado junto a la prisión de la Bastilla. Al igual que los inmigrantes urbanos de hoy que ahorran para enviar dinero a las familias que han dejado atrás, vivían en barriadas hacinadas, con quince o más personas en una misma habitación. Lo que gastaban en pan constituía el 60 % de sus salarios, y aunque al parecer María Antonieta nunca dijo tal cosa, se dice que cuando le comunicaron que no había pan, ella contestó: «Pues que coman pasteles». La frase quedó como un potente símbolo de la desigualdad de renta. Cuando llegó la llamada a la revolución, todos ellos estaban muy motivados para asaltar la Bastilla.

En 1875, Berlín se convirtió en la ciudad más densamente poblada de Europa. Sus nuevos habitantes se hacinaban en *Mietskasernen*, almacenes humanos de cinco plantas de altura construidos en enormes manzanas, con poca luz, aire o saneamiento. En 1930, en la exposición «Das steinerne Berlin» [«El Berlín pétreo»], Werner Hegemann llamó a Berlín «la ciudad con más viviendas pobres del mundo». Incluso en 1962, solo el 19 % de las viviendas de las *Mietskasernen* tenía baño. Estas viviendas fueron núcleos de descontento.

No obstante, Europa emergió del colapso de sus imperios, de la industrialización brutal, de sus experimentos con el fascismo y el nazismo, y de sus dos guerras mundiales con un nuevo contrato social. Hoy sus ciudades son las más igualitarias del planeta porque sus líderes y sus gentes las han hecho intencionadamente así.

En general, cuanto más grande es una ciudad o región metropolitana, más probable es que sea desigual. Londres, la ciudad más grande del Reino Unido, contiene la mayor proporción de los más ricos y de los más pobres del país, al igual que Río de Janeiro, Bogotá y Bangkok.[22] Las ciudades menos igualitarias se encuentran en los países en vías de desarrollo. Oficialmente, las peores son Johannesburgo y Ciudad del Cabo, ambas en Sudáfrica, con coeficientes de Gini de 0,75, el legado de medio siglo de *apartheid* organizado por el Estado. Sospecho que algunas ciudades en el mundo son aún menos igualitarias, pues entre la corrupción y la mala gestión de sus datos económicos no informan con tanta precisión como lo hace Sudáfrica.

Adís Abeba, la capital de Etiopía, se sitúa ligeramente por debajo de las ciudades sudafricanas con un índice 0,61 de Gini, seguida de Bogotá, en Colombia, con un 0,59. La ciudad brasileña de Río de Janeiro, con sus famosas favelas, tiene un 0,53, y su ciudad hermana, São Paulo, un 0,50. Durante una década, China afirmaba que Pekín era una de las ciudades más equitativas del mundo con un índice de 0,22, pero después del cambio de liderazgo de 2012, reconoció que las cifras eran inexactas; el índice de Gini del país se colocó en 0,61, aunque el cálculo no parece muy transparente.[23] Todas estas ciudades con coeficientes altos tienen corrientes profundas de agitación social.

Estados Unidos posee un coeficiente global de Gini de 0,39, apenas rozando el nivel de peligrosidad, y muchas de sus ciudades no salen tan bien paradas. Nueva York y la región de Miami/Fort Lauderdale tienen índices de 0,50, el mismo que São Paulo. Nueva Orleans se acerca con un 0,49, y San Francisco, Los Ángeles y Houston son solo un poco más igualitarias, con índices de 0,48. Las diez áreas metropolitanas estadounidenses que se acercan más al nivel de igualdad de Europa son todas ciudades más pequeñas, y ninguna supera el millón de habitantes: Lancaster (Pensilvania), Salem (Oregón) y

[22] Kurtleblen, Danielle, «Large Cities Have Greater Income Inequality», *U.S. News and World Report*, 29 de abril de 2011.

[23] www.theguardian.com/world/2014/jul/28/china-more-unequal-richer.

Colorado Springs (Colorado). Ogden (Utah) tiene el coeficiente de Gini más bajo de Estados Unidos, un 0,386, aunque, para que nos hagamos una idea, es un 40 % superior al 0,26 de Helsinki. Si quieres vivir en una ciudad pero quieres disfrutar de la felicidad que proviene de la igualdad de ingresos, ¡lo mejor es irse a vivir a una de tamaño medio!

El filósofo griego Platón observó: «Si un Estado sirve para evitar [...] la desintegración civil [...], no debe permitirse que aumente ni la pobreza ni la riqueza extremas en ninguna parte del cuerpo-ciudadano, porque ambas conducen al desastre».[24]

Como vimos en los casos del colapso de las ciudades mayas, la caída de Moscú después de la hambruna de 1603, la Revolución francesa y las revoluciones en Túnez y otros países islámicos, la desigualdad socava el tejido social que mantiene unidas a las comunidades, especialmente en tiempos de tensión. Y, si no, véase la paradoja argentina. En 1913, Argentina era un país en rápido crecimiento, el décimo más próspero del mundo, y su capital, Buenos Aires, era considerada una de las ciudades más bellas del mundo. Era famosa por tener una de las mejores óperas del planeta, amplios bulevares, los edificios más altos de América del Sur y el primer sistema de metro del continente, pero las villas miseria rodeaban sus zonas industriales. Cuando la crisis global llegó a Argentina en 1930, el enorme abismo que existía entre los ricos y los pobres –su desigualdad de ingresos– se convirtió en su ruina. En respuesta a una población inquieta, un golpe militar fascista apoyado por los ricos acabó con siete décadas de democracia. Mientras tanto, la brecha entre la opulencia del centro de la ciudad y las sórdidas condiciones de vida de sus trabajadores descontentos estalló en una movilización masiva el 17 de octubre de 1945. Desde entonces, la nación se ha tambaleado entre ciclos económicos de reestructuración y de quiebra. Hoy en día, parte de su economía está en manos de los fondos buitre que compraron los bonos del Estado argentino a bajo precio.

Infraestructura

Ciudad de México ocupa el centro de la décima región metropolitana más grande del mundo que alberga a más de 21 millones de personas.

[24] *State of the World's Cities 2008–2009: Harmonious Cities*, UN-Habitat, Nairobi, 2008.

Es una metrópoli próspera, la decimosexta más próspera del mundo,[25] pero su prosperidad no está distribuida uniformemente. Muchas de las familias más prósperas de la ciudad viven y trabajan en la ciudad central segura, o en las «colonias» del noroeste, que cuentan con buenos restaurantes y tiendas de moda, a una cómoda distancia de sus actividades diarias. Solo el 30 % de los habitantes de Ciudad de México tiene coche; excepto para quienes viven en los mejores barrios, sus calles están atestadas de tráfico y contaminación. El 70 % de los habitantes que viven en la periferia de la ciudad tardan una media de tres horas al día para llegar a su puesto de trabajo en un sistema informal de «colectivos», pequeñas furgonetas y autobuses.

Al igual que muchas de las ciudades más grandes del mundo, Ciudad de México y su región metropolitana están creciendo rápidamente; pero debido a que dicho crecimiento no ha sido bien planeado, la ciudad no ha logrado equilibrar la localización de los puestos de trabajo en relación con la vivienda de una manera justa. Una de las soluciones para megaciudades grandes y extensas como Ciudad de México es desarrollar múltiples centros urbanos y conectarlos con un sistema de transporte público de gran capacidad. El plan general de Singapur de 2014 divide la ciudad Estado en seis zonas, cada una con un casco urbano denso en su centro, instalaciones de salud y educación, espacios abiertos, servicios cívicos y un magnífico sistema de transporte público que los conecta.

La infraestructura es el armazón sobre el que avanza la civilización. Proporciona las condiciones necesarias para una densidad saludable: unas buenas conexiones entre las viviendas de los trabajadores y sus puestos de trabajo, entre las empresas y los mercados, y un marco adecuado para que la información fluya. Todo ello constituye el sustrato sobre el que las comunidades desarrollan su salud y su bienestar. Las ciudades no pueden tener un futuro económico vibrante con carreteras congestionadas, aeropuertos infradimensionados, una red eléctrica frágil, conexiones lentas a Internet, sistemas antiguos de tratamiento de aguas residuales, escuelas obsoletas, así como grandes carencias en la información y en los sistemas inteligentes de gestión municipal. Casi todos estos sistemas deben rediseñarse, o al menos

[25] www.citylab.com/work/2011/09/25-most-economically-powerful-cities-world/109/#slide17.

actualizarse, para responder de una forma dinámica a los desafíos del cambio climático, el crecimiento de la población, la escasez de recursos, la ciberseguridad y otras consecuencias de las megatendencias mundiales.

Una de las primeras acciones para mejorar las oportunidades de una comunidad es proporcionarles sistemas de transporte públicos eficientes. El diseño y la construcción de nuevas infraestructuras y la reparación y puesta al día de las existentes también crean nuevos puestos de trabajo. China se ha adelantado económicamente con 25 años de importantes inversiones en infraestructura. Por el contrario, Estados Unidos ha estado invirtiendo poco en su infraestructura durante décadas. La última vez que volé a Hong Kong, partí de Detroit. ¡Qué contraste hay entre estas dos ciudades!

Una vez más: los barrios importan

La desigualdad de renta en las ciudades siempre tiene una dimensión espacial que se refleja en sus barrios más y menos prósperos. En 2010, ni un solo habitante de los tres distritos más prósperos de Londres presentó solicitud alguna de subsidio de paro, mientras que en sus barrios más pobres el 28,9 % de la población los recibió.[26] La esperanza de vida media disminuye un año por cada dos paradas al este del metro de Londres, y entre los mejores barrios y los peores varía en 20 años.[27]

En China se necesita un permiso de residencia, o *houku*, para vivir y trabajar en una ciudad. Más de 800 millones de chinos solo tienen permiso de residencia rural y, por tanto, se les niegan las oportunidades económicas de la vida en la ciudad, aunque, de todos modos, se estima que 150 millones han emigrado de forma ilegal a las ciudades. Técnicamente no son residentes; no tienen acceso a los sistemas de sanidad, educación y bienestar social públicos, ni al sistema de viviendas municipales. El resultado es que se apiñan en habitaciones y só-

[26] blog.euromonitor.com/2013/03/the-worlds-largest-cities-are-the-most-unequal.html.

[27] «Life Expectancy by Tube Station», *The Telegaph*. En: www.telegraph.co.uk/news/healh/news/9413096/Life-expectancy-by-tube-station-new-interactive-map-shows-inequality-in-the-capital.html.

tanos, y subarriendan apartamentos. Como sus hijos no pueden ir a la escuela, los padres deben dejarlos en pequeños pueblos aislados. Los padres sin *houku* trabajan largas horas con el fin de ganar el suficiente dinero para enviárselo a los abuelos que crían a sus hijos. Un informe reciente de *The Economist* estima que, en 2010, las vidas de 106 millones de niños se vieron profundamente alteradas, pues la mayoría de los que emigraron a las ciudades «dejaron atrás los niños», como dicen en China. Tong Xiao, director del Instituto para la Infancia y la Adolescencia de China, señala que el daño emocional y social «en los niños que se quedaron atrás es enorme».[28] Las consecuencias económicas de que los trabajadores urbanos tengan que mantener con sus salarios a sus padres y a sus hijos, que viven en un sistema rural en decadencia, pues no cuentan con servicios educativos, de salud y sociales en el entorno urbano emergente, no han sido abordadas. Pero no se trata solo de un problema exclusivo de China, pues casi todos los países lo padecen. El subsidio cruzado entre familias urbanas y rurales ha sido durante mucho tiempo un motor de la migración, pero ¿es esta la mejor manera de conseguirlo en el siglo XXI?

Como hemos visto en el trabajo de Robert Sampson, el efecto del barrio es extremadamente potente. Raj Chetty y Nathaniel Hendren, investigadores de la Harvard University, analizaron los datos de millones de familias para estudiar los efectos del traslado de una familia pobre a un barrio diferente. Su información provenía de Moving to Opportunity, un programa de vivienda del gobierno estadounidense de más de dos décadas que proporcionaba a las familias pobres cupones de vivienda para cubrir la diferencia entre el alquiler que podían pagar y el alquiler de mercado en el barrio al que querían mudarse. Más de cinco millones de familias recibieron estos cupones, para alentarlas a que se mudaran. Algunos se trasladaron a barrios de familias de ingresos medios mientras que otros permanecieron en los barrios pobres. Chetty y Hendren descubrieron que la probabilidad de que un niño pobre escape de la pobreza cuando sea adulto dependía en gran medida de la decisión de sus padres sobre el lugar donde criar a la familia y de la edad del niño cuando tomaron esta decisión.

[28] www.economist.com/news/briefing/21674712-children-bear-disproportionate-share-hidden-cost-chinas-growth-little-match-children.

Por ejemplo, un niño pobre nacido en Baltimore que se quedara allí ganaba un 25 % menos de adulto que otro también nacido en Baltimore pero que posteriormente se hubiese mudado a una comunidad de ingresos más variados.

Las ciudades más favorables al ascenso social comparten diversas características: escuelas primarias con notas de corte más altas, una mayor proporción de familias biparentales, mayores niveles de participación en grupos cívicos y religiosos y una mayor integración de las viviendas de las distintas clases sociales. Y cuanto antes se mudaran los niños, mejor les iba a ir de adultos desde un punto de vista económico, era menos probable que ellas se convirtieran en madres solteras y más factible que fueran a la universidad. Estas características nos indican dónde deben invertir las ciudades para crear una comunidad de oportunidades.

Curiosamente, las comunidades que proporcionaron más oportunidades a los niños pobres también ayudaban a que los más ricos obtuvieran mejores resultados. Por ejemplo, si un niño cuyos padres se encontraban en el 25 % inferior de ingresos en Manhattan se mudaba al cercano condado de Bergen, en Nueva Jersey, un barrio de rentas variadas, cuando alcanzaba la edad de 26 años, era probable que ganara un 14 % más que la media de los hijos de familias como la suya. Al mismo tiempo, para los niños cuyas familias eran de clase media alta, situados en el 75 % de ingresos, quienes vivían en el mismo condado de Bergen también tendrían un futuro mejor y ganarían un 7 % más que la media de un niño promedio con los mismos ingresos de familia. Incluso los niños que crecieron en el 1 % superior de ingresos familiares de Estados Unidos obtuvieron mejores resultados a los 26 años si vivían en el condado de Bergen con vecinos de ingresos variados. De modo que sí, el lugar importa.[29]

Existen muchos tipos de desigualdad

La disparidad de ingresos y la falta de acceso a las infraestructuras no son las únicas formas de desigualdad generalizada que afectan al

[29] www.nytimes.com/interactive/2015/05/03/upshot/the-best-and-worst-places-to-grow-up-how-your-area-compares.html?abt=0002&abg=1.

bienestar de los habitantes de las ciudades. La atención médica y la educación también se distribuyen de manera desigual. Los resultados de salud están relacionados con la efectividad de los sistemas de atención primaria del país donde se encuentran las ciudades. Tokio es considerada por muchos la ciudad más saludable del mundo; sin embargo, el coste de la atención médica por persona es solo la mitad que en Estados Unidos. Lo que hace que este logro sea aún más impresionante es el hecho de que la población de Tokio está muy envejecida. ¿Cómo es posible? Hay muchas razones, incluido el profundo compromiso de Japón con la salud de su población; un excelente sistema de transporte público que reduce la contaminación del aire, los gases de efecto invernadero y el tiempo de los recorridos; unas redes sociales fuertes y una dieta saludable a base de pescado fresco, verduras y arroz. La ciudad también está llena de templos que animan a tomarse un tiempo para reflexionar, para meditar.

A pesar de gastar dos veces más por persona en atención médica que Japón, Estados Unidos ocupa el trigésimo tercer lugar en el «Informe de resultados y costes de la atención médica» que *The Economist* publicó en 2014, la misma lista que coloca a Japón en la cúspide.[30] En comparación con países similares, la esperanza de vida en Estados Unidos es baja, y tiene índices más altos de mortalidad infantil, bajo peso al nacer, lesiones, homicidios, embarazos adolescentes, enfermedades de transmisión sexual, VIH/Sida, muertes relacionadas con el consumo de drogas, obesidad, diabetes, enfermedades cardíacas, enfermedad pulmonar crónica y tasas de discapacidad.[31] Considerando que los resultados de salud en Japón y en el resto de países de la OCDE son bastante consistentes, en Estados Unidos varían mucho, lo que indica la ausencia de un sistema que integre la vivienda, la atención médica, los servicios sociales y los sistemas alimentarios saludables, y su disponibilidad para todos sus ciudadanos.

Crear una ciudad sana es una actividad colectiva, e incluso resulta difícil que los ciudadanos más ricos estén sanos si el resto de una ciudad no funciona bien. Para que una ciudad sea saludable, debe proporcionar una infraestructura común para el abastecimien-

---

[30] www.eiu.com/Handlers/WhitepaperHandler.ashx?fi=Healthcare-outcomes-index-2014.pdf&mode=wp&campaignid=Healthoutcome2014.

[31] Bradley, Elizabeth H. y Taylor, Lauren A., *The American Health Care Paradox: Why Spending More Is Getting Us Less*, PublicAffairs, Nueva York, 2013, págs. 181-186.

to de agua, la evacuación de las aguas residuales y el saneamiento, sistemas de transporte público, y parques y espacios abiertos para todos sus ciudadanos. Debe establecer políticas para desarrollar una amplia variedad de viviendas asequibles que satisfagan la diversidad de las necesidades de sus habitantes. Debe exigir que todos los ciudadanos estén vacunados contra las enfermedades en la infancia y emprender grandes esfuerzos para evitar la propagación del VIH/Sida, la tuberculosis, del Zika, del *Staphylococcus aureus* resistente a la meticilina y de otras superbacterias resistentes a los medicamentos que se propagan rápidamente, pues la mala salud de algunos puede amenazar la salud de todos.

Igualdad en la educación

En 2011, los economistas marroquíes Benaabdelaali Wail, Hanchane Said y Kamal Abdelhak examinaron datos de 146 países con el fin de rastrear los niveles de desigualdad educativa entre 1950 y 2010, y compararlos con los índices de Gini para esos mismos países. Llegaron a la conclusión de que existía una fuerte correlación entre la igualdad en la educación y los ingresos. Señalaron que «la distribución de la educación es un elemento clave del capital humano, el crecimiento y el bienestar».[32]

La igualdad educativa tiene dos componentes principales: acceso y calidad. Para maximizar el acceso, las circunstancias de los habitantes –lugar de residencia, género, nivel socioeconómico, discapacidades– no deberían limitar su oportunidad de éxito académico. La calidad se consigue mediante un estándar de excelencia que establecen las escuelas de una ciudad y el grado en que dicha excelencia está al alcance de todos. No es de extrañar que ciudades como Singapur, Seúl y Helsinki, que se encuentran entre las mejores del mundo por educación accesible de alta calidad, también ocupen un puesto tan alto en cualquier otra categoría de bienestar.

[32] Wail, Benaabdelaali; Said, Hanchane y Abdelhak, Kamal, «Educational Inequality in the World, 1950-2010: Estimates from a New Dataset», en Bishop, John A. y Salas, Rafael (eds.), *Inequality, Mobility and Segregation: Essays in Honor of Jacques Silber, Edition: Research on Economic Inequality*, vol. 20, Emerald Group Publishing, Bingley, 2012, págs. 337-366.

En 1763, el rey Federico el Grande de Prusia desarrolló el primer gran sistema de educación pública del mundo moderno. Ordenó que todos los municipios proporcionasen y sufragasen la educación para todos los niños y niñas entre los cinco y los catorce años, educación que incluía saber leer, escribir, música, religión y ética, habilidades que se consideran esenciales para que los ciudadanos construyeran una sociedad moderna. El sistema rápidamente adoptó un excelente programa de formación y evaluación de docentes, un plan de estudios nacional y guarderías obligatorias. El segundo sistema de escuelas públicas fue desarrollado en Dinamarca en 1814. Llamado «Escuelas para la vida», combinaba habilidades académicas y de vida tales como la introspección, la cooperación y la alegría, que proporcionan las capacidades técnicas para triunfar y las habilidades reflexivas necesarias para prosperar. A medida que avanzaba el siglo xix, tanto Prusia como Dinamarca perdieron gran parte de su territorio –la reducción del territorio de un país a menudo desemboca en un declive cultural–, pero la excelencia y los valores de sus escuelas públicas proporcionaron a ambos países la capacidad cognitiva y social para adaptarse con éxito a la nueva situación. Hoy en día, Dinamarca es una de las naciones más felices del planeta y Alemania, la más próspera. Ambos países cuentan con un fuerte sistema de ayudas sociales y con políticas muy ecológicas. Su plan de estudios universal ha creado comunidades con los valores, la ética y el conocimiento compartidos, facilitando la capacidad de adaptación y el éxito.

A finales del siglo xix, Estados Unidos adoptó un sistema de educación pública diseñado para mejorar la democracia, enfocándose en la lectura, la escritura, las matemáticas, la educación cívica y la historia. Su plan de estudios de principios del siglo xx fue diseñado para capacitar a los trabajadores de cara a una economía industrial. Sin embargo, aunque los tipos de trabajos han evolucionado sustancialmente, no puede decirse lo mismo del sistema educativo. En Estados Unidos existe una desconexión entre lo que se enseña y la educación necesaria para prosperar en un mundo VUCA. Un informe del Centro para el Futuro Urbano de la City University of New York (CUNY), una universidad pública, señala que pocos de los 480.000 estudiantes a tiempo completo y a tiempo parcial de la universidad están recibiendo una educación para satisfacer las necesidades de los mayores empleadores de Nueva York. En un mundo donde los robots están asumiendo las tareas industriales más mecánicas, los trabajos emergentes del siglo xxi requieren formación en pensamiento sistémico, colaboración, análisis crítico y adaptación rápida, habilidades que no posee buena parte del profesorado estadounidense, formado en el siglo xx.

Geoff Scott, profesor emérito de la University of Western Sydney, encuestó a las empresas que empleaban a las principales profesiones de Australia para determinar qué capacidades valoraban más en los estudiantes graduados. A partir de las respuestas, Scott y su colega Michael Fullan desarrollaron una lista de las competencias necesarias para tener éxito en un mundo cada vez más volátil y complejo. Curiosamente, las empresas no buscan una experiencia laboral específica y se centran en «la actitud mental, el conjunto de valores y las capacidades personales, interpersonales y cognitivas identificadas repetidamente en las investigaciones sobre recién graduados con buenas carreras profesionales, y sobre aquellos líderes que han ayudado a crear lugares de trabajo y sociedades más armoniosos, productivos y sostenibles».[33] Estos incluyen personalidad, valores ciudadanos, colaboración, comunicación, creatividad y pensamiento crítico, cualidades que hacen que los empleados sean capaces de pensar como ciudadanos globales con una comprensión profunda de valores diversos y con un interés genuino en relacionarse con los demás para resolver problemas complejos que tienen un impacto en los seres humanos y en la sostenibilidad medioambiental.

Estos atributos, que solíamos denominar «habilidades sociales y cognitivas menores», se han convertido en las habilidades que las ciudades necesitan de sus ciudadanos y de sus líderes para prosperar. Estas son las habilidades que los niños con EAI y exposiciones tóxicas tienen dificultades para alcanzar, cualidades que los robots y los ordenadores no pueden proporcionar, y atributos necesarios para una ciudad bien temperada.

---

[33] Scott, Geoff, «Assuring the Quality of Achievement Standards in H.E.: Educating Capable Graduates Not Just for Today but for Tomorrow», University of Western Sydney, 14 de noviembre de 2014.

Nos la jugamos todos juntos

En 1972, las ciudades de Louisville (Kentucky) y Detroit (Michigan) tuvieron que afrontar sentencias similares que las obligaban a conseguir la integración racial de sus escuelas. Ambas se vieron obligadas a crear planes regionales que incluyeran tanto las escuelas de la ciudad como las de los suburbios, y a transportar a alumnos de sus barrios a escuelas de otros barrios para garantizar la integración racial. Ambas poblaciones eran 80 % blancas y 20 % negras, pero cada ciudad aplicó de forma muy diferente la sentencia. Mientras Louisville se esforzaba por cumplir la sentencia, Detroit procuró resistirse.

Ambos planes tuvieron un inicio deficiente. En Detroit, el Ku Klux Klan hizo estallar diez autobuses escolares en la ciudad suburbana de Pontiac. El juez que ordenó el transporte de los alumnos de Detroit recibió varias amenazas de muerte, sufrió dos ataques al corazón y murió antes de que su caso fuera escuchado por el Tribunal Supremo. Louisville tenía una larga historia de segregación racial; después de haber adoptado con entusiasmo «la idea de Baltimore», entró en la década de 1970 con viviendas altamente segregadas. La sentencia del tribunal que requirió que el distrito escolar de Louisville se integrara con el condado circundante de Jefferson también se encontró con protestas, pero no fueron violentas. Sin embargo, los principales miembros de las familias de élite de Louisville, incluidos los Bingham, los propietarios del periódico local, y los Brown, los dueños de la empresa más conocida de la ciudad, Brown Forman Company, defendieron la integración. Cinco años más tarde, se homenajeó con un banquete al juez que había impuesto la orden de segregación. La diferencia de resultados escolares también fue significativa: en 2011, el 62 % de los alumnos de cuarto curso de Louisville obtuvo calificaciones iguales o superiores a los niveles básicos en matemáticas, el doble que los alumnos de Detroit.

El enfoque de Detroit acabó aumentando la segregación en la ciudad. En 2006, la población de las escuelas públicas era 91 % de raza negra y solo 3 % de raza blanca, mientras que en las escuelas públicas de la ciudad rica de Grosse Pointe, que linda con Detroit, era 89 % blanca y solo 8 % negra.

Pero Detroit no fue única en esto. Para la mayoría de las ciudades estadounidenses, las órdenes de integración escolar de principios de la década de 1970 conllevaron un desplazamiento de los blancos hacia los suburbios. La disminución resultante de la población, la concentración de la pobreza y la pérdida de la base impositiva resultaron desastrosas. Pero las regiones metropolitanas están ancladas en sus ciudades centrales. Como han indicado las investigaciones de Dean Rusk, la salud de la ciudad central es clave para la de sus suburbios. Nos la jugamos todos juntos.

Louisville fue una de las pocas ciudades valientes en Estados Unidos que reconoció el problema, hecho aún más notable por ser una ciudad sureña. Al integrar sus escuelas urbanas y suburbanas, eliminó la motivación basada en el miedo como excusa para abandonar la ciudad. Esta apeló a sus habitantes para que se sintieran parte de su región. La estrategia funcionó tan bien que, en 2003, la ciudad y el condado de Jefferson fusionaron sus gobiernos en una nueva política que denominaron «Louisville Metro», que comparte no solo la educación, sino también los ingresos fiscales, las infraestructuras y las oportunidades de desarrollo económico. Esta idea de destino compartido se ha convertido en un elemento clave del atractivo del Louisville Metro.

Louisville Metro es muy diversa desde el punto de vista económico, ya que abarca desde distritos en los que más del 50 % de los habitantes viven por debajo del nivel de pobreza hasta algunos con menos del 10 %. Sin embargo, debido a que todas las escuelas funcionan bajo un sistema único, no existe correlación entre el barrio y la calidad de la escuela. De hecho, algunas de las mejores escuelas del condado de Jefferson se encuentran en los barrios más pobres, hecho que atrae a familias blancas.

Una vez integradas las escuelas de Louisville, fue mucho más fácil integrar sus barrios, utilizando programas como Moving to Opportunity, que produjo excelentes resultados cuando las familias con niños pequeños se mudaron a barrios mejores. Entre 1990 y 2010, la segregación de los barrios disminuyó un 20 %.

El resultado es que Louisville posee una fuerza de trabajo mejor preparada para el siglo XXI. Como afirmó la Cámara de Comercio en apoyo del plan de transporte escolar de Louisville, esta es «una ciudad diferente a otros lugares, donde se puede contratar a personas educadas en cualquier escuela, y estarían bien educadas y sabrían cómo trabajar en equipo».[34] Louisville intuyó lo que los datos ahora

[34] Semuels, Alana, «The City That Believed in Desegregation», *Atlantic City Blog*, 27 de marzo de 2015.

muestran claramente: cuanto más desigual es una región, peor resulta para todos, incluso para los ricos.

En estudios sobre ciudades y regiones con mercados débiles de Estados Unidos, los científicos sociales Manuel Pastor y Chris Brenner señalaron que las regiones con la mayor disparidad de ingresos en 1980 entre las ciudades centrales y los suburbios tuvieron el nivel más bajo de crecimiento laboral en la década de 1990. Pastor y Brenner concluyeron: «Este estudio indica que la equidad no es un lujo, sino quizás una necesidad. De la misma manera que la desigualdad de ingresos, la concentración de la pobreza y la segregación racial son consecuencia de una economía urbana y regional en declive, ellas también son causa del declive. Las estrategias de las ciudades con mercados débiles deberían centrarse en algunos elementos básicos –infraestructura, buen gobierno y un clima empresarial positivo–, pero también es aconsejable mantener en primer plano la búsqueda de la equidad».[35]

Felicidad

Si la riqueza y la renta fueran los principales determinantes de la felicidad, Kuwait sería la ciudad más feliz del mundo, pero, por desgracia, no lo es. Como predijo la paradoja de Easterlin, la renta no es lo único que contribuye a la felicidad, y como observó el economista Jeffrey Sachs, «necesitamos sociedades que funcionen, no solo economías que funcionen».[36]

El primer gobierno que tuvo una visión amplia de la felicidad fue el Reino de Bután. En 1972, Jigme Singye Wangchuck, coronado Rey Dragón de Bután con 16 años, propuso que el papel del gobierno no era aumentar el PIB del país, sino su felicidad. El concepto continuó siendo desarrollado por *think tanks* globales e incluso se adoptó en algunas ciudades y provincias, pero fue ignorado en su mayoría por otros países hasta que llegó la crisis financiera mundial de 2008. A medida que la marea del crecimiento financiero retrocedía rápi-

---

[35] Pastor, Manuel y Brenner, Chris, «Weak Market Cities and Regional Equity», en *Retooling for Growth: Building a 21st Century Economy in America's Older Industrial Areas*, American Assembly, Nueva York, 2008, pág. 113.

[36] Lanzamiento del Informe Mundial de la Felicidad, Columbia University, Nueva York, 24 de abril de 2015.

damente, puso al descubierto unas comunidades muy inestables. De repente, se consagró la idea de que la felicidad de una sociedad y de su gente es importante.

En 2009, Gallup Healthways inició extensas encuestas en todo el mundo para informar sobre la medida en que las comunidades prosperaban, se estancaban, o apenas sobrevivían. En 2011, Naciones Unidas emitió su Informe sobre la Felicidad Mundial y comenzó a organizar conferencias bianuales sobre el tema, que fueron publicadas en informes actualizados. Al mismo tiempo, la Organización para la Cooperación y el Desarrollo Económico (OCDE), una ONG integrada por los 34 países más prósperos del mundo, propuso su Índice para una Vida Mejor. En la búsqueda de un propio sello en materia de bienestar, Francia contrató a los destacados economistas Joseph Stiglitz, Amartya Sen y Jean-Paul Fitoussi para desarrollar también un índice de bienestar. El Informe Stiglitz señalaba una desconexión entre la buena salud de un país y su PIB. Por ejemplo, desde 1960, la esperanza de vida en Francia había crecido respecto a la de Estados Unidos, mientras que su PIB se había ido reduciendo respecto al del país americano.[37]

Cada índice tiene un enfoque ligeramente diferente, pero todos comparten algunas características comunes: reconocen la importancia de los ingresos familiares, la salud, la educación, el buen gobierno, unas redes sociales vibrantes y un medio ambiente saludable. Bután agrega a esta lista el bienestar psicológico, la vitalidad de la comunidad, la diversidad y resiliencia cultural, y el uso del tiempo. La OCDE añade el equilibrio entre el trabajo y la vida (otra forma de expresar el uso del tiempo), la seguridad y el compromiso cívico. El Informe sobre la Felicidad Mundial de la ONU se centra en la confianza mutua, la generosidad y la libertad para elegir la propia forma de vida. Esta lista continuará creciendo y refinándose a medida que la ciencia de la felicidad se vuelva más sofisticada e integre la neurociencia, la economía del comportamiento, la sociología, la salud pública y el uso de la informática en las ciudades para definir y medir las comunidades sanas.

---

[37] Informe de la Comisión para la Medición del Rendimiento Económico y el Progreso Social. Joseph E. Stiglitz, decano, Columbia University; Amartya Sen, consejero del decano, Harvard University; Jean-Paul Fitoussi, coordinador de la comisión, IEP, 2011, pág. 45.

La matriz prosperidad/bienestar/igualdad

Parece que las mejores ciudades del mundo equilibran la prosperidad, la igualdad y la felicidad para crear bienestar. Pero ¿cómo podemos saber si una ciudad está haciendo un buen trabajo intentando equilibrar estos tres atributos de una población próspera? Si bien hay amplios datos sobre ingresos, sobre su distribución y sobre la riqueza de los hogares, y un conjunto cada vez mayor de información sobre el bienestar, pocos enfoques combinan estos datos para proporcionar una evaluación integrada del progreso de una ciudad.

Mi colega Will Goodman y yo nos dispusimos a confrontar esta carencia. Comenzamos analizando los indicadores de prosperidad y bienestar de las cien áreas metropolitanas más grandes de Estados Unidos, y a continuación sintetizamos los resultados. A esto añadimos el índice de Gini de cada ciudad para así poder desarrollar una matriz de prosperidad, bienestar e igualdad.[38] Las diez áreas metropolitanas más importantes de Estados Unidos en materia de prosperidad, bienestar e igualdad son:

1. San José/Sunnyvale/Santa Clara (California)
2. Washington/Arlington/Alexandria (Distrito de Columbia-Virginia-Maryland-Virginia Occidental)
3. Des Moines/West Des Moines (Iowa)
4. Lancaster (Pensilvania)
5. Honolulú (Hawái)
6. Madison (Wisconsin)
7. Salt Lake City (Utah)
8. Mineápolis/St. Paul/Bloomington (Minnesota-Wisconsin)

[38] Para medir la prosperidad del área metropolitana, utilizamos los datos del Departamento de Comercio de la Oficina de Análisis Económico de Estados Unidos de 2011 sobre el PIB real per cápita. Para medir el bienestar del área metropolitana, utilizamos los datos de las encuestas Gallup-Healthways de 2011 para su índice de bienestar de Estados Unidos. La metodología de Gallup-Healthways incluye datos de encuestas en seis «campos» clave: evaluación de la vida, salud emocional, salud física, comportamiento saludable, entorno de trabajo y acceso básico. Gallup-Healthways combina los resultados en cada una de estas áreas para alcanzar una puntuación total del índice de bienestar para cada área metropolitana.

9. Ogden/Clearfield (Utah)
10. Seattle/Tacoma/Bellevue (Washington)[39]

Nótese que estas son comunidades de tamaño medio, aunque Lancaster es bastante pequeño. Tienen excelentes escuelas, universidades y sistemas de salud, y economías estables y en crecimiento. En todo el mundo, las grandes ciudades son a menudo las más prósperas; las medianas, las más felices.

El ámbito cívico

Las ciudades más perdurables tienen presente, activan y mantienen un extraordinario ámbito cívico. Nos inspiramos en bibliotecas públicas que contienen cantidades enormes de conocimiento; museos que recuerdan el pasado y lo conectan con el futuro; auditorios y teatros que nos permiten parar y sumergirnos profundamente en el lenguaje de la música, la danza y el teatro; parques que aúnan la humanidad y la naturaleza; y estadios deportivos para entusiasmarnos. En conjunto, con inversiones en transporte, vivienda, salud y educación, estas instituciones de excelencia y la infraestructura de oportunidades convierten las ciudades buenas en ciudades extraordinarias.

Jaime Lerner, el visionario alcalde de la ciudad brasileña de Curitiba, dijo que la transformación de la ciudad se consiguió mediante una «acupuntura urbana» en sus puntos básicos. Curitiba, capital del estado de Paraná, tiene una población de unos 1,5 millones de habitantes. En su primer mandato, mientras el resto del mundo destrozaba sus ciudades para que cupieran más coches, Lerner comenzó a cerrar al tráfico las principales vías y a desarrollar una ciudad orientada a los peatones. Creó una red de transporte público integrada con un billete único, cuyo precio no dependía del tiempo del trayecto, para reducir el coste del transporte de quienes vivían en las afueras de la ciudad.

Más tarde, Lerner actualizó la calificación urbanística de Curitiba para unir desarrollo y transporte, requiriendo una densidad más alta cerca de las líneas de transporte y una menor lejos de ellas. Al

[39] Para ver la lista completa de la matriz de prosperidad, bienestar e igualdad, véase: www.rosecompanies.com/Prosperity_wellbeing_Zscore.pdf.

carecer del dinero para construir un extenso sistema de metro, Curitiba creó el primer sistema de transporte público del mundo a base de buses rápidos en 1974.[40] Para mejorar la educación, la ciudad desarrolló los «faros del conocimiento», centros públicos con biblioteca, acceso a Internet y programación cultural ubicados junto a los nodos de transporte para facilitar su uso. En la década de 1980, los cursos de capacitación laboral y los servicios sociales también se ubicaron cerca de medios de transporte. De 1970 a 2010, la población de Curitiba se cuadruplicó, pero su espacio verde aumentó aún más, creciendo de un metro cuadrado por persona a 52. Y el sistema de parques de la ciudad ha sido muy eficaz en la prevención de inundaciones cuando caen lluvias torrenciales.

El programa «basura que no es basura» de Curitiba recoge y recicla más del 70 % de sus desechos y utiliza el dinero de la venta de materiales reciclables para servicios sociales. A los recicladores se les paga por la basura con cupones de transporte, lo que permite ahorrar dinero al Ayuntamiento y a ellos ampliar su posibilidades de trabajo y de acceso a la educación. Una universidad abierta, financiada por el programa de reciclaje, proporciona formación laboral a precios muy asequibles. Los buses urbanos en desuso se utilizan como aulas móviles y oficinas de servicios. El programa de desarrollo económico de Curitiba también distribuye amplias oportunidades. Al igual que la mayoría de las ciudades del mundo en vías de desarrollo, Curitiba está rodeada de barrios marginales con muy pocos servicios, y pretende fomentar la creación de pequeñas empresas en estas comunidades. Empresas ubicadas en comunidades pobres cuentan con el apoyo de Crafts Lycée para fomentar la educación financiera y empresarial.

Como resultado de estos esfuerzos, Curitiba no es la ciudad más rica del mundo, pero sí una candidata a ser la más feliz. El 99 % de sus habitantes dijeron ser felices en 2009, y en 2010 la ciudad recibió el Premio Ciudad Sostenible del Planeta. El alcalde Lerner dice: «Creo que cierta "magia" medicinal puede y debe aplicarse a las ciudades, ya que muchas están enfermas y otras casi en estado terminal. Al

---

[40] Bus Rapid Transit (BRT) incluye tanto buses como trenes. Circulan por una vía exclusiva, se detienen en las paradas y rápidamente cargan y descargan pasajeros por unas amplias puertas laterales. Sin embargo, puesto que la vía simplemente es un carril reservado, BRT es mucho más barato de construir y de operar que las líneas de tren, y mucho más flexible.

igual que en medicina es necesaria una buena relación entre médico y paciente, en la planificación urbana también es necesario hacer que la ciudad interaccione, que el impulso de una zona sirva no solo para curarse, sino para crear reacciones en cadena positivas. En las intervenciones revitalizantes es indispensable conseguir que el organismo funcione de un modo diferente».[41] La magia de Curitiba proviene de la creencia de que «nosotros» debemos prosperar para que «yo» prospere. Jaime Lerner entendió la verdad fundamental de que la felicidad y el bienestar son una experiencia colectiva, y que de esta manera logran una ciudad mejor.

Hacia el propósito de las ciudades

Nuestro sistema económico actual se basa en premisas defectuosas: que los mercados son eficientes y que la eficiencia en sí misma producirá una sociedad mejor. La eficiencia es una característica importante de los sistemas complicados y lineales, pero menos de los complejos. Por desgracia, en la segunda mitad del siglo XX, los economistas hicieron de la eficiencia el valor más importante, alabando la destrucción creativa y el dominio del mercado. El mercado eficiente agrava la desigualdad, aquello que dijo Oscar Wilde sobre el precio de todo y de nada. Wynton Marsalis dijo: «La razón de que las cosas se desmoronen es porque la gente crea las cosas para uno mismo en lugar de pensar en el todo».

Sin embargo, las sociedades humanas y las ciudades son sistemas complejos, no meramente complicados, y los sistemas complejos tienen una función y un propósito. El objetivo de las ciudades y de las sociedades es el bienestar, no la eficiencia.

Los sistemas complicados pueden maximizarse. Los sistemas complejos prosperan cuando están optimizados. Una ciudad se optimiza cuando todos sus componentes prosperan: la ecología donde se ubica, el metabolismo que la sustenta, la región que la contiene y sus gentes y empresas. Para lograr esto, los líderes de la ciudad deben centrarse en optimizar el todo, no las partes.

[41] Lerner, Jaime, *Urban Acupuncture*, Island Press, Washington, 2014 (versión castellana: *Acupuntura urbana*, IAAC, Barcelona, 2005).

Prosperar en el siglo XXI requiere un cambio cultural que pase de una visión del mundo individualista y maximizadora a otra ecológica, reconociendo que nuestro bienestar se deriva de la salud del sistema, no solo del núcleo. Esta nueva visión se actualiza a medida que una ciudad define su propósito como el bienestar de su totalidad. Entonces, el sistema de forma natural querrá igualar su paisaje de oportunidades así como la distribución de la salud y el bienestar. Al buscar la totalidad, la ciudad comienza a adaptarse de forma más natural al mundo VUCA.

Financiar la ciudad bien temperada

Muchos países tienen la capacidad financiera para construir ciudades más temperadas. Con un interés de los bonos federales a treinta años del 2,62 % en la primavera de 2016, Estados Unidos podría separar en su presupuesto un presupuesto operativo, y pedir prestado, no para cubrir su déficit, sino para invertir en nuevas escuelas, carreteras y sistemas de transporte público, sistemas de energía inteligente y renovable, sistemas circulares de abastecimiento de agua y evacuación de aguas residuales, sistemas operativos de ciudades inteligentes, viviendas asequibles, centros de salud comunitarios, parques y espacios abiertos, y el resto de componentes de las comunidades de oportunidad. Crearía millones de puestos de trabajo locales y el armazón para el bienestar futuro, al tiempo que reduciría su huella medioambiental. Y si el país invirtiera su presupuesto operativo interno en soluciones demostradas para los problemas de salud, educación y accidentes, podría preparar mejor a sus gentes para que prosperasen en el siglo XXI. Sus criterios de inversión deberían estar determinados por los criterios con que se construyen los índices regionales de bienestar, ya que es más probable que estos reflejen las necesidades de las comunidades, y que no estén distorsionados por los *lobbies* económicos que presionan al gobierno.

Las inversiones en infraestructuras, desarrollo humano y la restauración de la naturaleza harán que los países sean mucho más resilientes a las megatendencias de la era VUCA. Sus ciudades serán refugios de prosperidad, igualdad y bienestar. Lo único que falta es la voluntad para hacerlo, y para eso se requiere compasión.

Parte quinta
Compasión

El quinto aspecto de la ciudad bien temperada es la compasión, el deseo de aliviar el sufrimiento de los seres vivos. La compasión armoniza a los humanos y a la naturaleza en un marco que da sentido a los actos humanos. A nivel físico, esta armonía aumenta la capacidad de recuperación de las ciudades al integrar la tecnología y la naturaleza urbanas. A nivel operativo, aumenta la resiliencia de las ciudades al mejorar su capacidad de adaptación, de modo que puedan evolucionar en equilibrio dinámico con las megatendencias, y centrarse en su objetivo principal: el bienestar de los sistemas humanos y naturales. A nivel social, un temperamento compasivo proporciona valores y significados comunes, elementos clave del altruismo y de la resiliencia cultural. Y a nivel espiritual, mejora el sentimiento de compartir un objetivo común para la ciudad, dando lugar a una visión integrada, global, que genera resiliencia, salud y el más profundo bienestar. La compasión proporciona la voluntad de imaginar y crear un futuro mejor para todos.

Vivimos en un mundo competitivo y agresivo. Toda ciudad exitosa debe tener sistemas para protegerse de las amenazas. Tener poder político y económico son condiciones previas para una ciudad próspera, y dado que las ciudades no existen en el vacío, deben formar parte de países fuertes que les brinden, entre otras cosas, un sistema de defensa, un estado de derecho, una protección de la propiedad intelectual, un gobierno transparente libre de corrupción y la preservación de los derechos individuales y colectivos. Sin embargo, si bien esta protección es necesaria, no es suficiente. Las ciudades también deben aumentar su capacidad de compasión. Al entretejer protección y compasión, las ciudades pueden hacer que el concepto de «más fuerte» se sustituya por el de «mejor capacidad de adaptación».

El altruismo como factor de protección

Cuando se produce el contagio de una misma enfermedad, ¿por qué algunos enferman y otros no? Las personas disponen de un abanico de factores de protección. Cuando los individuos, las familias y las comunidades se exponen a circunstancias traumáticas, a riesgos, los factores de protección son condiciones o atributos que aumentan la probabilidad de obtener resultados positivos y reducen la vulnerabilidad.

Los factores de protección pueden encontrarse en nuestro ADN. Algunas personas, por ejemplo, nacen con una menor propensión al alcoholismo que otras. Los factores de protección pueden mejorarse mediante inoculaciones, como las vacunas contra el sarampión y las paperas. Las ecologías cognitivas positivas son protectoras y proporcionan una base estable y resistente que ayuda a los niños a lidiar con el estrés. Y el altruismo, la preocupación desinteresada por el bienestar de los demás, es un factor protector. Las personas altruistas son más felices, más flexibles, y tienen menos probabilidades de enfermar. Los barrios altruistas poseen redes sociales más fuertes y son más resilientes frente al estrés. Las ciudades imbuidas de altruismo tienen más confianza, son inclusivas y tolerantes, poseen redes de voluntarios más fuertes y diversas, están en mejores condiciones para planificar su futuro, y pueden dar los pasos necesarios para llevar a cabo esos planes de una manera efectiva. El altruismo infunde a los individuos un sentimiento de objetivo común superior a ellos mismos. Cuando el altruismo colectivo reúne a una población en torno a un propósito compartido, la ciudad camina hacia la armonía.

Una visión con intención

Jane Chermayeff dedicó gran parte de su vida a asesorar museos y parques científicos para niños. A menudo decía que si uno quiere hacer que una gran ciudad sea verdaderamente grande, debe estar diseñada pensando en los niños. Esto puede parecer simplón, pero ¿qué sucedería si una ciudad defendiera esta idea en cada proyecto, departamento y plan?

Por ejemplo, una ciudad que realmente se adaptara a las necesidades de los niños sería una ciudad en la que estos vivirían seguros, y esto requeriría calles seguras con zonas protegidas para que pudieran ir al colegio a pie o en bicicleta, y también pasear y jugar en su barrio. Significaría que ningún niño viviría con el temor de ser atropellado, y los padres los sentirían libres de la amenaza de las drogas. Imaginad una ciudad en la que florecen las oportunidades cognitivas, en la que no existe violencia doméstica, ni abuso de los niños, ni negligencia hacia ellos ni cualquier otra experiencia adversa en la niñez. Para lograr eso, una ciudad necesitaría viviendas asequibles, atención médica y servicios sociales, y tendría que erradicar los efectos epigenéticos de la pobreza endémica.

Para que todos los niños tengan la misma oportunidad de prosperar, una ciudad necesitaría un sistema educativo ejemplar, con escuelas modernas, ecológicas y llenas de luz, a poca distancia a pie de las viviendas, y que brindara una educación excelente, sin importar el nivel de ingresos de las familias. Sus maestros recibirían sueldos respetables y formación continuada, y ellos también deberían vivir en hogares seguros y confortables, con guarderías para sus hijos y el apoyo necesario a sus familias.

Para que los niños prosperen, sus familias también deben poder prosperar. Para ello la ciudad debe ser una fuente de oportunidades para todos –para el inmigrante, el inventor, el informático y el cardiólogo– de manera que cada cual pueda lograr su máximo potencial. Una ciudad puede conseguir estos objetivos si dispone de una buena fiscalidad, con un sistema de impuestos equitativos y suficientes para cubrir sus necesidades. A medida que tiramos del hilo del bienestar de los niños, nos damos cuenta de que, para conseguirlo, la ciudad debe centrarse en lograr el bienestar de todos.

¿Qué sucedería si a los objetivos de la ciudad añadiéramos el del cuidado de la naturaleza, restaurando humedales en los bordes de los ríos e introduciendo elementos de la naturaleza en sus calles? Las redes de parques, los árboles, las cubiertas ajardinadas y los huertos comunitarios mejorarían su biodiversidad, y proporcionarían alimento a las aves y a otros polinizadores. Se restaurarían los ríos y se protegerían los bosques y la campiña de la región.

Una ciudad puede elegir un conjunto ambicioso de objetivos compasivos con los seres humanos y la naturaleza, y lograr un excelente resultado al llevarlos a cabo. Mientras esos objetivos tengan intenciones profundamente altruistas y la ciudad se comprometa a que estas intenciones influyan profundamente en cada decisión, cada proyecto y cada acción que lleve a cabo, estos objetivos se convertirán en las reglas que permitan una evolución continuada de la ciudad hacia la armonía, tanto humana como del medio natural. El altruismo será su mayor factor de protección, y la compasión, su origen.

12
Entrelazamiento

La ciudad en forma

Kenneth Burke, uno de los teóricos literarios estadounidenses más importantes del siglo XX, escribió que «la gente puede estar en baja forma estando en forma de un modo inadecuado».[1]

El estado actual de muchas de nuestras ciudades es un estar en forma inadecuado. Pueden estar suficientemente adaptadas para experimentar un crecimiento a corto plazo, pero carecen de la capacidad de adaptación para prosperar en el entorno de alto estrés con que nos amenaza el futuro. Están en forma para no estar en forma. Y esto ocurre porque no han entendido su verdadero objetivo.

Volvamos a lo que dijo Donella Meadows: «A menudo la parte menos obvia de un sistema –a saber, su función u objetivo– es el determinante más crucial de su comportamiento».[2]

Desde el surgimiento de Uruk, la primera ciudad conocida del mundo, el objetivo de las ciudades ha sido proteger y garantizar la prosperidad de sus habitantes, supervisar la distribución justa de los recursos y las oportunidades, y mantener la armonía entre los sistemas humanos y naturales. En esta época de volatilidad, complejidad y ambigüedad crecientes, la ciudad bien temperada posee

[1] Burke, Kenneth, *Permanence and Change*, University of California Press, Berkeley/Los Ángeles, 1935 (tercera edición de 1984, pág. 10).

[2] Meadows, Donella H., *Thinking in Systems: A Primer* (editado por Diana Wright, del Sustainability Institute), Chelsea Green Publishing, White River Junction, 2008, pág. 17.

sistemas para ayudarla a evolucionar hacia un temperamento más ponderado que equilibre la prosperidad y el bienestar con la eficiencia y la equidad, de modo que se reponga continuamente su capital social y natural. Tener un objetivo ambicioso la ayudará a mantener el curso deseado.

El primer factor que hay que atender para que esté bien temperada, la coherencia, se desarrolla a partir de una visión omnipresente: indicadores de salud de la comunidad que reflejan esta visión, y un sistema dinámico de planificación, gobierno y retroalimentación para que la ciudad camine hacia sus metas. El segundo, la circularidad, requiere una infraestructura adaptable, a escalas múltiples e interconectada. La tercera faceta de la ciudad bien temperada, la resiliencia, surge de la integración en la ciudad de las ecologías técnicas y naturales. El cuarto aspecto del temperamento, la comunidad, requiere una base estable compuesta por una ecología cognitiva sana, acompañada de oportunidades equitativamente distribuidas. Y el último aspecto, la compasión, requiere un profundo sentido altruista. En conjunto, estas cualidades crean una ciudad que va adaptándose continuamente en la era VUCA mediante la integración de la escala propia del individuo a la escala de la región metropolitana, mientras avanza cada vez más hacia sus objetivos altruistas. Sus habitantes encajan perfectamente en el buen estado de forma del conjunto, de la totalidad.

Wolf Singer, director del Instituto Max-Planck para la Investigación del Cerebro de Fráncfort, observó que un cerebro sano no coordina sus diferentes funciones mediante un control centralizado, sino mediante lo que él llama «unión por sincronía», en la que los diversos sistemas de la mente comparten una longitud de onda común y sus mensajes son de coordinación, hablando y escuchándose mutuamente todo el tiempo. La bondad, la belleza, la verdad, la dignidad y la compasión comparten la característica cognitiva de su coherencia neurológica, unida por la sincronía. Cuando la mente está empapada de estas cualidades, nos sentimos más profundos, más vivos y más completos.[3]

Las ciudades saludables también están sujetas a una sincronía en la que individuos, organizaciones, grupos vecinales, empresas y de-

[3] Changeaux, Jean Pierre P.; Damasio, Antonio y Singer, Wolf (eds.), *The Neurobiology of Human Values*, Springer-Verlag, Berlín/Heidelberg, 2005.

partamentos municipales perciben continuamente el entorno más amplio en el que están inmersos y van adaptándose a él de manera independiente, realizando ajustes y mejorando su rendimiento de forma individualizada, pero coherente; cuando se conectan mediante la sincronía de la bondad, la belleza, la verdad, la dignidad y la compasión, también se convierten en un todo.

Componer armonía

Johann Sebastian Bach escribió el segundo libro de *El clave bien temperado* en 1742, cuando Europa atravesaba la enorme transición cultural que la llevaría desde la Reforma a la Ilustración. La Ilustración condujo al racionalismo científico, liberando a Europa de siglos de dogma religioso. Este nuevo pensamiento dio lugar a las revoluciones americana y francesa, así como a la Revolución Industrial. Lo sagrado y lo secular comenzaron a divergir. La filosofía y la ciencia cambiaron el foco de atención del cosmos al individuo, de lo sagrado a lo humano, de lo complejo a lo complicado. Sin embargo, Bach nunca dudó, y sus mejores obras nos afectan profundamente hasta el día de hoy porque integran el genio armónico con una profunda aspiración espiritual, cualidades que fueron separadas en la Ilustración.

En 1747, tres años antes de su muerte, Johann Sebastian Bach fue invitado por su hijo Carl Philipp Emanuel Bach a visitar la corte del rey Federico el Grande, donde el joven Bach ocupaba el puesto de clavecinista. Federico el Grande era poderoso, sádico, difícil de caracterizar; era una serie de contrarios: liberalizador y déspota, conquistó implacablemente Polonia, pero también creó el primer sistema de educación pública del mundo; amaba la naturaleza, pero drenó pantanos para crear nuevas tierras de cultivo, diezmando la biodiversidad del área. Creía en el poder de la ciencia y desdeñaba la idea de la moral universal. Le encantaba la nueva música moderna de su época, que entretenía y deleitaba los sentidos, y no tenía ningún interés en la creencia de Bach de que el universo era un todo sagrado impregnado de amor.

Así que el rey Federico se dispuso a incomodar a Johann Sebastian Bach, conocido por entonces como «el viejo Bach». Antes de la llegada del gran compositor a su palacio, el rey, un flautista aficionado, compuso (seguramente con ayuda del hijo de Bach) un tema de 21 notas titulado *Tema real*, cuidadosamente ideado para ser imposible de armonizar bajo las estrictas reglas de composición de la época. En cuanto Johann Sebastian Bach llegó de su agotador viaje de varios días en diligencia, sin siquiera haber tenido la oportunidad de descansar o de darse un baño, el rey Federico lo llevó a visitar su colección de quince clavecines, un instrumento de transición entre el clavicémbalo y el piano, y después, frente a un público de músicos profesionales, el rey desafió al viejo Bach a crear una fuga en tres partes que armonizara con las tres armonías del *Tema real* y a hacerlo allí mismo.

El viejo Bach se sentó ante uno de los clavecines e improvisó una magnífica pieza de música que incorporaba el *Tema real* doce veces en 17 minutos. Incapaz de armonizar el tema directamente, creó tres variaciones que armonizaban entre sí y las entrelazó en un extraordinario tapiz musical. La música voló airosa y cada nota variaba de forma independiente, pero en perfecta relación con el resto. El público estaba asombrado. Bach había creado un todo a partir del desorden.

Molesto, el rey Federico se recompuso y exigió que Bach creara una armonía de seis partes, algo que nunca se había hecho hasta entonces. El viejo Bach dijo que esto le tomaría algo más de tiempo. Pocas semanas después de regresar a su casa, Bach le entregó una composición que integraba seis fugas del *Tema real* y que tituló *Una ofrenda musical*. Esta fue la respuesta de Bach a la pregunta de si la armonía tenía límites: un extraordinario testimonio de la capacidad humana para crear una armonía magnífica más allá del dualismo entre lo sagrado y lo profano.[4]

El racionalismo científico que tanto admiraba Federico el Grande promovió importantes cambios tecnológicos. Durante los siglos siguientes se produjeron un extraordinario aumento de la prosperidad de la humanidad y una enorme destrucción medioambiental. Estas tecnologías se han utilizado tanto para salvar vidas como para acabar con ellas.

La tecnología ha producido ciudades que hubieran sido inimaginables en la época de Bach, hasta llegar a las megaciudades actuales. Sin embargo, la esencia de los seres humanos y del mundo natural

[4] La historia del rey Federico, Bach y *Una ofrenda musical* aparece descrita en: Gaines, James R., *Evening in the Palace of Reason: Bach Meets Frederick the Great in the Age of Enlightenment*, Harper Perennial, Nueva York, 2006.

no ha cambiado; aún sentimos una gran serenidad y alegría cuando nuestras mentes disfrutan con la sincronía de la música, la belleza, la verdad, la dignidad, el amor y la compasión. Nuestras ciudades actuales contienen muchos de los logros tecnológicos que hubieran complacido a Federico el Grande, pero poca de la armonía que buscaban Bach y los primeros fundadores de las ciudades.

El objetivo de nuestras ciudades debe ser integrar la ciencia a la que aspiraba la Ilustración con la armonía de Bach para así componer la armonía de su gente, sus vecindarios y la naturaleza.

El gran terremoto de Lisboa

Ocho años después del encuentro de Bach con Federico el Grande, otro evento sacudió las bases de la religión en Europa, acelerando la Ilustración y dando lugar a la primera reconstrucción urbana de la época. El Día de Todos los Santos, el 1 de noviembre de 1755, un gran terremoto sacudió Lisboa, seguido por un poderoso tsunami 40 minutos más tarde, a los que siguieron cinco días de un poderoso incendio. El 85 % de los edificios de la ciudad, incluidas casi todas las iglesias, cayeron a tierra, se quemaron o fueron destruidos por las olas. Las extraordinarias colecciones de arte de Lisboa, sus bibliotecas y los registros de sus extensas colonias desaparecieron. El palacio real de Ribeira, sentado a horcajadas sobre el río Tajo, se derrumbó y fue inundado a continuación por las enormes olas del tsunami; su biblioteca real de 70.000 volúmenes quedó destruida. Los cuadros de Tiziano, Rubens y Correggio desaparecieron para siempre. La nueva ópera de Lisboa se incendió. Se estima que murieron 25.000 personas, una décima parte de la población de la ciudad. El único barrio que se salvó por completo fue el de las prostitutas.

El gran terremoto de Lisboa sacudió la fe de los fieles. ¿Cómo podía una tragedia de tamañas proporciones tener lugar en un día tan sagrado? ¿Cómo podían las iglesias, las casas de Dios, ser destruidas y sus ocupantes aplastados mientras se salvaban los prostíbulos de la ciudad?

¿Qué papel tenía Dios en los asuntos de los humanos y las formas de la naturaleza? ¿Era esta una expresión de la ira de Dios contra la Inquisición o una señal de su ausencia?

Intelectuales de toda Europa aprovecharon el acontecimiento para desarrollar la filosofía de la Ilustración y la ciencia de los fenómenos naturales. Immanuel Kant escribió tres textos sobre el tema y propuso lo que se convertiría en la ciencia de la sismología. Jean-Jacques Rousseau llegó a la conclusión de que las ciudades estaban demasiado pobladas y propuso que la gente tuviera una vida más pastoral. El terremoto provocó que Voltaire escribiera su sátira *Cándido*, que se burlaba de la Iglesia y de la idea de que el mundo estaba dirigido por una deidad benevolente. La muy utilizada metáfora de unos «sólidos fundamentos filosóficos» fue sustituida por el concepto de que las certezas eran, en realidad, inciertas. La Ilustración sustituyó lo absoluto por el relativismo.

Un mes después del desastre, el rey José I, que se libró del derrumbe de su palacio porque su hija había insistido en que la familia abandonara la ciudad para ir al campo después de la misa de madrugada, se reunió con el ingeniero jefe del reino, Manuel da Maia. Da Maia presentó al rey cinco planes para la reconstrucción de la ciudad, desde utilizar los escombros para reconstruirla hasta destruir los restos y reconstruir la ciudad en un lugar diferente, y «tender calles sin restricciones».[5] El rey eligió reconstruirla en el lugar donde había existido durante mucho tiempo. La Lisboa reconstruida se convirtió en la primera ciudad moderna de Europa, con grandes plazas, amplias avenidas y edificios diseñados para resistir los terremotos. El plan de Da Maia estipuló que todas las manzanas de un barrio se construyeran como un proyecto único, permitiendo que elementos de los edificios, como ventanas y puertas, se fabricaran en serie, lo que promovió un nuevo igualitarismo: los ricos ya no podían distinguirse por sus palacios individualizados y ornamentados. La reconstrucción de Lisboa dio origen al urbanismo moderno, que integraba tanto la resistencia física como la resiliencia ante desastres futuros.

El terremoto también dio lugar a un enorme cambio en las formas de tratar con grandes poblaciones traumatizadas. La primera respuesta del gobierno fue llamar al ejército y ahorcar a los saqueadores, pero el secretario de Estado de Portugal, Sebastião Carvalho, se dio

[5] Shrady, Nicholas, *The Last Day: Wrath, Ruin, and Reason in the Great Lisbon Earthquake of 1755*, Penguin, Nueva York, 2008, págs. 152-155.

cuenta de la necesidad de unir a los lisboetas en lugar de reprimirlos, preguntándoles para saber su punto de vista acerca del terremoto. En el proceso descubrió que el terremoto se había desplazado por oleadas hacia el este, sentando así las bases de la ciencia sísmica. Expulsó a los poderosos jesuitas, que habían echado la culpa del terremoto a la pecaminosidad de los lisboetas, afirmando que no tenía sentido reconstruir una ciudad tan malvada.

Carvalho aprovechó la oportunidad para romper las barreras institucionales de las viejas jerarquías y abrir las compuertas del potencial humano. Despojó de poder a la Iglesia y a las poderosas familias que habían intrigado en la corte, y que continuamente competían por conseguir más privilegios. Ordenó la construcción de 800 escuelas públicas de primaria y secundaria. Añadió las matemáticas, las ciencias naturales y los filósofos de la Ilustración al plan de estudios de la Universidade de Coimbra, y construyó un jardín botánico y un observatorio astronómico. Su objetivo era crear *novos homens* [nuevos hombres] libres de prejuicios fundamentalistas, educados en las últimas teorías científicas, filosóficas y sociales. El poder central del rey se fortaleció, ampliando su apoyo entre la cada vez más poderosa clase empresarial. La reconstrucción de Lisboa, con calles simétricas que irradian desde las plazas, manzanas estandarizadas y un sentido general de armonía se convirtió en un modelo para el gran plan de Haussmann para París y para otras ciudades que siguieron su ejemplo.

El poder de la confianza

Para abordar las megatendencias del siglo XXI, las ciudades necesitan todas las soluciones descritas en este libro: planes regionales inteligentes y dinámicos, sistemas circulares de abastecimiento de agua y de alcantarillado, microrredes que suministren energías renovables, sistemas alimentarios regionales, sistemas de transporte multimodal, sistemas naturales y tecnológicos integrados, biodiversidad, edificios ecológicos y consumo colaborativo. Necesitan viviendas asequibles y sistemas de salud, de educación y de capacitación laboral. Para informar e inspirar a sus ciudadanos, requieren museos, bibliotecas, teatros, polos artísticos y de creatividad. Para su buen funcionamiento, necesitan gobiernos integradores, transparentes, eficientes y libres de corrupción, cuyo progreso se demuestre con resultados palpables e intercambien lecciones y buenas prácticas con otras ciudades. Requieren gobernar lo suficiente para proteger a los seres humanos y a la naturaleza, pero con una mano lo bastante liviana para que prosperen la innovación y el emprendimiento. Y necesitan una cultura generalizada de la compasión, centrada en los barrios, con lugares de culto, de reflexión y retiro, realzada por la eficacia colectiva de emprendedores sociales con y sin ánimo de lucro, financiados mediante bonos de impacto social que representen el valor futuro de una sociedad saludable y proporcionen en el presente los fondos para que así sea, todo ello inspirado por un liderazgo desinteresado. Este es el *meh* del siglo XXI, y solo puede desarrollarse en el terreno de la confianza.

Cuando los huracanes Katrina y Rita golpearon Nueva Orleans, los saqueos y la violencia aumentaron. Cuando los aviones del 11-S destruyeron el World Trade Center, los neoyorquinos respondieron con una increíble efusión de compasión, hermandad y coraje. Rebecca Solnit, autora de *A Paradise Built in Hell*,[6] describe cómo la gente a menudo se une para cuidar a los demás tras un desastre. Después del terremoto de San Francisco y el posterior incendio de 1906, la gente instaló espontáneamente cocinas para alimentar a las personas sin hogar y tiendas de campaña para alojarlas. Nos explica: «Cada participante es a la vez dador y receptor en actos de cuidado mutuo que los unen [...]; es la reciprocidad, una red de personas que cooperan para satisfacer las necesidades y deseos de los demás».[7]

Esta capacidad humana innata para ayudarse mutuamente fue descrita por el economista, geólogo y revolucionario ruso Piotr Kropotkin en su libro de 1902 *El apoyo mutuo: un factor de evolución*.[8] Tenía razón, la ciencia ahora lo deja claro: cuando se produce un estrés evolutivo, cabe una pequeña posibilidad de que las personas egoístas funcionen mejor siendo egoístas, pero hay una posibilidad mucho mayor si las personas altruistas cooperan, pues entonces superarán colectivamente a los egoístas. Las ganancias del altruismo exceden a las del egoísmo.

---

[6] Solnit, Rebecca, *A Paradise Built in Hell*, Penguin, Nueva York, 2009.

[7] Ibíd., pág. 86.

[8] Kropotkin, Piotr, *El apoyo mutuo: un factor de evolución* (1902), Pepitas de Calabaza, Logroño, 2016.

La tendencia colectiva a ser altruista en una crisis surge solo en una sociedad con un alto grado de confianza mutua, y demasiados barrios de nuestras ciudades han perdido esa capacidad. Cuando una ciudad vive en la ignorancia, intolerancia, el fundamentalismo, el egoísmo y la arrogancia, deja de estar sana. Su malestar se solidifica en los muros del racismo, que desconectan a las personas de las oportunidades potenciales, y se convierte en un fundamentalismo que reprime la libertad de expresión de las personas de una comunidad, en un egoísmo que distorsiona la distribución de las oportunidades, un miedo que corroe su ecología cognitiva y una ignorancia que mina la aparición de la sabiduría.

Estas condiciones crean una ciudad enferma, y una ciudad así nunca puede adaptarse a la inestabilidad creada por las megatendencias del siglo XXI.

La base de una ciudad sana comienza con un sentimiento de eficacia colectiva y de orden en el barrio. Los habitantes de una ciudad deben confiar en que, individual y colectivamente, pueden progresar y deben percibir palpablemente que los resultados de su eficacia colectiva constituyen un orden.

Para generar confianza, una ciudad debe asegurarse de que su paisaje de potencialidad no esté dividido por montañas de injusticia. Si se percibe que las oportunidades se distribuyen equitativamente, la gente crecerá hacia esas oportunidades de la misma manera que los árboles lo hacen hacia la luz.

En ciudades de todo el mundo, los movimientos de protesta surgen tras décadas de oportunidades frustradas. En Estados Unidos, el movimiento Black Lives Matter [La vida de los negros importa] es un legado de «la idea de Baltimore» y su hijastro: las normas restrictivas de la Administración Federal de Vivienda (FHA) que impiden a las familias negras acumular capital inmobiliario durante generaciones. Como hemos visto en el caso de la ciudad de Louisville, dichas barreras pueden superarse. El futuro de los niños de un país no tiene por qué venir determinado por el código postal en el que crecen. Sabemos cómo disolver las barreras estructurales a las oportunidades de la vivienda, la educación, la salud y el transporte, y mientras lo hacemos, las ciudades crean una gran confianza entre su población. Esa confianza es el sustrato a partir del cual crece la capacidad de adaptación.

Impacto colectivo

El segundo factor necesario para generar una aptitud altruista es la eficiencia colectiva.

El aristócrata y pensador político francés Alexis de Tocqueville llegó a Estados Unidos en 1831 con el encargo de estudiar sus prisiones. De hecho, su objetivo real era más ambicioso: observar la sociedad estadounidense de primera mano. Su libro clásico, *De la democracia en América* (1835),[9] celebra la contribución de las instituciones sociales informales de la joven nación a la resiliencia de las regiones, y describe lo efectivas que eran para generar la cohesión social y los contactos necesarios para mantener una sociedad pluralista.

Las ONG estadounidenses continúan mejorando la eficacia colectiva de las ciudades. Las ciudades deberían fomentar el florecimiento de organizaciones tradicionales y nuevas basadas en la comunidad. El YWCA, con más de siglo y medio de historia, ahora lleva a cabo su misión de eliminar el racismo y empoderar a las mujeres, y brinda servicios de vivienda y salud a mujeres necesitadas. Las casas de acogida como University Settlement y Educational Alliance, y sociedades de desarrollo comunitario como la Asociación de Puertorriqueños en Marcha (APM) de Filadelfia, que están profundamente enraizadas en sus barrios, también brindan formación laboral, servicios sociales y una voz colectiva a las comunidades a las que sirven. Las redes de servicios comunitarios como la Federación de Filantropías Judías y las asociaciones caritativas católicas comparten sus buenas prácticas con otras agencias. Las alianzas regionales de vivienda asequible como Cleveland Housing Network, junto con asociaciones a nivel nacional de Estados Unidos como Enterprise Community Partners, aportan recursos para financiar la revitalización de los barrios de bajos ingresos. Y el Trust for Public Land apoya los pequeños huertos comunitarios para conseguir alimentos frescos y acercar la naturaleza a los barrios.

No obstante, muchos de estos programas trabajan de manera independiente. ¿Cómo puede una ciudad integrarlos para crear comu-

[9] Tocqueville, Alexis de, *De la democratie en Amérique*, Louis Hauman et Ce., Bruselas, 1835 (versión castellana: *De la democracia en América*, Imprenta de José Trujillo, Madrid, 1854).

nidades de oportunidad? Una forma es a través de un proceso llamado «impacto colectivo», un marco para abordar problemas sociales profundamente arraigados que fue descrito por primera vez por John Kania y Mark Kramer en la revista *Stanford Social Innovation Review*.[10] El enfoque hunde sus raíces en el trabajo de Strive, una asociación sin ánimo de lucro dedicada a la educación y la formación laboral con sede en Cincinnati (Ohio). Strive logró excelentes resultados a pesar de los recortes presupuestarios de los ayuntamientos y de la crisis que estaba viviendo el país, que golpeó especialmente a Ohio. ¿Por qué tuvo éxito Strive cuando tantas otras organizaciones sin ánimo de lucro que trabajaban en el mismo tema obtenían resultados mediocres?

Strive reunió a un grupo de líderes ciudadanos –financieros, educadores, cargos electos, decanos de universidades y ejecutivos de empresas– que acordaron conjuntamente una serie de objetivos comunes que, a partir de un amplio estudio, se centraron en los elementos clave del desarrollo escolar de los niños, como la asistencia a la escuela primaria, las notas de lectura y matemáticas de cuarto curso y las tasas de finalización de la educación secundaria. En lugar de centrarse en un determinado currículo o en un programa educativo favorito, los socios de Strive se comprometieron colectivamente con todo un abanico de programas con un objetivo primordial: la excelencia educativa. Este objetivo se dividió más tarde en quince redes de éxito académico, cada una de ellas centrada en una parte diferente del entorno educativo, como las tutorías después de clase. Las decisiones de financiación se basaron en evaluaciones de efectividad por parte de expertos independientes; a mayor éxito, mayores fondos recibían. El sistema fue diseñado para ir recibiendo constantemente información sobre su funcionamiento con el fin de ayudar a que evolucionara hacia la excelencia.

Kania y Kramer pasaron a estudiar una amplia gama de iniciativas urbanas de éxito, y a partir de sus elementos comunes dedujeron las cinco condiciones de «impacto colectivo»: una agenda común, unas mediciones compartidas, acciones integradas a través de actividades que se refuerzan mutuamente, una comunicación continuada, y una suficiente inversión en infraestructuras para lograr los objetivos bus-

[10] www.ssireview.org/articles/entry/collective_impact.

cados (lo que ellos llaman «la columna vertebral de apoyo»). El alcance del modelo de impacto colectivo debería ampliarse para integrar diferentes sectores en un modelo de salud comunitario compartido, guiado por indicadores de salud comunitaria.

Sin embargo, no se puede simplemente transformar las comunidades desde fuera, sino que esta voluntad transformadora también debe partir *de ellas* aprovechando la ayuda exterior. Quizás el mejor defensor de la necesidad de ayudarse mutuamente haya sido Mahatma Gandhi, cuyas ideas despertaron la búsqueda de la eficacia colectiva en todo el mundo. Un excelente ejemplo es el movimiento Sarvodaya Shramadana, fundado por A. T. Ariyanate en Sri Lanka. En un principio, Ariyanate se propuso utilizar los principios de autosuficiencia de Gandhi involucrando a alumnos y maestros en la construcción de una escuela rural. Para obtener materiales para la obra, tenían que construir un puente que cruzaba un río, y para obtener materiales para este, debían arreglar el camino que llevaba hasta él. Cuando acabaron, no solo habían construido una escuela, sino que también habían mejorado significativamente las comunicaciones de la aldea. Y lo hicieron con sus propias manos, sin esperar la lenta ayuda del gobierno. Empoderados por su éxito, comenzaron a abordar otros problemas de la aldea y a difundir las ideas de la autosuficiencia por todo Sri Lanka.

La palabra del sánscrito *sarvodaya* significa «despertar conjunto» y *shramadana*, «donar esfuerzo». Hacia 2015, Sarvodaya Shramadana ofreció sus servicios a más de 15.000 aldeas, creando escuelas, cooperativas de crédito, orfanatos, la red de microcrédito más grande del país y 4.335 guarderías. La organización proporciona también sistemas de abastecimiento de agua potable, saneamiento, energía alternativa y otras mejoras en la infraestructura, y casi todo este trabajo es realizado por mano de obra local voluntaria. La organización capacita a miles de jóvenes con métodos que motivan y organizan a la gente en sus propias aldeas para satisfacer sus necesidades de infraestructura, servicios sociales y educación espiritual y cultural. Se trata de un extraordinario modelo de eficacia colectiva que despierta el compromiso individual, crea confianza mutua, proporciona resultados reales y conecta diversas escalas.

Paul Hawken describió la aparición de cientos de miles de organizaciones medioambientales y sociales de base local en todo el mundo como «la bendita inquietud». En un libro homónimo observó que estas organizaciones están comenzando a tener un impacto colectivo, haciendo las veces de un enorme sistema inmunológico que funciona para sanar tanto a los seres humanos como al planeta. Estos movimientos han surgido de una manera espontánea, no tienen un líder y lidian con grandes problemas cuyo tiempo de solución se está agotando. Son una respuesta mordaz a los difíciles problemas del siglo XXI.

Tomados en conjunto, la visión de comunidad, la planificación de las diversas situaciones potenciales, el liderazgo fuerte y a la vez compasivo, los sistemas dinámicos de retroalimentación, la inversión en infraestructuras, las herramientas de gobierno, el impacto colectivo y la autosuficiencia ayudan a crear ciudades bien temperadas.

Sin embargo, para tener éxito, las ciudades deben integrar dos visiones del mundo: por un lado, una visión sistémica, que exige la comprensión de que la naturaleza es profundamente interdependiente; y, por otro, la aptitud evolutiva que proporciona el altruismo. Las ciudades solo pueden curarse por completo si se curan todas y cada una de sus partes. Esta comprensión de la interdependencia de todos los sistemas vivos, humanos y naturales, es inherente a todas las religiones y a la ciencia; es la base de la ética y de la espiritualidad, y abre camino a la confrontación de las megatendencias.

El altruismo «enmarañado» constituye entrelazamiento

La física cuántica comenzó con el estudio de la partícula, pero rápidamente observó que las partículas estaban interrelacionadas. La teoría cuántica postula que las partículas se enmarañan, se interconectan, a través del espacio: cambia el estado de una, y su hermana, incluso si está al otro lado del universo, responderá instantáneamente, a más velocidad que la luz. Albert Einstein lo llamó «espeluznante acción a distancia». El físico austríaco ganador del Premio Nobel Erwin Schrödinger llamó a esto «enmarañamiento cuántico».

El enmarañamiento es una condición necesaria de la vida. Las partículas subatómicas aisladas, los átomos y las moléculas carecen de vida por sí solos. La vida no existe como propiedad independiente, sino que surge de las relaciones entre la energía, la información y la materia. Y la entropía, el desgaste de los sistemas, la dispersión del calor y la información tampoco son una condición de las partículas individuales, sino características de los sistemas interdependientes.

Las ciudades están enmarañadas de una forma magnífica. Cada árbol, cada persona, cada edificio, cada barrio y cada negocio están entrelazados. Y así como los sistemas biocomplejos vivos se nutren del mismo ADN, las ciudades comparten un metagenoma que une sus componentes. Demasiado a menudo nuestra economía, los sesgos cognitivos y las estructuras sociales amplifican expresiones dispares de fragmentos del código, creando así desorden. Ciertamente, esto también puede crear pequeñas zonas de progreso, pero empuja a la ecología global hacia la falta de aptitud. Por ejemplo, nuestro sistema económico, al ignorar lo que se llaman «externalidades», fruto, por ejemplo, de las exenciones fiscales y los subsidios, o de la contaminación y el agotamiento de los recursos naturales, alienta a las empresas a emprender las actividades que convienen a sus intereses, pero crean un entorno inadecuado para el bienestar de sus comunidades y para la vida en el planeta. La segregación racial puede crear una comunidad que parece funcionar bien, pero, de hecho, «la gente puede dejar de estar en forma al estar en forma de un modo inadecuado».[11]

No obstante, también hemos evolucionado con un metacódigo innato que puede mantenernos unidos en sincronía: el altruismo. Cuando el altruismo fluye a través de cada una de las ecologías cognitivas y sociales interdependientes de una ciudad, y se incrusta en la moralidad de sus sistemas, puede llegar a generar sincronía. Cuando el altruismo influya profundamente en cada decisión, en cada proyecto y en cada acción de una ciudad, entonces esta se convertirá en una ciudad extraordinaria y pasará a estar bien temperada.

Martin Luther King escribió: «El poder correctamente entendido es [...] la fuerza que se necesita para generar cambios sociopolíticos y económicos [...]. Uno de los grandes problemas de la historia es que los conceptos de amor y poder generalmente han sido descritos como contrarios –como polos opuestos–, de modo que el amor se identifica con el abandono del poder y el poder con la negación del amor. Ahora tenemos que hacerlo bien [...]. El poder sin amor es imprudente y abusivo, y el amor sin poder es sentimental y anémico. El mejor poder

[11] Burke, Kenneth, *op. cit.*

es el amor que implementa las demandas de justicia, y la mejor justicia es el poder que corrige todo lo que se opone al amor».[12]

La ciudad bien temperada infunde su poder con amor

Los griegos describieron tres tipos de amor: eros, filia y ágape. Eros es un amor apasionado y sexual que nos urge a fusionarnos con el otro. Filia es una atracción profunda y amplia, la propensión de las cosas, una cualidad del mundo natural, como la gravedad. Esta es la filia de la hipótesis de la biofilia de Edward O. Wilson, el amor humano a la naturaleza y a la vida misma, «el impulso de afiliarse a otras formas de vida»[13] que exploramos en el capítulo acerca del urbanismo ecológico. La filia nos entrelaza física y espiritualmente en el tejido del mundo; nos enmaraña. El tercer tipo de amor, ágape, es un amor universal. El profesor de teología Thomas Jay Oord describe el ágape como «una respuesta intencionada para promover el bienestar cuando se enfrenta a lo que genera el malestar. En resumen, el ágape compensa el mal con el bien».[14] Ágape es el impulso de crear una sociedad basada en el bienestar de todos.

Cuando estos tres tipos de amor se entrelazan en el tejido de una ciudad, crean una cultura potente y altruista; añaden intención al enmarañamiento de la naturaleza. Yo llamo a esta interdependencia dirigida altruistamente «entrelazamiento».

El entrelazamiento se encuentra en el núcleo de las principales tradiciones religiosas del mundo. En el budismo, la combinación de altruismo omnipresente y el reconocimiento de la interdependencia se denomina *bodhicitta*. En el islam, la mezcla de interdependencia y altruismo se llama *ta'awun*, e *ithar* es el máximo del altruismo. En el judaísmo, *tikun olam* es el reconocimiento de que tenemos la responsabilidad de reparar cualquier rasgadura en el tejido del mundo con actos de bondad o *mitzvoth*. El líder hindú Mahatma Gandhi enseñó

[12] Martin Luther King, «Where Do We Go from Here?», informe anual entregado en el XI Congreso de Convención de Liderazgo de Cristianos del Sur de Estados Unidos, 16 de agosto, Atlanta.

[13] Wilson, Edward O., *Biophilia*, Harvard University Press, Cambridge (Mass.), 1984, pág. 85.

[14] Oord, Thomas Jay, «The Love Racket: Defining Love and Agape for the Love-and-Science Research Program», *Zygon*, 40, núm. 4, diciembre de 2005.

satyagraha, el poder de la acción no violenta en pos de la verdad y la justicia social, y la encíclica del papa Francisco *Laudato si* exige una *ecología integral* para crear una *comunión universal* que «no excluye a nada ni a nadie».

Componer el todo

La música de Bach estaba compuesta de muchas notas, pero las notas en sí mismas carecen de significado, de grandeza, de energía, de propósito. La belleza de *El clave bien temperado* surge de las formas creadas por las notas al surcar a lo largo de las escalas, donde una forma puede convertirse en un tema que transcurre a lo largo de muchos compases, lo que contribuye junto a otras frases a una onda mayor, mientras cada frase se compone en contrapunto con otra. A través del poder de su relación, la nota, o la partícula, se convierte en una onda.

El universo adquiere su vida no por sus notas, o partículas, sino por sus formas, que van evolucionando de manera compleja y adaptativa. Pensemos en un remolino, en el que ninguna gota de agua se queda fija en un sitio y, sin embargo, la forma del torbellino es muy estable. La música, el arte, la escritura, el teatro, los servicios religiosos, la oración y la meditación, todos evocan estas formas más amplias y nos ayudan a alinearnos con el todo, de manera que el remolino de nuestras vidas encaja en un sistema mayor, ayudándonos a entender una parte del universo y nuestro lugar en él. El diseño de nuestras ciudades podría conseguir lo mismo.

Tras el enorme sufrimiento causado por la guerra civil de Ruanda, los cooperantes observaron que las personas más traumatizadas de los campos de refugiados tenían capacidades notablemente diferentes para recuperarse de los acontecimientos indescriptibles que habían sufrido. Quienes poseían un sentimiento cosmológico profundo, capaz de explicar los acontecimientos que habían experimentado, eran mucho más propensos a recuperarse que aquellos que no lo tenían. Era como si los traumas fueran fragmentos afilados incrustados en sus mentes, y sus sentimientos cosmológicos los ayudaran a ensamblar los fragmentos en un todo llevadero, como piezas de un rompecabezas. Creer en una cosmología constituye un factor protector.

Bach escribió música para crear ese todo. El teórico de la arquitectura Christopher Alexander escribió: «Hacer el todo cura al hacedor [...]. Una arquitectura humana no solo tiene el poder de curarnos. El mero hecho de hacerla es en sí mismo un acto de curación para todos nosotros»,[15] y, así, hacer una ciudad bien temperada que refleje una armonía mayor aumenta no solo su resiliencia, sino también la nuestra.

Recordemos los primeros asentamientos, con sus sistemas para compartir la responsabilidad de construir canales de riego, mantenerlos y distribuir equitativamente su agua. Estos sistemas tuvieron éxito porque sus raíces se nutrían del altruismo y de la justicia, y con ellos surgió el placer de formar parte de una sociedad bien temperada. Estas cualidades son parte integral de nuestra propia neurología; son la base de nuestro bienestar.

A medida que nuestras ciudades se vuelven más étnicamente diversas, no podemos confiar en una sola religión, credo, raza o poder que nos ofrezca un lenguaje común de entrelazamiento. Sin embargo, podemos recurrir a algo más profundo: nuestro sentido general de propósito. Cuando el propósito de nuestras ciudades consiste en componer el todo, alinear a los seres humanos con la naturaleza, con compasión, impregnando todo su entrelazado sistema, entonces sus vías serán vías de amor, y todos sus caminos lo serán de paz.

---

[15] Alexander, Christopher, *The Nature of Order* (4 vols.), Center for Environmental Structure, Berkeley, 2002, vol. 4, págs. 262-270.

Nota del autor y agradecimientos

Las ideas en este libro han sido enriquecidas por muchas personas que han ampliado mi pensamiento y me han expuesto a una amplia gama de soluciones. Estoy profundamente agradecido por todo lo que piensan y hacen, y lamento no poder citarlas a todas aquí.

El principio de la compasión que entra en este libro me lo enseñaron mis padres, Frederick P. Rose y Sandra Priest Rose. Mi padre era un constructor que amaba los actos creativos. Cuando era niño, comenzó a edificar viviendas asequibles en el Bronx, al tiempo que construía apartamentos y edificios de oficinas a precio de mercado en Manhattan. Iba con él a las visitas de obra, disfrutando del olor a hormigón, a barro y a humo de gasóleo, y de la cacofonía coordinada del trabajo, pero me conmovían mucho los rostros de las familias que iban a las oficinas de las viviendas baratas, ansiosas por tener un piso recién construido. Mi padre me enseñó a construir y me inspiró a hacer bien las cosas.

Mi madre, Sandra P. Rose, está profundamente comprometida con la igualdad. A principios de la década de 1960 trabajó para otorgar derechos de voto a los afroamericanos. Casi al mismo tiempo, desarrolló una teoría del cambio que ha impregnado su vida: que nuestras comunidades tienen la responsabilidad de enseñar a todos los niños a leer igual de bien. Ella entendía que, incluso con el voto, un niño que no leyera bien no tendría la misma oportunidad de prosperar. Mi madre identificó a los maestros como factor esencial y ha dedicado toda su vida a mejorar la forma de enseñar a leer en las escuelas públicas de las ciudades. A partir de su trabajo, me quedó claro que, si queremos reconstruir verdaderamente nuestras ciudades, tenemos que hacerlo de una manera que iguale las oportunidades de todo el mundo.

Crecí en un hogar en el que la música estaba siempre presente. La primera vez que me topé con Johann Sebastian Bach fue en una caja de discos de 78 rpm que tenían mis padres, en los que el gran Albert Schweitzer tocaba piezas para órgano de Bach. Eso me acabó llevando a *El clave bien temperado.* Hay muchas grabaciones extraordinarias de esta obra, pero escribí gran parte de este libro escuchando la sublime interpretación del libro segundo de Gerlinde Otto.

En 1974, cuando empecé a reflexionar sobre cómo iba a integrar mi propio sentido social y medioambiental con el desarrollo inmobiliario, una persona destacó por encima de todas como modelo a seguir: Jim Rouse. Rouse fue un promotor extraordinario que tuvo la visión, las agallas y las habilidades organizativas para crear una nueva ciudad, Columbia (Maryland), basada en principios de responsabilidad medioambiental, justicia social e igualdad racial. Rouse concibió Columbia como un lugar que, como él dijo, fuera «una ciudad para que la gente prosperara». Rouse fue un hombre de enorme integridad y compasión.

En 1979, Jim y su esposa Patty formaron una fundación sin ánimo de lucro, Enterprise (hoy Enterprise Community Partners), y el grupo de inversión Enterprise Social (hoy Enterprise Investment), este sí con ánimo de lucro, para liderar, financiar y proporcionar asistencia técnica a la reurbanización de comunidades pobres. Jim y su colega Bart Harvey, quien lo sucedió como presidente de Enterprise, han sido unos mentores extraordinarios con capacidad de crear sistemas compasivos y transformadores. Me uní a la familia de Enterprise como miembro de la junta, cliente y coconspirador, y aprendí muchísimo de mis compañeros de la junta, de los dirigentes de la organización y de su personal. Otras organizaciones sin ánimo de lucro que han contribuido a la evolución de las ideas contenidas en este libro son el American Museum of Natural History, el Centro de Tecnología de Barrios, el Centro para el Bienestar Juvenil, el congreso del New Urbanism, la Alianza Educativa, el Garrison Institute, The Greyston Foundation, The JPB Foundation, el Max Planck Institute para las Ciencias Cognitivas y del Cerebro, el Mind and Life Institute, el Mindsight Institute, el Consejo para la Defensa de los Recursos

Naturales, el Santa Fe Institute, la Red de Empresas Sociales, la Trust for Public Land, el Urban Land Institute, el Consejo Empresarial Ecológico de Estados Unidos, y la Escuela Forestal y Medioambiental de la Yale University.

En 1989 fundé Jonathan Rose Companies con la ayuda de mi asistente, Vivian Weixeldorfer. Ella ha sido un apoyo extraordinario desde entonces, y ha gestionado incansablemente las numerosas actividades relacionadas con mi trabajo, mi vida y mi escritura. La empresa ha crecido y ha llevado a cabo muchas de las ideas sobre las que he escrito. Actualmente continúa con su propósito bajo la dirección de Sanjay Chauhan, Mike Daly, Christopher Edwards, Angela Howard, Chuck Perry, Theresa Romero, Kristin Neal Ryan, Nathan Taft y Caroline Vary. Estoy muy agradecido por el compromiso que han adquirido de hacer realidad estas ideas.

Al tiempo que intentaba unir los muchos hilos de los saberes social, medioambiental, empresarial y espiritual para encontrar la plenitud en lo que parece ser un mundo caótico, encontré a mi mejor maestro, Nawang Gelek Rimpoche. Sus lecciones sobre interdependencia, impermanencia y ecuanimidad han impregnado todos los aspectos de mi pensamiento, algo por lo que le estoy profundamente agradecido. También aprendí muchísimo del rabino Zalman Schachter-Shalomi y del padre Thomas Keating. La profundidad, la generosidad y el amor de estos tres hombres provienen de una sabiduría y compasión ilimitadas.

En 1996, comencé a escribir artículos sobre las ideas emergentes del New Urbanism, los edificios ecológicos y el crecimiento inteligente. Quiero agradecer a Chuck Savitt y a Heather Boyer, de la editorial Island Press, que me animaran a convertir estas ideas en un libro; y a Kathleen McCormack, Michael Leccese y David Goldberg, quienes me ayudaron a pensar en una versión anterior de los elementos del crecimiento inteligente de este libro. Cuando mis ideas empezaron a madurar, Rosanne Gold me presentó a mi editora Karen Rinaldi. Desde el inicio, Karen mostró una gran confianza en mi potencial y, cuando le entregué un primer borrador disperso, me dijo: «Tómate tu tiempo para escribir tu mejor libro, no tengas prisa». Le estoy muy agradecido a Karen por su sabiduría y apoyo. Jonathan Cobb me proporcionó una guía muy útil para el primer borrador, y más tarde Peter Guzzardi tomó el relevo; su edición apasionada y detallada centró y mejoró significativamente el texto. Hannah Robinson guio el libro desde su nacimiento, Adalis Martínez proporcionó su maravilloso diseño de cubierta a la primera edición, William Ruoto diseñó el interior del libro, Victoria Comella lo llevó al mundo con astutas y enérgicas relaciones públicas, Penny Makras lo comercializó con pasión, junto con muchos otros de los equipos de Harper Wave y HarperCollins que han trabajado para hacerlo posible. También debo dar las gracias a mi abogado y amigo Eric Rayman, y a Nick Correale por su ayuda con las imágenes.

A medida que fui puliendo el libro, me invitaron a dar conferencias que me ayudaron a resolver el desarrollo de las ideas fundamentales. Dos de las más útiles fueron la Conferencia Dunlop del Centro Conjunto de Estudios de la Vivienda de la Harvard University, invitado por Eric Belsky, y una charla de TEDX en el Met Museum de Nueva York por invitación de Limor Tomer y con una excelente producción y edición de Julie Burstein y Tanya Bannister al piano.

A medida que transcurrían los años de escritura, muchos amigos y colegas me alentaron y apoyaron, en particular Philip Glass, quien amablemente leyó las partes en las que se habla de música en el libro; Paul Hawken, que fue infinitamente generoso con su tiempo y sus ideas, y que leyó muchos borradores, los reescribió y me hizo unos comentarios perspicaces animándome a cortar lo que era necesario cortar; Peter Calthorpe, Douglas Kelbaugh, Dan Goleman, Dan Siegel y Andrew Zolli, quienes generosamente me dieron su opinión sobre mis ideas a medida que avanzaban; la doctora Rita Colwell, quien me introdujo en el concepto de biocomplejidad; y el doctor Bruce McEwan, quien me orientó acerca de las vías para recuperarse de los traumas.

Pero lo más importante ha sido mi familia: Diana, Ariel, Adam, Rachel e Ian, quienes toleraron interminables discusiones sobre estas ideas en las comidas familiares y aportaron referencias y mejoras. Mi vida se ha enriquecido con su amor y su apoyo.

Sobre el autor

Jonathan F. P. Rose ha centrado sus negocios, su actividad pública y su trabajo sin ánimo de lucro en la creación de ciudades más equitativas desde el punto de vista medioambiental, social y económico. En 1989 fundó Jonathan Rose Companies LLC, una empresa inmobiliaria, de urbanismo y de inversión con el fin de desarrollar comunidades que ofrecieran oportunidades a todos. La empresa aborda muchos aspectos de la salud comunitaria y medioambiental, y trabaja con ciudades y ONG para construir viviendas ecológicas, asequibles y ocupadas por familias de ingresos variados, así como instalaciones culturales, de salud y educativas.

Jonathan y su esposa Diana Calthorpe Rose son los cofundadores del Garrison Institute, que se dedica a desarrollar formas rigurosas de aplicar prácticas contemplativas a cuestiones sociales, educativas y medioambientales fundamentales, y cultiva nuevas formas de ayudar a construir una sociedad más flexible y compasiva.

Jonathan se tituló en la Yale University en 1974 en Psicología y Filosofía, y estudió un máster en planificación regional de la University of Pennsylvania en 1980.

Jonathan F. P. Rose es también el fundador de la discográfica Gramavision Records y es músico *amateur*.

Bibliografía

Akerlof, George A. y Shiller, Robert J., *Animal Spirits: How Human Psychology Drives the Economy, and Why It Matters for Global Capitalism.* Princeton, NJ: Princeton University Press, 2009.

Alexander, Christopher. *The Nature of Order: An Essay on the Art of Building and the Nature of the Universe.* Vol. 1, *The Phenomenon of Life.* Berkeley, CA: Center for Environmental Structure, 2002.

— *The Nature of Order: An Essay on the Art of Building and the Nature of the Universe.* Vol. 2, *The Process of Creating Life.* Berkeley, CA: Center for Environmental Structure, 2002.

— *The Nature of Order: An Essay on the Art of Building and the Nature of the Universe.* Vol. 3, *A Vision of a Living World.* Berkeley, CA: Center for Environmental Structure, 2002.

— *The Nature of Order: An Essay on the Art of Building and the Nature of the Universe.* Vol. 4, *The Luminous Ground.* Berkeley, CA: Center for Environmental Structure, 2002.

— *The Timeless Way of Building.* Nueva York: Oxford University Press, 1979.

Alexander, Christopher, Ishikawa, Sara, Silverstein, Murray, Jacobson, Max, Fiksdahl-King, Ingrid y Shlomo Angel. *A Pattern Language: Towns, Buildings, Construction.* Nueva York: Oxford University Press, 1977.

Amiet, Pierre. *Art of the Ancient Near East.* Ed. Naomi Noble Richard. Nueva York: Harry N. Abrams, 1980.

Anderson, Ray C. *Mid-Course Correction: Toward a Sustainable Enterprise: The Interface Model.* White River Junction, VT: Chelsea Green Publishing, 1998.

Architecture for Humanity and Kate Stohr. *Design Like You Give a Damn: Architectural Responses to Humanitarian Crises.* Nueva York: Metropolis Press, 2006.

Arendt, Randall, Brabec, Elizabeth A., Dodson, Harry L., Reid Christine y Yaro Robert D. *Rural by Design: Maintaining Small Town Character.* Chicago: Planners, American Planning Association, 1994.

Ariely, Dan. *Predictably Irrational: The Hidden Forces That Shape Our Decisions.* Nueva York: Harper, 2009.

Arthur, W. Brian. *The Nature of Technology: What It Is and How It Evolves.* Nueva York: Free Press, 2009.

Aruz, Joan, y Wallenfels, Ronald. *Art of the First Cities: The Third Millennium B.C. from the Mediterranean to the Indus.* Nueva York: Metropolitan Museum of Art, 2003.

Babbitt, Bruce E. *Cities in the Wilderness: A New Vision of Land Use in America.* Washington, DC: Island/Shearwater, 2005.

Ball, Philip. *The Self-Made Tapestry: Pattern Formation in Nature.* Oxford, UK: Oxford University Press, 1999.

Barabási, Albert-László. *Linked: How Everything Is Connected to Everything Else and What It Means for Business, Science, and Everyday Life.* Nueva York: Plume Books, 2003.

Barber, Benjamin. *Consumed.* W. W. Norton, 2007.

Barber, Dan. *The Third Plate: Field Notes on the Future of Food.* Nueva York: Penguin, 2014.

— *If Mayors Ruled the World.* New Haven, CT: Yale University Press, 2013.

Barnett, Jonathan. *The Fractured Metropolis: Improving the New City, Restoring the Old City, Reshaping the Region.* Nueva York: HarperCollins, 1995.

Bateson, Gregory. *Steps to an Ecology of Mind.* Chicago: University of Chicago Press, 1972.

Batty, Michael y Longley, Paul. *Fractal Cities: A Geometry of Form and Function.* Londres: Academy Editions, 1994.

Batuman, Elif. «The Sanctuary: The World's Oldest Temple and the Dawn of Civilization.» *The New Yorker*, 19 y 26 de diciembre, 2011.

Beard, Mary. *The Fires of Vesuvius: Pompeii Lost and Found.* Cambridge, MA: Belknap Press of Harvard University Press, 2008.

Beatley, Timothy. *Green Urbanism: Learning from European Cities.* Washington, DC: Island, 2000.

Beatley, Timothy y Wilson, E. O. *Biophilic Cities: Integrating Nature into Urban Design and Planning.* Washington, DC: Island Press, 2011.

Beinhocker, Eric D. *The Origin of Wealth: Evolution, Complexity, and the Radical Remaking of Economics.* Boston: Harvard Business School, 2006.

Bell, Bryan. *Good Deeds, Good Design: Community Service through Architecture.* Nueva York: Princeton Architectural Press, 2004.

Bell, Bryan y Wakeford, Katie. *Expanding Architecture: Design as Activism.* Nueva York: Metropolis Press, 2008.

Benfield, F. Kaid. *People Habitat: 25 Ways to Think about Greener, Healthier Cities.* Washington, DC: Island Press, 2014.

Benner, Chris y Pastor, Manuel. *Just Growth: Inclusion and Prosperity in America's Metropolitan Regions.* Londres: Routledge, 2012.

Benyus, Janine M. *Biomimicry: Innovation Inspired by Nature.* Nueva York: Quill, 1997.

Berube, Alan. *State of Metropolitan America: On the Front Lines of Demographic Transformation.* Washington, DC: Brookings Institution Metropolitan Policy Program, 2010.

Bipartisan Policy Center. *Housing America's Future: New Directions for National Policy Executive Summary.* Washington, DC: Bipartisan Policy Center, febrero 2013.

Bleibtreu, John N. *The Parable of the Beast.* Toronto: Macmillan, 1968.

Blum, Harold F. *Time's Arrow and Evolution.* 3.ª ed. Princeton, NJ: Princeton University Press, 1968.

Bohr, Niels. *Essays 1958-1962 on Atomic Physics and Human Knowledge.* Nueva York: Vintage Books, 1963.

Botsman, Rachel y Rogers, Roo. *What's Mine Is Yours: The Rise of Collaborative Consumption.* Nueva York: Harper Business, 2010.

Botton, Alain de. *The Architecture of Happiness.* Nueva York: Pantheon Books, 2006.

Brand, Stewart. *The Clock of the Long Now: Time and Responsability.* Nueva York: Basic Books, 1999.

— *How Buildings Learn: What Happens after They're Built.* Nueva York: Penguin, 1994.

— *The Millennium Whole Earth Catalog: Access to Tools and Ideas for the Twenty-first Century.* San Francisco: Harper San Francisco, 1994.

— *Whole Earth Discipline: An Ecopragmatist Manifesto.* Nueva York: Viking, 2009.

— *Whole Earth Ecology: The Best of Environmental Tools and Ideas.* Ed. J. Baldwin. Nueva York: Harmony Books, 1990.

Briggs, Xavier De Souza, Popkin, Susan J. y Goering, John M. *Moving to Opportunity: The Story of an American Experiment to Fight Ghetto Poverty.* Nueva York: Oxford University Press, 2010.

Brockman, John. *The New Humanists: Science at the Edge.* Nueva York: Barnes & Noble, 2003.

— *This Explains Everything: Deep, Beautiful, and Elegant Theories of How the World Works.* Nueva York: HarperPerennial, 2013.

Bronowski, J. *The Ascent of Man.* Boston: Little, Brown, 1973.

Broome, Steve, Jones, Alasdair y Rowson, Jonathan. «How Social Networks Power and Sustain Big Society.» *Connected Communities,* septiembre 2010.

Broome, Steve, Marcus, Gaia y Neumark, Thomas. «Power Lines.» *Connected Communities,* mayo 2011.

Burdett, Ricky y Sudjic, Deyan. *The Endless City: The Urban Age Project.* Londres: Phaidon, 2007.

Burney, David, Farley, Thomas, Sadik-Khan, Janette y Burden Amanda. *Active Design Guidelines: Promoting Physical Activity and Health in Design.* Nueva York: New York City Department of Design and Construction, 2010.

Burrows, Edwin G. y Wallace, Mike. *Gotham: A History of New York City to 1898.* Nueva York: Oxford University Press, 1999.

Calthorpe, Peter. *The Next American Metropolis: Ecology, Community, and the American Dream.* Nueva York: Princeton Architectural Press, 1993.

— *Urbanism in the Age of Climate Change,* Washington, DC: Island Press, 2010.

Calthorpe, Peter y Fulton, William. *The Regional City: Planning for the End of Sprawl.* Washington, DC: Island Press, 2001.

Campbell, Frances, Conti, Gabriella, Heckman, James J., Hyeok Moon, Seong, Pinto, Rodrigo Pungello, Elizabeth y Yi Pan. «Early Childhood Investments Substantially Boost Adult Health.» *Science,* 28 de marzo, 2014.

Campbell, Tim. *Beyond Smart Cities: How Cities Network, Learn and Innovate.* Nueva York: Earthscan, 2012.

Capra, Fritjof. *The Web of Life: A New Scientific Understanding of Living Systems.* Nueva York: Anchor Books, 1996.

Carey, Kathleen, Berens, Gayle y Eitler, Thomas. «After Sandy: Advancing Strategies for Long-Term Resilience and Adaptability.» *Urban Land Institute* (2013): 2-56.

Caro, Robert A. *The Power Broker: Robert Moses and the Fall of New York.* Nueva York: Vintage Books, 1975.

Carter, Brian, ed. *Building Culture.* Buffalo: Buffalo Books, 2006.

Castells, Manuel. *The Rise of the Network Society.* Malden, MA: Wiley-Blackwell, 1996.

Chaliand, Gerard y Rageau, Jean-Pierre. *The Penguin Atlas of Diasporas.* Nueva York: Penguin, 1995.

Chang, Amos I. T. *The Existence of Intangible Content in Architectonic Form Based upon the Practicality of Laotzu's Philosophy.* Princeton, NJ: Princeton University Press, 1956.

Changeux, Jean-Pierre, Damasio, A. R., Singer, W. y Christen, Y. *Neurobiology of Human Values.* Berlin: Springer-Verlag, 2005.

Chermayeff, Serge y Alexander, Christopher. *Community and Privacy: Toward a New Architecture of Humanism.* Garden City, NY: Doubleday, 1963.

Chivian, Eric y Bernstein, Aaron. *Sustaining Life: How Human Health Depends on Biodiversity.* Oxford, UK: Oxford University Press, 2008.

Christakis, Nicholas A. y Fowler, James H. *Connected: The Surprising Power of Our Social Networks and How They Shape Our Lives.* Nueva York: Little, Brown, 2009.

Christiansen, Jen. «The Decline of Cheap Energy.» *Scientific American*, abril, 2013.

Cisneros, Henry. *Interwoven Destinies: Cities and the Nation.* Nueva York: W. W. Norton, 1993.

Cisneros, Henry y Engdahl, Lora. *From Despair to Hope: HOPE VI and the New Promise of Public Housing in America's Cities.* Washington, DC: Brookings Institution, 2009. *The City in 2050: Creating Blueprints for Change.* Washington, DC: Urban Land Institute, 2008.

Ciulla, Joanne B. *The Working Life: The Promise and Betrayal of Modern Work.* Nueva York: Crown Business, 2000.

Clapp, James A. *The City: A Dictionary of Quotable Thoughts on Cities and Urban Life.* New Brunswick, NJ: Center for Urban Policy Research, 1984.

Clarke, Rory, Wilson, Sandra, Keeley, Brian, Love, Patrick y Tejada, Ricardo, eds. *OECD Yearbook 2014: Resilient Economies, Inclusive Societies.* N.p.: OECD, 2015.

Climatewire. «How the Dutch Make "Room for the River" by Redesigning Cities.» *Scientific American,* 20 de enero, 2012.

Costanza, Robert, *et al.* «Quality of Life: An Approach Integrating Opportunities, Human Needs and Subjective Well Being.» *Ecological Economics,* 61 (2007).

Costanza, Robert, McMichael, A. J. y Rapport, D. J. «Assessing Ecosystem Health.» *Tree,* 13, núm. 10 (octubre, 1988).

Cowan, James. *A Mapmaker's Dream: The Meditations of Fra Mauro, Cartographer to the Court of Venice.* Boston: Shambhala, 1996.

Cuddihy, John, Engel-Yan, Joshua y Kennedy, Christopher. «The Changing Metabolism of Cities.» *MIT Press Journals* 11, núm. 2 (2007).

Cytron, Naomi, Erickson, David y Galloway, Ian. «Routinizing the Extraordinary, Mapping the Future: Synthesizing Themes and Ideas for Next Steps.» *Investing in What Works for America Communities.*

Darwin, Charles. *The Origin of the Species and the Voyage of the Beagle.* Nueva York: Everyman's Library, 2003.

Davis, Wade. *The Wayfinders.* Toronto: House of Anansi Press, 2009.

Day, Christopher. *Places of the Soul: Architecture and Environmental Design as a Healing Art.* Oxford, UK: Architectural, 1990.

Deboos, Salome, Demenge, Jonathan y Gupta, Radhika. «Ladakh: Contemporary Publics and Politics.» *Himalaya,* 32 (agosto, 2013).

Decade of Design: Health and Urbanism. Washington, DC: American Institute of Architects, n.d.

Diamond, Jared. *Guns, Germs and Steel: The Fates of Human Societies.* Nueva York: W. W. Norton, 1997.

Doherty, Patrick C., Mykleby, Col. Mark «Puck» y Rautenberg, Tom. «A Grand Strategy for Sustainability: America's Strategic Imperative and Greatest Opportunity.» New America Foundation.

Dreyfuss, Henry. *Designing for People.* Nueva York: Simon & Schuster, 1955.

Duany, Andrés y Plater-Zyberk, Elizabeth. *Towns and Town-Making Principles.* Nueva York: Rizzoli, 1991.

Duany, Andrés, Plater-Zyberk, Elizabeth y Speck, Jeff. *Suburban Nation: The Rise of Sprawl and the Decline of the American Dream.* Nueva York: North Point, 2000.

Ebert, James D. *Interacting Systems in Development.* Nueva York: Holt, Rinehart and Winston, 1965.

Economist. Hot Spots 2025: Benchmarking the Future Competitiveness of Cities. Londres: Economist Intelligence Unit, n.d.

— «Lost Property.» 25 de febrero, 2012.

Eddington, A. S. *The Nature of the Physical World.* Nueva York: Macmillan, 1927.

Ehrenhalt, Alan. *The Great Inversion and the Future of the American City.* Nueva York: Alfred A. Knopf, 2012.

Eitler, Thomas W., McMahon, Edward y Thoerig, Theodore. *Ten Principles for Building Healthy Places.* Washington, DC: Urban Land Institute, 2013.

Enterprise Community Partners. «Community Development 2020-Creating Opportunity for All.» 2012.

Epstein, Paul R. y Ferber, Dan. *Changing Planet, Changing Health: How the Climate Crisis Threatens Our Health and What We Can Do about It.* Berkeley: University of California Press, 2011.

Ewing, Reid H., Bartholomew, Keith Winkelman, Steve Walters, Jerry y Chen, Don. *Growing Cooler: The Evidence on Urban Development and Climate Change.* Washington, DC: Urban Land Institute, 2008.

Feddes, Fred. *A Millennium of Amsterdam: Spatial History of a Marvellous City.* Bussum: Thoth, 2012.

Ferguson, Niall. «Complexity and Collapse.» *Foreign Affairs* (marzo-abril 2010).

Florida, Richard L. *The Rise of the Creative Class.* New York: Basic Books, 2012.

Foreign Affairs: The Rise of Big Data. 3.ª ed. Vol. 92. Nueva York: Council on Foreign Relations, 2013.

Forrester, Jay W. *Urban Dynamics.* Cambridge, MA: MIT Press, 1969.

Foundations for Centering Prayer and the Christian Contemplative Life. Nueva York: Continuum International Publishing Group, 2002.

Frank, Joanna, MacCleery, Rachel Nienaber, Suzanne Hammerschmidt, Sara y

Claflin, Abigail. *Building Healthy Places Toolkit: Strategies for Enhancing Health in the Built Environment.* Washington, DC: Urban Land Institute, 2015.

Freudenburg, William R., Gramling, Robert Bradway Laska, Shirley y Kai Erikson. *Catastrophe in the Making: The Engineering of Katrina and the Disasters of Tomorrow.* Washington, DC: Island Press/Shearwater, 2009.

Friedman, Thomas L. *Hot, Flat, and Crowded: Why We Need a Green Revolution-and How It Can Renew America.* Nueva York: Farrar, Straus and Giroux, 2008.

Fuller, R. Buckminster. *Operating Manual for Spaceship Earth.* Carbondale, IL: Touchstone Books, 1969.

Gabel, Medard. *Energy, Earth, and Everyone: A Global Energy Strategy for Spaceship Earth.* New Haven, CT: Earth Metabolic Design, 1975.

Gaines, James R. *Evening in the Palace of Reason: Bach Meets Frederick the Great in the Age of Enlightenment.* Nueva York: HarperCollins, 2005; HarperPerennial, 2006.

Galilei, Galileo. *Dialogue Concerning the Two Chief World Systems.* Trad. por Stillman Drake. Berkeley: University of California Press, 1967.

Galvin, Robert W., Yeager, Kurt E. y Stuller, Jay. *Perfect Power: How the Microgrid Revolution Will Unleash Cleaner, Greener, and More Abundant Energy.* New York: McGraw-Hill Books, 2009.

Gamow, George. *One Two Three... Infinity: Facts and Speculations of Science.* Nueva York: Bantam, 1958.

Gang, Jeanne. *Reverse Effect: Renewing Chicago's Waterways.* N.p.: Studio Gang Architects, 2011.

Gans, Herbert J. *The Levittowners: Ways of Life and Politics in a New Suburban Community.* Nueva York: Columbia University Press, 1967.

Gansky, Lisa. *The Mesh: Why the Future of Business Is Sharing.* Nueva York: Portfolio/ Penguin, 2010.

Garreau, Joel. *Edge City: Life on the New Frontier.* Nueva York: Doubleday, 1988.

Gehl, Jan. *Cities for People.* Washington, DC: Island Press, 2010.

Georgescu-Roegen, Nicholas. *The Entropy Law and the Economic Process.* Boston: Harvard University Press, 1971.

Gibbon, Edward. *The Decline and Fall of the Roman Empire.* Nueva York: Penguin, 1952.

Gilchrist, Alison y Morris, David. «Communities Connected: Inclusion, Participation and Common Purpose.» *Connected Communities,* 2011.

Glaeser, Edward. *Triumph of the City: How Our Greatest Invention Makes Us Richer, Smarter, Greener, Healthier, and Happier.* Nueva York: Penguin, 2011.

Glass, Philip. *Words without Music.* Nueva York: Liveright, 2015.

Gleick, James. *Chaos: Making a New Science.* Nueva York: Viking, 1987.

Goetzmann, William N. y Geert Rouwenhorst, K. *The Origins of Value: The Financial Innovations That Created Modern Capital Markets.* Oxford, UK: Oxford University Press, 2005.

Goleman, Daniel. *Emotional Intelligence.* Nueva York: Bantam, 1994.

Goleman, Daniel, Bennett, Lisa y Barlow, Zenobia. *Ecoliterate: How Educators Are Cultivating Emotional, Social, and Ecological Intelligence.* San Francisco: Jossey-Bass, 2012.

Goleman, Daniel y Lueneburger, Christoph. «The Change Leadership Sustainability Demands.» *MIT Sloan Management Review,* verano, 2010.

Gollings, John. *City of Victory: Vijayanagara, the Medieval Hindu Capital of Southern India.* Nueva York: Aperture, 1991.

Gorbachev, Mikhail Sergeevich. *The Search for a New Beginning: Developing a New Civilization.* San Francisco: Harper San Francisco, 1995.

Gore, Al. *Earth in the Balance: Ecology and the Human Spirit.* Boston: Houghton Mifflin, 1992.

Gould, Stephen Jay. *Time's Arrow, Time's Cycle: Myth and Metaphor in the Discovery of Geological Time.* Cambridge, MA: Harvard University Press, 1987.

Gratz, Roberta Brandes. *The Battle for Gotham: New York in the Shadow of Robert Moses and Jane Jacobs.* Nueva York: Nation, 2010.

Greene, Brian. *The Elegant Universe: Superstrings, Hidden Dimensions, and the Quest for the Ultimate Theory.* Nueva York: Vintage Books, 1999.

Grillo, Paul Jacques. *Form, Function and Design.* Nueva York: Dover, 1960.

Grist, Matt. *Changing the Subject: How New Ways of Thinking about Human Behaviour Might Change Politics, Policy and Practice.* Londres: RSA, n.d.

— *Steer: Mastering Our Behaviour through Instinct, Environment and Reason.* Londres: RSA, 2010.

Groslier, Bernard y Arthaud, Jacques. *Angkor: Art and Civilization.* Londres: Readers Union, 1968.

Guneralp, Burak y Seto, Karen C. «Environmental Impacts of Urban Growth from an Integrated Dynamic Perspective: A Case Study of Shenzhen, South China.» 22 de octubre, 2007.

Habraken, N. J. *The Structure of the Ordinary: Form and Control in the Built Environment.* Cambridge, MA: MIT Press, 1998.

Hall, Jon y Hackmann, Christina. *Issues for a Global Human Development Agenda.* Nueva York: UNDP, 2013.

Hammer, Stephen A., Mehrotra Shagun, Rosenzweig, Cynthia y Solecki, William D., eds. *Climate Change and Cities.* Cambridge, UK: Cambridge University Press 2011.

Harnik, Peter y Welle, Ben. «From Fitness Zones to the Medical Mile: How Urban Park Systems Can Best Promote Health and Wellness.» Trust for Public Land, 2011.

— «Smart Collaboration: How Urban Parks Can Support Affordable Housing.» Trust for Public Land, 2009.

Hawken, Paul. *Blessed Unrest.* Nueva York: Viking, 2007.

— *The Ecology of Commerce: A Declaration of Sustainability.* Nueva York: Harper Business, 1993.

Hawken, Paul, Lovins, Amory B. y Lovins, L. Hunter. *Natural Capitalism: Creating the Next Industrial Revolution.* Boston: Little, Brown, 1999.

Hayden, Dolores. *Building Suburbia: Green Fields and Urban Growth, 1820-2000.* Nueva York: Pantheon Books, 2003.

Heath, Chip y Heath, Dan. *Switch: How to Change Things When Change Is Hard.* New York: Broadway Books, 2010.

Helliwell, John F., Layard, Richard y Sachs, Jeffrey, eds. *World Happiness Report, 2013 Edition.* Nueva York: Earth Institute, Columbia University, 2012.

— *World Happiness Report, 2015 Edition.* Nueva York: Earth Institute, Columbia University, 2016.

Hersey, George L. *The Monumental Impulse: Architecture's Biological Roots.* Cambridge, MA: MIT Press, 1999.

Hershkowitz, Allen y Ying Lin, Maya. *Bronx Ecology: Blueprint for a New Environmentalism.* Washington, DC: Island Press, 2002.

Herzog, Ze'ev. *Archaeology of the City: Urban Planning in Ancient Israel and Its Social Implications.* Tel Aviv: Emery and Claire Yass Archaeology, 1997.

Heschong, Lisa. *Thermal Delight in Architecture.* Cambridge, MA: MIT Press, 1979.

Hiss, Tony. *The Experience of Place: A Completely New Way of Looking at and Dealing with Our Radically Changing Cities and Countryside.* Nueva York: Alfred A. Knopf, 1990.

— *In Motion: The Experience of Travel.* Nueva York: Alfred A. Knopf, 2010.

Hitchcock, Henry-Russell. *In the Nature of Materials, 1887-1941: The Buildings of Frank Lloyd Wright.* Nueva York: Da Capo, 1942.

Holling, C. S. «Understanding the Complexity of Economic, Ecological, and Social Systems.» *Ecosystems,* 4 (2001): 390-405.

Hollis, Leo. *Cities Are Good for You: The Genius of the Metropolis.* Nueva York: Bloomsbury Press, 2013.

Homer-Dixon, Thomas F. *The Upside of Down: Catastrophe, Creativity, and the Renewal of Civilization.* Washington, DC: Island Press, 2006.

Horan, Thomas A. *Digital Places: Building Our City of Bits.* Washington, DC: Urban Land Institute, 2000.

Housing America's Future: New Directions for National Policy. Washington, DC: Bipartisan Policy Center, 2013.

Howard, Albert. *An Agricultural Testament.* Londres: Oxford University Press, 1943.

Howard, Ebenezer y Osborn, Frederic J. *Garden Cities of Tomorrow.* Cambridge, MA: MIT Press, 1965.

Howell, Lee. *Global Risks 2013.* 8.ª ed. Ginebra: World Economic Forum, 2013.

Hutchinson, G. Evelyn. *The Clear Mirror.* New Haven, CT: Leete's Island Books, 1978.

Interim Report. «The Economics of Ecosystems and Biodiversity.» Welling, Germany: Welzel+Hardt, 2008.

Isacoff, Stuart. *Temperament: How Music Became a Battleground for the Great Minds of Western Civilization.* Nueva York: Vintage Books, 2003.

Jackson, Kenneth T. *Crabgrass Frontier: The Suburbanization of the United States.* Nueva York: Oxford University Press, 1985.

Jackson, Tim. *Prosperity without Growth: Economics for a Finite Planet.* Londres: Earthscan, 2009.

Jacobs, Jane. *Cities and the Wealth of Nations: Principles of Economic Life.* Nueva York: Vintage Books, 1985.

— *The Death and Life of Great American Cities.* Nueva York: Vintage Books, 1961.

— *The Economy of Cities.* Nueva York: Vintage Books, 1969.

— *Systems of Survival: A Dialogue on the Moral Foundations of Commerce and Politics.* Nueva York: Vintage Books, 1994.

Jencks, Charles. *The Architecture of the Jumping Universe: A Polemic—How Complexity Science Is Changing Architecture and Culture.* Londres: Academy Editions, 1995.

Johnson, Jean Elliott y Johnson, Donald James. *The Human Drama: World History From the Beginning to 500 C.E.* Princeton, NJ: Markus Wiener, 2000.

Johnson, Steven. *Emergence: The Connected Lives of Ants, Brains, Cities, and Software.* Nueva York: Scribner, 2001.

Johnston, Sadhu Aufochs, Nicholas, Steven S. y Parzen, Julia. *The Guide to Greening Cities.* Washington, DC: Island Press, 2013.
Jullien, François. *The Propensity of Things: Toward a History of Efficacy in China.* Nueva York: Zone, 1995.
Kahn, Matthew E. *Green Cities: Urban Growth and the Environment.* Washington, DC: Brookings Institution, 2006.
Kahneman, Daniel. *Thinking, Fast and Slow.* Nueva York: Farrar, Straus and Giroux, 2013.
Kandel, Eric R. *In Search of Memory: The Emergence of a New Science of Mind.* Nueva York: W. W. Norton, 2006.
Katz, Bruce y Bradley, Jennifer. *The Metropolitan Revolution: How Cities and Metros Are Fixing Our Broken Politics and Fragile Economy.* Washington, DC: Brookings Institution, 2013.
Kauffman, Stuart A. *At Home in the Universe: The Search for Laws of Self-Organization and Complexity.* Nueva York: Oxford University Press, 1995.
— *The Origins of Order: Self-Organization and Selection in Evolution.* Nueva York: Oxford University Press, 1993.
Kayden, Jerold S. *Privately Owned Public Space.* Nueva York: John Wiley & Sons, 2000.
Kelbaugh, Doug. *The Pedestrian Pocket Book: A New Suburban Design Strategy.* Nueva York: Princeton Architectural Press in Association with the University of Washington, 1989.
Kellert, Stephen R. *Building for Life: Designing and Understanding the Human-Nature Connection.* Washington, DC: Island Press, 2005.
— *Kinship to Mastery: Biophilia in Human Evolution and Development.* Washington, DC: Island Press, 1997.
Kellert, Stephen R. y Farnham, Timothy J., eds. *The Good in Nature and Humanity: Connecting Science, Religion, and Spirituality with the Natural World.* Washington, DC: Island Press, 2002.
Kellert, Stephen R. y Speth, James Gustave, eds. *The Coming Transformation: Values to Sustain Human and Natural Communities.* New Haven, CT: Yale School of Forestry and Environmental Studies, 2009.
Kellert, Stephen R. y Wilson, Edward O., eds. *The Biophilia Hypothesis.* Washington, DC: Island Press, 1993.
Kelly, Barbara M. *Expanding the American Dream: Building and Rebuilding Levittown.* Albany: State University of Nueva York Press, 1993.
Kelly, Hugh F. *Emerging Trends in Real Estate: United States and Canada 2016.* Washington, DC: Urban Land Institute, 2015.
Kelly, Kevin. *What Technology Wants.* Nueva York: Viking, 2010.
Kemmis, Daniel. *The Good City and the Good Life.* Boston: Houghton Mifflin, 1995.
Kennedy, Christopher M. *The Evolution of Great World Cities: Urban Wealth and Economic Growth.* Toronto: University of Toronto Press, 2011.
Kennedy, Lieutenant General Claudia J. (Ret.) y McConnell, Malcolm. *Generally Speaking.* Nueva York: Warner Books 2001.
Khan, Khalid, y Factor-Litvak, Pam. «Manganese Exposure from Drinking Water and Children's Classroom Behavior in Bangladesh.» *Environmental Health Perspectives,* 119, núm. 10 (octubre 2011).

King, David, Schrag, Daniel, Dadi, Zhou, Ye, Qi y Ghosh, Arunabha. *Climate Change: A Risk Assessment.* Boston: Harvard University Press, n.d.

Klinenberg, Eric. *Going Solo: The Extraordinary Rise and Surprising Appeal of Living Alone.* Nueva York: Penguin, 2012.

Koebner, Linda. *Scientists on Biodiversity.* Nueva York: American Museum of Natural History, 1998.

Koeppel, Gerard. *City on a Grid: How New York Became New York.* Philadelphia: Da Capo Press, 2015.

Koren, Leonard. *Wabi-Sabi for Artists, Designers, Poets and Philosophers.* Berkeley, CA: Stone Bridge, 1994.

Kramrisch, Stella. *The Hindu Temple.* 2 vols. Delhi: Motilal Banarsidass, 1976.

Krier, Léon, Thadani, Dhiru A. y Hetzel, Peter J. . *The Architecture of Community.* Washington, DC: Island Press, 2009.

Krueger, Alan B. *The Rise and Consequences of Inequality in the United States.* Washington, DC: Council of Economic Advisers, 2012.

Kunstler, James Howard. *The City in Mind: Meditations on the Urban Condition.* Nueva York: Free Press, 2001.

— *Home from Nowhere: Remaking Our Everyday World for the Twenty-First Century.* Nueva York: Simon & Schuster, 1996.

Kushner, David. *Levittown: Two Families, One Tycoon, and the Fight for Civil Rights in America's Legendary Suburb.* Nueva York: Walker, 2009.

Lakoff, George. *Don't Think of an Elephant! Know Your Values and Frame the Debate: The Essential Guide for Progressives.* White River Junction, VT: Chelsea Green Publishing, 2004.

Landa, Manuel de. *A Thousand Years of Nonlinear History.* Nueva York: Swerve, 2000.

Lansing, John Stephen. *Perfect Order: Recognizing Complexity in Bali.* Princeton, NJ: Princeton University Press, 2006.

Lauwerier, Hans. *Fractals: Endlessly Repeated Geometrical Figures.* Princeton, NJ: Princeton University Press, 1991.

Leakey, Richard y Lewin Roger. *The Sixth Extinction: Patterns of Life and the Future of Humankind.* Nueva York: Anchor Books, 1995.

Ledbetter, David. *Bach's Well-Tempered Clavier: The 48 Preludes and Fugues.* New Haven, CT: Yale University Press, 2002.

Lehrer, Jonah. *How We Decide.* Boston: Houghton Mifflin Harcourt, 2009.

— *Proust Was a Neuroscientist.* Boston: Houghton Mifflin, 2007.

Leick, Gwendolyn. *Mesopotamia: The Invention of the City.* Londres: Penguin, 2001.

Leiserowitz, Anthony A. y Fernandez, Lisa O. *Toward a New Consciousness: Values to Sustain Human and Natural Communities: A Synthesis of Insights and Recommendations from the 2007 Yale FE&S Conference.* New Haven, CT: Yale Printing and Publishing Services, 2007.

Leopold, Aldo y Finch, Robert. *A Sand County Almanac: And Sketches Here and There.* Oxford, UK: Oxford University Press, 1949.

Longo, Gianni. *A Guide to Great American Public Places: A Journey of Discovery, Learning and Delight in the Public Realm.* Nueva York: Urban Initiatives, 1996.

Louv, Richard. *Last Child in the Woods: Saving Our Children from Nature-Deficit Disorder.* Chapel Hill, NC: Algonquin Books of Chapel Hill, 2005.

— *The Nature Principle: Human Restoration and the End of Nature-Deficit Disorder.* Chapel Hill, NC: Algonquin Books of Chapel Hill, 2011.

Lovins, Amory B. *Soft Energy Paths: Toward a Durable Peace.* San Francisco: Friends of the Earth International, 1977.

Lovins, Amory B., y Rocky Mountain Institute. *Reinventing Fire: Bold Business Solutions for the New Energy Era.* White River Junction, VT: Chelsea Green Publishing, 2011.

Mahler, Jonathan. *The Bronx Is Burning: 1977, Baseball, Politics, and the Battle for the Soul of a City.* Nueva York: Farrar, Straus and Giroux, 2005.

Mak, Geert y Shorto, Russell. *1609: The Forgotten History of Hudson, Amsterdam, and New York.* Ámsterdam: Henry Hudson 400, 2009.

Mandelbrot, Benoit B. *The Fractal Geometry of Nature.* New York: W. H. Freeman, 1982.

Marglin, Stephen A. *The Dismal Science: How Thinking Like an Economist Undermines Community.* Cambridge, MA: Harvard University Press, 2008.

Mayne, Thom. *Combinatory Urbanism: A Realignment of Complex Behavior and Collective Form.* Culver City, CA: Stray Dog Cafe, 2011.

Mazur, Laurie. *State of the World 2013: Is Sustainability Still Possible.* Washington, DC: Worldwatch Institute 2013. Ver esp. capítulo 32, «Cultivating Resilience in a Dangerous World».

McCormick, Kathleen, MacCleery, Rachel y Hammerschmidt, Sara. *Intersections: Health and the Built Environment.* Washington, DC: Urban Land Institute, 2013.

McDonough, William y Braungart, Michael. *Cradle to Cradle: Remaking the Way We Make Things.* Nueva York: North Point, 2002.

McGilchrist, Iain. *The Master and His Emissary: The Divided Brain and the Making of the Western World.* New Haven, CT: Yale University Press, 2009.

McHarg, Ian L. *Design with Nature.* Garden City, NY: American Museum of Natural History, 1969.

McIlwain, John K. *Housing in America: The Baby Boomers Turn 65.* Washington, DC: Urban Land Institute, 2012.

— *Housing in America: The Next Decade.* Washington, DC: Urban Land Institute, 2010.

Meadows, Donella H. y Wright, Diana. *Thinking in Systems: A Primer.* White River Junction, VT: Chelsea Green Publishing, 2008.

Mehta, Suketu. *Maximum City: Bombay Lost and Found.* Nueva York: Vintage Books, 2004.

Melaver, Martin. *Living above the Store: Building a Business That Creates Value, Inspires Change, and Restores Land and Community.* White River Junction, VT: Chelsea Green Publishing, 2009.

Miller, Tom. *China's Urban Billion: The Story behind the Biggest Migration in Human History.* Londres: Zed, 2012.

Mitchell, Melanie. *Complexity: A Guided Tour.* Oxford, UK: Oxford University Press, 2009.

Modelski, George. *World Cities: 3000 to 2000.* Washington, DC: Faros 2000, 2003.

Moe, Richard y Wilkie, Carter. *Changing Places: Rebuilding Community in the Age of Sprawl.* Nueva York: Henry Holt, 1997.

Moeller, Hans-Georg. *Luhmann Explained: From Souls to Systems.* Chicago: Open Court, 2006.
Montgomery, Charles. *Happy City: Transforming Our Lives through Urban Design.* Nueva York: Farrar, Straus and Giroux, 2013.
Moore, Charles Willard, Mitchell, William J. y Turnbull, William. *The Poetics of Gardens.* Cambridge, MA: MIT Press, 1988.
Moretti, Enrico. *The New Geography of Jobs.* Boston: Houghton Mifflin Harcourt, 2013.
Morris, A. E. J. *History of Urban Form: Before the Industrial Revolutions.* Harlow, Essex, UK: Longman Scientific and Technical, 1979.
Morse, Edward S. *Japanese Homes and Their Surroundings.* Nueva York: Dover Publi- cations, 1961.
Mulgan, Geoff. *Connexity: How to Live in a Connected World.* Boston: Harvard Business School, 1997.
Mumford, Lewis. *The City in History: Its Origins, Its Transformations, and Its Prospects.* Nueva York: Harcourt, Brace & World, 1961.
— *The Myth of the Machine: The Pentagon of Power.* Nueva York: Harcourt, Brace, Jovanovich, 1970.
Nabokov, Peter y Easton, Robert. *Native American Architecture.* Oxford, UK: Oxford University Press, 1989.
Narby, Jeremy. *The Cosmic Serpent: DNA and the Origins of Knowledge.* Nueva York: Jeremy P. Tarcher, 1998.
Neal, Peter, ed. *Urban Villages and the Making of Communities.* Londres: Spon, 2003.
Neal, Zachary P. *The Connected City: How Networks Are Shaping the Modern Metropolis.* Nueva York: Routledge, 2013.
Newman, Peter y Jennings, Isabella. *Cities as Sustainable Ecosystems: Principles and Practices.* Washington, DC: Island Press, 2008.
New York City Department of City Planning. *Zoning Handbook,* 2011 ed. Nueva York: Department of City Planning, 2012.
New York City Department of Transportation. *Sustainable Streets 2009: Progress Report.* Nueva York: New York City Department of Transportation, 2009.
Nijhout, H. F., Nadel, Lynn y Stein, Daniel L., eds. *Pattern Formation in the Physical and Biological Sciences.* Reading, MA: Addison-Wesley, 1997.
Nolan, John R. *The National Land Use Policy Act.* Nueva York: Pace Law Publications, 1996.
Norberg-Hodge, Helena. *Ancient Futures.* N.p.: Sierra Club Books, 1991.
Novacek, Michael J. *The Biodiversity Crisis: Losing What Counts.* Nueva York: The New Press, 2001.
OECD. *How's Life? Measuring Well-Being.* París: OECD Publishing, 2015.
— *Ranking of the World's Cities Most Exposed to Coastal Flooding Today and in the Future. Executive Summary.* París: OECD Publishing, 2007.
Ormerod, Paul. *N Squared: Public Policy and the Power of Networks.* RSA, ensayo 3, agosto 2010.
Orr, David W. *Design on the Edge: The Making of a High-Performance Building.* Cambridge, MA: MIT Press, 2006.
— *Down to the Wire: Confronting Climate Collapse.* Oxford, UK: Oxford University Press, 2009.

Ostrom, Elinor. *Governing the Commons: The Evolution of Institutions for Collective Action*. Nueva York: Cambridge University Press, 1990.
Pagels, Heinz R. *The Cosmic Code: Quantum Physics as the Language of Nature*. Nueva York: Penguin, 1982.
— *The Dreams of Reason: The Computer and the Rise of the Sciences of Complexity*. Nueva York: Simon & Schuster, 1988.
— *Perfect Symmetry: The Search for the Beginning of Time*. Nueva York: Simon & Schuster, 1985.
Palmer, Martin y Finlay, Victoria. *Faith in Conservation: New Approaches to Religions and the Environment*. Washington, DC: World Bank, 2003.
Pecchi, Lorenzo y Piga, Gustavo. *Revisiting Keynes: Economic Possibilities for Our Grandchildren*. Cambridge, MA: MIT Press, 2008.
Peirce, Neal R., Johnson, Curtis W. y Hall, John Stuart. *Citistates: How Urban America Can Prosper in a Competitive World*. Washington, DC: Seven Locks, 1993.
Pelikan, Jaroslav. *Bach Among the Theologians*. Nueva York: Penguin Books, 2008. Primera publicación en 1986 por Wipf and Stock.
Pennick, Nigel. *Sacred Geometry: Symbolism and Purpose in Religious Structures*. Nueva York: Harper & Row, 1980.
Peterson, Jon A. *The Birth of City Planning in the United States, 1840-1917*. Baltimore: Johns Hopkins University Press, 2003.
Piketty, Thomas. *Capital in the Twenty-First Century*. Cambridge, MA: Belknap Press of Harvard University Press, 2014.
Pittas, Michael J. *Vision/Reality: Strategies for Community Change*. Washington, DC: United States Department of Housing and Urban Development, Office of Planning and Development, 1994.
Pollan, Michael. *The Botany of Desire: A Plant's Eye View of the World*. Nueva York: Random House, 2001.
Reed, Henry Hope. *The Golden City*. Garden City, NY: Doubleday, 1959.
Revkin, Andrew. *The North Pole Was Here: Puzzles and Perils at the Top of the World*. Boston: Kingfisher, 2006.
Ricard, Matthieu. *Happiness*. Nueva York: Little, Brown, 2003.
Ricklefs, Robert E. *Ecology*. Newton, MA: Chiron, 1973.
Ridley, Matt. *Genome: The Autobiography of a Species in 23 Chapters*. Nueva York: Perennial, 1999.
Riesman, David. *The Lonely Crowd: A Study of the Changing American Character*. Cambridge, MA: Yale University Press, 1961.
Rimpoche, Nawang Gehlek. *Good Life, Good Death*. Nueva York: Riverhead Books, 2001.
Rocca, Alessandro. *Natural Architecture*. Nueva York: Princeton Architectural Press, 2007.
Rodin, Judith. *The Resilience Dividend: Being Strong in a World Where Things Go Wrong*. Nueva York: PublicAffairs, 2014.
Rosan, Richard M. *The Community Builders Handbook*. Washington, DC: Urban Land Institute, 1947.
Rose, Dan. *Energy Transition and the Local Community: A Theory of Society Applied to Hazleton, Pennsylvania*. Filadelfia: University of Pennsylvania Press, 1981.
Rose, Daniel. *Making a Living, Making a Life*. Essex, NY: Half Moon Press. 2014.

Rose, Jonathan F. P. *Manhattan Plaza: Building a Community.* Filadelfia: University of Pennsylvania Press, 1979.

Rosenthal, Caitlin. *Big Data in the Age of the Telegraph.* N.p.: Leading Edge, 2013.

Rosenzweig, Cynthia y Solecki, William D. . *Climate Change and a Global City: The Potential Consequences of Climatic Variability and Change; Metro East Coast.* Nueva York: Columbia Earth Institute, 2001.

Rosenzweig, Cynthia, Solecki, William D., Hammer, Stephen A. y Mehrotra, Shagun. *Climate Change and Cities: First Assessment Report of the Urban Climate Change Research Network.* Cambridge, UK: Cambridge University Press, 2011.

Roveda, Vittorio. *Khmer Mythology: Secrets of Angkor Wat.* Bangkok: River Books Press, AC, 1997.

Rowson, Jonathan. *Transforming Behavior Change: Beyond Nudge and Neuromania. RSA Projects* (n.d.), 2–32.

Rowson, Jonathan y McGilchrist, Iain. *Divided Brain, Divided World.* Londres: RSA, 2013.

Rudofsky, Bernard. *Architecture without Architects: A Short Introduction to Non-Pedigreed Architecture.* Nueva York: Museum of Modern Art; distribuido por Doubleday, Garden City, NY, 1964.

Rybczynski, Witold. *Home: A Short History of an Idea.* Nueva York: Penguin, 1987.

Rykwert, Joseph. *The Idea of a Town: The Anthropology of Urban Form in Rome, Italy, and the Ancient World.* Princeton, NJ: Princeton University Press, 1976.

— *The Seduction of Place: The City in the Twenty-First Century.* Nueva York: Pantheon Books, 2000.

Saarinen, Eliel. *The City: Its Growth, Its Decay, Its Future.* Nueva York: Reinhold, 1943.

Sachs, Jeffrey D. *Common Wealth: Economics for a Crowded Planet.* Nueva York: Penguin, 2009.

Sampson, Robert J. *Great American City: Chicago and the Enduring Neighborhood Effect.* Chicago: University of Chicago Press, 2012.

Sanderson, Eric W. *Mannahatta: A Natural History of New York City.* Nueva York: Harry N. Abrams, 2009.

— *Terra Nova: The New World after Oil, Cars and the Suburbs.* Nueva York: Harry N. Abrams, 2013.

Saunders, Doug. *Arrival City: How the Largest Migration in History Is Reshaping Our World.* Nueva York: Vintage Books, 2012.

Saviano, Roberto. *Gomorrah: A Personal Journey into the Violent International Empire of Naples's Organized Crime System.* Nueva York: Picador, 2006.

Scarpaci, Joseph L., Segre, Roberto y Coyula, Mario. *Havana: The Faces of the Antillean Metropolis.* Chapel Hill: University of North Carolina Press, 2002.

Schachter-Shalomi y Zalman, Rabbi. *Paradigm Shift.* Northvale, NJ: Jason Aronson, 1993.

Schama, Simon. *Landscape and Memory.* Nueva York: Alfred A. Knopf, 1995.

Schell, Jonathan. *The Fate of the Earth.* Nueva York: Avon, 1982.

Schinz, Alfred. *The Magic Square: Cities in Ancient China.* Stuttgart: Axel Menges, 1996.

Schoenauer, Norbert. *6,000 Years of Housing.* Nueva York: W. W. Norton, 1981.

Schorske, Carl E. *Fin-de-siècle Vienna: Politics and Culture.* Nueva York: Alfred A. Knopf, 1979.

Schrödinger, Erwin. *What Is Life? The Physical Aspect of the Living Cell; and Mind and Matter.* Cambridge, UK: Cambridge University Press, 1944.

Senge, Peter, *et al. The Dance of Change: The Challenges of Sustaining Momentum in Learning Organizations.* Nueva York: Doubleday, 1999.

Sennett, Richard. *The Conscience of the Eye: The Design and Social Life of Cities.* Nueva York: Alfred A. Knopf, 1990.

Sheftell, Jason. «Best Places to Live in NY.» *Daily News,* 9 de septiembre, 2011.

Shipman, Wanda. *Animal Architects: How Animals Weave, Tunnel, and Build Their Remarkable Homes.* Mechanicsburg, PA: Stackpole, 1994.

Shorto, Russell. *The Island at the Center of the World: The Epic Story of Dutch Manhattan and the Forgotten Colony That Shaped America.* Nueva York: Vintage Books, 2004.

Shrady, Nicholas. *The Last Day: Wrath, Ruin, and Reason in the Great Lisbon Earthquake of 1755.* Nueva York: Penguin, 2008.

Singer, Tania. «Concentrating on Kindness.» *Science,* 341 (20 de septiembre, 2013).

Smith, Bruce D. *The Emergence of Agriculture.* Nueva York: Scientific American Library, 1995.

Solnit, Rebecca. *A Paradise Built in Hell: The Extraordinary Communities That Arise in Disaster.* Nueva York: Penguin, 2009.

Solomon, Daniel. *Global City Blues.* Washington, DC: Island Press, 2003.

Speth, James Gustave. *The Bridge at the Edge of the World.* New Haven, CT: Yale University Press, 2008.

— *Red Sky at Morning: America and the Crisis of the Global Environment.* New Haven, CT: Yale University Press, 2004.

Standage, Tom. *The Victorian Internet: The Remarkable Story of the Telegraph and the Nineteenth Century's On-Line Pioneers.* Nueva York: Walker, 1998.

Steadman, Philip. *Energy, Environment and Building.* Cambridge, UK: Cambridge University Press, 1975.

Steinhardt, Nancy Shatzman. *Chinese Imperial City Planning.* Honolulu: University of Hawaii Press, 1999.

Steven Winter Associates. *There Are Holes in Our Walls.* Nueva York: U.S. Green Building Council, New York Chapter, 2011.

Stiglitz, Joseph E. *The Price of Inequality: How Today's Divided Society Endangers Our Future.* Nueva York: W. W. Norton, 2012.

Stiglitz, Joseph E., Sen, Amartya y Fitoussi, Jean-Paul. *Mismeasuring Our Lives: Why GDP Doesn't Add Up.* Nueva York: The New Press, 2010.

Stohr, Kate y Sinclair, Cameron. *Design Like You Give a Damn: Building Change from the Ground Up.* Nueva York: Harry N. Abrams, 2012.

Stoner, Tom y Rapp, Carolyn. *Open Spaces Sacred Places.* Annapolis, MD: TKF Foundation, 2008.

Stuart, David E. y Moczygemba-McKinsey, Susan B. *Anasazi America.* Albuquerque: University of New Mexico Press, 2000.

Surowiecki, James. *The Wisdom of Crowds.* Nueva York: Doubleday, 2004.

Sustainable Communities: The Westerbeke Charrette. Sausalito, CA: Van der Ryn, Calthorpe & Partners, 1981.

Swimme, Brian y Tucker, Mary Evelyn. *Journey of the Universe*. New Haven, CT: Yale University Press, 2011.

Tainter, Joseph A. *The Collapse of Complex Societies*. Cambridge, UK: University Printing House, 1988.

Taleb, Nassim Nicholas. *Antifragile: Things That Gain from Disorder*. Nueva York: Random House, 2012.

Talen, Emily y Duany Andrés. *City Rules: How Regulations Affect Urban Form*. Washington, DC: Island Press, 2012.

Tavernise, Sabrina. «For Americans Under 50, Stark Finding on Health.» *The New York Times*, 9 de enero 2013.

— «Project to Improve Poor Children's Intellect Led to Better Health, Data Show.» *The New York Times*, 28 de marzo, 2014.

Teilhard de Chardin, Pierre. *The Phenomenon of Man*. Trad. de Julian Huxley. Nueva York: Harper Torch Books, 1959.

Tellier, Luc-Normand. *Urban World History: An Economic and Geographical Perspective*. Québec, Canadá: Presses de l'Université du Québec, 2009.

Thaler, Richard H. y Sunstein, Cass R. *Nudge: Improving Decisions about Health, Wealth, and Happiness*. Nueva York: Penguin, 2008.

Thomas, Lewis. *The Medusa and the Snail: More Notes of a Biology Watcher*. Nueva York: Viking, 1979.

Thompson, D'Arcy. *On Growth and Form*. Cambridge, UK: Cambridge University Press, 1961.

Tough, Paul. «The Poverty Clinic-Can a Stressful Childhood Make You a Sick Adult?» *The New Yorker*, 2 de marzo, 2011.

Tufte, Edward R. *Visual Explanations: Images and Quantities, Evidence and Narrative*. Cheshire, CT: Graphics Press, 1997.

UN-Habitat. *State of the World's Cities 2012/2013: Prosperity of Cities*. N.p.: United Nations Human Settlements Programme, 2012.

United States of America. Office of Management and Budget. *Fiscal Year 2016: Budget of the U.S. Government*. Washington, DC: U.S. Government Printing Office, 2015.

Urban Land Institute. *America's Housing Policy-The Missing Piece: Affordable Workforce Rentals*. Washington, DC: Urban Land Institute, 2011.

— *Beltway Burden-The Combined Cost of Housing and Transportation in the Greater Washington, DC, Metropolitan Area*. Washington, DC: Urban Land Institute-Terwilliger Center for Workforce Housing, 2009.

— *Building Healthy Places Toolkit: Strategies for Enhancing Health in the Built Environment*. Washington, DC: Urban Land Institute, 2015.

— *Infrastructure 2011: A Strategic Priority*. Washington, DC: Urban Land Institute, 2011.

— *What's Next? Getting Ahead of Change*. Washington, DC: Urban Land Institute, 2012.

— *What's Next? Real Estate in the New Economy*. Washington, DC: Urban Land Institute, 2011.

Van der Ryn, Sim y Calthorpe, Peter. *Sustainable Communities: A New Design Synthesis for Cities, Suburbs, and Towns*. San Francisco: Sierra Club, 1986.

Van der Ryn, Sim y Cowan, Stuart. *Ecological Design*. Washington, DC: Island Press, 1996.

Venkatesh, Sudhir Alladi. *American Project: The Rise and Fall of a Modern Ghetto.* Cambridge, MA: Harvard University Press, 2000.

Vergara, Camilo J. *The New American Ghetto.* New Brunswick, NJ: Rutgers University Press, 1995.

Von Frisch, Karl. *Animal Architecture.* Nueva York: Harcourt Brace Jovanovich, 1974.

Wallace, Rodrick y McCarthy, Kristin. «The Unstable Public-Health Ecology of the New York Metropolitan Region: Implications for Accelerated National Spread of Emerging Infection.» *Environment and Planning A,* 39, núm. 5 (2007): 1.181-1.192.

Warren, Andrew Kramer, Anita Blank, Steven y Shari Michael. *Emerging Trends in Real Estate.* Washington, DC: Urban Land Institute, 2014.

Watkins, Michael D., ed. *A Guidebook to Old and New Urbanism in the Baltimore/ Washington Region.* Washington, DC: Congress for the New Urbanism, 2003.

Weinstein, Emily, Wolin, Jessica y Rose Sharon. *Trauma Informed Community Building: A Model for Strengthening Community in Trauma Affected Neighborhoods.* N.p.: Health Equity Institute, 2014.

White, Norval. *The Architecture Book: A Companion to the Art and the Science of Architecture.* Nueva York: Alfred A. Knopf, 1976.

Whithorn, Nicholas, trad. *Sicily: Art, History, Myths, Archaeology, Nature, Beaches, Food.* English ed. Messina, Italy: Edizioni Affinita Elettive, n.d.

Whyte, William H. *City: Rediscovering the Center.* Nueva York: Doubleday, 1988.

— *The Social Life of Small Urban Spaces.* Washington, DC: Conservation Foundation, 1980.

Wilkinson, Richard G., Pickett, Kate y Reich, Robert B. *The Spirit Level: Why Greater Equality Makes Societies Stronger.* Nueva York: Bloomsbury, 2010.

William, Laura. *An Annual Look at the Housing Affordability Challenges of America's Working Households.* Housing Landscape, 2012.

Wilson, David Sloan. *The Neighborhood Project.* Nueva York: Little, Brown, 2011.

Wilson, Edward O. *Consilience: The Unity of Knowledge.* Nueva York: Alfred A. Knopf, 1998.

— *The Meaning of Human Existence.* Nueva York: Liveright, 2014.

— *The Social Conquest of Earth.* Nueva York: Liveright, 2012.

Wolman, Abel. «The Metabolism of Cities.» *Scientific American,* 213, núm. 3 (septiembre, 1965): 179-180.

Wong, Eva. *Feng-shui: The Ancient Wisdom of Harmonious Living for Modern Times.* Boston: Shambhala, 1996.

Wood, Frances. *The Silk Road: Two Thousand Years in the Heart of Asia.* Berkeley: University of California Press, 2002.

World Economic Forum. *Global Agenda: Well-Being and Global Success.* World Economic Forum, 2012.

— *Insight Report: Global Risks 2012, Seventh Edition.* World Economic Forum, 2012.

Wright, Robert. *NonZero: The Logic of Human Destiny.* Nueva York: Pantheon Books, 2000.

Wright, Ronald. *A Short History of Progress.* Cambridge, UK: Da Capo, 2004.

Yearsley, David. *Bach and the Meanings of Counterpoint.* Cambridge, UK: Cambridge-University Press, 2002.

Yoshida, Nobuyuki. *Singapore: Capital City for Vertical Green (Xinjiapo: Chui Zhi Lu Hua Zhi Du)*. Singapore: A+U Publishing, 2012.

Zolli, Andrew y Healy, Ann Marie. *Resilience: Why Things Bounce Back*. Nueva York: Free Press, 2012.

Índice analítico

Los números de página en cursiva se refieren a ilustraciones.